燕 园 集 萃

——EMBA 高级工商管理者的学习与实践

武瑞文 曹 晖 刘 伟 编著

兵器工业出版社

内容简介

作者在北京大学光华管理学院的 EMBA 学习生活中，领悟到一些较有价值的知识点，总结出《燕园集萃——EMBA 高级工商管理者的学习与实践》作为收获成果供大家分享。书中的内容主要出自作者课堂笔记的整理、课下作业的提炼和工作实践的研究等素材，以及 EMBA 丰富的生活和学习之感悟。虽然从表面看文章之间没有很紧密的逻辑关系，但是，其中深层的思考以及涉足的领域，确实包含着一个企业高级管理者不可或缺的知识和内涵，如管理学、管理经济学、人力资源、宏观经济、公司财务、财务报表、市场营销、管理决策、资本运作、创业与创新、国际化战略等。书中一些基础理论和研究观点可以作为从事相关领域的读者实际工作中的基本工具和基础资料，也可作为 EMBA 学生学习中的参考资料。

图书在版编目（ＣＩＰ）数据

燕园集萃 ： EMBA高级工商管理者的学习与实践 ／ 武瑞文，曹晖，刘伟编著. -- 北京 ： 兵器工业出版社，2017.6
　ISBN 978-7-5181-0322-5

　Ⅰ．①燕… Ⅱ．①武… ②曹… ③刘… Ⅲ．①管理学－文集 Ⅳ．①C93-53

　中国版本图书馆CIP数据核字(2017)第126753号

出版发行：兵器工业出版社　　　　　　责任编辑：朱　婧
发行电话：010-68962596，68962591　　封面设计：正红旗下
邮　　编：100089　　　　　　　　　　责任校对：郭　芳
社　　址：北京市海淀区车道沟 10 号　　责任印制：王京华
经　　销：各地新华书店　　　　　　　开　　本：787×1092　1/16
印　　刷：北京银祥印刷有限公司　　　　印　　张：24.75
版　　次：2017 年 6 月第 1 版第 1 次印刷　字　　数：626 千字
印　　数：1—2000　　　　　　　　　　定　　价：88.00 元

本书编委会

主　编：武瑞文

副主编：曹　晖　刘　伟

编委成员(按姓氏笔画排序)：

王春雨　　王春波　　邓庆旭　　任　峰　　庄增大

刘文玉　　刘立栋　　吴东慧　　陈晓光　　林春梅

罗晓明　　郑万生　　赵伟平　　赵学农　　胡春香

聂燕军　　高鸿鹏　　黄元林　　梁　涛　　潘　文

序

　　北京大学是理想者的摇篮，是追梦的乐园。光华管理学院更是众多学子向往的地方。在光华管理学院的学位项目中，高级工商管理硕士（EMBA）学位项目因为其定位和培养方式而格外引人瞩目。每年在不同行业和不同岗位上饱经历练的管理者，怀揣梦想，带着复杂的心情和各自不同的目的来到光华管理学院修读EMBA学位。在2002~2010年期间，我作为北京大学光华管理学院的副院长，同时兼任光华EMBA学位项目的主任，亲历了67个班级学习过程。

　　光华管理学院EMBA545班是54班和55班两个班合编而成的，全班130位同学。北京和外地同学各占一半。545班同学来自于社会各个领域，主要构成基本遵循光华管理学院的班级构建原则：1/3来自于政府机关、事业单位和外资企业，1/3来自于国有企业，1/3来自于民营企业。以便于相互促进、互相交流、共同进步。545班同学是在全球金融危机肆虐的2009年4月入学的，可能是由于当时特殊的宏观经济环境和商业环境的挑战，我感觉这个班级的同学对于新的管理知识、全球视野下的理论和实践特别渴求。

　　武瑞文、曹晖和刘伟三位同学都是545班的学生，来自中央企业中国兵器工业集团公司下属的中国兵器科学研究院。学习期间，他们对管理知识的渴望，以及严谨、认真的研学精神和善于思考、谦虚有礼的行为举止，给我留下非常深刻的印象。

　　武瑞文同学的毕业论文是由我指导的。他长期从事武器装备中大口径火炮的科研管理工作，而这种兵器在我国装备出口起到重要作用，武瑞文同学选择军贸国际化作为他的硕士论文题目，与我一直从事的国际商务的研究领域相吻合。武瑞文长期在中国兵器工业集团外贸155合署型号办公室工作，有许多实际工作经验和创新性研究成果。每一个成功的战略必将有一组符合现实的策略群支撑着它的过程。他的毕业论文通过对军贸工作的特殊性、战略地位与重要作用的分析，以及军贸产品国际国内环境和发展现状的分析，结合实际工作中的体会和总结，在跨国经营行为方式、国际化经营决策程序、国际化合作方式、国际化核心竞争力等方面，为军贸国际化发展提出一些可行的研究成果。

　　曹晖同学的毕业论文是在黄涛教授的悉心指导和多方关怀下完成的。他重点对装备项目管理中的风险管理进行了研究，通过研究国外装备研制风险管理理论，结合国内装备研制的特点，制定了装备研制风险管理的流程。并以某型装备研制项目为背景，对风险管理工作进行了完整的描述，以文字和报表的形式全面展示了项目风险管理实施过程，以及相应的分析结果，提出了风险估计的量化方法，同时运用模糊综合评价方法于武器装备研制项目的风险评价中，通过定性分析与定量分析相结合的方式，为管理决策提供了直观依据。

　　刘伟同学的毕业论文是在张志学教授的悉心指导和多方关怀下完成的。他重点在企业集团高层次科技人才队伍建设方面进行了研究，通过分析高层次科技人才队伍的特点和成长规律，以及企业集团面临的竞争形式和提高自主创新能力的迫切需求，认真研究了集团高层次科技人才队伍建设实际情况，从人才队伍自身建设和创新环境两个方面对影响科技人才队伍建设的关键问题进行了论证，提出了进一步加强高层次科技人才队伍建设的差别化配置、全面激励、提升个体素质和集团化使用等具体措施，具有较好的实践指导意义。

经过两年紧张的学习生活，武瑞文、曹晖和刘伟三位同学圆满地完成了硕士阶段的学习，回到了各自的工作岗位，现在都承担着更加重要的责任。但在北京大学光华管理学院学习的时光和感悟使得他们在百忙的日常工作中，拿起笔来，把他们在北京大学光华管理学院学习的心得和感悟整理出来，结集成书，实在令人感动。

《燕园集萃——EMBA 高级工商管理者的学习与实践》一书，是武瑞文、曹晖和刘伟三位同学学习与实践的心得，也是 545 班同学们在北京大学光华管理学院学习期间边学习、边实践中思想火花相互碰撞闪耀出的共同智慧，反映了同学们两年来校园丰富多彩的学习生活。书中的素材主要来自于作者课堂笔记的整理、课下作业的提炼和典型案例剖析等内容，以及 EMBA 学习中的感悟，它是武瑞文、曹晖和刘伟三位同学以及 545 班同学们智慧的结晶，倾注着他们大量的心血。当我拿到这本书，同学们勤奋学习的情景跃然纸上，让我万分欣慰！我想有过相似经历的读者也会感到值得珍藏。

2016 年 12 月
于燕园

前　言

《燕园集萃——EMBA 高级工商管理者的学习与实践》一书，是作者学习与实践的心得，也是 545 班同学们在北京大学光华管理学院学习期间边学习、边实践中思想火花相互碰撞闪耀出的共同智慧，反映了作者两年来校园丰富多彩的学习生活。书中的素材主要来自于作者的课堂笔记的整理、课下作业的提炼、理论联系实际的学术研究和 EMBA 学习期间工作实践中的感悟、启示及思考等内容，它是作者和 545 班同学们智慧的结晶，倾注着他们大量的心血。

《燕园集萃——EMBA 高级工商管理者的学习与实践》分为课堂笔记篇、学习研究篇和实践感悟篇三个部分。其中包含着一个企业高级管理者不可或缺的知识点和概念内涵，如管理学、管理经济学、人力资源、宏观经济、公司财务、财务报表、市场营销、管理决策、资本运作、创业与创新、国际化战略等，并且含有一些在 EMBA 学习期间生活和学习中的感悟以及较深层面的思考。尤其是学习研究篇和实践感悟篇两个部分，与作者的工作实际紧密结合，并含有大量的创新性思考，值得读者结合自身的工作实践深入研究。

几个看似并不相关的问题，其内部却有着必然的联系。书中文章虽然都各自成篇，自成体系，似乎之间联系并不紧密，但就其内在知识点和应用面，则有一定规律可循。在当今知识经济的社会环境中，管理者的决策过程尽可能科学合理，符合逻辑关系，重大决策依据尽可能量化直观，符合规范性，努力避免凭感觉、拍脑袋等盲目决策，是现代管理者的基本素质要求。书中作者对实际工作中遇到的一些问题，参照学习中的理论、方法和工具有一些不同程度的应用和分析，从而起到举一反三、触类旁通的效果，并经过在实践中深入思考和研究，力求透过现象看本质，努力悟出其背后的逻辑。

作者通过多年来的学习、总结、研究和实践认识到：事物的发展往往是不以人的意志而转移的。没有理论、方法和工具这些基础知识的掌握，决策的正确性带有一定的盲目性和偶然性，但是如果完全依靠这些分析数据，没有一定实践经验的积累，缺乏对异常数据的敏感性和判断力，缺乏果断及时的决策能力，缺乏由知识上升到智慧的直觉能力，那么，研究计算的结果也只能是束之高阁，并没有多大的实际意义。分析研究的目的是为了揭示规律、昭示后人和指导实践，但不能成为金科玉律，成功背后是有规律可循的，需要具备一些必要的先决条件。但是成功却是不能完全复制的，甚至自己都不能复制自己的成功。实践是检验真理的唯一标准，实事求是地判断和选择才是最为正确的决策。

从《燕园集萃——EMBA 高级工商管理者的学习与实践》中能够看到北京大学光华管理学院厉以宁、张维迎、武常岐、陆正飞、张志学、龚六堂、王明进、刘力、蔡剑、王登峰等授课老师和海内外其他特聘教授在各自专业研究领域基础理论和研究观点方面的总结凝练，作者在书中的部分引用是作为支撑其深入研究的理论基础，也是表示对各位导师的崇敬之意，作者在此表示衷心的感谢！

作者长期在中国兵器工业武器装备科研管理部门工作，既有从事装备科研发展战略、预先研究和重大型号项目管理方面的工作经验，也有从事军贸科研、人力资源管理等方面的实践经历，学习的收获和研究成果，既有精益求精的深挖细做，也有囫囵吞枣的粗浅理解和生搬硬套，其中必有一些不当之处，借以抛砖引玉，希望能够促使读者进一步深入探讨。

作　者
2017 年 4 月 5 日

目　　录

第一部分　课堂笔记篇

第二部分　学习研究篇

第三部分　实践感悟篇

EMBA 的 22 条军规

（新生必读，老生参考，查无出处，却有来头）

第一条：永远记住，这是 EMBA，那它肯定就不是你在上大学也不是你在公司。这就要求你既不要像大学一样和人比成绩，也不要像你在单位里颐指气使，发号施令，否则别人会以为你傻冒或有病。

第二条：即使你是亿万富翁也不要炫耀财富，因为这地方习惯鄙视有钱人。如果你实在忍不住，多捐班费，这样既赢得了敬仰又表现了自己，除此之外没有更好的办法。

第三条：即使你并不富有也不要自卑，除非你连思想也没有，再说金钱也不是个东西。

第四条：假设你学识非常有限，要记住保持沉默，因为你越是深沉，别人越以为你高深。

第五条：不要"忙"字不离口，这会给人两个感觉：一个是你在故作重要，一个是你不会管理，因为对于地球来说有你和没有你都一样。

第六条：不要试图和你的同学做交易，因为即使交易没做成，他以后也会在你面前 NB。

第七条：不要试图跳槽到你同学那里，因为到头来既做不成同事也做不好同学。即便能凑合下来，你总会感到郁闷。

第八条：不要轻易否定教授的讲课水平，因为等于自招了你根本没听懂。

第九条：不要轻易为了表现自己和别人争斗，因为你只能痛快一时而长时间和你的对手陷入囚徒困境。

第十条：不要太相信教授的话，因为大部分教授都不会做生意。

第十一条：不要不相信教授的话，因为你没有做好的原因教授会说是因为你没有听懂他说的话。

第十二条：过分表现自己不是帕累托最优是帕累托最差，因为你不但使别人丧失了快乐，你也没有多得到快乐。

第十三条：不要试图以完美示人，因为在这个群体里永远达不到纳什均衡。

第十四条：吃别人两次要记住回请别人一次，这是铁律，如果既不吃请也不请人就更愚蠢。

第十五条：你可以拒绝说话，但说出来的话既不要夸大也不要虚假，至少不能夸大到卫星上天虚假到无中生有，因为EMBA中没有一个傻瓜，他们很容易判断真假，然后对你敬而远之。

第十六条：不要说你和某某省长某某局长吃过饭，因为即便是真的，别人也会认为你不成熟。

第十七条：如果你总不拿上课、听课、作业当回事，那你亏就吃大了，因为你的成本会比别人高出N倍，即使收入一样但你的净利少了。

第十八条：不要太担心考试，因为你不想及格的难度远远高于你能及格。

第十九条：即便你很世故，也要装出一点童心来，尤其在做集体游戏的时候。

第二十条：记住，多点赞美少点批评，因为这帮人总喜欢别人拍他马屁。

第二十一条：不要用学到的新理论到你的企业里做试验，因为企业不是试验田，何况做生意只需要常识性的东西。

第二十二条：以上情况90%成立，如果你有发现不同情况，请给以下地址回信：有病@傻瓜.net 或者 NB@傻瓜.com。

行业分析五步骤

第一步：界定行业及产品

1. 首先搞清楚这个行业有哪些产品？哪些产品不属于这个行业？

2. 行业竞争的地理范围状况如何？

第二步：确定行业参与者

应该搞清楚谁是以下五种力量，并将它们划分为五个不同的群体：

1. 买方及买方群体；

2. 供应商及供应商群体；

3. 竞争者；

4. 替代品；

5. 潜在进入者。

第三步：获利能力分析

确定行业整体结构，并检验分析各种力量与结果的一致性，评估每种力量的基本动因，以确定哪些力量是强势，哪些是弱势，原因何在。并进一步搞清楚：

1. 为什么获利能力是当前这个水平？

2. 哪些力量控制着获利能力？

3. 行业分析是否与实际的长期获利能力一致？

4. 获利能力强的竞争者在五力格局中是否处于更有利的位置？

第四步：行业分析预判

通过分析每种力量近期和未来可能发生的变化，包括积极和消极的变化，指出行业结构中可能受竞争对手、新进入者或本企业影响的主要因素，从而对行业发展进行预判。

第五步：避免常见错误

在进行行业分析时，应避免以下常见错误：

1. 行业界定太广或太窄。

2. 只是列出一些因素，而没有进行严谨的分析。

3. 在分析时对所有力量一视同仁，而不是深入分析那些最重要的力量。

4. 混淆因（买方经济实力）果（价格敏感度）关系。

5. 采用静态分析，忽略行业发展趋势。

6. 混淆周期性或短期变化与真正的结构变化。

7. 利用五力模型可以判断行业是否具有吸引力，而非指导战略选择。

应该并购什么样的公司？

——巴菲特 20 条警示

1. 我们首选的是：通过直接拥有一批可以产生现金，而且资本回报率稳定在平均水平以上的多样化公司，来达到我们的收购目的。

2. 最值得拥有的公司，是那种在一段很长的时期内，可以用非常高的回报率使用大笔不断增值的资产。

3. 最不值得拥有的公司，是那种一贯以非常低的回报率使用不断膨胀的资产。

4. 我只投资那些连傻子都能经营的公司。因为经营者迟早都会成为傻子的。

5. 我们将会着眼于任何种类的投资。只要我们可以理解我们投资的公司，而且能够确实相信其价格与价值基本相当即可。

6. 以一般的价格买入一家不同寻常的公司，一定比以不同寻常的价格买入一家一般的公司要好得多。

7. 我们喜爱的收购形式是：公司中拥有股份的经理希望产生大量现金的那种。他们这样做有时是为了他们自己，但常常是为了他们的家人或没有交易能力的股东们。同时，这些经理希望继续保留像过去那样经营他们的公司的重要所有者。

8. 除非我们认为现任管理人员中的关键人物会作为我们的合伙人留下来，否则我们不会买这家公司。

9. 大多数企业的所有者，用他们一生中较好的时光构建了他们的公司。

10. 拥有所有权的经理们只把他们的公司出售一次，常常是处在一种来自各方面压力并受情绪影响的氛围中。

11. 公司的卖家对公司的了解远胜于买家，而且可以挑选出售的时机，通常可能是在公司"勉强能走好"的时候。

12. 买家最大的优势在于我们没有强制性地制定一个战略规划。

13. 积极关切和开明是有益的，但急切是无益的。

14. 在一笔买卖中，你正在给予的与你正在获得的同等重要。

15. 好的投资计划就像那些好的产品和公司的兼并方案那样罕见和珍贵，而且会被竞争对手盗用。

16. 如果你发现一家优秀的企业由一流的经理人管理，那么看似很高的价格可能并不算高。

17. 我们仅参与已经公开宣布的交易。

18. 我们不必挖掘隐匿的事实而只需养成敏锐的洞察力。因为我们仅对高度公开的事实做出反应。

19. 我们通常在人们对某种宏观事物的忧虑达到顶峰时进行了最成功的收购。

20. 最终，我们的经济命运将取决于我们拥有公司的经济命运，无论我们的所有权是部分的还是全部的。

第一部分

课堂笔记篇

第一章　管理经济学中的博弈论

　　著名经济学家、北大光华管理学院院长张维迎老师重点从博弈论的角度讲授了本章内容。他以博弈论为基础，通过学习掌握有效的管理经济学工具、概念和方法，使我们正确了解博弈的内涵，通过合理博弈能够实现纳什均衡，通过动态博弈与承诺，达到博弈的最佳效果，通过重复博弈获得信誉，通过逆向选择与信号传递，让人在博弈中尽可能地说真话，同时必须要让敢于说假话的人付出非常沉重的代价。

一、博弈论

　　企业家的重要职能是不断地进行判断和预测未来，因此博弈就是判断和决策过程中的基本手段。博弈是博弈参与人的行动，他们的行动依靠其掌握的信息、行动前制定的战略和为该行动所支付的成本有关，行动的最终目的就是使所有参与人达到最优的战略组合，并取得大家都感兴趣的结果。

　　然而，囚徒困境的例子告诉我们，个人理性和集体理性往往是冲突的，人们的选择一般都不会考虑参与人是否理性，而是采取不依赖于他人进行占优战略选择，所以，最优的决策未必是对大家最好的结果。博弈论的主要目的就是告诉人们：要通过理智的判断和制度与法律的约束，努力走出囚徒困境，积极解决由于囚徒困境而带来的不良后果，从而实现帕累托改进，以达到理想的纳什均衡，在追求个人利益的同时，也要给社会创造价值。如果采取这样的决策，既是对个人，也是对企业最好的决策。

二、纳什均衡与制度和文化

　　至少有一个人不愿意遵守的协议不是纳什均衡，纳什均衡是在不存在外部强制的情况下形成的，每个参与者都有积极性遵守这个均衡协议。纳什均衡也是帕累托最优均衡。每一个有限博弈至少存在一个纳什均衡，如果一个博弈存在两个纯战略的纳什均衡，那么一定存在第三个混合战略纳什均衡。由于纳什均衡要求理性共识和一致预期，所以当人们犯小小的错误时，纳什均衡就不一定被选择。许多博弈可能有多个纳什均衡，仅仅依靠理性是不够的，还要依靠协商、交谈、组织行为、制度和文化的共同作用来达到。博弈的过程中，要努力避免锁定效应和路径依赖情况的发生。

法律和社会规范帮助人们在多个纳什均衡中筛选一个特定的纳什均衡，他们的功能都是协调预期。社会规范是通过习惯、长期的交互博弈产生的行为规则，而法律是立法机关制定的行为规则。企业文化就是长期博弈下来的纳什均衡，它是不能拷贝的核心竞争力。文化的冲突就是游戏规则、社会规范和法律的冲突，也是一个均衡的选择问题。解决规则冲突的三个方式：一是一个规则取代其他的规则，让一部分人改变行为规范适应另一部分人，也就是所谓的"接轨"；二是建立全新的规则；三是建立协调规则的规则。究竟要选择哪一种方式，与规则要解决的问题以及其他因素有关。文化既解决冲突，又协调预期。

三、动态博弈与承诺

在实际情况中，博弈是一个动态的过程，行动有先后顺序，不同的参与者在不同时点行动，先行动者的选择影响后行动者的选择空间，后行动者的选择可以在先行动者的基础上加以选择，在动态博弈过程中，既有先动优势，也有后动优势。把不包含不可置信行动战略的纳什均衡成为精炼纳什均衡。精炼纳什均衡下所经过的决策点和最优选择构成的路径称为均衡路径。在有限的博弈中，我们可以用逆向归纳法求解精炼纳什均衡，逆向归纳的过程实际上就是重复剔除劣战略的过程，其前提是博弈规则和理性共识。精炼纳什均衡剔除了不可置信的威胁，使得我们可以更合理地预测博弈中参与人的行为。

要想把不可置信的结果博弈为可信的结果，其主要的方法就是承诺，法律和合同等都是一种承诺。承诺意味着限制了自己的自由，选择少，反而对自己有好处。而且自我约束能力越大，别人就越相信你。人们为什么会受骗？因为人们一般愿意相信对自己有利的结果，相信了承诺，因此使不可置信的行为变成了可信的结果。

四、重复博弈与信誉

重复博弈理论的最大贡献是对人们之间的合作行为提供了理性解释。在囚徒困境中，一次博弈的唯一均衡是两人都坦白，但是如果博弈无限重复，每个参与人就会根据对其他参与人在过去博弈中选择的观察和判断，采取多个可以选择的战略，通过参与人之间建立信誉，最后的纳什均衡就是两人合作都不坦白。重复博弈各阶段之间没有物质上的联系，所有参与人能够观察到博弈过去的历史，他们的总支付是所有阶段博弈支付的贴现值之和。

重复博弈的合作是有条件的。给定的重要程度，不合作的一次性诱惑$(R-T)$相对于合作带来的利益$(R-P)$越小，合作的可能性越大。若给定不合作的诱惑和合作带来的利益，未来越重要，合作的可能性越大。如果参与人对未来足够重视，即δ足够大，那么任何程度的合作都可以通过一个特定的子博弈得到精炼纳什均衡。

同时，重复博弈的合作是靠惩罚来维持的。最大合作战略是使用最严厉的和可信的惩罚，如果惩罚对于惩罚者本身的损害太大，那么惩罚就是不可信的。第三方实施的惩罚是有效的，但是，第三方对欺骗者实施惩罚的同时，自己可能丧失合作带来的好处。另外，对于垄断企业的惩罚是不可信的。在确定的条件下，惩罚越严厉越有助于合作，但在不确定的条件下，即使每个参与人都选择合作，坏的结果也未必不会出现，如果总是触发惩罚，就可能冤枉好人，过重的惩罚反而导致不合作，但是如果总是原谅，合作也不会发生。

　　多重的交易关系和工作之外的社会关系，都可能促进合作行为。一般来讲，市场交易常常镶嵌在复杂的社会关系中，这种关系可以提高交易的合作程度，这也是人们愿意发展社会关系的主要原因。

　　树立良好的信誉需要相对确定的环境、重复博弈的过程和足够的耐心。一次性的博弈需要法律，重复博弈可能不需要法律，而需要信誉。信誉是有价值的无形资产，价值链本身是一个责任链，它需要信誉的支撑，信誉是长期积累而形成的，建立信誉要忍受住短期利益的诱惑。

五、逆向选择与信号传递

　　非对称信息是交易双方一方知道而另一方不知道的信息，可以分为事前非对称和事后非对称。出现不了帕累托改进，就是信息不对称造成的。信息不对称可能会导致潜在的交易不能进行，解决信息不对称的办法之一是创造品牌。品牌就是让生产者说真话的机制，因为品牌意味着欺骗将会受到惩罚。个人的名声也是一种品牌。信息不对称程度越大，品牌的价值就越大；品牌的价值越大，其与竞争优势的相对重要性越大。品牌是建立在产业链的终端，越是高收入区的居民，越是相信品牌的价值，他们相信品牌产品就是高质量的产品，因为产品质量越高，消费者就越愿意进行购买支付。

　　解决信息不对称的办法之二是政府管制。从需求的方面看，企业越不讲信誉，政府的管制就越多；从供给的方面看，最初的管制有助于信誉的建立，但是有一个均衡点，当超过这个均衡点时，政府管制越多，企业越不讲信誉。因为，首先更多的管制，带来更多的自由裁量权和更大的不确定性，未来越不可预测，企业就越追求短期行为；其次，管制创造垄断租金，惩罚更不可信，带来信誉的价值降低；再次，管制引起腐败，企业贿赂政府官员比贿赂投资者和客户更合算；最后企业有问题，就把责任推卸到政府。因此管制太多，就会带来企业信誉低下。目前建立一些行业协会是比较好的办法。

　　信号传递是拥有私人信息的一方，为了获得交易带来的收益，通过一定的行为选择，向没有私人信息的一方，主动揭示自己的真实情况。信号传递可以避免混同均衡，达到分离均衡的效果，教育的重要功能就是为了传递信号，从而达到分离均

衡，关键是不同类型的人传递信号的成本不同，只有成本差异足够大，才有可能传递信号。广告的高成本造成低质量的产品不敢轻易做广告。如果是完全的分离均衡，每类人的行为都是特定的；如果是混同均衡，所有人的行为不是一样的；如果是准分离（混同）均衡，有些行为传递信息，有些行为不传递信息；如果由于信息不完全等外部因素导致社会由分离均衡转向混同均衡或准分离均衡，社会规范就会发生变化。

逆向选择与信号传递的目的就是要让人在博弈中尽可能地说真话，那么，就必须让敢于说假话的人付出很大的代价。

第二章　管理经济学基础

本章内容由北大光华管理学院副院长兼 EMBA 中心主任武常岐教授讲授。武教授兼任北大战略管理系主任及教授，他研究的领域包括产业经济学、企业监管、公司竞争战略与国际商务。他对中国工业中的企业集团、乡镇企业的出口竞争力、中外合资企业合同的结构，转型经济中的企业战略，企业兼并重组和产业结构调整等课题进行过专门研究。正在主持国家自然科学基金会重点项目"中国企业国际化发展战略"的专题研究。

一、管理经济学概念

经济学是关于选择的科学，它的分析基础就是把所有的人假设为是理性的和聪明的，因此，分析的出发点是理性的经纪人，他们知道自身的利益所在，能够做出实现自身最大利益的选择，他们的选择行为会随着激励条件和约束条件的变化而变化。宏观经济学是研究经济体系的结构、波动和影响经济运行的政府政策的科学，而微观经济学是研究经纪人、包括企业和个人行为的经济学。

管理经济学是用微观经济学的分析方法和工具帮助管理者研究和解决企业管理中遇到的组织内外部实际问题的科学，它是帮助我们分析市场、揭示市场内部深层次复杂关系的工具。管理经济学回答的主要问题包括：市场是如何运作的？企业选择进入哪个市场？如何在市场中参与竞争？市场和企业的界限如何划分？如何选择企业的治理结构？如何有效地激励员工？

二、供求关系与市场理论

（一）需求理论

需求是指消费者在考虑收入的条件下，购买满足自己消费欲望的各种商品的行为。单一消费者的需求受许多方面因素的影响，包括：收入、价格、消费成本、广告和替代品等。

需求曲线表示：在其他非价格因素不变的情况下价格与需求量的关系。需求曲线向下倾斜表示：价格越低消费者购买数量越大。每一件产品对于消费者的价值，随着其消费量的增加而减少。产品的价格发生变化，其市场需求量可以体现在需求曲线上相应点的变化。

1. 需求曲线

需求曲线是表明产品购买数量与价格之间相对关系的曲线。一般是一条对数曲线，随着需求量的不断增加，其产品价格在降低，降低的速度由快逐渐变慢。需求曲线图如图 2-1 所示。

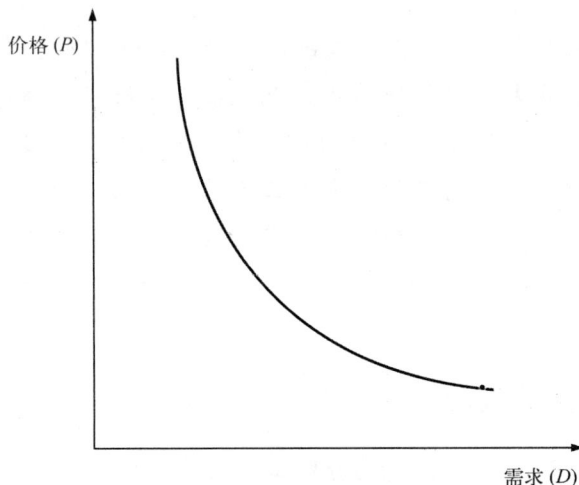

图 2-1　需求曲线图

2. 需求量的变动

非价格因素发生变化致使需求曲线平移。如收入、相关产品的价格、消费者对未来的预期与市场推广和广告等作用的变化，则导致需求曲线向左右方向平行移动。市场需求将受到市场规模的影响。需求量变动图如图 2-2 所示。

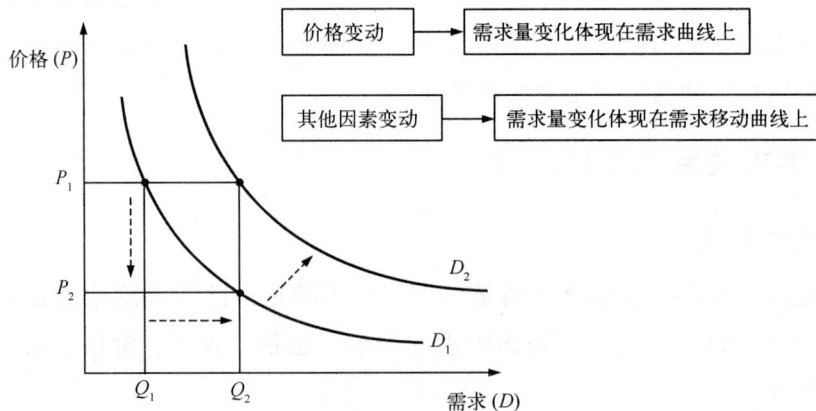

图 2-2　需求量变动图

（二）供给理论

在市场需求分析的基础上，企业为了追求利润最大化的目标而进行生产决策。在管理经济学中，企业生产决策的核心工作就是进行产品供给能力的分析，而企业产品的供给能力主要取决于产品生产的成本、产量和价格，从而能够实现企业追求利润最大化的目标。

生产过程是指企业通过对不同的生产要素（包括：劳动力、资本投入、技术和管理技能等）进行组合，生产出对社会有价值的产品的过程。成本曲线就是把企业生产过程的技术和经济关系通过图形或生产函数的方式方法描述出来，它反映的是产品生产数量（Q）与发生的生产成本（C）之间的关系。成本曲线图如图 2 - 3 所示。

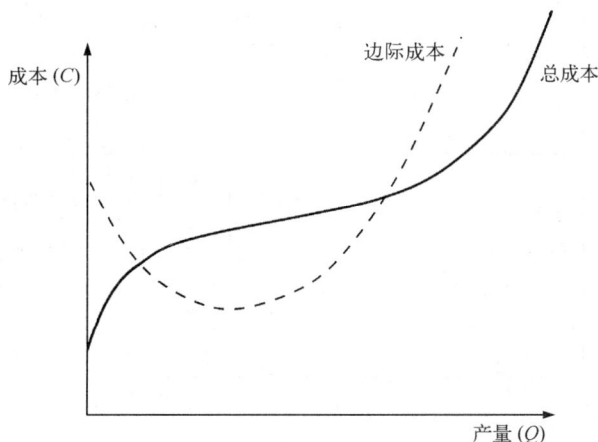

图 2 - 3　成本曲线图

1. 成本曲线

在一定时间里，如果调整生产规模，难以改变投入的生产要素为固定投入，而可以改变的生产要素投入为可变投入。因此：

$$生产总成本（TC）= 固定成本（FC）+ 可变成本（VC）$$

边际成本（MC）为生产者多生产一件产品所需要增加的成本。由于固定成本与产量无关，所以固定成本的大小对边际成本没有影响。边际收益（MR）是企业多生产一件产品而得到的收益增量，企业产量的变化会直接影响边际成本。

机会成本是指做一个选择后所丧失的不做该选择而可能获得的最大利益。任何决策都必须做出选择，被舍弃掉的选项中的最高价值即为这次决策的机会成本。沉没成本是指企业已经发生但不可回收的成本。机会成本和沉没成本对于企业决策至关重要，但难以在财务报表中体现出来。企业可以利用规模经济、经验经济、范围经济、时间经济来降低成本，提升企业市场的竞争力。

企业对于产品产量的决定，就是企业的生产决策。在竞争的市场里，企业难以取得市场对产品的定价能力，但是企业却能够选择使得公司利润最大化的产量，因为，产量的变化直接影响到企业利润的高低。因此，企业的生产决策必然遵守边际成本等于边际收益的原则，只有这样才能实现企业利润的最大化。

2. 供给曲线

供给曲线描述的是产量与成本之间的关系，也是市场价格与供应量之间的关系，它是边际成本曲线递增的那部分 $\overline{OS}$，即曲线上升的部分，由于边际收益递减规律的作用，供给曲线向上倾斜。

只有在边际成本曲线上升部分的利润可能为正。任何非产量的变动所引起的成本变动都将会使供给曲线上下移动。供给曲线图如图2－4所示。

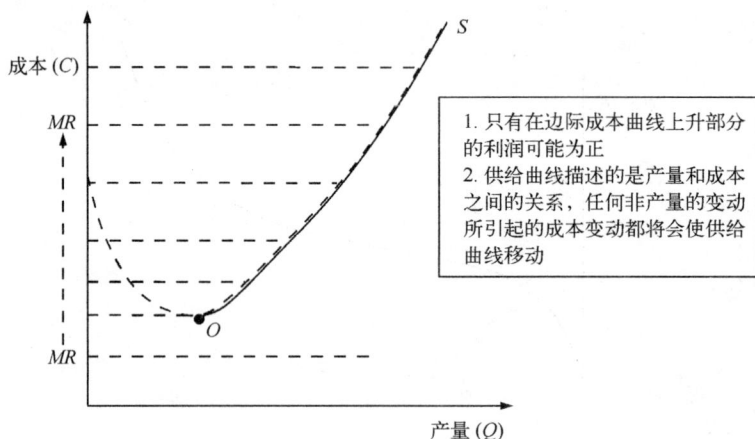

图2－4　供给曲线图

3. 生产决策曲线

生产决策曲线，遵循利润最大化决策原则。生产决策曲线图如图2－5所示。

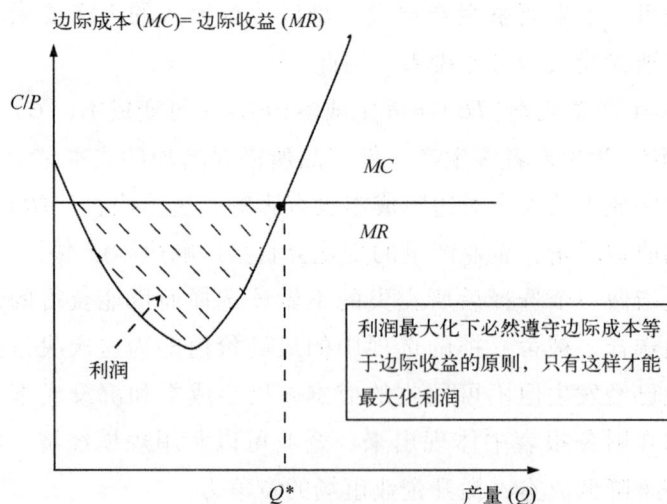

图2－5　生产决策曲线图

在边际收益(MR) = 边际成本(MC)时利润最大；

在产品价格(P)≥平均总成本(ATC)时企业盈利；

如果平均可变成本(AVC) < 产品价格(P) < 平均总成本(ATC)，企业有亏损，但是短期内应继续生产；

如果产品价格(P) < 平均可变成本(AVC) < 平均总成本(ATC)，企业应该停止生产。

(三)市场理论

西方市场经济理论强调：市场经济要以完全竞争的市场条件为前提。市场中无数的买家和卖家之间的供求关系共同决定了产品的市场价格，市场机制通过价格变化实现对于稀缺资源的有效配置，任何价格的变动都要从影响供给和需求的因素中去寻找。市场外部条件的变化，对于价格的影响取决于需求弹性和供给弹性。

在完全竞争的市场条件下，价格机制形成的供给曲线和需求曲线的交点，决定了社会资源的最佳配置，即市场均衡。当买家和卖家出现信息不对称等现象时，市场干预——这只市场中看得见的手将发挥政府对市场的干预，或者实施产品价格的保护作用，但是，对于完全竞争市场的干预，会造成社会资源的浪费。市场均衡图如图2-6所示。

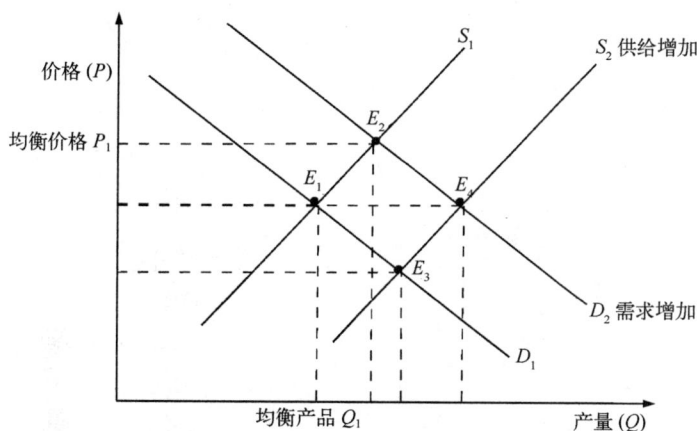

图2-6 市场均衡图

企业在开发市场时，除了与竞争对手竞争外，还要注意现在的自己与未来的自己之间的竞争，开发新市场与维护旧市场之间的竞争。

1. 完全竞争的市场条件

众多的买家和卖家参与市场竞争；

所有买家销售同质的产品；

买家和卖家自由进入和退出市场；

完全的信息对称。

2. 长期条件下的市场均衡

边际收益(MR) = 边际成本(MC);

产品价格 = 长期平均成本;

利润 = 0

潜在的竞争者没有理由进入，现在的参与者没有理由退出;

市场在长期均衡下出现滞胀。

第三章　宏观经济与政策分析

　　"宏观经济与政策分析"课程由北京大学光华管理学院应用经济学系主任龚六堂教授讲授。龚教授主要从事宏观经济管理、公共财政、动态经济学以及中国经济等相关方面的研究工作，目前正在主持国家教育部人文社会科学事务规划项目、国家社会科学基金项目、国家自然科学基金项目和国家自然科学基金杰出青年基金项目以及香港研究会基金项目等。

　　龚六堂教授根据当前世界经济危机产生的现象，紧密结合中国经济的实际情况和在世界经济中的作用，生动地为我们解答了一些经济方面的困惑。

一、宏观经济学概述

　　经济的本质含义是管理稀缺性资源。经济学就是研究社会、企业、个人和政府如何管理和配置稀缺性资源的科学。凯恩斯(Keynes)讲到：经济学理论并没有提供一个可以直接用于政策的无可争议的结论，它是一种方法而不是一种教条，它是一种思维工具，可以帮助掌握了这种工具的人得出正确的结论。

（一）经济学的十大准则

1. 成本有得必有失；
2. 决策往往是困难的；
3. 理性的思考总是围绕着边际成本和边际效益；
4. 必要的激励是有效的；
5. 贸易应该是互利的；
6. 市场是贸易经济行为的平台；
7. 政府有时可以改善经济效果；
8. 生活水平主要依靠国家的产出；
9. 增加货币发行量会促使产品价格上涨；
10. 社会面临短期两难的问题是失业率和通货膨胀。

（二）宏观经济学研究的内容

　　经济学最基本的宏观问题是：如何使经济持续增长？经济为何会出现周期性震荡？政府的货币政策(利息、信贷规模和传导机制等)和财政政策(增加开支和减税)对经济的影响如何？经济增长是否就意味着经济发展？因此，宏观经济学研究的主要内容是通过决定经济内生变量、并给出这些变量之间的关系和外生变量对内生变量的影响，预测经济发展趋势，解释经济现象，并对经济政策进行评价。内生变量之间的关系可以用奥肯（Okun）法则和菲利浦斯（Phillips）曲线等方法来研究。

1. 内生变量

内生变量包括：经济收入 Y（GDP）、消费 C、投资 I（形成资本 K）、就业 L、净出口 NX[$NX=$出口（X）－进口（M）]，以及对应的价格水平 P、利率 r、工资 W 和汇率 E。

2. 外生变量

外生变量包括：政府政策变量、经济参数和国外经济变量等。政府政策变量如政府公共支出 G、税收 T、货币供给等；经济参数如技术冲击 A、偏好参数、制度变量等；国外经济变量如国外通货膨胀、国际石油价格等。

（三）国民收入的度量

1. 国内生产总值 GDP

国内生产总值是一个国家在给定的期限内在国内生产的所有最终产品和服务的市场价值。它强调属地产出，主要体现的是国内生产经济活动中合法进入市场销售的部分，不包括家庭生产活动中不进入市场的生产和服务，如人道主义劳动和家庭劳动等；也不包括地下市场交易，如黑市交易等。

国内生产总值 GDP（Y）＝私人消费（C）＋投资（I）＋政府支出（G）＋净出口（NX）

以基准年度价格计算的 GDP 为实际 GDP，以当年价格计算的 GDP 为名义 GDP。

2. 国民生产总值 GNP

国民生产总值强调要素产出，是最重要的宏观经济指标，是国家所拥有的生产要素所生产的最终产品和服务价值的总和。

国民生产总值 GNP＝GDP－国外要素在国内的产出＋国内要素在国外的产出

（1）发达国家：GNP＞GDP；

（2）发展中国家：GNP＜GDP。

3. 财富

一个国家的财富一般包括：可再生的资本、人力资本、技术资本、土地等其他自然资源和环境资源。

4. 消费者价格指数 CPI

消费者价格指数 CPI 反映消费者所购买的商品与服务的整体支出水平。通货膨胀反映的是市场整体消费者价格指数的上升情况，即反映在给定时间内消费者价格指数 CPI 的变化。消费者价格指数 CPI 的计算：

首先确定哪些商品对消费者最重要，然后确定每类商品的权重；其次找出所选商品的市场价格；最后比对基准年所选商品的市场价格，按照食品、烟酒及用品、衣着、家庭设备用品及服务、医疗保健和个人用品、交通和通信、娱乐教育文化用品及服务、居住（房租价格）八大类商品的权重计算不同时刻的价格改变。

在消费者价格指数 CPI 的计算中，代表性商品选择不同，则 CPI 的计算结果不同，通常食品和能源的影响较大，一般权重较高。但是，新旧商品的差别以及商品的质量因素无法考虑。另外，CPI 的时间差异性强，由于种种原因，有时不能准确地反映通货膨胀的实际情况。

5. 通货膨胀率

通货膨胀率（Inflation Rate），是货币超发部分与实际需要的货币量之比，用以反映通货膨胀、货币贬值的程度；而价格指数则是反映价格变动趋势和程度的相对数。

通货膨胀率计算：

第 n 年的通货膨胀率 $=$ [第 n 年的 CPI $-$ 第 $(n-1)$ 年的 CPI]/第 $(n-1)$ 年的 CPI

6. 工业品出产价格指数 PPI

工业品出产价格指数包括生产资料和生活资料价格水平的变化。工业品出产价格指数 PPI 与 CPI 关系很大，它比 CPI 更敏感，且相对波动更大。一般滞后半年传导到 CPI。

中国改革开放后曾经经历过三次通货膨胀，第一次是 1988 年，CPI 同比达到 15%～20%，当时采取了紧缩的财政政策后价格回落；第二次是 1993 年，CPI 同比达到 25%，当时采取了货币政策和财政政策双管齐下后价格回落；第三次是 2007 年，CPI 同比达到 8.7%。1997～2006 年，CPI 同比达到 5% 左右时，国家采取了合理的货币政策和财政政策，使通货膨胀得到了有效控制。调整货币政策不能起到调整结构的作用，而财政政策可以达到调整结构的目的。

7. 总需求（AD）与总供给（AS）

总需求与总供给图如图 3-1 所示。

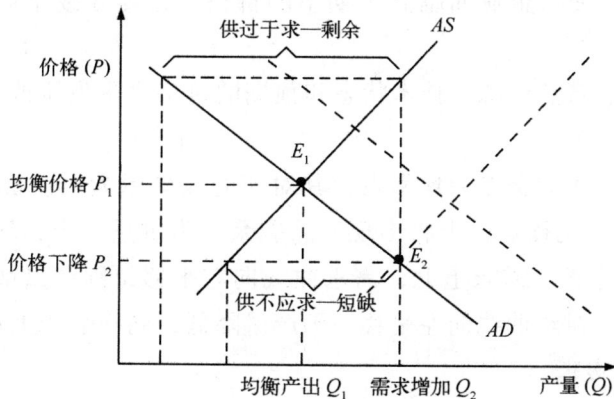

图 3-1　总需求与总供给图

（1）总需求曲线（AD）给出了经济中家庭、企业与政府购买的商品与服务的总数量，又称凯尔斯曲线。即：

$$Y = 私人消费（C） + 投资（I） + 政府支出（G） + 净出口（NX）$$

AD 曲线向下倾斜，将会带来：

①财富效应——价格与消费：价格下降，让消费者感觉自己更富有，消费者更容易增加支出，从而使整个经济社会的商品与服务需求增加。

②利率影响——价格与投资：价格下降，实际利率下降，从而投资增加，而投资的增加意味着商品与服务的需求增加。

③汇率影响——价格与进出口：国内价格水平的降低导致国内的利率水平降低，从而导致国内货币贬值，刺激出口贸易，出口的增加意味着商品与服务需求的增加。

如果私人消费 C、投资 I、政府政策支出 G 和净出口 NX 增加，社会整体总需求增加，则 AD 曲线将平移。如果货币供应发生改变，即中央银行增加货币供给，在给定的价格水平下增加了产品的需求，则 AD 曲线右移，反之亦然。如果政府改变财政政策，从长期来看影响投资、储蓄和经济增长，从短期来看影响 AD 曲线，即政府公共支出的改变，对国家经济有乘数效应和挤出效应。乘数效应有放大作用，而挤出效应正好相反，将引起私人消费和投资的降低。如果税收改变，即政府减税，将会带来消费者收入增加，储蓄和消费增加，则 AD 曲线右移。

（2）总供给曲线（AS）给出了企业提供的所有商品与服务的数量，又称卢卡斯曲线。

AS 曲线向上倾斜将会带来：

①感知错误——价格的改变暂时让供给者错误地造成商品与服务的下降。

②工资刚性——名义工资在短期内是不变的，价格下降，意味着公司的利润降低，但工资水平不会立即调整。

③价格刚性——使得企业面临高于期望的价格，这样导致企业降低销售，从而减少生产。

如果劳动成本、自然资源、技术状态和预期的价格水平发生改变，则 AS 曲线将在短期内发生平移。

AD 曲线和 AS 曲线的交点为均衡点，其对应的纵坐标为均衡价格 P_1，对应的横坐标为均衡产量 Q_1。均衡点以上将出现产品剩余，为供过于求；均衡点以下将处于产品短缺，为供不应求。需求上升，需求曲线向右平移，则产量增加，将会出现新的均衡；供给下降，供给曲线向左平移，则产量降低，同样会产生新的均衡。

8. 失业与通货膨胀

长期与短期菲利浦曲线如图 3-2 所示。

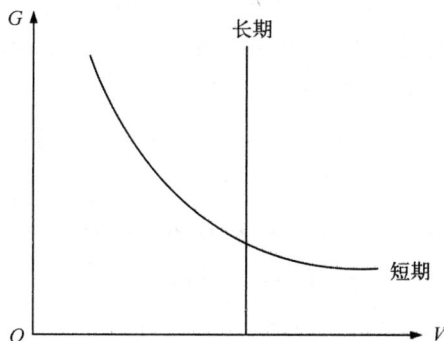

图 3 - 2　长期与短期菲利浦曲线

（1）短期菲利浦斯曲线表明通货膨胀与失业率之间是负相关关系。

当政府提升对商品和服务的需求，经济总的产出增加，即 AD 曲线向右平移，可以降低失业率，但是却带来价格水平的增加，可能提高通货膨胀。

当政府紧缩需求，经济总产出降低，即 AS 曲线向左平移，可以降低通货膨胀，但是却可能加大失业率。因此，为了降低通货膨胀，央行采取紧缩的货币政策，随之而来的是降低总需求，也就是降低了厂商生产的产品和服务数量，使得短期内失业率增加。

（2）长期菲利浦斯曲线表示通货膨胀与失业率无关。

因为，扩张的经济政策使得经济沿着菲利浦斯曲线上移，失业率在下降，但是，从长期来看预期的通货膨胀上升，又导致短期菲利浦斯曲线右移，使得失业率增加；紧缩的货币政策使得经济沿短期菲利浦斯曲线下移，导致失业率上升，但是，从长期来看预期的通货膨胀降低，使得短期菲利浦斯曲线左移，使得失业率降低。所以，从长期菲利浦斯曲线可以得知通货膨胀与失业率无关。

统计表明：降低通货膨胀是需要成本的。通货膨胀降低 1%，失业率上升 2%，从而实际 GDP 比潜在 GDP 低 4%。政府为了维护社会稳定，主要工作着眼于短期行为，它的唯一目标就是稳定物价，控制通货膨胀的发生。但是，政府不需要在通货膨胀面前大惊失色，可以适当地允许有通货膨胀，中国应该适当控制在 8% 以下。

政府可以适当使用财政政策，而慎用货币政策。因为货币政策不易调整，而财政政策容易调整。

二、货币政策的传导机制及执行程序

1. 货币供给

货币供给（M）= 市场中的现金 = 通货（C）+ 活期存款（D）（若没有银行，D = 0，则 M = C）。

银行准备金（R）：银行得到但没有贷放出去的存款。

银行的负债包括存款，其资产包括准备金和贷款。

中央银行控制的基础货币(B) ＝ 市场中的现金 ＝ 通货(C) ＋ 银行准备金(R)

各种银行规则控制的准备金率(rr) ＝ 银行准备金(R)／活期存款(D)

由消费者偏好决定的现存率(cr) ＝ 市场中的现金 ＝ 通货(C)／活期存款(D)

货币总供给公式：

$M/B = (C+D)/(C+R) = (C/D+1)/(C/D+R/D) = (cr+1)/(cr+rr)$，

则：$M = [(cr+1)/(cr+rr)] \times B = m \times B$

其中：货币乘子为m，且$m = (cr+1)/(cr+rr)$

因为：准备金率(rr) ＜ 1，所以：货币供给(M) ＞ 基础货币(B)。

如果：现存率(cr)上升，则：货币供给(M)下降；

如果：准备金率(rr)上升，则：货币供给(M)下降。

虽然中央银行较容易控制基础货币(B)，而且能够部分控制准备金率(rr)，但是，现存率是由公众行为决定的，比较难以控制，因此，中央银行难以绝对控制货币供给。

狭义货币(M_1) ＝ 进入流通的现金 ＋ 活期存款

广义货币(M_2) ＝ M_1 ＋ 定期存款 ＋ 外币存款 ＋ 货币市场共同基金

2. 货币政策的传导机制

货币政策可以通过利率、资产价格、信用和汇率渠道进行传导。

传统的凯恩斯($AD-AS$)观点告诉大家：货币政策带来的市场货币供给增加，就会导致利率下降，银行存款利息吸引力下降，从而导致耐用品和居民住宅消费上升。

货币政策带来的市场货币供给增加，使得银行存款的一部分资金流入股市和地产市场，导致股价和房价上涨，从而产生财富效应，使财富拥有者增加消费自信。同时，也使得银行抵押品价值上升，银行更乐意借贷。

货币政策带来的市场货币供给增加，引起资产价格上涨，增加了企业和借贷方的净值，企业的实际债务负担减轻了，企业的贷款信用上升，从而降低了银行贷款的逆向选择和道德风险，同时，银行具备了更多的可贷资金，改善了现金流，从而带动了更多的投资、消费和产出。

在浮动汇率机制下，宽松的货币政策使得本币贬值，于是刺激净出口增加，从而总产出增加。

3. 货币政策的执行程序

货币政策的执行按照以下四个法则执行，即：常数货币供应增加率法则、名义GDP目标法则、通货膨胀目标法则和泰勒法则。

（1）常数货币供应增加率法则是货币主义者积极倡导的法则，他们强调货币供应应该按照稳定不变的比率增加。

（2）名义GDP目标法则是以名义GDP为目标，如果名义GDP增长低于目标增长，则采取增加货币供应的政策；如果名义 GDP 增长高于目标增长，则采取减少货币供应的政策。

（3）通货膨胀目标法则是以中央银行制定的通货膨胀为目标，如果实际通货膨胀高于目标值，则减少货币供给，否则相反。

（4）泰勒法则（The Taylor Rule）的分析不仅考虑了通货膨胀，而且还考虑了实际 GDP 与潜在 GDP 差别带来的影响，是实施货币政策之前的重要分析工具。

$$名义利率(r_{ff}) = 2 + 0.5(\pi - 2) - 0.5(GDP\ Gap) = i_{ff} - \pi$$

其中：i_{ff} 为实际利率，GDP Gap 为实际 GDP 与潜在 GDP 差的百分比，即：

$$GDP\ Gap = (Y_1 - Y)/Y \times 100\%$$

其中：Y_1 为实际 GDP，Y 为名义 GDP。

所以，实际利率（i_{ff}）$= \pi + 2 + 0.5(\pi - 2) - 0.5(GDP\ Gap) = 1 + 1.5\pi - 0.5GDP\ Gap$

通过实际利率和通货膨胀的比较来判断实施怎样的货币政策。

4. 国际货币体系

国际货币体系的演变过程经历了国际金本位制、布雷顿森林体系和牙买加体系。

（1）国际金本位制

国际金本位制大约形成于 19 世纪 70 年代，到 1914 年第一次世界大战结束，它的交易制度、交易习惯和国内法律是在国际市场经济交易中缓慢发展起来的，反映了英国在世界经济和国际贸易中的支配地位。

当时黄金是国际货币，各国货币规定含金量作为兑换基础，国内货币供应量受到黄金储备的制约，它的主要特点是黄金自由铸造、自由兑换和自由进出口。

金本位制下的汇率安排机制是典型的固定汇率制，自发安排，通过市场自动调节，汇率波动以法定评价为基础，按照供求关系上下波动，但是波动限度受黄金输送点限制。虽然黄金是国际储备货币，但是在运行中英镑事实上发挥了同等作用，成为最广泛的贸易结算工具，进而成为各国中央银行货币储备的一部分或者全部。国际收支调节机制按照物价铸币流动机制自动调节，逆差国货币供应下降，物价水平下降，提高了本国商品的国际竞争力，进口减少而出口增加，直至国际收支达到平衡；反之亦然。

黄金作为一种自然资源，生产和供应具有不稳定性，一方面使得其价格动荡，动摇其作为稳健货币的基础，另一方面不能适应世界经济和贸易快速增长发展的需要。在对外平衡与国内经济稳定之间存在矛盾，一国国际收支不平衡时，必须付出通货膨胀或者经济紧缩的代价，影响国内的经济福利。

同时，金本位的运行缺乏国际监督和保障机制，仅仅依靠各国自发承认，国内经济服从对外平衡的运行规则。

（2）布雷顿森林体系

1944 年 7 月，在美、英两国的推动下，同盟国在美国布雷顿森林召开国际货币金融会议，通过了《国际货币基金组织协定》，建立起布雷顿森林国际货币体系，直到 1971 年，美国总统尼克松宣布美元停止兑换黄金而解体。它是一种国际协定安排，反映了美国的政治经济霸权。

当时规定了美元黄金官价，即：1 美元 = 0.888671 克黄金。参加国的政府和中央银行可按照官价将持有的美元向美国政府兑换黄金，参加国货币与美元挂钩，以美元的含金量为平价确定兑换率或者直接规定比价。它的主要特点是美元与黄金挂钩，成员国货币与美元挂钩，实行可调整的固定汇率制度。

由于实行"可调节的钉住汇率安排机制"，各国货币按比价直接盯住了美元，平价汇率一经确定不能随意更改，汇率波动上下限各为 1%，各国货币当局有义务维护波动界限，参加国汇率变动接受国际货币基金组织统一安排和监督，国际收支出现根本性不平衡时，可要求变更汇率，幅度在 10% 以内自行调整，幅度超过 10% 的需经过国际货币基金组织批准。同时，以黄金为基础的美元成为主要国际储备货币，美国保证提供用于国际储备和国际支付的美元，保证各国按官价向美国兑换黄金，国际货币基金组织创设特别提款权补充黄金和美元作为国际货币储备。参加国发生暂时性支付危机时，可按照国际货币基金组织的份额以贷款方式向国际货币基金组织借贷，以平衡其国际收支，每年借贷不得超过其份额的 25%，累计借贷不得超过 125%。但是，美元对外负债增长快于美国黄金储备增长，造成美元兑换黄金的金本规则无法执行。随着世界经济的快速增长，美国陷入了既要保证参加国不断增长的对美元储备的需求，又要面临黄金因为生产因素的原因而供应不足的两难困境。

布雷顿森林国际货币体系存在着固定汇率刚性和参加国国际收支调节的不对称性。为了维持汇率波动幅度，参加国无论顺差还是逆差都必须积累一定数量的美元储备，特别是逆差国要牺牲其国内经济目标。然而美国却例外，它还可以通过输出美元弥补逆差，这种不对称性造成了各国利益矛盾。这些缺陷伴随着美国经济的相对衰落逐步暴露出来，美元危机频频爆发，货币体系运行的前提和规则遭到破坏，在采取各种挽救措施无效后，最终于 1971 年停止了运行。

（3）牙买加体系

1973 年，第一次石油危机爆发，西方经济陷入混乱，浮动汇率却在衰退和混乱中表现良好。1975 年，西方六国在首次首脑会议上纷纷表示接受现实，放弃重建固定汇率的尝试，形成决议，要求国际货币基金组织修改章程，承认浮动汇率。1976年，国际货币基金组织理事会通过《牙买加协定》，正式承认了既成事实的浮动汇率，开始了牙买加体系时代。

牙买加体系的本位机制是国际美元制，美元与黄金脱钩，黄金不再是平价基础，美元是国际货币体系中心货币。同时国际货币多样化，各主要工业化国家直接将货币盯住美元，各国不再就黄金问题对国际货币基金组织履行义务。各国可以根据情况自行作出汇率安排，汇率体系容纳单独浮动、联合浮动和盯住某一货币等混合安排。美元是最重要的国际储备货币，日元、马克（后来的欧元）、黄金和国际货币基金组织特别提款权作为补充。参加国可以通过基金组织贷款、汇率机制、利率机制、国际政策协调、国际金融市场融资等多种方式调节国际收支平衡。国际货币越来越趋于多样化。

但是，牙买加国际货币体系的本位机制受美国经济和美元信用影响较大，由于自20世纪70年代以来美国经济的实力相对在削弱，国际收支出现大量逆差，美元币值发生变动，导致了各国特别是主要工业化国家的现实利益矛盾，不利于世界经济健康发展。由于汇率体系不稳定，多种汇率制度并存，加剧了汇率体系运行的复杂性，汇率波动和汇率战不断爆发，助长了国际金融投机活动，金融危机风险大增，国际贸易的发展受到一定的影响。同时，国际收支调节机制在多样化的同时也暴露出不健全的一面，比如：汇率调节机制受出口商品弹性限制，利率机制的副作用和商业银行的逐利性竞争导致贷款约束放松，并造成发展中国家的外债积累甚至危机。

现有国际货币体系的不稳定，必将呼唤一个新体系的诞生，无论它是否有理想模式，但肯定是当时世界政治经济实力和权力利益较量的结果，同时，随着中国在世界政治和经济地位的提升，人民币的国际化以及中国元素的作用，必将是一个不争的现实。

三、财政政策的分析与实施

财政政策研究的对象是政府，研究在经济活动中政府的角色与作用。政府是市场规则的制定者，同时也是市场的管理者和规则的维护者。政府的公共支出，对收入、商品和服务的收税，以及发行政府债券等财政措施，直接影响着市场经济发展的走向。

没有政府干预的纯市场经济依靠市场中看不见的手——商家共同认定的市场规则起作用，而有政府介入的市场经济是依靠市场中看不见的和看得见的两只手在起作用，如图3-3和图3-4所示。

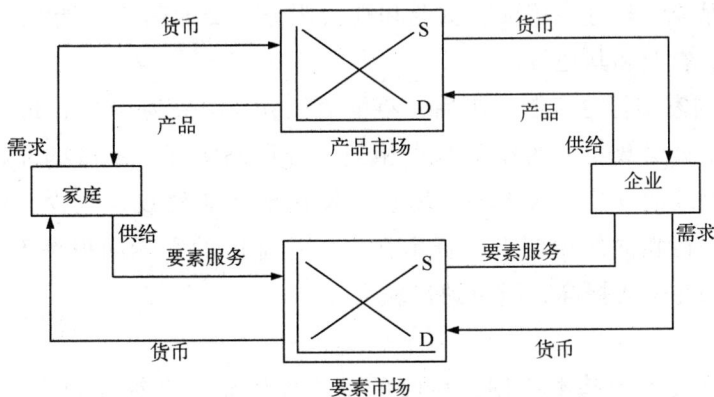

图3-3 完全自由的市场经济体系

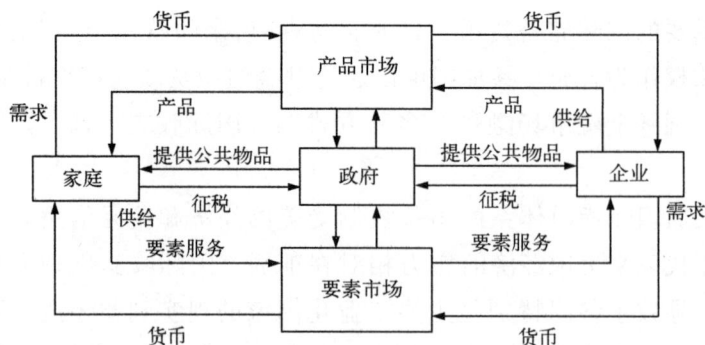

图 3-4 政府参与的市场经济体系

在经济活动中，由于国家体制和机制的不同，政府的主要功能与角色定位就有所不同。中国的计划经济阶段，中央财政是计划机制的体现，是政府分配资源的工具，全国的财力集中在中央，然后分配到各地方、各行业、企业和个人。在有计划的商品经济阶段，中国在计划经济的基础上，在财政政策和税收方面进行了一定程度的有利于市场行为的改革。在实行社会主义市场经济改革以来，资源配置主要依靠市场，政府财政仍然具有一定的资源配置、收入分配和稳定经济的职能。在中国的市场经济活动中，政府首先要利用财政政策，再结合具体情况采用必要的货币政策。

1. 财政收入和支出

中国的财政政策包括财政收入政策和财政支出政策，以及财政缺口政策。财政收入主要包括收入的大小（占 GDP 的份额）、来源（税收的构成）、中央政府与地方政府的收入和预算外收入等。财政支出主要是政府公共开支，政府公共开支按照经济类型可分为消费类的经常性项目的开支和投资类的资本性项目的开支两种。经常性项目开支包括购买商品和服务、支付工资、支付利息和补贴等，资本性项目开支包括证券投资、土地和资本转移等。如果按照政府职能可分为社会保障、国防、健康与医疗、收入保障、教育、培训、就业和社会服务、交通运输、能源、环境、科技、一般政府开支、农业和其他等。

1993 年，国家实行分税制政策后，将增值税分为中央为65%，地方为35%，地方财政收入与中央财政收入的比重基本相当，分税制实行后地区的非税收入具有显著差异，地方财政的预算外收入大幅增长，发达地区非税收入较少，而不发达地区非税收入较多。在相同的税制下，资本在不发达地区的实际回报率不高。同时，地方政府的支出却在逐年提高，财政缺口较大。

2. 税收

税收是财政政策的基本应用，税收的基本原则是：平等性原则、确定性原则、便利性原则和最小征收费用原则。税收可以调控社会总需求，促进财政投资，从而促进经济增长；可以通过资金安排、税收政策和再就业中心建设促进社会就业；可以支持农业、基础设施和基础产业发展，支持第三产业，从而促进经结构优化；同时，可以完善工资制度，支持社会保障事业，从而起到调节收入分配的作用。

（1）商品税：按照 1927 年的 Ramsey 法则，最优税率的大小是商品的需求弹性的倒数。

（2）收入税：这是中央政府的主要税种，按照 1947 年的 Vickery 和 1971 年的 Mirrlees 给出的法则，边际税率与消费者的收入能力有关，对于不同的消费者和不同能力的人收取不同的税收。这就是著名的"S"形最优税收函数，高、低收入能力的人鼓励劳动，要少收税，而中间收入能力的人要多收税。

（3）利息税：主要目的是刺激消费，促进私人投资。

（4）房产税：主要目的是调节房地产价格和房地产投资规模。

（5）中国税收中的问题：

中国的商品增值税占全部税收的 40% 以上，目前主要是生产型增值税，大部分服务未收增值税；企业所得税占 GDP 的比例是 3%，仍然较低，而且内外资企业有所不同；个人所得税效率低，仅占 GDP 的 1%。因此，要重新确定新的税率。企业所得税要与转移支付和收入分配机制相结合，而且内外资企业税收要一视同仁；同时，应该把纳税收入简单化，变成劳动收入和资本所得，累进税率级别不易太多。

3. 政府债务

发行债务是政府的重要手段，在世界各国政府中被广泛采用。李嘉图等价定理告诉大家，政府举借公债和收取税收从本质而言是等价的。国家的债务水平为 2/3 较妥，当债务水平没有达到最优时，福利损失就不会超过 1/1000。对于中国经济，即使目前较大规模地发行政府公债，其福利损失也不会超过 1%，要比美国大得多。

美国的国债：2000 年 5.7 万亿美元；2008 年达到 10.69 万亿美元；2016 年达到 19.5 万亿美元。GDP 为 18.6 万亿美元，2016 年负债率为 105%，创历史新高，人均负债 5.8 万美元。哈佛教授肯尼斯·累格夫认为，一旦发达经济体负债，国内生产总值比率超过 90%，那就将释放一个信号：必须要对该国的经济基础因素进行研究审视。

财务政策的可持续性就是要有稳定的负债率，即：债务/GDP。

4. 中国财政政策存在的问题

（1）税收设计复杂：政府财政收入的增长高出 GDP 的增长，税收增长比居民收入增长快，比 GDP 增长的速度快，违背征收原则的重复征税现象严重，征收成本高。

（2）支出结构不合理：社会基本公共支出服务过低，国家在教育和医疗卫生方面的支出占 GDP 的比例，与日本、韩国、新西兰、巴西和印度相比仍然偏低。同时，中央与地方分权不合理，过多依靠地方政府，教育投入 90% 是依靠地方开支，滞后现象造成各级政府都不愿投资教育事业。政府应该加强公共服务开支，减少投资性开支。对于基础设施等鼓励私人投资介入，采取适度的集权，无论从效率还是风险来看，养老、失业等政府性支出，应该由中央政府或省政府统一管理。

（3）收入不平衡：政府层级越低，财政越困难。农村居民的收入增长低于城市居民的收入增长速度。

（4）地方政府向市场寻租严重：因为越贫穷的地方市场发展越不好。

地方财政不平衡带来地方教育投入不平衡，从而导致人力资本不平衡，最终反映出区域差异比较严重。由于地区发展不平衡，收入分配不平衡，从本质上影响了经济增长结构的改善。

四、经济增长的决定因素

1. 经济增长率及70规则

表示某一函数 X 从时间 t 到时间 $t+1$ 的增长率为：

$$[X(t+1)-X(t)]/X(t)\times100\%$$

如果 X 的增长率为 $n\%$，那么，X 翻一番所需要的时间为 $70/n$ 个时期。

1960～1980年，印度的收入增长率为每年1.4%，而韩国为7%，中国近几年的增长率为6.5%～7%；则：印度的收入将每50年翻一番，而韩国的收入将10年翻一番，中国翻一番的速度应与韩国相当。平均而言，一个印度人的收入将相当于他的祖父的2倍，而一个韩国人的收入将相当于他的祖父的32倍。而一个中国人的收入也将与国家的经济增长速度相匹配。

2. 经济增长的动力来源

（1）经济增长的相关因素

1997年，萨拉伊马丁除了起始人均GDP、起始小学入学率及起始预期寿命外，共计考虑了59个自认为与经济增长有一定关系的变量，进行了400万个回归分析，他发现其中只有21个变量对经济增长有显著影响，如表3-1所示。

表3-1 对经济增长有显著影响的21个变量

编号	变量	影响方向	备注
1	儒教所占比例	+	区域变量
2	穆斯林所占比例	+	区域变量
3	拉丁美洲哑变量	−	区域变量
4	非洲撒哈拉沙漠以南哑变量	−	区域变量
5	绝对纬度	+	区域变量
6	佛教所占比例	+	区域变量
7	法制	+	政治变量
8	缺少政治权力	−	政治变量
9	缺少民事自由	−	政治变量
10	革命和政变	−	政治变量

编号	变量	影响方向	备注
11	战争哑变量	–	政治变量
12	开放年数	+	市场扭曲和市场表现
13	黑市汇率利差的波动	–	市场扭曲和市场表现
14	资本主义成分	+	市场扭曲和市场表现
15	汇率扭曲	–	市场扭曲和市场表现
16	设备投资	+	
17	矿业占 GDP 比重	+	
18	初级产品出口（1970 年）	–	
19	非设备投资	+	
20	新教所占比例	+	
21	天主教所占比例	–	

注： + 为增加因素； – 为减小因素；哑变量即为虚拟变量。

与增长关联不强的变量包括政府开支、通货膨胀、通胀的波动、关税限制、民主程度（1965）和城市化比例等。

（2）经济增长的主要动力来源

经济增长的主要动力来源于技术进步带来的全要素生产率的增长、资本投入的增长和劳动力投入的增长三个方面。由于生产函数为：$Y = A \times F(K, N)$，则表示为增长时：

$$\Delta Y/Y = \Delta A/A + a \times \Delta K/K + b \times \Delta N/N$$

其中：$\Delta A/A$ 为技术进步带来的全要素生产率的总增长幅度；$\Delta K/K$ 为资本增长幅度；$\Delta N/N$ 为劳动力增长幅度；a 为 Y 对于资本的弹性；b 为 Y 对于劳动力的弹性；$a + b = 1$，发达国家中，a 小，b 大，不发达国家反之。

2005 年，在美国经济中：$a = 0.36$，$b = 0.64$

$$\Delta Y/Y = \Delta A/A + 0.36 \times \Delta K/K + 0.64 \times \Delta N/N$$

A 如果增加 10%，将导致 Y 增加 10%；K 如果增加 10%，将导致 Y 增加 3.6%；N 如果增加 10%，将导致 Y 增加 6.4%。

2005 年，在中国经济中：$a = 0.6$，$b = 0.4$

$$\Delta Y/Y = \Delta A/A + 0.6 \times \Delta K/K + 0.4 \times \Delta N/N$$

A 如果增加 10%，将导致 Y 增加 10%；K 如果增加 10%，将导致 Y 增加 6%；N 如果增加 10%，将导致 Y 增加 4%。

2006 年，在中国经济中：$a = 0.53$，$b = 0.47$，表示中国经济向好的方向发展。

五、中国经济面临的主要问题

1978 年以来，中国经济增长取得了巨大成就，2007 年世界经济危机的爆发，对中国经济产生了严重的影响。中国深受危机之累，2008 年 9～10 月，工业企业利润年度同比下滑了 26.4%，11 月的出口月度同比下滑了 15%，危机爆发前，中国的财政政策实施举措，旨在控制房价上涨，在危机中又再努力避免引发房价暴跌。2010 年上半年，中国的经济率先走出世界经济危机，经济发展状况虽然有所下降，但是仍然达到了 8% 左右的增长速度。进出口和工业企业利润也在逐步回升。但是经过世界金融危机的洗礼，以及近期以来美国量化宽松政策带来的美元贬值和国内通货膨胀的加剧，中国的经济领域进行了认真的思考，认为在中国经济运营中仍然存在一些深层次的问题需要及时解决：

1. 增长的结构性矛盾还没有解决

中国国内生产总值 GDP 的构成不合理，比其他经济体更加依赖于外贸，经济增长过度依赖对外净出口，消费波动小于出口波动(1/3)，国内消费比重偏低，约 30% 左右，服务业增长相对较慢，所占比重有所下降。中国政府需要降低其外贸出口的依从度，并且通过货币和财政政策增加国内需求。

2. 增长质量有待提高

国内生产总值 GDP 增长与国民生产总值 GNP 增长不相匹配，经济增长与财富增长的比例也不相匹配，资源利用率低下，粗放式的发展并没有带来国家财富的同比增长，个别领域经济的增长是以严重破坏环境和生活质量为代价的。快速增长的房地产价格挤出了私人消费，房地产价格泡沫一旦破灭，将会给银行和政府带来大量潜在的坏账。银行业将住房抵押贷款借贷给企业而被用于股市投机的贷款可能存在潜在的风险。

3. 国家财富分配结构不尽合理

劳动者占国民收入的份额不合理，财政收入的增长与国内生产总值 GDP 和居民收入增长不平衡，国家营业盈余在不断上升，而劳动者的报酬比例却在下降，国富而民不强，国家剥削了劳动者，国家财富主要集中在政府手里，大批老百姓手里并没有钱，对将来的收入没有很好的预期。因此，国民出现高增长情况下的高储蓄和谨慎性消费现象。

4. 贫富差距较大

表示贫富差距的基尼系数从 1978 年以来在逐渐拉大，据不完全统计，世界上 2% 的人拥有 50% 的财富，而中国 5% 的人拥有 80% 的财富。其主要原因：一是起点的不公平，城乡二元体制首先带来初始条件的差异；二是最为严重的过程不公平，经济增长过程中各种不平等竞争的因素大量存在；三是公共政策对起点和过程中的不公平关注不够，从而造成两极分化越来越严重，社会稳定性将会是一个严峻的问题。

5. 全球性经济风险增加

自 1985 年广场协议后美国经常项目一直处在负增长的状态，为了应对经常项目赤字，美元将疲软，这会引起美国通货膨胀，从而使美元进一步走低。中国持有超过2万亿美元的外汇储备，其中相当大的比重为美元资产，美元走低就意味着外汇资产的大量缩水；在美国发行的住房抵押贷款支持证券中，中国国家外汇管理局和各商业银行持有近4000亿美元，美国房地产市场泡沫和次级抵押贷款危机的爆发，给中国的外汇资产带来较大的风险；中国经济发展依从度较高的进口稀缺资源，如石油和铜材等价格的不断上涨，都增加了较大的全球性风险。

六、中国经济走向及政策建议

1. 形势分析

2008年，我国经济呈不断减速趋势，主要体现在：固定资产投资增速回落较大，特别是房地产投资快速下滑，是经济增速回落较大的重要原因；消费品零售总额实际增速加快，但居民消费支出的实际增速回落；出口增长速度显著降低，净出口对经济增长的贡献同比大幅下降；工业增加值增速大幅下降，部分行业出现大面积亏损；2008年上半年货币政策过紧，货币供应量相对不足是影响企业经营和经济增长的重要原因。

经济增长过度依靠固定资产投资和外需，消费需求对经济增长没有起到主导作用；产业结构不合理，第二产业比重过高，而第三产业比重过低；东、中、西部地区的差距缩小不明显，城乡差距扩大。而由于房地产投资的快速下滑，以及出口快速下降等导致就业形势比较严峻。

消费没能对中国经济增长起主导作用。因为，区域发展战略的全面实施，成为固定资产投资维持高速增长的重要因素；经济发展进入新的重工业化阶段，使得投资需求大量增加；城市化快速发展，需要大量的基础设施建设，提高了固定资产投资需求；房地产业的高速发展，使固定资产投资维持高速增长；中国的收入分配结构，特别是初次收入分配结构的不合理使居民消费支出持续高速增长缺乏收入支撑，而投资的高速增长则有更多的利税基础；消费者支出预期的改变，使消费支出不能维持高速增长。

2. "40000亿"救市政策可能带来的影响

"40000亿"救市政策可能会带来外部需求恶化的更加严重且迅速。政府如今刺激经济的效果可能不如1998年明显，因为1998年有大量能够产生巨大经济效率的基础建设有待于投资，尤其是启动了房地产市场，对GDP的增长起到了相当大的拉动作用。而现在，房地产市场正处在调整时期，短期内难有起色，根据国际经验，房市的调整要两到三年时间。

中国铁路发展长期滞后于经济发展，铁路建设增长率多年低于公路建设，铁路运营能力有限，连续多年出现春运难和运煤难的局面，所以，近年来加大对铁路的投资建设以及高铁建设的快速发展，有利于经济更平稳地发展。农村基础设施建设和生态建设体现了经济健康、可持续发展的本质要求。这两部分的投资是这次固定资产投资有别于中国以往大规模投资的亮点之处。

与十年前相比，私营经济占经济的比重加大。扩大政府投资势必挤占私人投资，而私人经济是吸纳就业的主要力量。

3. 政策建议

（1）在国家促进经济增长的同时，要优化产业结构，加快农业发展，调整提升第一产业；走新型工业化道路，全面提升第二产业；大力发展服务业，提高第三产业在全国经济中的比重，促进我国经济协调、平稳发展。

（2）完善社会保障体系，缩小城乡差距，加大农村基础设施建设，提高居民消费意愿，适当提高耐用消费产品（如汽车等）的政策扶持，充分挖掘消费潜力，积极增加城乡居民收入，重点扩大农村及国内消费需求，在促进增长的同时，促进我国投资与消费比例的协调。

（3）完善外贸政策，调整进出口结构，调整加工贸易限制类目录范围，重视劳动密集型出口行业的发展，择机进口能源、资源类产品，保持人民币汇率水平基本稳定。

（4）加强国内垄断行业对民营资本的开放，放宽对中小企业和民营企业的信贷支持，如对中小企业的信贷政府贴息；支持为中小企业提供担保服务的机构，如减征其营业税；适时推出创业板，给中小企业发展壮大提供更好的融资平台；积极支持中小企业和民营企业的大力发展，促进国内就业增长。

（5）稳定发展房地产市场。利用当前建筑材料价格较低的有利条件，扩大政府住房投资，大幅度提高经济适用房、两限房、保障性住房供给；适当放宽对房地产商的信贷限制，保证新的房地产项目开发投资，多方位满足群众对住房的需求；激励居民购买自有房屋。进一步下调房屋、交易契税率；允许房屋购置费纳入个人所得税税前列支项目；适当下调部分住房尤其是经济适用房与保障性住房的物业管理费征收标准。

（6）积极采取其他激发市场活力的政策手段，如增值税转型，出口退税率的变化和适度宽松的货币政策。

第四章　管理决策统计分析

本章内容由北京大学光华管理学院商务统计与经济计量系王明进教授讲授。王明进博士为北京大学光华管理学院金融风险管理中心主任，中国现场统计研究会理事，中国统计教育学会理事，北京市统计学会理事。他的研究方向主要是金融市场的计量经济学研究，特别是金融市场的各种波动率模型研究、非线性时间序列模型、教育收益与风险的计量方法、我国房地产市场及住房公积金制度研究等，曾获两项国家自然科学基金课题资助。

一、统计学及变异性问题研究

差异无处不在，变异经常发生。比如在各个行业的企业运作：制造、银行、零售、地产、保险和汽车等，比如在企业管理的各个环节：生产和营销过程、投资决策、人力资源和物流管理等，变异性会导致结果的不确定性和决策时的风险。对于商务运作，变异性往往是不利的因素，但是及时发现变异性，可能就会提前抓住市场机会。理解不确定性和控制风险是管理的核心问题，现代管理科学的重要思想之一是承认差异性，减少变异性。经验和直觉是管理实践当中人们处理变异性或不确定性问题的主要手段之一，但是经验和直觉的判断往往是有局限性的。

统计学的任务是处理各类变异性问题，是通过对得到的数据进行分析，认识其变异性或不确定性，抽取其中有用的信息，把问题数量化，用数据记录过程，并分析数据建立模型，在模型的推断下运用知识获得支持决策的信息。统计学用数据说话，提供了一套表达和理解变异性问题的有效工具，为管理决策提供依据。

统计学的基本方法是首先对积累的数据进行采样，然后建立和运用模型进行分析，通过分析，找出其中的规律、倾向性和变异性问题。模型的建立分理论模型和经验模型，没有哪一个模型是绝对正确和合理的，但是，的确有一些模型是可用的。

对于EMBA来讲，统计学意味着它是管理决策中重要的辅助工具，是一种研究问题的有效方法，是一种工作和生活的智慧。

管理决策统计分析是研究和处理变异性的科学，主要是用量化的思想和模型化的手段来研究变异性的问题，把问题数量化，用数据记录过程，分析数据建立模型，获得知识并支持决策。它的核心是用数据描述世界，用模型理解变化。即：一个概念，两个思想。变异性和不确定性问题的三种解决途径如图4－1所示。

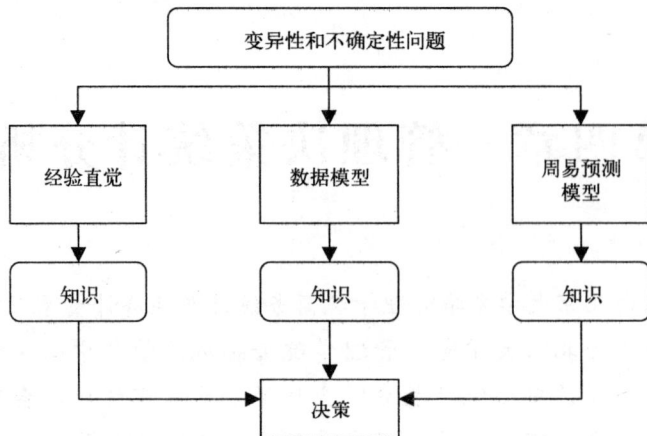

图4-1 变异性和不确定性问题解决途径

通过管理决策统计分析，我们可以解决三类问题：

第一类问题：计算机数据库建设和历史数据的积累及查询；

第二类问题：数据统计分析和倾向性结论推断；

第三类问题：数据挖掘和商务智能决策。

二、对数据的统计描述

数据是对事物特征的记录，变异性体现在观察不同的个体时，记录下的数据往往是不一样的。统计学的重要任务就是对得到的样本数据进行分析并抽取出其中有用的信息。

1. 分析数据的基本方法

一是利用不同的图形，如点阵图或直方图等来展示样本数据的分布，分布体现了变异性的一种结构；

二是计算一些数据来度量分布的特征，比如分布的位置、离散程度、绝大多数倾向性趋势等。

变异性问题可以通过观察图形的分布，分析结果数据的特殊性发现。

2. 计算汇总统计量

（1）样本平均值（Mean）：$X_{cp} = \sum X_i / n$

其中：X_i为每个样本的实际数据，n为样本数。

（2）样本方差与样本标准差：

偏差 = 每个观察值数据 - 样本平均值 = $X_i - X_{cp}$

样本方差 $S^2 = \sum (X_i - X_{cp})^2 / (n-1)$

样本标准差或者标准偏差 StDev：$\sigma = [\sum (X_i - X_{cp})^2 / (n-1)]^{1/2}$

样本平均值和样本标准差是刻画数据分布特征的两个最常用的统计量。

（3）其他一些常用的汇总统计量

第1个四分位数 Q_1：即下四分位数；1/4 的观察小于这个数，3/4 的观察大于这个数。

第3个四分位数 Q_3：即上四分位数；3/4 的观察小于这个数，1/4 的观察大于这个数。

第5个百分位数 P_5：表示有不超过 5% 的数小于它，有不超过 95% 的数大于它。

第95个百分位数 P_{95}：表示有不超过 95% 的数小于它；有不超过 5% 的数大于它。

所以：$Q_1 = P_{25}$，$Q_3 = P_{75}$，中位数为 $P_{50} = Q_2$

极差（Range）= 最大值 X_{max} − 最小值 X_{min}

四分位间距（Interquartile Range）= $Q_3 - Q_1$

跨度（Span）= $P_{95} - P_5$，跨度变小，意味着变异性在降低。

3. 数据的标准化

判断一个观察值是否距离平均值足够远，只看偏差的大小是不够的，而要看偏差是标准差的多少倍，即这个倍数为观察的标准化值：

$$标准化值 = (X_i - X_{cp})/[\sum (X_i - X_{cp})^2/(n-1)]^{1/2} = n\sigma$$

在投资学中，一般用平均收益率作为投资于该资产的预期收益率，而把标准差（StDev）作为该投资风险大小的一种度量，从而通过比较平均值和标准差来产生各种投资策略。人们通常利用每单位风险的超额收益率，即所谓的 Sharpe 比例来评价两种不同投资表现。

$$Sharpe = (资产平均收益率 - 无风险收益率)/资产收益率标准差$$

4. 对两个变量关系的描述

很多变量之间都存在一定的相关性，它们往往随着时间序列的变化而变化，即具有同时增减的倾向。如果不是时间序列型的数据，我们可以用散点图和样本协方差来描述。

（1）散点图（Scatter Plot）：是统计学中了解两个变量 X 和 Y 之间关系的基本工具。即：如果同时考虑两个变量，不妨用 X 和 Y 来表示，每次观察都同时记录两个变量的值，将一个变量作为横轴（X 轴），另一个变量作为纵轴（Y 轴），把每次观察的值（x，y）用坐标系中对应的点表示出来，得到散点图。通过图形中两个变量点的走势和趋向，可以分析出它们之间的相对关系。

（2）样本协方差（Covariance）：是用来度量两个变量之间相互关系的汇总统计量，是两个变量全部点偏差乘积的平均值，即为两个不同变量之间的方差。

首先计算两个变量的平均值（X_{cp}，Y_{cp}），以样本平均值数据位置画出横、纵各一条直线，将散点图分成四个象限，如图4-2所示的样本协方差图。

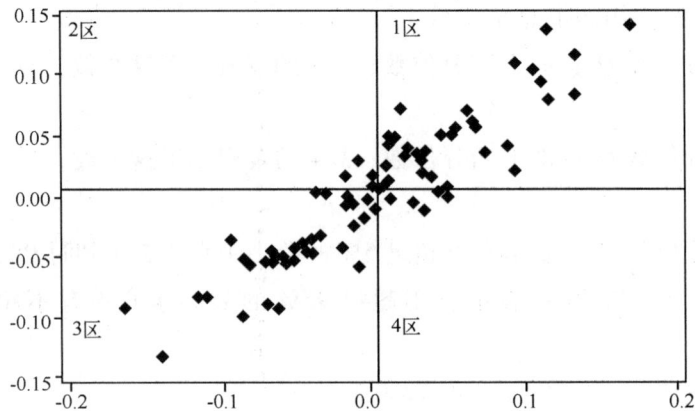

图4-2 样本协方差图

计算 $E(x) = \dfrac{\sum x_i}{n}, E(y) = \dfrac{\sum y_i}{n}, E(xy) = \dfrac{\sum x_i y_i}{n}$

样本协方差 $COV(x, y) = E(xy) - E(x)E(y)$

如结果为正数，则为正相关；如结果为负数，则为负相关。显然在1区和3区的样本为正相关，在2区和4区的样本为负相关。

（3）两个变量的相关系数 $r(x, y)$：度量两个变量之间关系的密切程度，永远在 -1 到 $+1$ 之间。相关系数越接近 ± 1，则两者的相关性越强。

$$r(x, y) = COV(x, y) / (\sigma_x \sigma_y)$$

其中：σ_x 为变量 x 的标准差；σ_y 为变量 y 的标准差。

二、随机变量和概率分布

1. 概率的基本概念

不确定性体现在事情在发生之前其结果是不能事先确定的，不同的结果都有可能出现，我们通常用概率来度量不同结果出现的可能性。概率是 $0 \sim 1$ 之间的数，概率越大表示出现的可能性越大。对于不确定性问题，我们可以通过概率值来辅助决策。概率分古典概率、主观概率和统计概率。

2. 随机变量

一个随机变量就是一个变量所取得的数值具有一定的随机性，或者这个变量取什么样的值在事情未发生之前是不能确定的。理性的决策依赖于对这种不确定性的分析和计量。

对于一个随机变量 y，它的期望值 $E(y)$ 或称为预期值 u 就是它能够取得的所有值按照所对应概率的加权平均值，即期望值就是随机变量的平均值。

一个随机变量的方差是它取得的值与期望值的偏差平方之后按照对应概率计算

出来的加权平均值。通常用 $\text{Var}(y)$ 或 σ^2 来表示随机变量 y 的方差，标准差是方差的开平方，即 σ，方差和标准差是随机变量不确定性的一种度量。

在现实中，我们关心的许多事情都可以看作是随机变量，通过计算随机变量的概率、期望和标准差等来作为不同决策的基本依据。

对于一个连续随机变量 y，我们通常使用一个大于或等于零的函数 $f(y)$ 来表达它的概率分布，并称其为 y 的概率密度函数。如图 4-3 所示。随机变量 y 落在 a 和 b 两个数之间的概率即 $P(a<y<b)$，都可以由这个函数对应的曲线下方从 a 到 b 之间的面积计算出来。

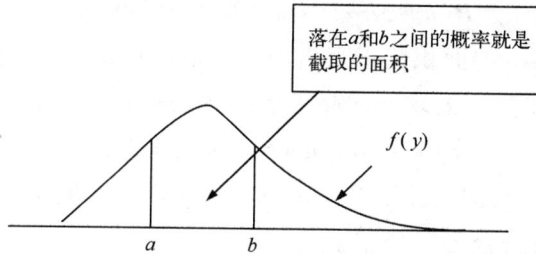

图 4-3 概率曲线

我们要求任何一个概率密度函数必须大于等于零，不能是负数，且该曲线下的总面积等于 1。

3. 正态分布及其重要特征

正态分布是最重要的一种分布类型，现实中的很多问题都可以近似地用某一个正态分布来表达。正态分布的概率密度函数曲线的面积等于 1。

正态分布的期望值为 u、方差为 σ^2，其正态分布表示为 $N(u, \sigma^2)$。如果 y 服从这样的分布，那么记为 $y \sim N(u, \sigma^2)$。期望值 $u=0$，方差 $\sigma^2=1$ 时，正态分布称为标准正态分布，记为：$N(0, 1)$。

正态分布的重要特征：

必须是以平均值为轴对称的钟形分布，如图 4-4 所示。

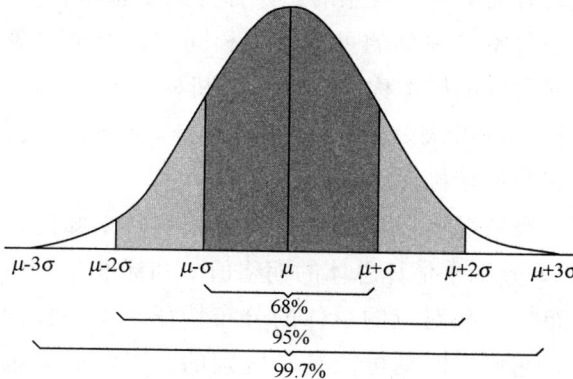

图 4-4 正态分布曲线

曲线下大约2/3（实际为0.6827）的面积位于距离均值1倍的标准差范围内，即：

$$P(u-\sigma < y < u+\sigma) = 0.6827$$

曲线下大约95%（实际为0.9545）的面积位于距离均值2倍的标准差范围内，即：

$$P(u-2\sigma < y < u+2\sigma) = 0.9545$$

曲线下大约99.7%（实际为0.9973）的面积位于距离均值3倍的标准差范围内，即：

$$P(u-3\sigma < y < u+3\sigma) = 0.9973$$

曲线下大约3.4‰₀₀₀₀的面积位于距离均值6倍的标准差范围之外，这也是6σ的真实含义，引入质量管理，要求残次品不能超过3.4‰₀₀₀₀。即：

$$P(u-6\sigma,\ u+6\sigma) = 3.4‰₀₀₀₀$$

在实际问题中许多的例子并不能用正态分布来近似，但是经过一些变换（比如取对数）后的数据就比较符合正态分布了。

在统计学中，除了正态分布外还有泊松分布、指数分布等许多分布类型，通常它们可以表达不同的问题。

三、统计推理

在现实中，我们希望了解的是总体特征，而得到的数据资料通常只是一部分，即样本。因此，我们必须要根据这些样本资料来认识总体的变异性特征。

1. 总体和样本

在统计学的术语中，总体是我们所关注对象的全体。它是一个抽象意义的概念。这个总体不再是一个确定的数，而是一个随机变量，它服从一定的分布。

研究这类问题存在一个现实的困难，我们不太可能得到全体对象或者总体，只能得到一部分对象，称其为总体的一个或者部分观测样本。

总体中对象的数目通常都很大，有些甚至是无穷的。我们把具有有限对象的总体称为有限总体，把具有无穷多个对象的总体称为无限总体。

随机抽样要求每个对象被抽到的可能性是相同的，一个对象是否被抽到不依赖于其他任何对象，这样得到的样本称为（简单）随机样本。

通过模拟随机抽样，可以认识到，只要抽样过程是随机的，那么样本的分布特征和总体的分布特征就会比较接近。

在实际问题中，一般情况下总体的分布特征其实是未知的，只能利用样本对应的平均值 X_{cp} 和标准差 S 分别来估算总体的期望值 u 和标准差 σ 等。

所以，样本的分布特征和对应的总体的分布特征是不一样的，即便从同一个总体里抽取不同的样本，它们之间也可能是有区别的，因此如果抽样不具代表性，有时会导致分析误差。

2. 抽样误差

尽管根据不同样本算出的样本平均值可能有所区别，但是绝大多数情况下得到的样本平均值都在总体平均值附近，距离总体平均值比较远的情形出现的机会很小。

样本量越大，样本平均值越集中在总体平均值附近，此时用样本平均值估算总体平均值的误差越小。

样本平均值满足的变异性可以近似地用正态分布来表达，即 $\bar{y}$ 服从 $N\left(\mu, \dfrac{\sigma^2}{n}\right)$，而且样本越大，这种规律越明显，如图 4-5 所示。根据正态分布的性质：

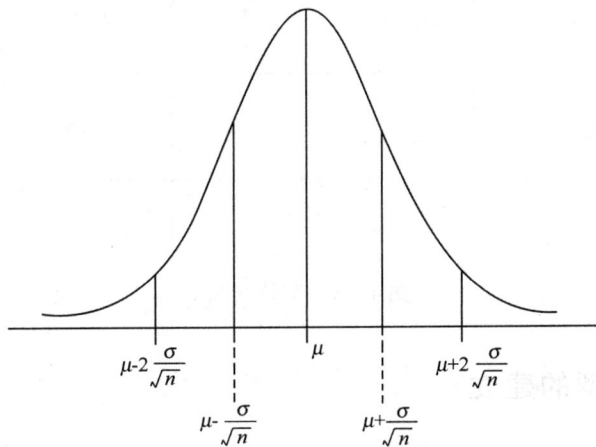

图 4-5　抽样误差及标准差

抽样误差 $|\bar{y} - u| \leq \sigma/\sqrt{n}$ 的概率是 68%，或者说，该误差超过 1 倍的 $\sigma/\sqrt{n}$ 的可能性只有不超过 32% 的概率。

抽样误差 $|\bar{y} - u| \leq 2\sigma/\sqrt{n}$ 的概率是 95%，或者说，该误差超过 2 倍的 $\sigma/\sqrt{n}$ 的可能性只有不超过 5% 的概率。

抽样误差 $|\bar{y} - u| \leq 3\sigma/\sqrt{n}$ 的概率是 99.7%，或者说，该误差超过 3 倍的 $\sigma/\sqrt{n}$ 的可能性只有不超过 0.3% 的概率。

因此，我们把 $\sigma/\sqrt{n}$ 作为度量样本平均值误差的一种尺度，称其为样本平均值的标准误差 SE。即：$SE = \sigma/\sqrt{n}$。

其中：σ 是总体的标准差，通常未知，我们常用样本的标准差 S 来代替。

因此，样本平均值 y 的标准误差 $SE(\bar{y}) = S/\sqrt{n}$。

显然，样本量越大，即 n 越大，样本平均值的标准误差 $SE(\bar{y})$ 就会越小，利用样本平均值来估算总体平均值就会越准确。

3. 置信区间

根据前面分析，$\bar{y}$ 与 u 的差距 95% 不会超过 2 倍的标准误差 $SE(\bar{y})$，换句话说，可以以样本的平均值 $\bar{y}$ 构造一个区间：$[\bar{y}-2SE(\bar{y}),\bar{y}+2SE(\bar{y})]$。

那么，这个区间95%能够涵盖住 u，我们称这个区间为总体平均值 u 的95%的置信区间（Confidence Interval，CI），如图4-6所示。

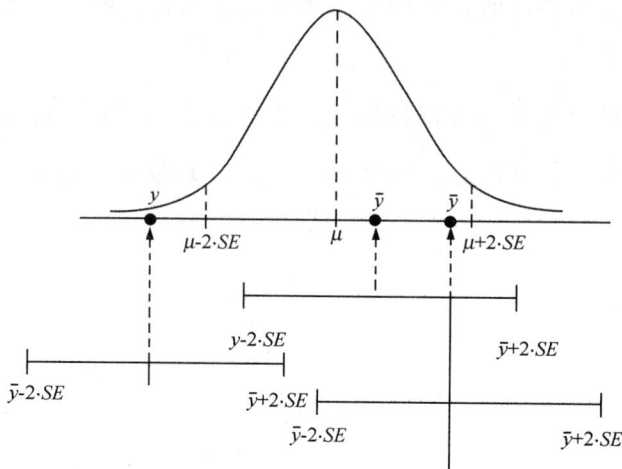

图4-6　置信区间

四、回归模型的建立

1. 估计和预测

所谓模型是变量之间关系的表达式，它是估计和预测的分析基础，关键是确定抽样的因素、样本量、抽样方法是否具备代表性。

简单回归模型：
$$y=\alpha+\beta x+u=f(x)+u$$

其中：x 为自变量，或者称输入或预测变量；y 为响应变量，或者称输出或响应变量；u 为误差项，表示 x 之外的因素对 y 的影响；通常假设服从正态分布 $N(0,\sigma^2)$；α、β、u 为模型中的参数，需要观察几项得到的数据，利用最小二乘法估算出来。

当样本量比较大时，α 和它的估计值之间的差距（误差）服从正态分布，并有95%的概率不会超过2倍的标准误差，对于 β 也有类似的结论。

（1）建立模型的基本思路：

①分析问题、确定输入和输出变量、收集数据，具体问题具体分析；

②熟悉获得的数据之间的关系，利用图形计算分布的特征量等；

③设置一个模型：直线或曲线。可以依据数据的散点图或者先考虑最简单的函数，不妨设置：$y=\alpha+\beta x+u$；

④根据得到的数据拟合这个模型，即找一条最合适的直线或者依据数据估计 α 和 β，也可以通过软件使用最小二乘法获得；

⑤根据估计值的标准误差 SE 进行统计推断，计算机软件可以直接给出估计值的标准误差 SE；

⑥进行残差分析，判断在③中设置的模型是否合适，如有必要需重新设置模型形式，比如换成曲线或者对一些变量取对数并返回③；

⑦利用建立的模型，预测、模拟、控制、形成对过程的知识。

如果考虑多个变量 x，步骤类似。

（2）利用回归模型可解决的问题：

①可以分析变量之间的关系显著性、方向和强度；

②可以评价某种因素或事件或手段的作用效果；

③建立某种模型用于预测或者模拟；

④其他一些特殊的目的。

2. 残差分析

残差就是观测值和拟合值之间的差距。残差分析就是对得到的残差序列进行检查，以了解它们是否还有剩余的规律性，即不能被直线表达的规律，是否满足正态分布，是否有异常值等。

一般情况下，因变量的平均值与自变量有关，而标准差是一个常数。但是对于很多问题来说，因变量的方差也会改变，这种现象就是异方差现象。

一个没有经过残差分析的模型是不完整的，据此进行分析可能会犯错误。因此，残差分析首先要看残差中是否有系统性的变化，均值的系统性变化意味着回归直线模型不合适；方差的系统性变化意味着有异方差现象存在。所用分析工具是残差图，就是由残差（纵轴）与拟合值（横轴）构成的散点图，有时分析残差（纵轴）与自变量（横轴）的散点图也是非常有益的。其次要查看残差是否服从正态分布，所用工具是残差的概率图。相比之下，分析残差图更为重要，因为它直接关系到模型设置是否合适。

如果采用直线回归模型时发现残差中有异方差现象存在，此时可以先对因变量做对数变换。例如计算产品的需求价格弹性时，即要运用回归模型和对数变换。在针对商务或者经济数据建立的回归模型中，对数变换是常用的技巧。

即：

$$\ln(y) = \alpha + \beta x + u$$

其中：u 为误差项。也为：

$$y = e^{\alpha + \beta x + u} = e^{\alpha + \beta x} \times e^u = f(x)w$$

其中：w 是新的误差项，表示 x 之外的其他因素的影响。即用于 w 的变化而对 y 产生的那部分影响会随着 $f(x)$ 的增加而放大。

如果需要计算产品的需求价格弹性，则可以运用回归模型和对数变换。通常可以采用仅对因变量 y 取对数的半 log 模型；或者同时对因变量 y 和自变量 x 取对数的"log – log 模型"。

即：
$$\ln(y) = \alpha + \beta\ln(x) + u$$

对于半 log 模型，x 每增加其值的1%，因变量 y 将增加其原来值的 β 倍。对于 $\log - \log$ 模型 $\ln(x)$ 每增加一个单位，对应 $\ln(y)$ 的增加量是 β，或者说：

$$\beta \approx (\Delta y/y)/(\Delta x/x)$$

β 为 y 对于 x 的弹性系数，即 y 变化的百分比除以 x 变化的百分比。

弹性系数的概念在经济学中广泛运用。如 y 是需求，x 是价格，那么，相应的需求价格弹性就是 β。

五、Minitab 15 软件的运用

Minitab 15 是统计学数据分析的基本软件工具。掌握该软件可以减少在分析决策中大量复杂的数学模型计算工作量。

1. 激活命令提示符

（1）打开 Minitab；

（2）点击其中的"会话"窗口，激活该窗口；

（3）点击"编辑器"菜单中的"启用命令"；

（4）在"会话"窗口中将看到如下命令提示符：MTB >；

（5）此时如果回到"编辑器"菜单，将"启用命令"前面的对号去掉，即可取消该提示符。

2. 在 Minitab 中打开数据文件

（1）使用菜单点击"文件"中的打开工作表；

（2）在对话框中寻找相应的"＊＊＊＊＊＊.mtp"文件；

（3）点击"打开"按钮即可。

如果打开的是 Excel 文件"＊＊＊＊＊＊.xls"，需要在"文件类型"框中找出"Excel"。

3. 点阵图（Dotplot）

下面的命令用来获得 r_sh 的点阵图或点图：

MTB > dotplot ´r_sh´

4. 直方图（Histograms）

下面的命令用来获得 r_sh 的直方图：

MTB > hist ´r_sh´

5. 样本平均数

MTB > mean ´r_sh´

6. 样本方差和样本标准差

MTB > stdev ´r_sh´

7. 其他常用汇总统计量

MTB > desc ´r_sh´

8. 两组数据´r_sh´和´r_sz´比较

(1)点阵图：

MTB > dotplot ´r_sh´´r_sz´

SUBC > overlay

(2)统计描述：

MTB > desc ´r_sh´´r_sz´

(3)散点图：

9. 对两个变量´r_sh´和´r_sz´关系的描述

(1)散点图：

MTB > plot ´r_sh´ * ´r_sz´

(2)样本相关系数：

MTB > corr ´r_sh´´r_sz´

10. 正态分布

(1)概率图：

MTB > norm ´r_sh´

观察右上角方框中最后一行给出的 p – 值，如果 p – 值小于 0.05，则认为有明显的证据表明数据不服从正态分布；相反，如果 p – 值大于 0.05，则说明证据不明显，数据可以用正态分布来近似。

(2)已知自变量 y 求因变量概率 p（正态分布均值和标准差 s 确定）

MTB > cdf y

SUBC > norm s

(3)已知因变量概率 p 求自变量 y（正态分布均值和标准差 s 确定）

MTB > invcdf p

SUBC > norm s

(4)随机抽样

现有一组数据 m 个在 c_0 列，它们总体的平均值 y_0 和标准差 s_0 都是已知的。即：

MTB > desc c_0

从一组数据 c_0 中随机抽取 n 个数放入 c_1

MTB > sample n c_0 c_1

MTB > desc c_1

得出随机抽取 n 个样本的平均值 y_1 和标准差 s_1

比较 y_0 与 y_1 和 s_0 与 s_1，这种差距是抽样导致的。

（5）计算置信区间（95％）

MTB > interval ´r_sh´

（6）计算偏差超过多少倍的标准误差

MTB > ttest x ´r_ sh´

其中：已知总体的平均值 x

（7）计算 p – 值

MTB > twosample ´x_1´´x_2´

一旦 p – 值小于 0.05 ，则拒绝原来的假设，即原来的假设不成立。

（8）回归分析

一组数据 y 输入第一列，另一组数据 x 输入第二列，做出 y 与 x 的散点图：

MTB > plot ´y´* ´x´

计算两者之间的关系：

MTB > corr c_2 c_3

通过菜单途径：

"统计"→"回归"→"回归"，得出回归对话框，

双击因变量 y 将其放入"响应"框中，

双击自变量 x 将其放入"预测变量"框中，点击"确定"。

假如你想预测 $x = 5$ 和 10 时 y 的预测值，那么，在完成上述设置后，点击"选项"，并在出现的"新观测值的预测区间"框中输入：5；10，再点击"确定"即可。

（9）回归模型残差分析

通过菜单途径：

"统计"→"回归"→"回归"，得出回归对话框，

点击"存储"，弹出"回归 – 存储"对话框，勾选其中的"拟合值"和"残差"点击"确定"即可。

为了得到残差图和残差的正态概率图，可以在前面的回归对话框中点击"图形"，即可弹出"回归 – 图形"对话框，勾选其中的"残差与拟合值"和"残差的正态图"即可。

如果在此对话框中选择"四合一"，即可得出：残差的正态概率图、拟合值图、残差直方图和残差观测值顺序图。

（10）获得拟合曲线图

通过菜单途径：

"统计"→"回归"→"拟合曲线图"，得出对话框，在"响应"和"预测变量"中输入因变量和自变量，勾选其中的"回归模型类型"，点击"确定"。

第五章　公司财务

本章内容由北京大学光华管理学院金融学教授、学术委员会主席兼副院长徐信忠和北京大学光华管理学院财务与金融学教授、金融学系主任刘力讲授。

徐信忠教授的主要研究方向为金融工程与风险管理、金融市场有效性、公司治理机制等，在"公司财务"课程中，重点讲授了金融系统和金融市场、价值评估基础、项目投资决策、公司并购和价值评估、期权及其应用等知识。

刘力教授的主要研究方向为企业财务管理和证券市场、财务策略和行为金融等，在"公司财务"课程中，重点讲授了主要融资工具、上市融资、资本成本与资本结构、利润分配等知识。

一、重要概念

1. 企业及其性质

企业是依法自主经营、自负盈亏、独立核算的商品生产和经营单位，是法人实体，是利益相关者契约关系的集合，它的利益相关者包括股东、债权人、管理者、职工、政府、社会、客户、供应商等。

企业分为独资企业、合伙企业和公司型企业，企业的组织形式包括非股份有限公司和股份有限公司。非股份有限公司由独资企业和合伙企业组成，企业的所有者对企业的所有债务负有无限责任，并交纳个人所得税，企业的所有权转移比较困难，经常导致企业生命有限。股份有限公司是一个与所有者分离的法律实体，企业的所有者对企业的所有债务负有有限责任，交纳公司税和股利的个人所得税，企业的所有权与管理权分离，企业的所有者将企业经营权交给职业经理人来管理。

一个现代企业为了获得企业规模效率，往往拥有许多投资者。同样，在不确定的经济环境中，投资者也可以通过投资多个企业来分散和减少投资风险，企业的发展存在"学习曲线"效应，投资和管理采取分离型结构更为妥当，而且，职业经理人具有更高的经营业务能力，只要解决好由于所有权与管理权（经营权）分离导致的经营者与所有者之间的利益冲突问题，建立合理的公司治理机制，建立职业经理人的决策是为了保证公司利益关联人利益最大化的经济和法律制度，确保企业的有效运行。

2. 企业的目标

企业自身没有利益，它的利益和责任最终归属到利益相关者身上，在各个利益相关者共赢的情况下，企业达到股东利益和价值的最大化。抛开法律和经济学方面的基础，单从行为观察确定的话，企业似乎是高管的企业，而实质上企业是股东的企业，是利益相关者的企业。因此，公司的目标就是股东财富的最大化，同时，为其他利益集团创造正常的利益。即：为客户创造价值，为员工谋求福利，为政府分忧解愁，为社会做出贡献。

财富最大化包括企业利润最大化，经济增加值（EVA）最大化和股票价格最大化。经济增加值是一种体现股东财富最大化目标的财务指标，即：

$$EVA = 税后营业利润 - 资产总成本 = NOPAT - WACC \times IC$$

式中：NOPAT 为税后净营业利润，WACC 为加权平均资本成本率，IC 为投资成本（资本账面价值），即企业资产（资本）期初的经济价值。EVA > 0 资本价值增加；EVA < 0 资本贬值。

3. 资本与资产

资本是企业负债与股东权益的总称。分析资本的结构，决策企业如何融资；进行资本预算，决策企业如何选择长期投资方向。负债与股东权益反映了投资者资本的价值，是投资者向企业投入的资本（资金），即企业用来购置资产的资金来源，由作为资本家的股东和债权人所有，并据此从企业的经营成果中索取回报。它不由企业控制和支配，企业要通过运用资产创造的价值来向投资者提供回报，这也是投资者的投资目的。

资产是企业拥有或控制的能够用货币计量的，用来创造未来收益的经济资源，包括流动资产和固定资产，固定资产分为有形资产和无形资产；负债包括流动负债和长期负债，流动资产减去流动负债就是净流动资产。

显然，提高企业价值创造的能力，必须提高企业资产运营的质量，改变资本构成只能间接地对提高企业价值创造能力起作用。

（1）资产负债表与价值

资产负债表（见图 5 - 1）是说明在某一时点企业所拥有的资产和负债与权益状况。其基本方程：

$$资产 = 负债 + 所有者权益$$

资产负债表左边的资产是企业资产经营活动的反映，包括流动资产和固定资产，其中固定资产又分为有形资产和无形资产；资产负债表右边的资本是企业融资活动的反映。左右两边相互作用，相互影响。投入资本决定资产经营能否进行，资产经营决定投入资本的价值。

资本的获取（融资）依赖于对资产经营故事的演绎与理解，及时地获取足够的资

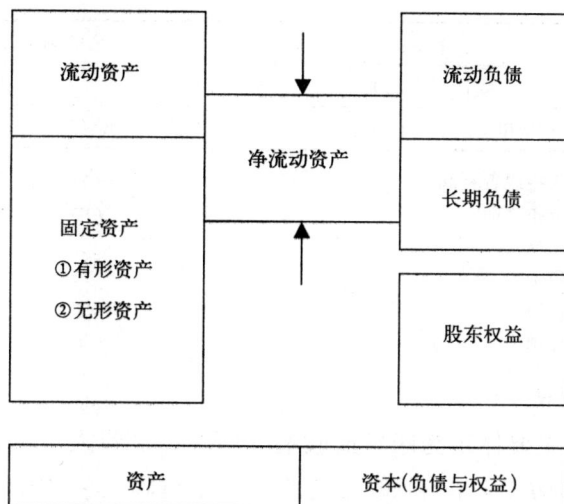

图 5-1 资产负债表简图

本可以有效地促进资产经营活动的进行。

（2）损益表与价值

损益表（见表5-1）反映的是企业在一个时期内的经营成果，也叫利润表，是一个动态的报表。以息税前收益（EBIT）为界，上部分从销售收入到息税前收益，反映的是企业通过生产经营活动创造价值的能力；下部分从财务费用（利息支出）到净利润，反映的是企业通过财务活动获取利润的能力。

调整损益表的上部分，才能真正提高企业的效率和价值创造能力；调整损益表的下部分，只能改善企业的短期盈利能力，并不能真正提高企业的运行效率和价值创造能力。

表 5-1 损益表

利润表		单位：元	对应的利率计算	
商品销售收入		100000	利润，除以商品销售收入，就等于对应的利润率	
商品销售成本	减	60000		毛利/商品销售收入
毛利	Gross Profit =	40000	毛利率 =	40.0%
销售管理费用	减	24000		息税折旧摊销前利润/商品销售收入
息税折旧摊销前利润	EBITDA =	16000	息税折旧摊销前利率 =	16.0%
折旧与摊销费用	减	4800		息税前利润/商品销售收入
息税前利润	EBIT =	11200	息税前利率 =	11.2%
利息费用	减	1600		税前利润/商品销售收入
税前利润	EBT =	9600	税前利率 =	9.6%

续表

利润表		单位：元	对应的利率计算	
税金	减	3200		净利润/商品销售收入
净利润	Net Profit =	6400	净利率 =	6.4%

其中：E = Earning　　　收益或者利润
　　　B = Before　　　　减扣之前
　　　I = Interest　　　利息
　　　T = Tax　　　　　税金
　　　D = Depreciation　折旧
　　　A = Amortization　摊销

4. 企业的价值创造

股东价值的创造主要体现为净资产收益率（ROE）和投入资本收益率：

净资产收益率（ROE）= 净利润/销售收入 × 销售收入/总资产 × 总资产/股东权益
　　　　　　　　　　= 销售利润率 × 资产周转率 × 权益杠杆

投入资本收益率 = 营业利润/投入资本
　　　　　　　= ［营业利润/销售收入］/［固定资产投入资本/销售收入 +
　　　　　　　营运资本投入/销售收入］

其中：

营业利润/销售收入，反映了企业竞争状况；

单位销售收入对应的固定资产投入，反映了企业占用固定资产的多少；

单位销售收入对应的营运资本，反映了企业与经销商和供应商的谈判能力与地位。

企业的价值不是其资产的购置价值或账面价值，而是其资产运用所产生的未来收益的现值，因此，企业的价值创造主要取决于对资产的有效利用。企业资产主要包括经营性资产和金融资产。经营性资产主要是有形资产，如厂房、设备和存货等，通常预期经营性资产会不断增长，它会产生自由现金流量，未来自由现金流量期望值用资本成本折现后的现值，为经营活动的价值。

金融资产也称非经营性资产，如有价证券和对其他企业的非控制性投资等，非经营性资产的价值通常非常接近它们在资产负债表上的账面价值。

5. 金融系统及市场

金融学有三大分支，即公司财务学、投资学和金融市场与机构。它是研究人们如何对稀缺资源进行跨期分配的科学，其中的关键是成本和收益。公司财务学包括项目投资决策、融资决策和流动性决策或运营资本管理。

金融系统是被用于订立金融合约和交换资产及风险的金融市场和金融机构（中介）的集合。金融市场是所有金融交易的核心，是企业融资的主要场所；金融机构担当投资者的代理人和帮助资本（金）的流动（见图 5 - 2）。

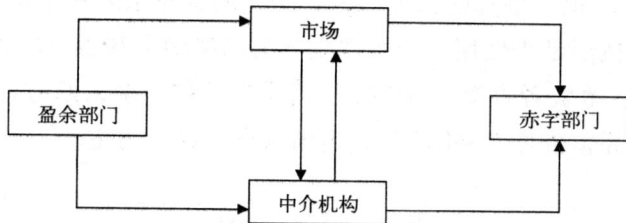

图 5-2　资本(金)流动简图

金融系统的主要职责是：在时间和空间上转移资源；管理和转移金融产品的风险；清算和支付结算；聚集资源和分割股份；提供金融信息；解决激励问题。

金融市场包括一级市场和二级市场融资。一级市场融资，企业直接向投资者发行证券，储蓄直接进入了实体经济；二级市场融资，投资者之间在市场上交易已经发行的证券，储蓄没有进入实体经济，从而形成了所谓的虚拟经济，如图5-3所示。

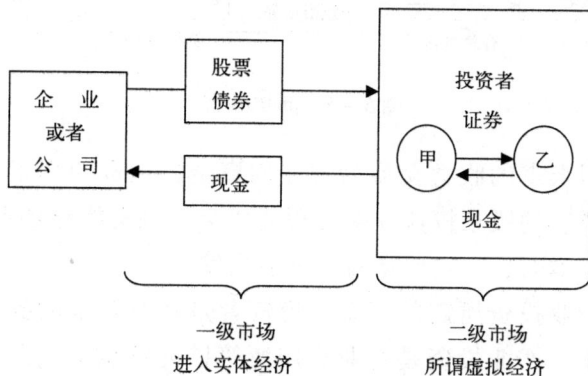

图 5-3　企业市场融资简图

金融资产主要包括债券、股票和衍生证券。证券价格充分反映了所有未来能影响证券价值的经济基本面的可得信息。有效市场要求证券的市场价格等于其内在价值，价格对新的信息反应迅速并且没有偏倚，所有投资策略都只能获得零异常收益，任何非零异常收益都是偶然的。

目前主要的金融机构包括：商业银行，保险公司，养老和退休基金，共同基金，投资银行，金融信息服务机构，证监会等。

6. 融资和投资

金融市场按期限划分为货币市场和资本市场，期限小于一年的短期资金市场为货币市场，期限大于一年的长期资金市场为资本市场。短期的风险性较高的行业是以货币流通市场的交易型为主，美英采用此种方式融资较多，尤其是美国，在高新技术领域有全球最伟大的风投(VC)市场。长期的成熟性行业一般是以关系型为主，德日 70% 的企业采取银行融资的长期方式，30% 的企业采取货币市场的短期方式。

金融市场如果按照是否使用中介可以划分为间接融资和直接融资两种。

（1）直接融资：筹资者直接从最终投资者手中筹措资金，双方建立起直接的借贷关系或资本投资关系。如图 5-4 所示。美国以直接融资为主。

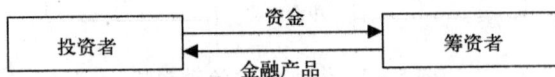

图 5-4 直接融资

（2）间接融资：筹资者从银行等金融机构手中筹集资金，与金融机构形成债权债务关系或资本投资关系，最终投资者则投资于银行等金融机构，与其形成债权债务或其他投资关系。如图 5-5 所示。中国是以间接融资为主。

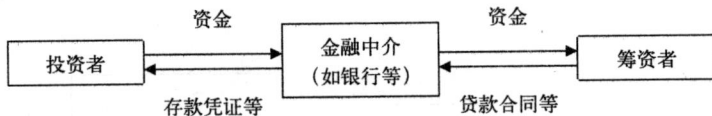

图 5-5 间接融资

融资的本质是用未来的收益交换为现在的资金，融资的真正决策者是股东，融资的主要目的是为现有的股东权益提高变现的机会，融资能够创造更大的股东价值，因此，在考虑融资成本时，一定要从股东利益出发。

资本市场提供产业投资所需的资金，投资者是企业资本的提供者，其对企业的投资形成企业的资本。产业投资是企业运用所筹措的资金对实际项目的投资，其投资效率决定资本投资是否能够增值。

资本市场上的金融投资与产业投资的定价基础在本质上是相同的，都是未来现金流量的折现。产业投资者冒着特定的风险努力选择投资收益率超过折现率（资本成本）的投资项目，如果成功，将为自己的创造性投资获取超额回报（净现值或经济利润 EVA）。

资本市场的投资者对产业投资者创造出的预期现金流量（不是资产）进行投资，他们按照投资的机会成本支付合理的价格，要为产业投资者创造的价值支付溢价（EVA），他们可能赚不到超额收益。

7. 公司财务的作用

（1）公司财务部门组织框架

公司财务部门组织框架图如图 5-6 所示。

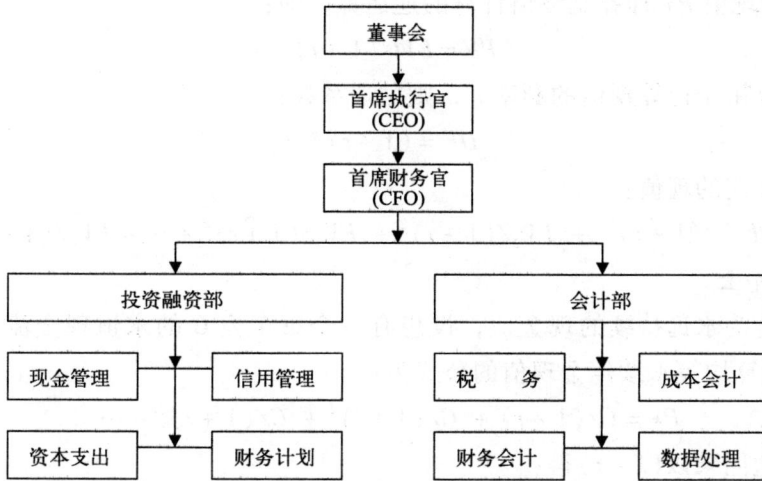

图 5-6 公司财务部门组织框架图

（2）公司首席财务官（CFO）的作用

公司首席财务官（CFO）的主要作用是在金融市场上融资，为企业获利投资和保障企业正常运营的资金分配，如图 5-7 所示。

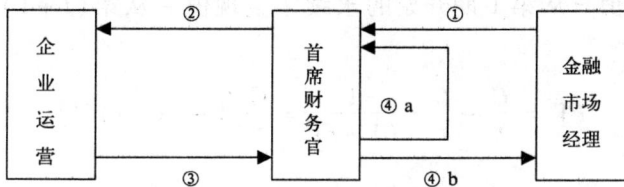

图 5-7 公司首席财务官的工作职责

①企业向投资者募集的现金；②企业的投资；③企业运营产生的现金；

④a 企业的再投资；⑤b 企业的现金分配

二、价值评估基础

（一）货币的时间价值

当前持有的一定数量的货币，比未来获得的等量货币具有更高的价值。因为：货币可用于投资，获取利息，从而在将来拥有更多的货币量；货币的购买力会因为通货膨胀的影响而随时间改变；另外，未来的预期收入具有不确定性的风险。

1. 现值

设：PV 为现值，FV_t 为 t 期期末的终值，r 为单一期间的利率（息），t 为计算利息的期间数，将本金 C 投资 t 期间，其终值为：

$$FV_t = C \times (1+r)^t$$

第 t 期的现值 PV 计算是终值计算的逆运算，即：

$$PV = FVt / (1 + r)^t$$

贴现率是用于计算现值的利率 r，则贴现系数：

$$DF = (1 + r)^{-t}$$

多期现金流的现值：

$$PV = FV_1 / (1 + r)^1 + FV_2 / (1 + r)^2 + FV_3 / (1 + r)^3 + \cdots + FV_n / (1 + r)^n$$

2. 永续年金

永续年金为永远持续的现金流，设想有一个每年为 C 的永恒现金流。如果利息每年为 r，计算均等永续年金现值的公式为：

$$PV = C / (1 + r) + C / (1 + r)^2 + C / (1 + r)^3 + \cdots$$

公式两边同乘以 $(1 + r)$ 得：

$$(1 + r) PV = C + C / (1 + r) + C / (1 + r)^2 + C / (1 + r)^3 + \cdots$$

即为：$(1 + r) \times PV = C + PV$，则：$PV = C / r$

如果假设：每年的永恒现金流 C 的年增长率为 g，永续年金现值的计算应为：

$$PV = C / (1 + r) + C(1 + g) / (1 + r)^2 + C(1 + g)^2 / (1 + r)^3 + \cdots$$

则：$PV = C / (r - g)$

因此，年金现值 = 从第 1 期开始的永续年金现值 – 从第 $(t + 1)$ 期开始的永续年金现值，即：

$$PV = \frac{C}{r} - \frac{C}{r} \cdot \frac{1}{(1 + r)^t} = \frac{C}{r} [1 - (1 + r)^{-t}]$$

3. 利率

利率分名义利率和实际利率，以货币表示的利率为名义利率，以购买力表示的利率为实际利率。

名义利率与实际利率的关系为：

$$i = \frac{r - p}{1 + p}$$

其中：r 为名义利率；i 为实际利率；p 为通货膨胀率。

（二）主要融资工具

1. 私人股权资本

（1）风险（创业）资本（VC）

风险资本是独立的且由专业人员管理的大量资本，致力于投资私有的高增长公司的股权或与股权相连的工具。投资对象的特点是信息不对称，结果不可验证，不确定性大，无形资产比例较高。

风险资本中介组织通常采用有限合伙制，其资本来源于历史悠久的富人家族，合伙制企业或者公司，设立有风险投资子公司的大型工业公司或金融公司。他们一般具有相当的行业经验，能够承担较高的风险。

风险资本起源于 19 世纪末 20 世纪初，当时富有家族管理着世界大量的财富，如 Phippes，洛克菲勒家族(Rockefellers)等，他们培植了许多成功的高科技企业和服务类企业。如 20 世纪 80 年代的高科技企业 Apple Computer, Microsoft, Netscape 等；服务类企业 Staples, Starbucks, TCBY 等；90 年代的高科技企业 Yahoo, Amazon, eBay 等。美国在 1974~2003 年内风险投资收益率最高的是 1999 年，因此，2000 年美国的风险投资达到了巅峰。

风险投资行业本身存在的问题有：大量风险资本涌入有限的投资机会，导致许多风险投资支持的公司业务基本雷同，恶性竞争突出，利润水平难以达到投资者的要求。如 1999~2000 年，科技股投资过热，股价背离了基本面，许多公司在大量购买高科技产品后，发现最终用户需求增长缓慢，于是大幅减少了在技术方面的支出。

风投资本家的控制机制为：风投资本对投资公司进行严格的监督和管理，即：出任企业董事平衡 CEO 的控制权力，增加外部董事比例，制定期权激励政策，雇用营销与销售副总，制定薪酬和人事政策，甚至更换 CEO，组织 IPOs 等；广泛采用股票、期权激励等方法降低代理成本；风险资本分期投入，后期投入依赖于前期的成功，代理成本越高，投资期越短，再评估的频率越高；并且常常与其他投资者共同投资，有利于风险资本家的投资分散化，有助于加强对投资机会的判断。

风险资本一般不在企业进行 IPOs 的时候退出，风险资本支持企业的 IPOs 折价较低，风险资本支持企业的 IPOs 费用较低，风险资本支持的企业更加擅长于择时IPOs，风险资本支持企业 IPOs 具有更好的后长期业绩，因此 IPOs 承销商一般禁止包括风险资本家在内的内部人士在 IPOs 后的一段时间内出售股份，禁售期通常为 6 个月。风险资本家可以通过转让股权的方式退出。如携程旅行网在 2000 年 11 月的风投资本现已成功退出，分众传媒 2004 年接受风险资本投资后现已在纳斯达克上市。

（2）私募股权投资基金(PE)

在国际上的主要法律形式是有限合伙的基金管理公司，基金经理向基金管理公司交 1%~2% 的年度管理费，享受投资收益分成的 20%，并且投资决策权与出资权分离，政府税务优惠，以鼓励金融创新和长期投资。

私募股权投资基金在 10 年和 20 年间的回报大大优于股票市场，优秀的私募股权投资基金的回报大大优于私募股权投资基金的平均回报。因为，私募股权投资基金提供给被投公司的是长期发展的策略，它要创造比市场指数更好的业绩以增加被投公司的价值。

各方面的研究都表明：私募股权投资基金有益于整体经济的发展，能够增加就业，并能够促进 GDP 的增长。

2. 股票

（1）股票的基本概念

股票代表公共上市公司的所有权，其中包括：投票控制权，股东利益分配权，公司清算时的剩余索取权和提起诉讼的权利。股票包括面值股票和无面值股票、授权普通股和发行的普通股。股票价值包括：股利，市盈率，风险调整贴现率或市场资本报酬率，账面价值与市场价值，清算价值。

①股利是公司向股东定期发放的现金收益；

②市盈率(P/E)为市场价格除以每股盈利；

③风险调整贴现率或市场资本报酬率指投资者投资该股票所要求的预期收益率；

④账面价值是资产负债表上记录的公司的净资产价值，说明公司过去向股东总共筹集了多少资本，度量的是历史，它不代表股东今天对这些股票的价值评估；

⑤市场价值是当今的市值，度量的是未来，依赖于股东预期未来得到的股利。

⑥清算价值指出售公司的资产并偿还了公司的全部债务后剩下的收入。

优先股具有股权的性质，但无须还本，受偿权等居于债务资本之后，可是它先于普通股获得现金股利收益，清算时先于普通股得到偿还；通常没有投票权。现金股利固定。它可以分为累积优先股与非累积优先股，参与优先股与非参与优先股。

（2）股利贴现模型（DDM）

股票的内在价值等于它未来所有预期股利现值之和，贴现率为市场资本报酬率。

$$P_0 = E_0(D_1)/(1+r) + E_0(D_2)/(1+r)^2 + E_0(D_3)/(1+r)^3 + \cdots$$

式中：P_0为时间0的股票价格或称为上市前的预测价格；$E_0(D_t)$为预期t年的股利；r为市场资本报酬率。

如果固定现金股利为D，则股票的价格为：

$$P_0 = \sum_{t=1}^{+\infty} \left[D/(1+r)t \right] = D/r$$

如果现金股利按固定比例g增长，则股票的价格为：

$$P_0 = D_0(1+g)/(1+r) + D_0(1+g)^2/(1+r)^2 + D_0(1+g)^3/(1+r)^3 + \cdots$$
$$= D_0(1+g)/(r-g) = D_1/(r-g)$$

则：$r = g + D_1/P_0$

此为多阶段增长模型。

如果股票价格的上涨比率也等于g，即：

$$P_1 = D_2/(r-g) = D_1(1+g)/(r-g) = P_0 + P_0 \times g = P_0(1+g)$$

所以收益率可分解为两部分：股利回报率和资本利得率。

（3）股票增长率与投资机会

盈利 = 股利 + 留存利润（新的净投资）

股票价值 = 现有状态下未来盈利的现值 + 未来投资机会的净现值（PVGO）

假设h为盈利的固定发放率（$D_t = h \times E_t$，$h < 1$），且投资的收益率为r^*（$r^* > r$），则股利和盈利的增长率为：$g = r^* \times (1-h)$

用盈利对股票定价：

$$P_0 = h \times E_1 / (r - g) = h(1 + g)E_0 / (r - g)$$

则市盈率 $P_0 / E_0 = h(1 + g) / (r - g)$

公司价值不完全取决于净资产，而是取决于未来的盈利能力。一个公司的市场价值应该远远高于它的账面价值，至少应该是 3～4 倍的概念。公司面临的风险越高，则它的市盈率就会越低。

3. 债券

（1）债券的基本概念

债券是借款人和贷款人之间具有法律约束力的合约，它规定了面值、息票利率、利息支付和到期时间或成熟期。

债券分为纯贴现债券和付息债券，纯贴现债券又称零息债券，承诺在到期日支付一定数量现金；纯贴现债券的交易价格低于面值，交易价格与面值的差额就是投资者所获得的收益。付息债券规定发行人必须在债券的期限内定期向债券持有人支付利息，而且在债券到期时必须偿还债券的面值；付息债券可以被看作是纯贴现债券的组合。

债券市场发行的债券有国库（债）券、指数联系债券、企业债券和可转换债券。国库（债）券是各国政府为政府开支提供资金而发放的债券；指数联系债券是支付的利息和本金与零售价格指数（或其他商品价格）相联系的债券；企业债券是企业为了经营和发展向社会发行的长期无担保的债券；可转换债券是可以在一定时期内按照事先规定的转换比例或转换价格转换为企业普通股票得债券。

（2）债券的定价

债券的价值等于将来所支付的利息和面值的现值之和。即：

$$p = c / (1 + r_1) + c / (1 + r_2)^2 + \cdots + (c + F) / (1 + r_t)^t$$

式中：p 为债券价格；c 为每年的息票利息；F 为债券的面值；r_t 为贴现率；t 为到期日。

（3）到期收益率（YTM）计算

到期收益率（YTM）是指如果现在购买债券并持有至到期日所获得的平均收益率。到期收益率也等于使未来现金流的现值之和等于交易价格的贴现率，即：

$$p = c / (1 + YTM) + c / (1 + YTM)^2 + \cdots + (c + F) / (1 + YTM)^t$$

4. 认股权证和可转换债券

（1）认股权证

认股权证通常私募发行，它赋予持有人向发行人在既定时间内按照既定价格购买既定数量普通股票的权利，而非义务。认股权证的期限通常比交易所交易的期限长；它通常作为私募债券的附属证券发行。公司发行新股或优先股时，常常给予其投资银行一定数量的认股权证，以补偿它们提供的承销服务。在此情况下认股权证又称为"绿鞋期权"。

当认股权证被行权时，公司必须发行新股，这可能稀释公司现有股东的利息。

（2）可转换债券

可转换债券可看作普通债券与股票买入期权的组合。一般来讲，可转换债券在公司拆股或分配股票股利时受到保护，转化价格或转换比例做相应调整。

可转债价值有三部分，即普通债券价值，转股期权价值和转股价值，它们不是完全相互独立的。

可转债 = 普通债券 + 认股权证或转股期权

可转债的票面利率低于其他条件相同的普通债券，如果公司在发行了可转债之后表现欠佳，那么转股期权将是废纸一张；如果公司在发行了可转债之后表现良好，公司发行普通债券更好。

在有效的金融市场中，与其他金融工具相比，可转债既不便宜也不昂贵；在可转债发行的时候，投资者为转股期权支付了公平价格。

（3）优缺点

①通过统一股东与债权人的激励，可转债可以降低代理成本；

②可转债可以让年轻公司推迟支付昂贵的利息，直到它们能够承担；

③可转债把金融期权与公司具有的实物期权匹配起来，是序列融资工具；

④由于财务危机成本较高，年轻的和高增长的小公司难以获得合理的普通债券发行条件，而股价太低使得公司不愿意发行股票；此时采取后门融资理论的方法发行认股权证或可转换债券；

⑤发行可转换债券的公司不同于其他公司，其信用评级较低，规模较小，增长率和杠杆比例较高。可转换债券通常是无抵押的次级债券。

（4）债转股政策

绝大多数可转债是可赎回的。当发行人提出赎回时，债权人拥有30天时间选择转股还是接受赎回。从股东的角度来看，最优赎回政策是：当可转债价值等于赎回价格时提出赎回。

现实中，多数公司等到债券价值大幅高于赎回价格时才提出赎回。可能的解释之一是，公司害怕股价在30天的窗口期内大幅下跌。

（5）中国可转债市场投资者特征

①以保险公司为代表的稳健型投资者较多参与；

②个人投资者也持有相当比率；

③市场总体交易较少，投资者多采取买入持有策略。

5. 租赁融资

（1）经营租赁

期限短，出租者需多次出租租赁物才能盈利；同时，出租方负责租赁物的维修保养；承租方可提前解除租约。

（2）融资租赁

融资租赁是期限长的完全租赁，出租方有可能一次性盈利；租赁合同稳定，一般不能提前解除租约；租赁期满后承租方可续租、购买或退还租赁物；具体租赁方法有直接租赁、售后租回和杠杆租赁。

6. 期权

（1）衍生证券

衍生证券是价值依赖于其他更基本的标的资产的金融工具。其中包括：远期（Forwards）、期货（Futures）、期权（Options）、互换（Swaps）。

远期合约是指在今天达成的，在未来某个时间按照某个既定的价格（被称为远期价格或执行价格）买卖资产的合约。在柜台市场（OTC）达成远期合约的双方都面临着信用风险，双方都有义务遵守合约。

看涨期权的拥有者有权利（但没有义务）按照一个既定的价格购买某一既定的资产；看跌期权的拥有者有权利（但没有义务）按照一个既定的价格卖出某一既定的资产。对于欧式期权，它的拥有者只能在到期日执行期权；对于美式期权，它的拥有者在到期日之前的任何时间有权执行。

以多元化为目标的并购不要做，因为股东的期权在减少。

（2）期权价格

期权价格的决定因素如表 5-2 所示。

表 5-2　期权价格的决定因素

正的变化	代号	看涨期权	看跌期权
股票价格	S	↑	↓
执行价格	X	↓	↑
波动率	σ	↑	↑
距离到期日的时间	Γ	↑	↑
无风险利率	r	↑	↓
现金股利	d	↓	↑

（3）期权项目选择

如果公司的杠杆比例很高，股东有动机选择净现值低（即小于0）而风险高的项目，而不是净现值高而风险低的项目。因为：正常的项目对股东来讲没有意义，即使项目成功了，股东价值也不会得到大幅提升，项目产生的价值几乎全部归属债权人；相反，极度高风险的项目，对股东来说是有意义的，因为，虽然失败的可能性很大，但是股东没有什么可失去的，如果成功了，项目的大部分价值归属股东。

（4）高管股票期权

高管报酬构成包括：长期报酬、年度奖励、退休基金、股票期权。高管股票期权常常被用做一种激励机制，使得高管的利益与股东的利益一致。高管股票期权是认购权证，不可出售、期限很长，通常为10年，一般高管服务满3年才能享有。为了保持激励相容的特性，大多数暗含了重置条款。

高管股票期权的优点是能够起到杠杆作用，可以增强薪酬激励效果，降低直接激励成本，促使管理层注重股东价值。高管股票期权的缺点是可能导致管理层虚夸公司利润，助长股市泡沫与股价操纵，影响公司的经营决策，容易激化利益相关者的矛盾。

高管股票期权应该实施指数化期权，行权价与市场指数或行业指数挂钩，要求高层经理人在执行期权之后继续持有股票，要有更长的持有期，并且建立独立性更强的薪酬委员会。

（5）其他期权

如实物期权、等待期权、撤资期权、弹性期权、增长期权等。

三、项目投资决策

公司的价值主要取决于公司的增长机会，而公司增长的主要途径是项目投资和并购。项目投资的决策过程主要包括寻找投资机会、估算投资参数、选择评估方法和项目执行与评估效果。

项目投资机会来自于产品创新、价值链的垂直或水平延伸和提升作业流程三个方面。投资的想法主要来自于现有顾客的需求、公司潜在的技术能力、主要竞争者的营销、投资、专利和产品表现、公司内部生产和销售收入与成本表现和建设创新型组织的发展意愿。

项目投资的评估方法是公司财务的重要组成部分，主要包括：净现值（NPV）、内部收益率（IRR）、投资回收期法和实物期权。

1. 净现值（NPV）原则

净现值（NPV）＝ 未来现金流的现值 P － 初始投资 C

接受的最低标准：如果 NPV ＞ 0，接受项目。

排序标准：应该选择 NPV 值最大的项目投资。

现金流 ＝ 会计利润 ＋ 折旧 ＋ 延迟公司税 ＋ 流动资本变化 － 资本支出（投资）

2. 内部收益率（IRR）分析

内部收益率（IRR）也是净现值 NPV ＝ 0 时的贴现率。即：

$$NPV = C + NCF/(1+IRR) + NCF/(1+IRR)^2 + NCF/(1+IRR)^3 + \cdots + (NCF+C_1)/(1+IRR)^t = 0$$

其中：C 为净现金流；NCF 为净经营现金流；C_1 为营运资本；t 为投资周期。

当内部收益率（IRR）大于该项目所要求的临界收益率时，接受该项目，否则拒绝该项目；当存在两个或两个以上互相排斥的项目时，选择内部收益率（IRR）高的项目。

3. 项目风险分析指标

项目风险分析指标包括敏感性分析、盈亏平衡点分析、投资回收期分析。

敏感性分析是分析某个关键变量的改变对项目净现值（NPV）的影响，如销售收入、成本、贴现率（资本成本）等。

盈亏平衡点分析使得项目达到盈亏平衡点（即 $NPV=0$）时的销售（或其他变量）水平。

投资回收期是指收回全部初始投资所需要的时间。

4. 通货膨胀与项目分析

计算净现值（NPV）时，使用名义资本成本来折现名义现金流；使用实际资本成本来折现实际现金流。

四、上市融资

公司 IPO 能够增加企业资本的流动性，较好地解决投资者与经营管理者之间的信息不对称问题，并能够解决企业价值的错误估算问题，建立企业股权的市场价格。同时也建立起良好的内部股东，尤其是创业风投股东的退出机制，有利于企业的收购和被收购，并且扩大了股权的分布范围，提高企业知名度，从而能够获得先行之利。

1. IPO（Initial Public Offering）基本概念

IPO 的定义是首次面向普通公众发行股票。IPO 的相关概念：

①承销商：从发行公司购买证券，然后转售给公众的商业组织，从而获取买入价与卖出价之间的承销价差。

②招股说明书：就证券发行向投资者提供的正式概要信息。

③价值低估：如果证券的发行价低于证券的真实价值，则证券的价值被低估。

④发行成本：包括直接成本和间接成本。直接成本包括承销差价、会计师费、律师费和人工成本等；间接费用包括发行折价、异常收益和绿鞋期权。

⑤发行类型：包括一般发行、增发、私募和存价登记。一般发行是上市公司采用现货交易的形式向投资者公开发行证券；增发是增加发行已经在市场上公开交易的股票；私募是向有限数量的投资者而不是向公众发行证券；存价登记是公司在发行之前向美国 SEC 提交登记文件，只要发行的条款没有实质性改变，公司可以在登记后的若干年内直接发行。

⑥发行方式：事先要通过竞争和协议的方式进行承销商的选择，然后可以采取包销、代销或者荷兰式拍卖的方式发行。

2. A 股发行定价制度

A 股发行阶段主要包括 7 个方面的工作，其中包括制定方案、组建团队、路演推介、媒体宣传、簿记定价、上市申报、投资价值研究。其中簿记定价是整个发行阶段的核心。

（1）A股IPO发行程序

①发行前准备工作

首先要准备发行所需文件，其中包括证监会审核的《投资价值研究报告》、发行公告和推介所需文件，如路演材料和问答等；其次确定发行方案，确定发行比例和方式；然后选择和组建承销团队，聘用公关公司，协助公司组织路演、处理媒体关系。

②预路演/初步询价（4个工作日）

搜集投资者和主要询价对象对发行价格区间、投资故事、估值方法、可比对象等问题的反馈意见；逐步缩小定价区间，并基于询价结果确定价格区间。

③路演推介

网上路演，公告价格区间，管理层直接向投资者推介其投资故事，投资者累积投标询价，根据最高点和最低点簿记确定发行价格区间。

④簿记定价

确定最终价格，实现最优定价，确保良好的后市表现。

（2）A股IPO定价规则

中国证监会对于发行价格区间上限极为关注，并主要把握窗口指导原则和相关的法规及政策规定。但是，A股价格主要取决于询价对象报价情况和可比公司估值情况，而投资者（询价对象）报价主要参考主承销商向其发放的投资价值分析报告和可比公司的估值水平，因此，询价对象对定价具有举足轻重的影响。

①窗口指导原则

发行区间上限不得高于所有询价对象报价区间上限的平均值，不得高于所有询价对象报价区间上限的中值，不得高于所有基金类询价对象报价区间上限的平均值，不得高于所有基金类询价对象报价区间上限的中值。

发行区间上限乘以发行股数所得的募集资金总额，不得超过招股书披露的拟融资规模；

发行区间上限对应的市盈率（市净率）不得超过同行业可比公司的市盈率（市净率）；

必须对询价对象报价的分布情况和密集区间进行分析，并将此作为发行区间确定的主要依据。

②法规和有关规定

必须遵守2006年9月18日起实行的《证券发行与承销管理办法》，执行《关于做好询价工作相关问题的函》（发行监管函〔2006〕38号）。

其中有关定价的主要条款为：

首次公开发行股票，应当通过向特定机构投资者询价的方法确定股票发行价格。

询价分为初步询价和累计投标询价。发行人及其主要承销商应当通过初步询价确定发行价格区间，在发行价格区间内通过累计投标询价确定发行价格。

未参与初步询价或者参与初步询价但未有效报价的询价对象，不得参与累计投标询价和网下配售。

发行人及其保荐机构根据询价结果确定发行价格区间（询价区间），询价区间的上限不得高于区间的20%。

发行人及其主承销商在发行价格区间和发行价格确定后，应当分别报中国证监会备案，并予以公告。

（3）网上网下发行及配售机制

①网上网下的主要申购者

网上的主要申购者（即发行对象）为持有上证所股票账户卡的自然人、法人及其机构，中华人民共和国法律、法规及发行人须遵守的其他监管要求所禁止者除外。联席保荐人（主承销商）的证券自营账户不得参与本次发行的申购。

网下的主要申购者（即发行对象）即为中国证监会备案的询价对象，其中包括：证券投资基金、财务公司、证券公司、保险公司、QFII、信托投资公司。

②网下股票分配原则

网下股票分配采取同比例配售原则：如果投资者网下有效申购数量大于网下发行数量，主承销商则按网下最终发行数量占网下有效申购总量的比例（$a\%$），根据投资者不同的有效申购总量分配股票，即：

投资者最终获配的股票数量 = 投资者有效申购总量 × $a\%$

仅限于询价对象才能获得配售，获得配售的几率完全取决于资金实力。由于参与对象受到限制，网下获得的配售几率高于网上，但是需要锁定3个月以上。在平均一个申购周期内，网下申购的资金量在4000亿~7000亿元。

③网上股票分配原则

网上股票分配采取摇号抽签的原则：如果网上有效申购总量大于本次最终网上发行总量，根据规定采取摇号抽签确定中签号码的方式进行配售，即由上证所交易系统主机按每1000股确定为一个申购配号，顺序排号，然后通过摇号抽签，确定有效申购中签号码，每一中签号码认购1000股。

询价对象可以同时参与网上网下，但个体投资者只能参加网上申购，平均一个申购周期集中于网上申购的资金规模在25000亿~30000亿元。获得配售的几率主要取决于资金实力，个体投资者由于资金实力薄弱，很难获得中签。

（4）路演推介工作概览

路演是向投资者说明公司的投资故事、消除投资者疑虑、激发市场投资热情、确定最优价格区间和最终定价的过程。它为投资者提供了一个直接接触公司管理层的机会。管理层在路演中的表现对于投资者最终作出报价及投资决策至关重要。因此，管理层需要大力宣传公司的主要卖点，并且打消投资者潜在的顾虑，以便实现订单数量最大和质量最优。

路演推介实现需要明确路演目的，研究路演路线和地点，确定路演形式和参与人员。路演推介分为三个阶段，即发行审查会过后的分析师路演，初步询价的管理层预路演，确定需求以后的正式路演好网上路演。

分析师路演的目的是教育投资者，简介投资故事的主要定位和卖点；同时对投资机构投资者进行摸底，也可以有针对性地安排路演；从中解答投资者关注事项，引导估值，并为管理层路演收集问题。

管理层路演是管理层与机构投资者的深入沟通，也是估值的进一步细化，这是针对有意向的主要机构投资者的推荐活动，同时也为了确定价格。

正式路演是价格区间确定后面向广大一般机构和个体投资者进行的推荐活动，这最大限度地激发了公司的需求。

路演形式可以采取一对一和一对多的推介方式。一对一推介是有选择地针对路演阶段大型基金等重要询价对象比较好的沟通方式。一对多推介是向其他询价对象如 QFII、财务公司、信托投资公司、证券公司等机构进行推介的沟通方式。

3. 上市的估值

上市时较多地采用两种主要估值方法是可比公司分析法和现金流折现分析法。然而比较科学的方法是通过搭建财务模型进行财务估值与盈利预测估值法。

可比公司分析法的主要估值指标包括：市盈率、企业价值/息税折旧摊销前收益等。

现金流折现分析法是基于预测现金流的折现价值及"终值"估计。它以恰当的折现率，即"加权平均资本成本"计算折现值，调整所得出的现金流折现值，以反映其他资产（如现金）及债项的价值。

财务估值与盈利预测估值的主要驱动因素分为有形因素和无形因素。有形因素包括：市场领导地位、增长率、业绩、历史财务表现、利润及增长率的可预测性、收入的可持续性、所提供产品和服务的广泛程度、多样化程度和业务风险。无形因素包括：管理层的行业专长和可信度、发展新业务的经验与业绩、稳步拓展业务的经验、品牌和企业实力、道德和文化、业务开发的专长、透明度、公司治理等。

第六章　市场营销战略

　　美国哥伦比亚商学院国际营销系著名教授詹姆士·麦克·休伯特(James Mac Hulbert)，专程赶来北京大学光华管理学院，利用连续4天的时间，为我们直面传授了市场营销战略的关键课程。詹姆士·麦克·休伯特教授是北京大学光华管理学院客座教授，曾任职哥伦比亚商学院副院长和市场营销系主任，被《商业周刊》誉为"营销奇才"，曾与他人合作建立了Impact规划集团，担任过多家公司和非营利组织的非执行董事。曾经在孟山都公司、联合碳化公司、3M公司、英国铝业等全世界很多公司担任过顾问和讲师。他的教学和研究方向主要集中在战略、计划和市场营销组织领域，曾发表和出版过与市场营销有关的文章和专著。

　　詹姆士·麦克·休伯特教授用红牛、古德伍德和星巴克等公司生动形象的案例讲述了全面整合营销和传统市场营销在本质和概念上的不同，通过对企业的产品与服务和市场进行战略性思维的方法，帮助企业的领导者做好对付市场营销核心问题的准备，这些内容也正是企业总经理必须具备的知识。

一、市场营销战略发展

1. 市场营销

　　20世纪50年代管理学大师彼得·德鲁克在管理学中创造的市场营销概念，成为公司一个部门的主要职能。它以交易为导向，凸显了企业与客户之间的关系，重在产品销售以及围绕着销售的一系列活动。而当前的市场营销是一门关乎整个组织发展的指导哲学，它是企业如何应对外部环境所有的方法，也是创造和保持客户的一种系统方法，无论是针对现有客户还是潜在的客户。

　　市场营销是整个组织的工作，是管理任何企业的核心内容，已经成为企业的主要推进器，对公司中的每个人都非常重要，无论是哪个职能部门，公司的所有员工都要为其做出应有的承诺。因为客户是公司收入的唯一来源，而公司其他活动全部都是成本。如果要为股东创造价值，首先要为客户创造价值。从广义上讲，市场营销与公司所面临的各种环境的接触方式有关，特别是与客户和竞争对手之间的关系。

　　因此，产品和服务的变化主要是由客户和竞争者共同驱动的。产品和服务的取向最先来自于大众市场，由于在市场中不断突出客户的个性需求，公司不愿意跟随竞争对手玩别人擅长的游戏，而是尽可能让别人按照自己制订的规则玩下去，经过竞争对手在实力、信息化和新产品快速迭代等方面的不断较量，生产者在市场演变的过程中逐步提高，客户与产品公司之间的良性互动越来越频繁，从而给大众市场带来多次的分裂、混合和集中，逐步形成了满足不同客户需要的细分市场、客户定制和个性化服务市场。

2. 全面整合营销

由于从物质经济到信息和知识经济的逐步转变，以及市场与产品开发的快速发展，从客户的角度来看，产品就是整个企业的事情，从企业的角度也逐步认为，市场营销的责任和关注的问题，已经不是一个部门的职责，也不仅仅是与客户和竞争对手有关，它已经变为整个企业的行为，必须渗透到企业的各个方面，成为所有职能部门都参与进来的一个过程。市场营销已经不是公司的一项职能，而是公司的整个职能，因此，传统的市场营销已经发展为现在的全面整合营销，将是 21 世纪商业竞争的关键。

由于商业竞争日趋激烈，客户的影响力将会持续增强，信息化程度越来越高，技术的快速变革使得管理创新的能力变得异常重要，企业将在不断的变化中求生存。在全面竞争的 21 世纪，对客户做出的承诺也必须是全面的。全面整合营销将作为一种哲学必须渗透到公司内部，并成为一种驱动力。要想在新兴市场上取得成功，也同样需要把公司的全部资源整合成一个紧密结合的系统，从而向客户传递最卓越的服务，使得客户愉悦和满意。

传统的市场营销模式是以交易为导向的营销，以供给为驱动，是一种大规模的强行推销，是以每笔销售的眼前利润为导向的短期行为。而全面整合营销模式则是以关系为导向的营销，它以需求为驱动，是一种小批量的软性推销，是以每位客户的终身利润为导向的长期行为。它不仅仅是营销组合的驱动器，而且还是影响客户所有职能活动的驱动器，必须以公司的战略为引导。如图 6-1 所示。

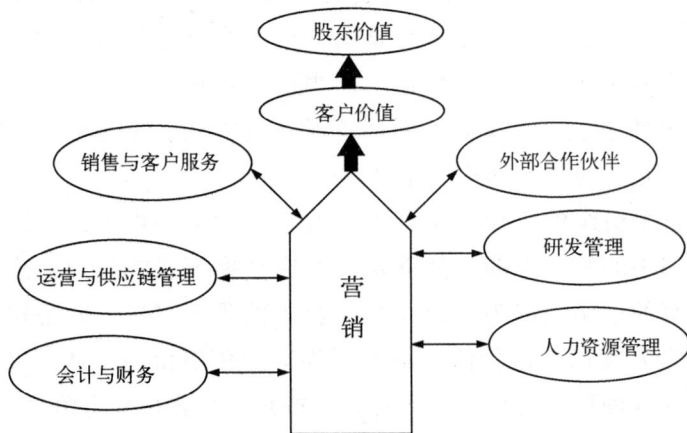

图 6-1 全面整合营销

二、营销的重要驱动力

试想一下你近期内购买了什么产品和服务，购买原因是什么？你会发现主要是由于企业已经按照目标客户设计了这种产品和服务，使得你在下决心解决某个问题时获得了比较满意的支持。传统的市场营销组织元素是 4P'S 理论。即：

Product—产品；Promotion—促销；Price—价格；Place—分销点；Service—服务。

市场营销中最为重要的是：由于新产品的进入而使市场发生了变化。在市场中付诸实施的主要流程是：明确表述客户目标需求，设计供应物、获得有效支持、随时获得数据，监控和调整方向、持续形成回路，努力避免不能兑现的承诺。

市场营销中重要的输入变量有两个方面的信息：即客户和竞争对手的价值和能力。不同的客户需求，驱动不同的市场行为；竞争对手驱动公司不断地选择战场和创造产品优势，绝不能让对手选择武器和战场，要找到你的优势和对手的劣势。

1. 客户

客户是公司分销链条上的任何人，或者能够通过公司或品牌名称辨别出该公司供应物的购买个体。一个产品的客户价值包括功能性、心理性和经济性三个方面。功能性的和经济性的价值是可以测量的，是公司所强调的观点，而心理性的价值是客户真实的直观感受，比如品牌就具有重要的客户心理价值。更重要的客户是不直接付钱的人，比如麦当劳的小孩。

客户分析就是要识别决策单位、画出客户需要图、评估价值、识别购买过程和分析消费系统，并把洞察包含到战略设计中。它包括决策单位分析、客户需要分析、客户价值分析、购买过程分析、消费系统分析和洞察客户，其核心是洞察客户。知识是由数据和信息推论产生，而洞察力是智慧的体现，它是知识重新组合后产生的一种创造性的新能力。应该把洞察客户包含到战略设计中，成功的企业一定是比竞争对手具有更强的洞察能力。

（1）决策单位分析，就是分析相关者的典型角色，明确他们是使用者、购买者、支付者、发起者、影响者、看门人、客户之客户、还是决策者，估计各自角色相关影响力的大小和压力点，确定决策者身份。

（2）客户需要分析，就是准确把握客户希望通过什么手段达到什么样的目的的需求。通过客户需要排除的障碍分析，识别出客户在产品和他们的目标及价值之间所做的联系，清楚产品的属性、特征会给客户带来的利益，并且这些利益对于客户来讲具有重要的价值。

（3）客户价值分析，确定产品的客户价值，应通过管理判断、市场调研和经济分析（使用价值）三个方面来分析。管理判断要依靠客户追求的利益和对竞争对手的感知，通过客户对不同要素组合评价序列的回归计算来确定；市场调研以关联测量和平衡分析为基础，依靠关联测量中客户对某个属性，或对同一产品的多种属性偏好和不同要素组合权衡分析的结果来确定；经济分析是依靠分析竞争选择的购置成本、运营维护的财务成本、利用客户标准比较预期运营水平上的总成本并调整相关价格成本而确定。

市场调研可以识别利益、测量重要性、明确基准和竞争者，但是容易出现管理者偏见，或者容易让客户控制游戏规则，从而存在更多的差别，所以市场调研重要的是客观和符合实际，应努力避免印象或偏见带来的误导，如果可能的话，尽量对结果进行验证。

经济分析又称"杜邦"分析、后果分析、系统成本分析、总分销成本分析和所有权成本分析，这种分析是在经济占主导地位时、购买规模较大或者涉及资本项目时和需要证明花费合理性时必须采取的分析方法。

（4）购买过程分析，就是要以典型的购买过程为基础，在购买的不同阶段中，抓住时机，明确每个阶段的主要当事人、典型的考虑因素和外部影响因素，寻找做出购买决策的主要原因。典型的购买过程包括问题识别、信息收集、正式评价和最终选择4个过程。

（5）消费系统分析，是在研究并做出完整的使用系统流程图的基础上，分析产品在何时和怎样被经常使用、产品是否被拿来与其他产品一起使用、产品在使用中遇到的最普遍的问题、产品在使用中客户是否获得意外的收益、客户使用产品的方法是否与预期不同、客户是否为了满足自身的需要而修改产品。

2. 竞争者

竞争者是其产品和服务能够满足该公司客户同样的需要和欲望的任何企业。竞争者提供的并非仅仅是相同的产品，有时可能已经覆盖了现有客户的需要，并具有一定的增值功能。竞争者分析需要确定竞争集合、收集和分析竞争情报、制定竞争计划和采取竞争行动/反应。

（1）确定竞争集合，可以运用迈克尔·波特（Michael Porter）五力模型来分析，根据数据相似的特征或相似的资产/能力或相似的竞争策略确定战略群体，分析其为直接的、间接的、当前的还是潜在的竞争对手，关注那些在目前或可预见的未来，根据市场对企业自身以及竞争对手的重要程度，预期存在的危险和面临的挑战，通过结构化判断和经验性识别，明确对企业产生最大威胁的竞争对手，努力避免正面冲突。

（2）收集和分析竞争情报，要考虑广泛的情报来源，高效率地收集情报，注意法律和伦理的问题，进行可靠性审查，可分类打分（谣传＝－1，可靠＝±2，事实＝3），设定期望、特征和优先权等条件，要尊重法律和伦理道德，避免伤害自己的企业；同时要防止自己企业的情报被对手收集，采取简单易行的保护措施；情报分析的原则是：详细描述、设定基准点，可以把情报信息的单项因素，如价格和服务等因素分解开来进行趋势分析、细节分析和因素分解分析，对有用的、错误的和误导的信息加以区分，重要的是实行情报过滤，更应该把各种信息整合起来，从整体着眼解释和研究并得出结论，也可对情报分析的结果进行风险系数计算，即：

$R = V_1 \times V_2 \times V_3 / P$；

其中：V_1 为对我们的价值，V_2 为对别人的价值，V_3 为薄弱环节，P 为保护措施。

（4）制定竞争计划，采用投射技术和角色扮演工具，尽早开始，明确博弈规则，当心错误舆论影响，引入"中立"群体，考虑所有关键的博弈方和可能采取行动中的影响因素，制定工作细节和时间规划，并要预测竞争对手的态度和行动，不仅要对对手的行动做出反应，而要设法影响他们的行动。

（5）竞争行动/反应，明确针对个别竞争对手的特定策略，预测竞争对手的反应模式，给定竞争对手可能的行动和反应，选择最好的策略进行博弈，通过发出市场信号来影响竞争对手，如预先声明、行动后声明、公开讨论行业趋势等，从而达到促进合作、抢占先机、降低威胁和最小化挑衅对手等目的。同时，提前做出适当的充实反应策略，如是否反应、怎样反应（何种类型、攻击性多大、友善还是针锋相对、在哪个市场或地区等）、何时行动、多长时间等。积极预测竞争态度（详见表6 -1 预测竞争态度），如果策略不当应及时调整博弈策略，是针锋相对、竞争者培养还是改变博弈规则等。

表6 -1　预测竞争态度

决定因素	有利于合作的行为	有利于竞争的行为
产业集中度	高	低
固定成本	低	高
先动优势（技术领先）	低	高
成长性	高	低
产品差异化	高	低
保密的可能性	低	高
需求的周期性/季节性	低	高
领导者的赏罚权力	高	低
管理人员之间的社会关系	好	差
超额生产能力	低	高

采用竞争概要评估模板，描述竞争对手的市场份额、市场地位、主要业务、优势与劣势、成本定位、竞争地位的改善情况，以及对每项业务的威胁。利用博弈论工具来描述竞争的交互作用，分析竞争对手可能采取的行动策略，从而确定公司可能采取的行动策略。

三、市场营销战略原则

对市场营销实行战略性管理，应该贯彻四大关键原则：即选择和集中原则、客户价值原则、差异化优势原则和整合原则。一旦达成一致意见，方案和实施的诸多方面就必须遵循这个原则。

1. 选择和集中原则

选择是指对目标市场的取舍，意味着让出一些机会给对手；集中是指把公司的资源集中到选定的目标市场上，同时放弃其他市场上的机会，以获得竞争优势，即所谓：有所为，有所不为。使用的工具就是创新的细分市场，通过收集客户信息，如收入、周期、需要倾向、数量、习惯、人文环境等，依据原因和相关性进行分类，分解出拥有相同需要、欲望和偏好的市场群体，并为满足他们相同的利益需求赋予同样的权重，从而能够寻找到创造产品竞争优势的洞察力。当然，正确的客户信息是市场细分的基础。

针对细分市场的结果，明确决策企业目标市场，以确认创造股东价值的机会。明确目标市场的基本思想：

(1) 基于细分市场各自不同的侧重点和公司所掌握的有限资源；

(2) 基于市场的吸引力和相对竞争强度评估的结果；

(3) 针对细分市场的特点和参与的程度做出增长、保持、转变、收缩和退出的决策。

2. 客户价值原则

在目标细分市场中，是否获得成功与企业向客户提供有形价值的能力直接相关的。客户仅从这些产品和服务所带来的效益认定其价值。因此，为客户创造价值是产品和服务投资决策的驱动力，也是评价企业业绩和向客户提供价值能力最重要的依据。所以，对客户价值的理解是制定整体战略纲要的基础，更是实施方案的设计基础。

坚持客户价值导向，但并不等于盲目跟从客户自己也并不清晰的需要。同时，随着环境的变化和客户经验的积累，其需求及其追求的价值也在不断地变化中。所以，有效的市场营销方案将处于不断被修改和扩展中，以此使客户接收到的价值不断感到极大的满足。

3. 差异化优势原则

差异化优势原则与客户价值原则密切相关，它大致等同于竞争优势。差异化是被客户看重并认可的优势，是从别处无法获得并被感知的一种或者一系列利益，如丰田汽车"零故障"的差异化特点，在于不断的技术创新和较高的可靠性门槛值。只有创新才会带来差异化优势，创新的差异化优势主要在功能性、心理性和经济性方面，一旦在市场上凸显，形成市场优势后，其带来的利润必将导致竞争者的模仿，从而使产品逐步趋同，差异化优势慢慢消失，客户忠诚度将难以维持，因此，为了降价压力，促使竞争者不断创新形成新的差异化优势，或者退出市场。

4. 整合原则

整合原则决定着其他一切努力的成败。为了在市场营销中达到最理想的效果，市场战略设计和实施的所有要素都必须精心统筹和协调组合，并将面临根据市场的变化不断进行调整和整合的可能。整合机制的建设和运行，需要所有参加战略制定、方案设计和实施的部门及人员精诚合作。

可以让有些客户总是满意，但不可能在同一时间让所有客户都满意。全面整合营销的过程，也是一个不断进行战略取舍和决策的过程。

四、营销战略制定

一个出色的战略应该发挥提供方向、指导稀缺资源配置、获取竞争优势和协调公司各部等多个职能。企业制定的任何战略应该具有竞争对手无法模仿，或可能模仿但无法实施，或模仿实施后始终处于劣势，或最多达到利益均沾的四种属性。因此公司制定市场营销战略主要包括制定战略目标、选择战略方案、市场定位和战略实施等方面的内容。

（一）战略目标

公司制定战略目标面临着众多选择，但是通常会选择缩小绩效差距的做法，它有益于企业利益最大化。这些选择可以通过财务分析方法做出决策支持，如预测投资回报率（ROI）、回收期、内部回报率（IRR）、净现值（NPV）和经济利润等。

财务分析方法的估计具有不确定性，会出现内部政治互动和潜在的资金分配错误。当资源方面受到约束时，公司在确定目标和投资决策上就会出现重要的与资源相关的相互干扰。公司不可能单独最大化每个细分市场或每种产品的利润，来实现其全部利润的最优，因为拥有不平衡业务组合的公司容易被收购，因此，制定市场战略目标一般会用业务组合法。

业务组合法是一种要求把包含在一个业务组合中的细分市场、产品或业务看作一个整体进行考虑和管理的方法，它注意到了公司的目标与投资决策之间存在的相互联系。业务组合方法可以应用于多个层次，可以评估业务机会和确定公司战略目标，对所有公司的业务计划实践都有重要意义。

（二）市场战略

良好的战略应该采取整合的行动。战略是在细分市场阶段形成的，但是市场定位必须要针对单个客户或者不同类型的客户。市场定位前，首先要进行机会识别，然后进行市场细分、确定目标市场、确定目标客户，从而完成市场定位。市场战略函数包括整合行动、分配稀缺资源和创造优势。战略的关键就是创造优势，就是找到对手做不到的，或者能做到而不去做的内容。

一个完整的市场战略包括目标要素、战略定位和行动计划三个元素。目标是我们希望获得的业务成果，战略定位就是资源配置的总体指导方针，行动计划是战略实施所需要的一系列特定行动。

1. 目标要素

目标要素包含战略和战术两个层面：战略是定性的概念，重视公司发展方向和战略地位分析，在利润和现金流面前，公司重点关心的是销售和市场份额的增长；战术是定量的概念，内容来源于战略目标，它是对战略更为具体的表现形式，以时间轴和工作过程进行预算，从而分解出需要实现的具体目标。焦点战略同样来源于战略目标，它把财务决策和市场决策联系起来，选择好公司的着力点，为资源如何配置确定了方向。

2. 战略定位

战略定位要求产品和客户要匹配，提出差异化比较优势，扩大知名度，建立良好关系，应该在维护现有客户的基础上不断创造新客户，严防失去那些不该失去的客户。战略定位就是如何管理感知和客户，也是如何在客户心目中建立并保持应有位置，这个位置与为客户提供的产品和服务的实际价值相一致。定位要利用差异化优势，基于与众不同的利益，它对客户而言是非常重要的，并且公司在这方面要比竞争对手做得更好。

价值陈述是一种对将会为客户提供的价值描述，在公司内部沟通和评估过程中使用，把定位与价值陈述连接起来，就能够实现内部和外部的统一。建立价值陈述包括：对产品和服务中关键特征、特色以及利益的描述，总结市场营销组合的关键部分以及对细分市场的意义，对客户的权衡、实施价值陈述中公司面临的风险和对公司组织上的意义进行评估。

3. 行动计划

制定行动计划是计划编制过程，其主要目的是明确实施价值陈述所需要的一系列行动并确保获得支持，为战略实施所需要的所有关键活动指出详细的含义，确保了解并重视那些对战略实施很重要的员工。它受核心战略/价值陈述的驱动进行全面整合，编制计划需要细节分析技巧和了解人际技巧，要求在制定计划阶段，关键人员要早期涉入，计划的编制要基于团队，具有人际的敏感性和开放而清晰的领导。

一个精心设计的市场营销战略应该指导并驱动公司各个方面的活动，这对公司成功是至关重要的。

（三）品牌战略

1. 对品牌的认知

品牌是公司独特的、不可复制的无形资产，由高层营销经理来管理。从古埃及开始就出现品牌的概念，品牌是客户对产品属性及其表现、名称及其代表的含义，以及与其相联系的公司的感知和感觉的总和，最为重要的是承诺的一致性。我们一定要把品牌从与它相似的无品牌商品中区分开来，并且赋予它资产价值。

但是，对于品牌的认识，把销售者和客户的观点区分开来是至关重要的。对于公司而言，大多时候品牌被看作一种可以获得更多利益的方法或者工具；对于客户而言，品牌是客户对于产品、服务或者公司所持有的感知和联想的一种集合。这种集合体现出的价值联合起来能够创造一种含义，它代表了对客户与品牌接触时所期望得到的体验和承诺。

品牌对于卖方来讲，提高了促销能力，有利于溢价定价，能够促进重复购买，推动新产品的诞生，实现有效的市场细分，能够实现品牌的忠诚；品牌对于买方来讲，有效地降低了搜寻成本和购买风险，从而降低心理风险。品牌可以把买方和卖方联系起来，相对买方来讲，品牌似乎可以为卖方实现更多的功能，理想情况下，品牌能够充当一种中间媒介，使客户和非客户的品牌受众对品牌的理解被广泛分享。因此，品牌和品牌的管理非常重要，高级管理者必须担当品牌管理人的职责，这应该是他们的主要责任。

一般认为品牌是无形资产，好的品牌是优质资产，不良品牌是负债。品牌对于公司和客户的交换价值是不一样的，对于员工和社会的含义也是不一样的。品牌是客户体验的结果，它远远不只是广告和印刷品的功效所能达到的。

客户是感知和理性的，体验营销的重点是关注客户的体验，利用折中的方法和工具，调查消费和使用的情境。客户把功能、利益和特征、产品质量以及正面的品牌形象都看作是既定的，他们想要的是那些使他们目眩的、能够触动他们心灵并刺激他们头脑的产品、沟通方式以及营销活动。他们需要那些能够与他们的生活方式相关并融合在一起的产品、沟通方式以及营销活动。品牌只有从识别符号变为体验提供者，才能使客户从简单的知晓和形象识别，变成为对品牌有感觉的、情感的、创造性的关系和生活方式。

品牌的含义不仅仅是由正式的营销沟通决定的，它体现在产品、管理者的行动以及所有的有形资产上。我们不应该混淆品牌身份和品牌形象。品牌身份是自身对受众的期望，期望高看一眼；而品牌形象是受众实际达到的期望。品牌是向消费者对该品牌体验的期待做出的承诺，使品牌保持活力，就是使品牌身份和品牌形象尽可能地统一起来，把与品牌含义和价值相一致的体验需求传递到所有的沟通和行动中。创造一个内部和外部共享的品牌含义，在内部需要持续地培训和沟通，在外部需要持续地沟通和行动，共同的理想对于品牌体验的一致性传递是至关重要的，便于灵敏而及时地管理品牌的发展。

CEO 也是品牌，高级管理者的道德和行为标准的一致性是非常重要的。

2. 对品牌体系理解

品牌是在多维空间内动态并发展变化的实体。品牌在二维空间中可以看成是由具体化到抽象化和由功能化到形象化的程度变化过程，如图6-2所示。具体化品牌与产品紧密相关，抽象化品牌与产品几乎是独立的；功能化关注作用而不是其含义，形象化关注其含义而不是作用。

关注其含义而不是其作用

形象的

具体形象的品牌如(品牌与具体的产品/服务紧密联系，并且用来表达某种含义及特征)	形象但抽象的品牌如(品牌与产品或产品群是独立的，并且用来表达某种含义及特征)

品牌与产品紧密相关　　具体的 —————————————— 抽象的　　品牌与产品几乎是独立的

具体功能性品牌如 WD40，Swan Matches,Copperslip等(品牌与具体的产品/服务紧密联系，主要用来表明其功能性)	抽象功能性品牌如 Co-Op,运输业的US Dept(品牌与产品或产品群是独立的，主要用来表明其功能性)

功能的

关注其作用而不是其含义

图6-2　品牌空间

随着时间的变化，品牌将在功能化、形象化、具体化和抽象化之间相互关联并移动，从而形成品牌体系的12种战略状态(见图6-3)，移动的原因可能是故意设计的，也可能是意外的收获，显然品牌在品牌空间的定位，取决于客户的需求、公司产品和技术基础及竞争中差异化优势的结果，多个品牌应该应用品牌组合体系的方法来管理。

品牌的种类分公司、生产线和产品三个层面。既有无差异化的整体品牌，又有有差异的整体品牌；既有无差异化部分相似的单一品牌；又有有差异化部分相似的单一品牌；他们在某种基础技术、通用技术和模块化、标准化、系列化设计的基础上，针对不同用户的市场细分，分化形成品牌体系和系列化产品。

3. 品牌战略思考

品牌体系战略包括关联(联接)类型、战略与目标的联接和通过联接达到的目标。关联(联接)的重要形式有5种：即成员、产品、所有权、子品牌和联合品牌，如图6-4所示，他们一般存在四个维度的关联(简称R4D)。如果自己的品牌在异地受到歧视，开始阶段可以采取联合品牌的方式推向市场。

(1)品牌战略与目标的关系

品牌战略与目标的关系是：如果战略较具体化，那么品牌的目标就要固定在一

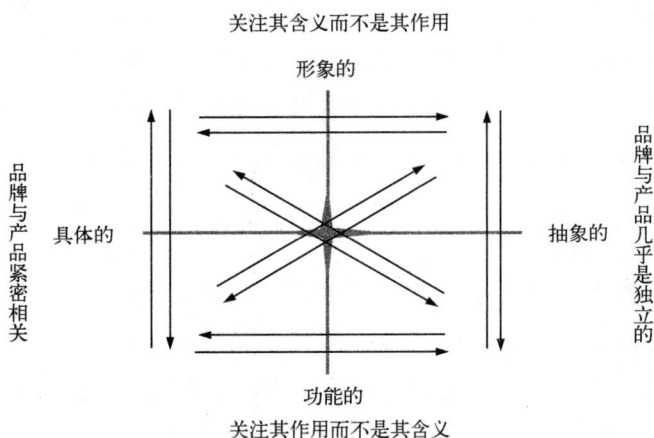

图 6-3 品牌的 12 种战略

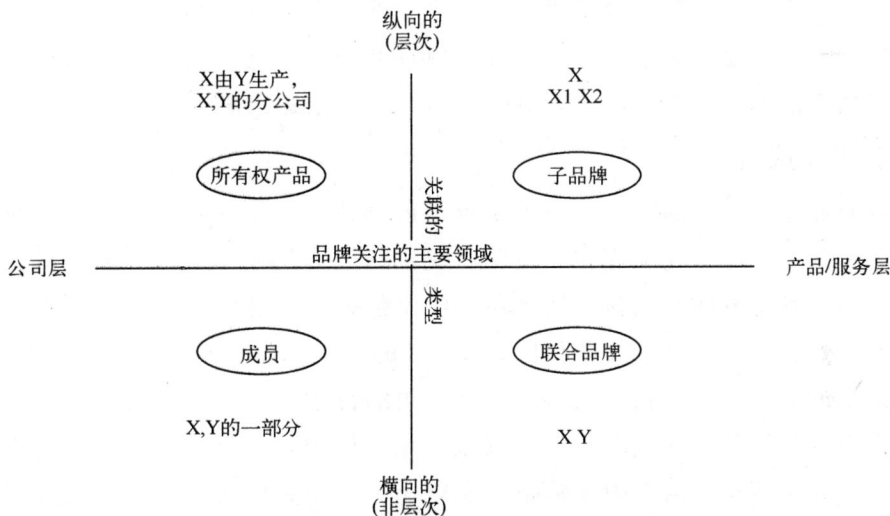

图 6-4 四个维度的关联

个特定的产品或服务上；如果战略较功能化，那么品牌的目标就要强调功能方面的实现；如果战略重点在形象化，那么品牌的目标就要强调其象征意义；如果战略重点在抽象化，那么品牌的目标就是从特定的产品或者服务中抽象出来。

（2）品牌的战略选择与延伸

品牌的选择可以在产品线上延伸，也可以从侧翼延伸；可以利用品牌杠杆延伸，也可以选择完全不同的新品牌。品牌的延伸方法有多种，如：①相同的产品不同的形式；②突出特色部分和特殊成分；③突出品牌互补；④突出专业化优势；⑤从共同的利益和属性出发；⑥突出客户专有特权；⑦突出设计师或者种族形象等方面。品牌的联想会起到意想不到的效果，品牌越成功，则企业对品牌的控制力就越弱；因为对品牌普遍认同的特点，左右了品牌的走向，从而控制了企业的品牌。

当前的品牌已经进化为一个多种感官的体验，被看作以自身方式管理的资产，是重要高级管理者的职责，除了降低风险以外，品牌还为客户提供多方面的价值。品牌是企业理性化的结果，全球品牌变得越来越重要，品牌认可度越来越普遍，品牌拥有者愿意参与合作战略，合作品牌也越来越多，品牌体系也得到企业的认真研究和考虑。

（3）品牌组合管理方法

品牌组合管理方法包括4个流程：①概况与评估，重点在品牌联想、相关受众和财务绩效三个方面；②设定目标和战略原则，通过品牌联想、竞争形势和业务目标分析设定；③赋予品牌组合含义，准确描述含义，明确所期望的品牌之间的联系和品牌体系结构；④制订详细的市场与品牌战略，市场细分并确定目标市场，对品牌进行市场定位。

总之，品牌管理将会成为管理人员的主要职责，品牌的角色在发生变化，在信息经济社会，其重要性会逐步加强。对于现有品牌，要灵敏而及时地管理品牌的发展，品牌体系的重要性随着行业集中和竞争压力的出现而增强。

（四）创新战略

随着商业竞争力度的加强、技术变革速度加快、产品的收益周期逐步缩短，可以预期未来的商业环境变化更快，竞争将更加激烈，从而不仅仅需要产品方面的创新，更加需要管理方面的创新。创新并不仅仅是指新产品的创新。管理学大师彼得·德鲁克讲到：创新是赋予人员和物资资源新的以及更大的产生财富能力的工作。

管理学创新的类型包括：结构性创新、组织性创新和业务范围创新。创新型公司具有以下一般特征：在战略上积极寻求高增长的市场，研发产品具有持续较大的投资力度；在正式组织活动中奖励企业家行为，招聘并留用高级优秀人才，确定并开发的新产品定义清晰，并在整个生命周期中负责管理；在非正式组织行为以外，鼓励与众不同的或令人兴奋的想法，促进科学民主和自由讨论。传统经典的新产品创新思想，是市场中购买者、竞争者和技术基础驱动的结果；而面向创新战略的新产品创新思想，则是以市场和产品塑造者的观念来创新新产品，不仅能够满足购买者的需要，以差异化打败竞争对手，而且能够不断推动产品技术进步。

创新包括连续性创新和突破性（颠覆性）创新两种类型。持续性创新是基于当前被主要消费者一直看重的绩效维度，对现有产品进行持续性改进；突破性（颠覆性）创新则提供与当前产品非常不同的价值主张，这种变革总是非连续的，并且往往被当前的主要竞争者所忽视。当然，突破性（颠覆性）创新也可能由于一味地迎合客户而变化太大，从而失去了它在市场的领导地位。

管理创新的核心要素包括技术准备和进入时机两个方面。随着竞争和创新成本的增加，选择变得更加重要，需要及时识别和掌握核心技术和业务系统的核心阶段，确定是否已经具备进入的条件。进入时机是决定何时生产、购买和合作，在市场起步阶段进入为先驱者，在早期增长阶段进入为快速跟随者，这两个阶段的市场销售量不会很大；在竞争加剧阶段进入，就要针对消费者群体进行市场细分，或者在应用工程领域进行延伸；在市场成熟阶段主要是采取模仿进入的方式。因此，市场进入的时机和进入的方式有着必然的联系。

成功进入市场的能力和必要条件是：先驱者在研发上的投入要贯彻始终，并愿意承担风险，随时了解市场发展的动态性，要有额外的人员和能力；快速跟随者要有稳步发展的研发实力，工作效率高，并能够获得创造性的竞争情报，要配备很好的律师解决纠纷；在竞争加剧阶段的市场细分者或应用工程师，要进行充分的市场调研，具有较好的客户知识和标准的设计体系，员工队伍采取弹性工作系统；在市场成熟阶段进入的模仿者，要采取侵略性采购和低管理费用制度，达到高效率和大批量的生产，力求在价值工程中取胜。

管理创新观念从传统的顺序处理方式转变为现在普遍采用的并行处理方式，从低效的官僚主义作风转变为高效的企业家精神，从部门职能分工转变为跨部门团队协作，从仅重视财务指标转变为市场和财务指标同等重要。创新已经从企业的次要位置上升到主要位置，创新战略得到主要领导者和企业各部门的普遍重视，企业内部的新思路和新想法得到鼓励和培育。企业从不善于风险评估转变为进行风险概括评估，从缺乏设计工具发展为可以熟练应用质量（QFD）和计算机辅助设计（CAD）等先进的设计工具。

商业环境和投资者都普遍要求增强企业在技术和管理方面的创新能力，创新的领域和范畴更加宽广。企业在创新的开始阶段，可能会遇到很多困难，由于要改变长期形成的方法、经验和习惯，使得许多组织及其内部成员都充满了敌意。但是，公司不可避免地要选择一种创新的战略，且创新的方法必须要与市场发展的阶段和企业具备的能力联系起来。

五、战略实施——创造客户导向的公司

商业环境变化的驱动力主要来自两个方面，即客户驱动和竞争驱动。导致的后果是市场在不断地细分、竞争和集中，从而带来技术的分化、竞争的激烈化和市场的全球化。在变化的环境中，需要企业快速识别客户要求并及时做出反应，通过推出新产品，持续不断地改进现有产品和更加关注服务等积极参与市场竞争。而以传统方式组织和管理的公司，如果在组织设计和管理方面没有根本性的变革，必将很难满足客户和市场竞争的要求。

传统公司的产出由控制范围较窄的决策者进行调整和决策，即那些在确定的职责范围内做出决策的人。市场信息多以报告的形式向上传递，决策者不是真正意义上的管理者，而是那些"规则解释者"和传递决策的信息员。

传统公司强调控制，主要经营活动在高层，但在与较低层次之间制造了一些需要跨越的功能性交流障碍。人们不能按照自己的意愿行动，而总是向高层管理者寻求指导和方向性建议，从而导致信息被扭曲，建议被稀释，决策被拖延或者执行不力。解决问题的方法也很模糊，人们创造价值的作用被淡化，甚至做许多徒劳无益的工作，客户重要性被行政层级冲淡。

以传统方式组织和管理的公司，缺乏在当今商业环境中所需的竞争速度和灵活性，要使他们有更强的反应能力，需要彻底颠覆组织结构并使组织扁平化。

因此，为了创造一个客户导向而非组织导向的公司，就需要重新整合下述要素：即：①战略性考虑：愿景、价值观、使命和战略；②必要性条件：结构性考虑、体系和过程考虑；③人力资源管理；④对客户的承诺。如图6-5所示。

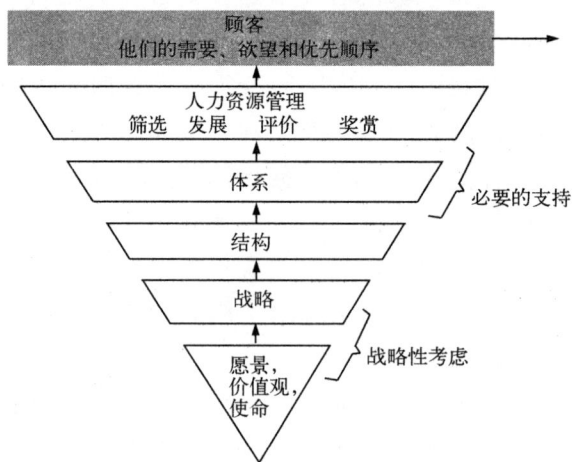

图6-5 客户导向的公司

1. 战略性考虑

(1)愿景

愿景是对未来理想状态的构想和描述。愿景的特征是引人注目的，它抓住员工最深层次的愿望。愿景的核心不在于实际的言语表达，而在于为它创造和奉献的行动。它是企业的一种理想，只关注目的，而不是如何达到目的的细节。

(2)价值观

价值观是指导企业日常行为以及在行为过程中赋予愿景生命力的信念。对客户做出承诺是价值观的核心内容，具体表现在：把市场营销看作是一项投资，而不是随意削减的费用；把客户服务看成是形成潜在优势的一种来源，而不是不得已的"灾难"；把客户价值看成是价格的主要决定因素，而不是成本或是竞争因素；把计划执行看成是基于营销战略对外部客户承诺的兑现，而不是关注内部的预算导向行为。

（3）使命

使命是对企业正在从事或应该从事行业的描述。揭示了企业经营的范围和发展的方向。

（4）战略

战略的核心是确定在每个层次上对企业最重要的市场、细分市场以及客户（简称STP）。通过业务分析进行市场选择，通过市场分析进行细分市场选择，通过细分市场进行客户选择；明确企业战略地位、差异化优势和市场地位。

2. 必要性条件

（1）结构

结构是把员工的努力组织起来实现战略目标的方式。尽可能把功能整合推向组织下层，使组织资源围绕那些负责与客户接触的人，并由他们方便支配。通过分散责任和权力训练一线员工的素质，以达到精减中层管理者的目的。

通用电气公司的杰克·韦尔奇讲：中层管理者是组织的重要组成部分，但他们的工作需要重新定义。他们必须把自己看成是教师、啦啦队长以及解放者的组合体，而不是控制者。

（2）体系和过程

体系由硬件系统和软件系统组成，它是实现产品和服务的重要组成部分。利用体系和过程来增强与客户的联系，加强组织对客户更深层次的了解，并提高组织对客户需求和欲望的影响能力。硬件系统可以增加分销渠道和产品与服务的可得性，可改进客户的亲密关系，可以为客户节省时间并降低努力风险。软件系统可确保有效工作时间、组织参与外部驱动和内部不断学习与提高，在外部利用客户基于信息的联系建立竞争优势，在内部创造并增强每个员工对企业成功都有责任的信念。

3. 人力资源的管理

人力资源管理要求在改善个人以及组织绩效的同时，额外需要每个员工增加一个重要目标，那就是创造并加强企业对客户的承诺。将员工为客户创造和加强的承诺，作为重要的绩效考核因素。

4. 对客户的承诺

对客户的需要、欲望等不断提出的新要求进行筛选、评价、发展和奖赏，并排出优先顺序，并根据实际情况做出切实可行的承诺。

在客户导向的公司中，对客户做出的承诺是组织价值的核心部分，应被广泛理解和共享，并体现在日常行为中。创造这种承诺需要系统地和彻底地改变，应该由那些能够为公司愿景提供支持的领导者来推动。

第七章　财务报表(告)与分析

　　本章内容由北京大学光华管理学院陆正飞教授讲授。他是中国会计学会理事及学术委员会委员，中国审计学会常务理事，中国会计教授会常务理事，兼任中国财政部会计准则咨询专家，在会计理论与财务报告分析、公司财务管理、企业发展中的财务战略与财务控制等领域有深入的理论与实务研究。

　　陆正飞教授在"财务报告(表)与分析"授课中，讲授了财务会计的信息供求、财务报告及资产负债表、利润表、现金流量表的使用和财务会计中的若干特殊问题等，通过实际案例研究，讲解了财务分析的方法和基础，并进行了流动性及偿还能力、获利能力及股东权益等财务分析。

一、财务会计的信息供求

　　财务会计信息影响管理者的利益，因为它是企业经营业绩评估与管理者报酬确定的基础；同样，财务会计信息影响企业的经济运行，证券市场、经理人才市场等的有效运行，也离不开财务会计信息，财务报表信息具有减少决策者面临不确定性的潜在能力，较其他竞争性信息源具有一定的优势，是一种更为可信的、低成本的和相对更为及时的信息来源，更能够直接地反映与各利益主体之间的经济利益。

　　财务会计的基本问题是：一方面为投资者提供相关信息，创造出控制经营管理者"逆向选择"的有效机制；另一方面是生产出不易为经营管理者操纵的"可靠"信息，用于管理者报酬契约的兑现，从而控制"道德风险"。

　　财务会计准则是投资者利益与管理者利益的协调者。在目前尚不完全和规范的市场中，通过财务会计准则，可以控制管理者的逆向选择和道德风险。

　　1. 报告(表)信息的需求者

　　股东、投资者及证券分析师、经理、贷款提供者、客户及供应商、政府机构和员工等是财务信息报告(表)的需求者。但是，不同的投资者对财务会计信息的偏好也不同。有的偏好以市价为基础的信息，即企业预测价值；有的则更偏好以历史成本为基础的比较可靠的信息。

　　2. 影响信息供给的因素

　　影响财务报告(表)信息供给的主要因素，一是法规的力量，即会计法、会计准则和会计制度等，新的中国会计准则体系共计 38 项，会计的法律责任由董事会承担，确保管理层提供的信息可信；二是市场的力量，在市场中公司的声誉、管理当局的声誉、第三者的验证和法律的惩罚等市场机制，以及经理人市场的约束，促使管理者提供的财务信息可信。

3. 与信息披露相关的成本

与财务信息披露相关的成本有处理和提供信息的成本、信息失误导致的诉讼成本、可能导致竞争劣势的成本、政府选择公司的政治成本以及对管理行为的限制成本等。

二、财务报告概要

财务报告的基本特征包括财务报告目标和会计信息的质量特征。财务报告目标或者说是会计目标，指的是会计信息应该为谁提供服务和为其提供什么样的服务。股东是现代公司会计信息的重要服务对象，同时也要服务于银行等债权人、政府机构和社会公众等。财务报告提供对决策者有用的信息，具有历史性、近似性、成本性和非唯一性等特征，以外部用户为主，强调多利益主体的共同需要，服务对象既包括现在的，也包括潜在的投资者。

财务报告提供的信息主要包括企业经济资源，要求包括其各种交易和变动，以及由利润及其构成的财务成果。它并不直接估量企业价值，而是为需要作此估量的人提供所需的信息。

会计信息的质量特征是相关性和可靠性的权衡，它遵循普遍性约束条件，即效益大于成本。提供的信息可以让决策者准确理解，并切实有用，信息相关性强，既具有及时性，又具有反馈价值和预测价值；而且信息可靠性强，具有中立性，反映的情况客观真实，并可验证。根据这些信息，投资者和债权人能够预测到企业未来的盈利情况和支付能力。

财务会计的基本假设包括：会计主体假设、持续经营假设、会计分期假设和货币计量假设。财务会计的基本原则包括：历史成本原则、收入实现原则、收入与费用配比原则、一致性原则、充分揭示原则、实质重于形式原则、及时性原则。财务会计的基本惯例包括：稳健性惯例、重要性惯例和成本/利益比较惯例。另外，还有复式记账/单式记账和应记制(权责发生制)/现金制(收付实现制)等。

(一)资产负债表

资产负债表又称平衡表、余额表和财务状况表。报告企业在特定时点的资产，负债及所有者权益状况。它的特点是一个静态报表，反映企业在特定时点上的资金来源与资金运用情况，同时反映了企业在特定时点上的资产及其构成，以及投资者对企业资产的要求权(求偿权)及其构成。新准则要求：资产和负债应当分流动资产和非流动资产、流动负债和非流动负债。

1. 资产

资产是指企业过去的交易或事项形成的，由企业拥有或控制的、预期会给企业带来经济利益的资源。资产包括流动资产和非流动资产两种；流动资产主要是应收账款和存货；非流动资产主要是固定资产、无形资产和长期股权投资等。

(1) 流动资产

流动资产是自资产负债表日起一年内，交换其他流动资产或偿还负债的能力不受限制的现金，或主要为交易目的而持有，预计在资产负债表日起一年内可以变现的现金等价物。主要包括货币资金、应收及预付款项、交易性金融资产和存货等。

1) 货币资金/现金是指立即可以投入流通的交换媒介。主要包括库存现金、银行本票、银行汇票和旅行支票等。企业拥有过多的现金存量——货币资产不一定是好事情，一般情况下，拥有现金越多，投资失败概率越大。

2) 应收及预付款项包括应收账款、应收票据、其他应收款和预付账款等。应收账款是指一般商业信用所形成的客户欠企业的购货款；应收票据是指票据结算方式下所形成的客户欠企业的购货款或其他款项；其他应收款是指客户以外的其他主体(单位或个人)所欠企业的款项；预付账款是指在采购货物或得到服务之前所预先支付的"供应商"的款项。

3) 交易性金融资产主要看投资的动机是否为了交易，它属于流动资产，不包含购入时的交易费用，也不包含所购入证券上带有的应收股利或应收利息，一律按实际购入价格反映；在资产负债表上，交易性金融资产项目反映的是其"成本"与"公允价值变动"之代数和，即反映资产负债表日交易性金融资产的公允价值。

4) 存货是指企业在日常活动中为销售而储存的商品或产成品、处在生产过程中的在产品、在生产过程或提供劳务过程中耗用的材料和物料等。存货计价是为了恰当地反映企业在一定期间的经营盈利情况和期末财务状况，因此，存货计价时关注的是存货"成本流动"，而非存货"实物流动"。存货计价的基本方法主要包括：先进先出法、加权平均法、移动加权平均法、后进先出法和个别计价法。一般情况下，存货是以成本计量的，但若预期商品/产品售价低于成本时，则应改按"市价"计量。

(2) 非流动资产

非流动资产是指通常不可以在一年或超过一年的一个营业周期内变现或耗用的资产。主要包括：持有至到期投资、长期股权投资、投资性房地产、固定资产、生物资产、递延所得税资产、无形资产、其他资产等。

2. 负债

负债是指企业过去的交易或事项形成的、预期会导致经济利益流出的现时义务。除非抵押或担保债务，负债通常是针对企业整体资产的要求权；反映的是资产负债表日企业应付未付的债务总额(含应计利息)；负债的具体偿还方式不限于以资产或劳务偿付，也可以通过以新债抵旧债，以发行股票抵债等方式偿付。负债包括流动负债和非流动负债两种。

（1）流动负债

流动负债主要为交易目的而持有，预计在一个营业周期中清偿，或者自资产负债表日起一年内到期应予以清偿，且企业无权自主地将清偿推迟至资产负债表日后一年以上。流动负债主要包括：应付账款、应付票据、预收货款、应付职工薪酬、应交税费、应付股利、其他应付款（存入保证金等）以及将在资产负债表日后不超过一年时间内到期的非流动负债。

（2）非流动负债

非流动负债是指一切流动负债以外的负债。主要包括：长期借款、长期应付款、专项应付款、应付债券、预计负债和递延所得税负债等。

3. 股东权益

股东权益即为股东对企业净资产的要求权，包括股本、资本公积、盈余公积以及未分配的利润等。

4. 资产质量

资产质量是指资产账面价值与实际价值之间的差异。

预期按账面价值实现的资产是货币资金。预期按低于账面价值的金额实现的资产包括：短期债权、部分短期投资、部分存货、部分固定资产、部分无形资产和纯粹摊销性的资产等。预期按高于账面价值的金额实现的资产包括：大部分存货、部分对外投资、部分固定资产、"账/表"外资产等。

（二）利润表

利润表又称损益表、收益表或者经营情况表。利润表是报告企业在特定时期所实现的净利润及其过程。它的特点是动态报表，通常包括：营业利润、投资收益、营业外收支净额等。

1. 利润的性质

企业的基本经营循环：先用企业的货币资金购买固定资产，如生产设备等，并针对生产的产品采购原材料以及雇用劳动力等，具备条件后开始生产，通过完整的生产过程产出成品，在市场上销售产品后获得应收账款，从而再次获得货币资金。

收入是指企业在日常活动中形成的、会导致所有者权益增加的、与所有者投入资本无关的经济利益的总流入。

费用是指在日常活动中发生的、会导致所有者权益减少的、与向所有者分配利润无关的经济利益总流出。

利润/收益是指企业在一定会计期间的经营成果。利润包括收入减去费用后的净额、直接计入当期利润的利得和损失等。

会计利润：按照财务会计原则进行核算所得出的利润。

应税利润：按照税法要求、在会计利润基础上经过调整计算所得出的利润。

经济利润：一定时期末的企业价值与期初的企业价值之差。它与会计利润有两个不同点：一是经济利润必须考虑当前未发生但预期可能实现的利润；二是经济利润必须估算股东投资的资本成本。

由于经济利润的计算难以做到客观，因此，对于持续经营中的企业，现代会计只核算会计利润，而非经济利润。

2. 利润表及其项目分类

现代会计采用"多步式"利润表，其目的是利于分析利润的来源"结构"从而便于预测未来利润。利润表的项目包括：

①营业收入：企业在一定期间内销售产品或提供服务的发票价格总额；

②销售净额：销售总额减去销售退回及折让，以及销售（现金）折扣的差；

③销售退回及折让：指客户退回货物的销售价格计因产品缺陷或存在其他不符合合同要求的问题而给予客户的价格折让；

④销售折扣/现金折扣：为鼓励客户提前/及时付款而支付给客户的折扣；

⑤营业成本：已销售产品或劳务的生产采购成本，也就是存货成本的减少额；

⑥税金及附加：指税金及各种附加税费；

⑦毛利 = 营业收入 – 营业成本；

⑧期间费用：包括销售、管理和财务费用；

⑨营业利润 = 毛利 – 期间费用；

⑩投资收益：企业对外投资的净利润（净损失）；

⑪公允价值变动损益：交易性金融资产、交易性金融负债，以及采用公允价值模式计量的投资性房地产等的公允价值变动形成的、应计入当期损益的利得或损失；

⑫营业外收入/营业外支出：与企业生产经营无直接联系的各项收入/支出；

⑬资产减值损失：各项资产减值损失；

⑭税前利润（利润总额）= 营业利润 + 投资利润 + 营业外收入 – 营业外支出

⑮所得税：应计入本期的所得税费用

⑯净利润 = 税前利润 – 所得税

3. 利润质量

利润质量是指利润形成的真实与合理性，以及对现金流转的影响。

企业利润质量恶化的特征表现在：经营上的短期行为或决策失误导致的未来收入下降趋势；成本控制上的短期行为导致的效率损伤；纯粹的利润操纵行为导致的账面利润虚增；过度负债导致的与高利润相伴的财务高风险；企业利润过份依赖于非主营业务；资产（尤其是存货与应收款）周转效率偏低；非正常的会计政策变更；审计报告出现异常（如保留意见、否定意见和拒绝表达意见等）。

三、财务报表分析的方法

（一）财务分析的评价标准

财务分析的评价，一般采用经验、历史、行业和预算四个标准。经验标准是指依靠大量且长期的实践经验而形成的标准（适当）的财务比率值；历史标准是指本企业过去某一时期（如上年或上年同期）该指标的实际值；行业标准可以是行业财务状况的平均水平，也可以是同行业中某一比较先进企业的业绩水平；预算标准是指实行预算管理的企业所制定的预算指标。

（二）横向分析方法

横向分析方法可以采用共同规模报表分析和企业间财务比率比较分析两种方法。

1. 共同规模报表分析

在有着不同规模的企业之间直接进行财务报表比较分析，会因规模差异而产生误导，因此在进行不同规模企业间的比较时，就必须控制规模差异。控制规模差异的办法是将报表上的项目表达为一定的百分比形式，亦即为编制共同规模报表。然后，通过观察和比较两个或两个以上公司的共同规模财务报表，可以发现各公司之间财务状况与经营情况的差异。

2. 财务比率比较分析

最为常用的横向分析技术就是公司之间的财务比率比较分析方法。财务比率通常以百分比或者倍数表示，理论上财务比率可以通过任何一对数字计算出来；实践中往往是根据需要选择一些基本和主要的财务比率，加以具体应用。

（1）选择财务比率遵循的原则

一般在设计或选择财务比率时，应该遵循以下两个原则：

①财务比率的分子和分母必须来自同一个企业的同一个时期的财务报表，但不一定来自同一张报表；

②财务比率的分子与分母之间必须有着一定的逻辑关系，从而保证所计算的财务比率能够说明一定的问题，即计算的比率应具有财务意义。

计算此类财务比率无法消除由于季节以及周期变化而带来的问题，也反映不出年度内发生的不规则变化。

（2）财务比率分析类别

财务比率分析通常归纳为五类：

①流动性比率：即用来衡量公司偿还流动负债能力的财务比率，主要包括流动比率和速动比率等。

②长期财务安全性比率：即用来衡量企业长期资金提供者的保障程度，亦即公司长期偿债能力的财务比率，主要包括资产负债表和利息保障倍数等。

③获利能力比率：即用来衡量公司的总体盈利能力的财务比率，主要包括销售利润率、资产利润率及资本利润率等。

④投资者特别关注的财务比率：即用来衡量公司为投资者所做贡献或者说投资者从公司中获得利益的财务比率，主要包括普通股每股收益和市盈率等。

⑤与现金流量表相关的财务比率：即用来衡量公司现金流量状况的财务比率，主要包括营业现金流量对债务之比率和每股营业现金流量等。

（三）时间序列（趋势）分析方法

时间序列（趋势）分析方法包括趋势报表分析和趋势财务比率分析。

趋势报表分析首先要选择一个年度为基年，然后与基年相联系地表达随后各年的报表项目。按照惯例，基年被设定为"100"，其他各年则为：

$$本年数据/基年数据 \times 100$$

通过趋势报表数据的分析，可以判断企业的发展趋势；如果没有收入的增长，企业没有长期希望，如果利润增长速度大于销售收入，则企业进入成熟期，逐渐开始走下坡路；如果企业经营管理费用的增长远远快于销售收入及销售成本的增长，则意味着该公司为维护和扩大自己的市场份额，不得不增加广告支出等方面的投入；如果该公司某一产品的销售额增长大于产品销售量的增长，则销售收入增长的主要原因是由于其价格的增长。

趋势财务比率分析是财务报表分析中经常采用的另一种趋势分析方法。分析者可能试图基于过去若干年的财务比率的趋势来推断总的发展趋势。

观察一个企业在连续若干年内财务比率的趋势时，应该同时观察其稳定性或者变异性情况。财务比率的变异性程度计算如下：

$$变异性 = (比率最大值 - 比率最小值)/比率平均值$$

四、流动性及偿债能力分析

营利性越好的资产其流动性越大。资产的流动性与企业的偿债能力有着密切的关系。

1. 短期资产流动性

短期资产是指价值周转期不超过一年或者一个营业周期的资产，主要包括现金、有价证券、应收账款和存货。现金和有价证券的流动性自然很好。

（1）应收账款

应收账款的流动性要注意账龄结构和客户的集中程度，要特别注意分析对象公司的赊销与现金销售之比，这一比例的变化（同一公司不同年度之间）或差异（不同公司之间），会导致以上比率的严重不可比。

①会计期末应收账款与日销售额之比（天）：

会计期末应收账款与日销售额之比 = 应收账款总额（含应收票据）/（年销售额/

365 天）

在公司内部分析中，将该指标与公司信用期作比较，即可判断公司应收账款的管理效率。会计期间若为自然营业年度，该指标会被低估，因为在自然营业年度的年末，销售年末的应收账款往往处于较低水平，从而应收账款的流动性就会被低估。当然在不采用自然营业年度时，该比率也可能因为大量销售集中于年末的原因而偏高。相反，该比率也可能因为年末销售大量减少，或者大量的现金销售和大量应收账款的让售等原因而偏低。

②应收账款周转率（次数）

应收账款周转率 = 销售净额/年平均应收账款总额

如果应收账款周转率（次数）大，说明资金占用少，资金使用效率高。

③应收账款周转天数：

应收账款周转天数 = 年平均应收账款总额/（销售净额/365 天）

（2）存货

存货流动性的度量指标主要有会计期末存货与日销售之比、存货周转率和存货周转天数。

①会计期末存货与日销售之比

会计期末存货与日销售之比 = 期末存货/（年销售成本/365 天）

这一指标显示了销售全部存货所需的时间长度；如果公司采用自然营业年度作为会计期间，由于年末存货较少，则该指标可能会被低估；反之，若以经营业务高峰期作为会计期末，则该指标可能会被高估；如果年销售额基本稳定，则该指标越低，说明公司的存货控制越好。

②存货周转率

存货周转率 = 年销售成本/年平均存货余额

采用自然营业年度的公司，如果分母取年初年末平均值，该比率往往被夸大；在经历了较长时期后，使用后进先出（LIFO）的企业存货成本低，而使用先进先出（FIFO）的企业存货成本高，这会导致两类企业之间存货周转率的显著差异。

③存货周转天数

存货周转天数 = 年平均存货余额/（年销售成本/365 天）

（3）营业周期

营业周期 = 应收账款周转天数 + 存货周转天数

营业周期即从购入存货到售出并变现所需的时间，由于各个企业的信用政策可能存在差异，因此，单独比较应收账款周转天数或者存货周转天数，显然具有不可比性，而以营业周期进行比较则可克服这一不足。

2. 短期偿债能力分析

直接用来衡量公司短期偿债能力的财务比率主要有流动比率、速动比率和现金比率。

（1）流动比率

$$流动比率 = 流动资产/流动负债$$

流动比率的经验值一般为 2：1，但是 20 世纪 90 年代以后，平均值已经降为 1.5：1 左右。一般情况下，流动比率的高低与营业周期有关系：周期越短，流动比率就越低；反之，营业周期越长，则流动比率就越大。

在进行流动比率分析时，与行业平均水平比较是十分必要的。流动比率的比较只能反映结果，而不能分析原因，结果原因的分析需要进一步分析应收账款、存货及其流动负债水平的高低。如果应收账款或存货量不少，但其流动性（即质量）存在问题，则应要求更高的流动比率，因为此时的流动比率值，即流动资产，可能存在一定量的失真。

（2）速动比率

速动比率 =（流动资产 – 存货）/流动负债

$$=（现金及现金等价物 + 有价证券 + 应收账款净额）/流动负债$$

由于在流动比率计算中，存货往往存在流动性问题，为了排除其原因，并同时扣除预付款及待摊费用等因素，从而利用更为保守的速动比率来衡量企业的流动性。

速动比率的经验值一般为 1：1，但是 20 世纪 90 年代以后，平均值已经降为 0.8：1。该比率一般会受到应收账款质量的影响，因此在计算分析该指标前，应首先分析应收账款的周转率。

在有些行业中，很少有赊销业务，故很少有应收账款，所以，速动比率低于一般水平并不意味着其缺乏流动性。

（3）现金比率

$$现金比率 =（现金及现金等价物 + 有价证券）/流动负债$$

现金比率是最为保守的流动性比率。当企业已将应收账款和存货作为抵押品时，或者分析者怀疑企业的应收账款和存货存在流动性问题时，则以该指标评价企业短期偿债能力是最为适当的选择。

通常情况下，分析者很少重视这一指标，因为，如果企业的流动性不得不依赖于现金和有价证券，而不是依赖于应收账款和存货的变现，那么就意味着企业已处于财务困境，所以该比率只有在企业业已处于财务困境时，才是一个适当的比率。

3. 营运资本周转率

$$营运资本 = 流动资产 – 流动负债$$

由于依据账面数据流动资产容易被低估，尤其是存货，因此营运资本也往往容易被低估。

通常将营运资本与以前年度的该指标进行比较，以确定其是否合理。但是，不同企业之间及同一企业的不同年份之间，可能存在显著的规模差异，这时比较该指标通常没有意义。

$$营运资本周转率 = 年销售额/年平均营运资本$$

如果分母不能很好地代表全年平均的营运资本水平，则该指标就可能存在问题，这时应尽可能取得月度营运资本数。

该指标具有两面性，数值过低，可能意味着营运资本使用效率过低，即销售不足；而数值过高，则可能意味着企业的营运资本不足，即交易过度，一旦经济环境发生较大的不利变动，就可能使企业面临严重的且措手不及的流动性问题。

4. 财务报表上未反映的流动性指标

（1）存在下列情况时，企业实际的流动性要比报表所显示的更好：

①未动用的银行信贷额度；

②一些可以迅速变现的长期资产；

③企业长期债务状况良好，有能力发行债券或股票筹集长期资金。

（2）存在下列情况时，企业实际的流动性要比报表所显示的更差：

①附注中揭示了已贴现，但另一方有追索权的票据；

②大额或有负债，如未决税款争议、未决诉讼等；

③企业为其他企业的银行借款提供了担保。

5. 长期偿债能力

企业的长期偿债能力应该通过损益表和资产负债表来进行分析：

（1）损益表分析

在损益表分析中，主要考察企业的利息保障倍数和固定费用偿付能力的比率。

1）利息保障倍数

$$利息保障倍数 = （利息费用 + 税前利润）/利息费用$$

该比率一般在 3 倍以上，表示企业不能偿付利息债务的可能性较小；10 倍左右表示企业偿付能力良好，15 倍左右表示优秀。

事实上，如果企业在偿付利息费用方面有良好的信用表现，意味着企业很可能永远不需要偿还债务本金，例如一些公用事业公司等；或者意味着当债务本金到期时，企业有能力重新筹集到资金。

为了考察企业偿付利息能力的稳定性，一般应计算 5 年或者 5 年以上的利息保障倍数，因为，无论是好年景还是坏年景，利息都必须支付。无论保守起见，应该选择 5 年中最低的利息保障倍数值作为基本的利息偿付能力指标。

2）固定费用偿付能力比率

$$固定费用偿付能力比率 = （利息费用 + 税前利润 + 租赁费用中的利息部分）/$$
$$（利息费用 + 租赁费用中的利息部分）$$

这是利息保障倍数比率的一种扩展，是一种更为保守的度量方式。根据经验，租赁费用中的利息约占 1/3。

（2）资产负债表分析

在资产负债表分析中，主要考察企业的债务（负债）比率、债务与权益比率、债务与有形净值比率和其他等长期偿债能力比率。

1）债务（负债）比率

$$债务（负债）比率 = 债务总额/资产总额$$

在债务比率计算中，应该采取稳健的态度，分子中应该包括短期债务。其中包括：准备金、递延所得税负债、少数股东权益可赎回优先股等。

经验研究表明，债务比率存在显著的行业差异。因此，在分析该比率时，应该注重与行业平均数的比较。该比率会受到资产计价特征的严重影响，若被比较的企业有大量的隐蔽性资产，实际存在但报表上无反映，如大量的按历史成本计价的早年获得的土地等，而另一企业没有类似的资产，则简单的比较就可能得出错误的结论。一般在30%~70%，行业间不要随便攀比负债，如钢铁行业和负债行业差距很大。分析该比率时，应同时参考利息保障倍数。

2）债务与权益比率

$$债务与权益比率 = 债务总额/股东权益$$

可用于确定债权人在企业破产时的被保护程度。

3）债务与有形净值比率

$$债务与有形净值比率 = 债务总额/（股东权益 - 无形资产）$$

用于测量债权人在企业破产时受保障的程度。

4）其他长期偿债能力比率，即：

流动负债与股东权益之比，比率值越高风险越大。

长期债务与长期资本之比，长期资本包括长期负债、优先股及普通股股东权益，比率值越高风险越大。

固定资产与权益之比，比率值越高风险越大。

现金流量与债务总额之比，比率值越高风险越小。

（3）影响长期偿债能力的特别项目

1）长期资产市价或清算价值与长期债务之比

企业日常经营关心投资获利能力，而企业清理则应关心资产变现能力。当企业缺乏盈利能力时，拥有的长期资产如果具有较高的市价或清算价值是十分重要的。

2）长期经营性租赁费用中的本金部分

长期经营性租赁实际上也是一种长期筹资行为，故应该考虑其对企业债务结构的影响，即将与经营租赁相关的资产和负债分别加计到债务总额和资产总额之中。

3）或有事项

可以通过仔细阅读报表附注加以发现。

4）资产负债表外揭示的金融风险和信贷风险

5）金融工具的公平市价

五、获利能力及股东利益分析

利润是股东利益的源泉，也是企业偿还债务的基本保障，更是企业管理当局业绩的主要衡量指标，因此，因此企业获利能力的分析非常重要。

在衡量企业的获利能力时，不考虑企业之间的规模差异，用一定的百分比形式比用利润的绝对值比较更有意义，如利润率等。用来作为利润率计算基础的主要数据有销售收入、资产和资本。

（一）获利能力一般分析

1. 以销售净额为基础的利润率

（1）毛利率

$$毛利率 = 毛利/销售净额 = （销售净额 - 销售成本）/销售净额$$

销售成本通常是工商企业最大的费用要素，毛利是利润形成的基础。导致毛利率下降的主要原因是因产品竞争而导致售价降低，或者是购货成本或生产成本上升，生产或经销的产品或商品的结构发生变化，或者在定期实地盘存制度下发生了严重的存货损失。

（2）营业（经营）利润率

$$营业（经营）利润率 = 经营利润/销售净额$$

其中：经营利润是指正常生产经营业务所带来的、未扣除利息及所得税前的利润。

营业（经营）利润率可以恰当地分析企业经营过程的获利水平，从而避免被企业财务杠杆程度、投资损益和非常项目所影响。

（3）销售净利润率

$$销售净利润率 = 净利润/销售净额$$

其中：净利润是指扣除利息和所得税之后的利润。可以根据情况而定投资收益是否包括在利润中，但是通常不包括非正常项目。

将该比率和营业（经营）利润率进行比较，可反映利息、所得税、投资收益、公允价值变动损益、资产减值损失等对企业获利水平的影响。如果有大量的权益（投资）收益，该比率会受到严重影响。因此，权益收益也可考虑予以排除。

2. 以资产为基础的利润率

以资产为基础的利润率包括资产报酬率、投资报酬率、税息折旧及摊销前利润（Earnings Before Interest，Tax，Depreciation and Amortization，EBITDA）、资产净利率和经营资产利润率。

（1）资产报酬率

资产报酬率 = 息税前利润/平均资产总额 = ［净利润 + 利息费用 × （1 - 所得税税

率)]/平均资产总额

其中：息税前利润应包括投资收益，但不应该包括非正常项目收益。

资产报酬率反映了企业全部资产的获利水平，即经营获利和投资获利，一般大于利息率。

（2）投资报酬率

$$投资报酬率 = 息税前利润/平均投资总额$$

其中：投资 = 股东权益 + 计息负债 = 资产 - 非计息负债

（3）EBITDA 伊贝塔比率

$$EBITDA = [息税前利润 + 固定资产折旧及无形资产摊销]/平均资产总额$$

严格地讲，该比率不是一个纯粹的盈利能力比率，固定资产大的企业比较适用。

（4）资产净利率

$$资产净利率 = 净利润/平均资产总额$$

将该比率与 EBITDA 作比较，可以反映财务杠杆及所得税对企业最终的资产获利水平的影响。

（5）经营资产利润率

$$经营资产利润率 = 经营利润/平均经营资产$$

其中：经营利润是指来自营业的（税前或税后）利润，但不包括投资收益及非常项目；经营资产是指从总资产中扣除投资、无形资产及其他资产后的余额。

经营资产利润率反映企业投入生产经营的资产的获利水平；将其与资产报酬率进行比较，可以发现企业资金配置是否合理。

3. 以净资产为基础的利润率

以净资产为基础的利润率包括净资产利润率和普通股权益利润率。

（1）净资产利润率——总资本利润率

$$净资产利润率 = 净利润/平均净资产$$

其中：净利润是指非常项目前的净利润。

净资产利润率反映企业为全部股东权益资本（包括普通股和优先股）赚取利润的能力，也称总资本利润率。

（2）普通股权益利润率

$$普通股权益利润率 = （净利润 - 优先股股利）/平均普通股权益$$

该比率反映企业为普通股权益资本赚取利润的能力。

4. 资产周转效率比率

资产周转效率比率包括资产周转率、经营资产周转率和固定资产周转率。

（1）资产周转率

$$资产周转率 = 销售净额/平均资产总额$$

该比率反映了企业资产的运用效率，亦即资产产生销售收入的能力。

（2）经营资产周转率

$$经营资产周转率 = 销售净额/平均经营资产$$

如果企业有大量的投资，则资产周转率就会被低估。

（3）固定资产周转率

$$固定资产周转率 = 销售净额/平均固定资产净值$$

该比率反映了企业固定资产利用效率。当企业固定资产净值过低（如因资产陈旧或过度计提折旧），或者是劳动密集型类企业，该比率没有太大意义。

5. 杜邦分析体系

杜邦分析体系以分析资产利润率和净资产利润率为主：

（1）资产利润率 = 销售利润率 × 资产周转率

销售利润率和资产周转率两者综合作用决定资产利润率的好坏。一般资产利润率大于资产报酬率。

（2）净资产利润率 = 资产报酬率 × 权益乘数

其中：权益乘数 = 资产/股东权益。

（二）利用分部报告分析

1. 上市公司规定披露内容

（1）按行业、产品、地区说明主营业务收入、主营业务利润的构成情况。

（2）对占主营业务收入或主营业务利润 10% 以上的业务经营活动及其所属行业，以及占主营业务收入或主营业务利润 10% 以上的主要产品应予介绍。主营业务及其结构较上期发生较大变化的，应予以说明。

（3）主要全资及控股子公司经营情况及业绩。

2. 通过分部资料分析可知

（1）进行比率分析和趋势分析。

（2）企业利润的主要来源和构成。

（3）分部利润及利润率变化趋势，及企业未来总利润的变化。

（三）普通股每股收益分析

普通股每股收益包括基本每股收益和稀释每股收益：

1. 基本每股收益

$$基本每股收益 = 净利润/发行在外普通股加权平均数$$

基本每股收益是指为每一普通股股份所实现的税后净利润。如果公司发行的股份除了普通股以外还有优先股，那么，由于优先股股利必须在普通股股东分红之前予以支付，归属于普通股股东的利润金额就应该是净利润减去优先股股利的差。

其中，发行在外普通股加权平均数 = 起初发行在外普通股股数 + 当期新发行普通股股数×发行在外时间/报告期时间－当期回购普通股股数×已回购时间/报告期时间。

如果发生派发股权股利、资本公积金转增资本或拆股，也会导致流通在外普通股股数的增加；如果发生并股，则会导致流通在外普通股股数的减少。

与新增发行普通股或股票回购不同，派发股票股利、资本公积金转增资本、拆股或并股只是简单地导致公司发行在外普通股数量增加和减少，而没有相应地增加或减少公司普通股资本。

因此，在公司由于上述原因导致普通股数量增加或减少前后年度的每股收益就不再具有可比性。为此，就应当按照调整后的股数重新计算当期及以往各列报期间的每股收益。

从理论上讲，公司配股以后，也应该对以往各列报期间的每股收益进行追溯调整。这是因为，配股价格通常低于股票市价，故配股权事实上包含着红股因素。公司发生配股之后，用于计算每股收益的普通股股数，应该是配股前的普通股股数乘以调整系数，即：

调整系数 = 执行配股权前的每股公允价值/理论上的每股除权价值

其中，理论上的每股除权价值 =（执行配股前所有发行在外普通股的公允价值 + 执行配股受到的总金额）/（配股前发行在外普通股股数 + 配股时发行的普通股股数）。

在我国，考虑到国有股、法人股不流通，以及 A 股、B 股和 H 股的同时存在等具体情况，会计总则并没有考虑配股中包含的红股因素，而是将配股视为发行新股处理。

2. 稀释每股收益

如果公司除普通股外，还存在其他稀释性潜在普通股，包括具有稀释性的可转换公司债券，以及具有稀释性的入股权证和股份期权等，就需要计算稀释每股收益。

这些稀释性潜在普通股，虽然目前还不是真正的普通股，但潜在地会成为普通股。一旦它们成为普通股，就会导致普通股每股收益的稀释。

所谓稀释每股收益，就是当存在稀释性潜在普通股时，应假设稀释性潜在普通股已在当期期初或发行日转换为已发行普通股，分别对归属于普通股股东的当期净利润以及发行在外普通股的加权平均数进行调整，并计算每股收益。

在计算稀释每股收益时，应当根据下列事项对归属于普通股股东的当期净利润进行调整，在做调整时，都应当考虑相关的所得税影响：①当期已确认为费用的稀释性潜在普通股的利息；②稀释性潜在普通股转换时将产生的收益或费用。

在计算稀释每股收益时，当期发行在外普通股的加权平均数，应当为计算基本每股收益时普通股的加权平均数，与假定稀释性潜在普通股转换为已发行普通股而增加的普通股的加权平均数之和。

其中，在计算稀释性潜在普通股转换为已发行普通股而增加的普通股的加权平均数时，以前期间发行的稀释性潜在普通股，应当假设在当期期初转换；当期发行的稀释性潜在普通股，应当假设在发行日转换。

对于具有稀释性的可转换公司债券，计算稀释每股收益时，分子的调整项目为可转换债券当期已确认为费用的利息等的税后影响额；分母的调整项目为假定可转换公司债券当期期初或发行日转换为普通股股数的加权平均数。

对于具有稀释性的认股权证和股份期权，计算稀释每股收益时，作为分子的净利润金额不变，分母应考虑可以转换的普通股股数的加权平均数，与按照当期普通股平均市场价格能够发行的普通股股数的加权平均数的差额。

当存在多项稀释性潜在普通股时，应当按照其稀释程度从大到小的顺序计入稀释每股收益，即产生最小新增股份每股收益的稀释性潜在普通股排在最前面，依次类推，直至稀释每股收益达到的最小值。

（四）其他与股东利益直接相关的财务比率

其他与股东利益直接相关的财务比率包括市盈率、市净率、留存收益率、股利支付率和股利率。

1. 市盈率

$$市盈率 = 每股市价/完全稀释后的每股收益$$

通常用于衡量公司未来的获利前景或股票投资风险，投资回报率是市盈率的倒数，即投资回报率 = 1/市盈率，市盈率越大，就意味着投资风险越大。能够接受的平均水平是 20 倍，25 倍以上则股票有泡沫。

在计算和分析市盈率时，如果公司净利润中包含比较多的非经常性损益，应该予以剔除；如果公司的每股收益极小、盈利为零，或者亏损为负数时，市盈率将失去意义。

2. 市净率

$$市净率 = 每股市价/每股净资产$$

其中：每股净资产 =（股东权益总额 − 优先股权益）/发行在外普通股股数

市净率也称市价/账面比，既可能代表公司未来获利的大小，也可能代表公司投资风险的大小。一般大于 1，若大于 5 时，要看企业是否在正常增长。

3. 留存收益率

$$留存收益率 =（净利润 − 股利）/净利润$$

留存收益率是指公司在本期所实现的净利润中留作积累的比例，用来反映公司本期实现净利润的积累程度。留存收益率的高低，主要反映了管理层对公司未来投资机会的预期和对未来融资选择的权衡，也反映了管理层对税收等更为具体因素的考虑。当现金股利需要纳税，而资本利得无须纳税时，公司就可能会选择多留利少分红的政策。

4. 股利支付率

股利支付率＝普通股每股股利/普通股每股收益

该比率用来反映公司本期实现的归属于普通股股东的净利润的分派程度。在没有优先股的情况下：

股利支付率 ＋留存收益率＝1

5. 股利率

股利率＝普通股每股股利/普通股每股市价

六、现金流量表及其分析

现金流量表报告公司在一个特定期间内经营活动、筹资活动、投资活动的现金收支情况。此处所指的现金包括现金及现金等价物，如三个月之内的短期债券等。

现金流量表的编制目的是：预测未来的现金流量；评价公司管理当局获取和运用现金的途径和方式；衡量公司在到期日支付利息和股息以及清偿债务的能力。

现金流量表与资产负债表和损益表之间的关系如图7-1所示。

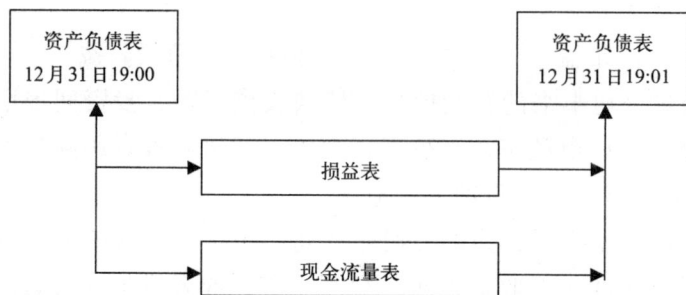

图7-1　现金流量表与资产负债表和损益表之间的关系图

现金流量表同损益表一起揭示了当期资产负债项目发生变化的原因。

资产负债表揭示了公司在某一特定时点的财务状况；

损益表揭示了公司在某一特定期间的经营情况及成果；

现金流量表揭示了公司在某一特定期间的现金收支及结余的变化。

1. 影响现金的基本活动和业务

现金受到公司经营活动和财务活动的影响，经营活动主要是实现收入和发生费用的有关活动；财务活动主要是为了公司的生产经营和发展壮大而获取现金和使用现金的有关活动，如：投资活动、筹资活动等。绝大多数企业的经营现金流大于利润。

①经营业务对现金的影响度，如表7-1所示。

表 7-1　经营业务对现金的影响度

序号	业务内容	影响度
1	货物及劳务的现销	+
2	货物及劳务的赊销	0
3	收取租金、股息或利息	+
4	收到应收账款	+
5	结转销售成本	0
6	用现金购买货物	−
7	赊购货物	0
8	支付应付账款	−
9	应计经营费用	0
10	支付经营费用	−
11	应计税额	0
12	支付税款	−
13	应计利息	0
14	支付利息	−
15	用现金预付费用	−
16	转销预付费用	0
17	折旧或摊销费用	0

注："0"表示该业务对现金没有影响。

②投资业务对现金的影响度，如表7-2所示。

表 7-2　投资业务对现金的影响度

序号	业务内容	影响度
1	用现金购置固定资产	−
2	运用负债购置固定资产	0
3	出售固定资产	+
4	购买非现金等价物的有价证券	−
5	出售非现金等价物的有价证券	+
6	贷款	−
7	收回贷款	+

③筹资业务对现金的影响度，如表7-3所示。

表 7 - 3 筹资业务对现金的影响度

序号	业务内容	影响度
1	增加长期或短期借款	+
2	减少长期或短期借款	-
3	发行普通股或优先股	+
4	购回或撤回普通股或优先股	-
5	支付股息	-
6	将债务转为普通股	0
7	将长期负债转为短期负债	0

2. 计算经营活动现金流量的方法

通常可以用直接和间接两种方法来计算经营活动的现金流量，两种计算结果的现金净流量相等。美国财务会计准则委员会（Financial Accounting Standards Board，FASB）倾向于采用直接法，我国也规定采用直接法，因为它以投资者易于理解的方法揭示了经营活动的现金收支。但是，间接法便于人们从净收益概念出发来思考问题。

（1）直接法

用经营活动过程中收到的现金减去支付现金来计算经营活动净现金流量的方法为直接法。

（2）间接法

通过调整净收益中的应计项目以便只反映现金收支的方法为间接法。

3. 会计恒等式的变化

会计恒等式可以由"资产 = 负债 + 所有者权益"变为：

$$\Delta 现金 = \Delta 负债 + \Delta 所有者权益 - \Delta 非现金资产$$

非现金项目的任何变化，都必然伴随着现金的变化。因此，现金流量表事实上是通过反映非现金账户的变化，来说明现金变化的方式和原因。即：

现金变化 = 所有非现金账户的净变化

现金变化的结果 = 现金变化的原因

4. 根据损益表的数据计算现金流量

从客户那里收取的销售收入通常是经营活动现金流入的最主要来源；为购进所售货物的支出和经营费用通常是经营活动现金流出的最主要部分，经营活动净现金量 = 现金流入 - 现金流出。

（1）销货成本与支付给供货人的现金之间的差额可以通过分析存货账户和应付账款账户加以确定；

（2）存货与应付账款对销货成本与现金付款之间差额的影响可以合并计算；

（3）支付给职工的现金可以通过分析应付工资账户计算。

（4）期初和期末的应付利息和所得税皆为零。

5. 计算投资及筹资活动的现金流量

投资活动现金流量是指由出售和购买财产、厂房、设备及其他长期资产引起的现金流量。筹资活动现金流量是指由运用负债、股票筹资，或者归还负债、购回股票资金及支付利息和股息等引起的现金流量。

（1）分析有关投资和筹资活动的资产负债表项目

现金增加源于：负债增加或所有者权益增加，即非现金资产减少。

现金减少源于：负债减少或所有者权益减少，即非现金资产增加。

（2）固定资产变化源于：购置资产、处置资产和折旧费用的变化。即：

$$工厂资产净增加 = 购置 - 处置 - 折旧$$

（3）所有者权益变化源于：新股发行、净收益和股息，即：

$$所有者权益增加 = 新发行股本 + 净收益 - 股息$$

（4）备注：

不涉及现金的投资和筹资活动不影响现金，因此，不列入现金流量表；

由于非现金交易与现金交易相类似，因此现金流量表的阅读者应该了解这类信息；

这类项目必须单独列示于现金流量表的附表中。

6. 现金流量表的编制——间接法

间接法以权责发生制为基础，将应计净收益调整为经营活动提供的净现金。

（1）调整项目

1）折旧要加到净收益中，因为在计算净收益时扣除了折旧，但折旧并不运用现金。

2）非现金流动资产的增加导致经营活动现金流量的减少，因此须从净收益中减去这类增加。

3）非现金流动资产的减少导致经营活动现金流量的增加，因此须从净收益中加上这类减少。

4）流动负债的增加导致经营活动现金流量的增加，因此此类增加须加到净收益中。

5）流动负债的减少导致经营活动现金流量的减少，因此须从净收益中扣除此类减少。

（2）调整法则依然遵循会计恒等式。

（3）经营活动产生的净现金流量 = 净利润 + 计提的资产减值准备 + 固定资产折旧 + 无形资产摊销 + 长期待摊费用摊销 + 待摊费用减少 + 预提费用增加 + 处置固定资

产、无形资产和其他长期资产的损失＋固定资产报废损失＋公允价值变动损益＋财务费用＋投资损失＋递延所得税负债＋存货的减少＋经营性应收项目的减少＋经营性应付项目的增加＋其他

7. 现金流量主要财务比率分析

（1）现金流动负债比率＝营业现金净流量/流动负债

该比率反映用营业现金净流量偿还本期到期债务（一年内到期的长期债务及流动负债）的能力。比值越高，说明企业的流动性越强。

由于该比率的分子是营业现金净流量，即不包括财务活动（融资与筹资）产生的现金流量，故该比率事实上旨在说明公司通过营业活动产生的净现金流量对于短期债务偿还的保障程度。

（2）现金债务总额比＝营业现金净流量/债务总额

该比率反映用营业现金净流量偿还所有债务的能力。比值越高，说明企业的流动性越强。

债务总额在保守计算中可以不排除股东权益以外的所有负债与权益项目，如：递延税贷项、可赎回优先股等。

（3）每股营业现金流量＝（营业现金流量－优先股股利）/流通在外的普通股股数

其中：营业现金流量＝净收益＋折旧

该指标反映公司营业活动为每股普通股提供（创造）的净现金流量，是衡量公司股利支付能力的一个重要指标。

该比率通常应高于每股收益。

④现金股利比＝营业现金流量/现金股利

该比率反映的是公司用年度营业活动产生的净现金流量支付股利的能力。比值越高，说明企业支付现金股利的能力越强。

8. 现金流和利润的预测价值比较

（1）利润存在的缺陷

利润是以应计制为基础的，无论经营损益或者资产持有损益，与现金流存在先天的不一致现象。且利润是观念总结，因而易被操纵，而现金是实际存在，相对不易被操纵。利润是被分配对象，而不是分配工具，因此，利润是一系列会计方法的函数。

（2）现金流存在的缺陷

无论营业现金流还是投融资现金流，也都可能受到一定程度的操纵，因此，现金流也并非绝对完美。人们对现金流产生兴趣的主要原因是劣中选优，因为现金流相对较难操作。

动态地看，如果有了利润操纵，现金流其实不再有意义，因为，他们以受到操纵的利润为诱饵，已经得到了新的融资。

所以，营业现金流相对"干净"些，因为操纵营业现金流往往会对经营产生一定的负面影响。

（3）财务观与会计观的区别

现代财务理论的观点强调，企业价值取决于未来现金流及其风险。

会计学界的经验研究发现，盈余信息在股票定价过程中受到了足够的重视，即通常情况下，利润比现金流和经济增加值（EVA）等更受重视。

短期看，它们之间确实有矛盾，但长期来看，财务预测与价值评估对现金流的要求是长期的，而非短期现金流；长期现金流比短期现金流更接近于利润。

（4）财务会计观点

不排斥利润，也不迷信现金流，只有当企业利润受到严重操纵时，而非一般的盈余管理，才应该放弃对利润信息的利用。

无论如何，即使利润未受任何操作，现金流，尤其是营业现金流也是利润基础上的一项新的信息，可据以对利润信息的预测作用做出一定的修正。

正常情况下，关注企业的近期生存情况时，现金流更重要；关注企业的长期发展时，利润更重要。如果现金是"王"，则利润就是"王后"。

七、财务报表分析的其他领域

（一）财务比率在其他领域的应用

1. 商业银行信贷决策中常用的财务比率

商业银行信贷决策中常用的财务比率如表7－4所示。银行首先是安全的企业，然后是稳定和盈利的企业。

表7－4　商业银行信贷决策中常用的财务比率

序号	比率	重要性程度	衡量的主要方面
1	债务/权益比率	8.71	长期安全性
2	流动比率	8.25	流动性
3	现金流量/本期到期长期债务	8.08	长期安全性
4	固定费用偿还率	7.58	长期安全性
5	税后净利润率	7.56	获利能力
6	利息保障倍数	7.50	长期安全性
7	税前净利润率	7.43	获利能力
8	财务杠杆系数	7.33	长期安全性
9	存货周转天数	7.25	流动性
10	应收账款周转天数	7.08	流动性

注：①重要性等级最高为9分，最低为0分；

②上述10个比率是被信贷管理人员认为59个财务比率中最重要的10个。

2. 贷款协议中最常出现的财务比率

贷款协议中最常出现的财务比率如表7-5所示。

表7-5　贷款协议中最常出现的财务比率

序号	比率	出现26%以上的百分比	衡量的主要方面
1	债务/权益比率	92.5	长期安全性
2	流动比率	90.0	流动性
3	股利支付率	70.0	*
4	现金流量/本期到期长期债务	60.3	长期安全性
5	固定费用偿还率	55.2	长期安全性
6	利息保障倍数	52.6	长期安全性
7	财务杠杆系数	44.7	长期安全性
8	权益/资产	41.0	*
9	现金流量/债务总额	36.1	长期安全性
10	速动比率	33.3	流动性

3. 公司总会计师认为最重要的财务比率

高管层首先是获利能力，即一俊遮百丑，因为股东一般都见钱眼开。

表7-6所示为公司总会计师认为最重要的财务比率。

表7-6　公司总会计师认为最重要的财务比率

序号	比率	重要性等级	衡量的主要方面
1	每股收益	8.19	获利能力
2	税后权益收益率	7.83	获利能力
3	税后净利润率	7.47	获利能力
4	债务/权益比率	7.46	长期安全性
5	税前净利润率	7.41	获利能力
6	税后总投入资本收益率	7.20	获利能力
7	税后资产收益率	6.97	获利能力
8	股利支付率	6.83	其他
9	价格/收益比率	6.81	其他
10	流动比率	6.71	流动性

4. 公司目标中常用财务比率

表7-7所示为公司目标中常用财务比率。

表 7 - 7　公司目标中常用财务比率

序号	比率	在目标中出现公司百分比	衡量的主要方面
1	每股收益	80.6	获利能力
2	债务/权益比率	68.8	长期安全性
3	税后权益收益率	68.5	获利能力
4	流动比率	62.0	流动性
5	税后净利润率	60.9	获利能力
6	股利支付率	54.3	其他
7	税后总投入资本收益率	53.3	获利能力
8	税前净利润率	52.2	获利能力
9	应收账款周转天数	47.3	流动性
10	税后资产收益率	47.3	获利能力

5. 注册会计师认为最重要的财务比率

表 7 - 8 所示为注册会计师认为最重要的财务比率。

表 7 - 8　注册会计师认为最重要的财务比率

序号	比率	重要性等级	衡量的主要方面
1	流动比率	7.10	流动性
2	应收账款周转天数	6.94	流动性
3	税后权益收益率	6.79	获利能力
4	债务/权益比率	6.78	长期安全性
5	速动比率	6.77	流动性
6	税后净利润率	6.67	获利能力
7	税前净利润率	6.63	获利能力
8	税后资产收益率	6.39	获利能力
9	税后总投入资本收益率	6.30	获利能力
10	存货周转天数	6.09	流动性

6. 特许财务分析师认为最重要的财务比率

表 7 - 9 所示为特许财务分析师认为最重要的财务比率。

表 7 - 9　特许财务分析师认为最重要的财务比率

序号	比率	重要性等级	衡量的主要方面
1	税后权益收益率	8.21	获利能力
2	价格/收益比率	7.65	其他
3	每股收益	7.58	获利能力

续表

序号	比率	重要性等级	衡量的主要方面
4	税后净利润率	7.52	获利能力
5	税后权益收益率	7.41	获利能力
6	税前净利润率	7.32	获利能力
7	固定费用偿还率	7.22	长期安全性
8	速动比率	7.10	流动性
9	税后资产收益率	7.06	获利能力
10	利息保障倍数	7.06	长期安全性

7. 年度报告最常出现的财务比率

表7-10所示为年度报告最常出现的财务比率。

表7-10 年度报告最常出现的财务比率

序号	比率	衡量的主要方面
1	每股收益	获利能力
2	每股股利	获利能力
3	每股账面价值	获利能力
4	营运资本	获利能力
5	权益收益率	获利能力
6	利润率	获利能力
7	实际税率	获利能力
8	流动比率	流动性
9	债务/资本	长期安全性
10	资本收益率	获利能力
11	债务/权益比率	长期安全性
12	资产收益率	获利能力
13	股利支付率	其他
14	销售毛利率	获利能力
15	税前毛利率	获利能力
16	总资产周转率	获利能力
17	价格/收益比率	其他
18	营业毛利率	获利能力
19	每小时人工	获利能力

（二）财务比率在财务失败预测中的应用

从理论上讲，任何预测模型只要准确率大于50%就是有效的模型。建立在对历史规律总结的基础上，曾经被证明是科学的模型，对未来未必就是一定有用的。一般包括单变量模型和多变量模型。

1. 单变量模型

该模型由威廉·比佛(William Beaver)于1968年提出，其基本特点是：用一个财务比率预测财务失败。威廉·比佛定义的财务失败包括：破产、拖欠偿还债务、透支银行账户或无力支付优先股利。

（1）三个比率

威廉·比佛研究发现下列财务比率有助于预测财务失败，它们均为反映企业长期财务状况而非短期财务状况的指标：①现金债务总额比＝现金流量/债务总额；②资产收益率＝净收益/资产总额；③资产负债率＝债务总额/资产总额。由于企业失败对于所有利害关系人来讲都代价昂贵，故决定一个企业是否宣告失败的因素，主要是那些长期因素，而不是短期因素。

（2）失败企业的特点：

1）有较少的现金，但是有较多的应收账款；

2）存货一般较少；

3）通过把现金和应收账款相加列入速动资产和流动资产，来掩盖失败现象。

2. 多变量模型

该模型由埃德沃德·奥尔特曼(Edward I. Altman)于1968年提出，把比率分为5类，即：流动性、获利性、杠杆、偿债能力和营运，然后从每一类中选择一个代表性比率加入模型，这5个比率是：

X_1 = 营运资金/总资产；

X_2 = 留存收益/总资产；

X_3 = 息税前收益/总资产；

X_4 = 权益市价/债务总额账面价值；

X_5 = 销售额/总资产。

模型为：$Z = 0.012X_1 + 0.014X_2 + 0.033X_3 + 0.006X_4 + 0.010X_5$

在 Z 值计算中，所有比率均以绝对百分率表示，Z 值越低，企业越可能破产。

预测提前期越长，预测效果越差，一般预测提前1～3年；

无公司股票市价资料时，该模型无法使用，因为 X_4 要求市价资料。

八、ABC公司财务报表分析(案例)

假如有两家公司在某一会计年度实现的利润总额正好相同，但这是否意味着它们具有相同的获利能力呢？答案是否定的，因为这两家公司的资产总额可能并不一样，甚至还可能相当悬殊。再如，某公司2000年度实现税后利润100万元。很显然，仅有这样一个会计数据只能说明该公司在特定会计期间的盈利水平，对报表使用者来说还无法做出最有效的经济决策。但是，如果我们将该公司1999年度实现的税后利润60万元和1998年度实现的税后利润30万元加以比较，就可能得出该公司近几年的利润发展趋势，使财务报表使用者从中获得更有效的经济信息。如果我们再将该公司近三年的资产总额和销售收入等会计数据综合起来进行分析，就会有更多隐含在财务报表中的重要信息清晰地显示出来。可见，财务报表的作用是有一定局限性的，它仅能够反映一定期间内企业的盈利水平、财务状况及资金流动情况。报表使用者要想获取更多的对经济决策有用的信息，必须以财务报表和其他财务资料为依据，运用系统的分析方法来评价企业过去和现在的经营成果、财务状况及资金流动情况，据以预测企业未来的经营前景，从而制定未来的战略目标和做出最优的经济决策。

为了能够正确揭示各种会计数据之间存在着的重要关系，全面反映企业经营业绩和财务状况，可将财务报表分析技巧概括为以下四类：横向分析；纵向分析；趋势百分率分析；财务比率分析。

（一）技巧之一：横向分析

横向分析的前提，就是采用与前后期对比的方式编制比较会计报表，即将企业连续几年的会计报表数据并行排列在一起，设置"绝对金额增减"和"百分率增减"两栏，以揭示各个会计项目在比较期内所发生的绝对金额和百分率的增减变化情况。下文以 ABC 公司为例进行分析，如表 7 - 11 所示。

表 7 - 11　ABC 公司比较利润表及利润分配表　　　　　单位：元

项目	2001 年	2002 年	绝对增减额	百分率增减额（%）
销售收入	7655000	9864000	2209000	28.9
减：销售成本	5009000	6232000	1223000	24.4
销售毛利	2646000	3632000	986000	37.7
减：销售费用	849000	1325000	476000	56.1
管理费用	986000	103000	217000	22.0
息税前利润（EBIT）	811000	1104000	293000	36.1
减：财务费用	28000	30000	2000	7.1
税前利润（EBT）	783000	1074000	291000	37.2
减：所得税	317000	483000	166000	52.4
税后利润（EAT）	466000	591000	125000	26.8
年初未分配利润	1463000	1734100	271100	18.53
加：本年净利润	466000	591000	125000	26.8
可供分配的利润	1929000	2325100	396100	20.54
减：提取法定盈余公积金	46600	59100	12500	26.8
提取法定公益金	23300	29550	6250	26.8
优先股股利				
现金股利	125000	150000	25000	20.0
未分配利润	1734100	2086450	352350	20.32

比较利润及利润分配表分析：

（1）2002 年度，ABC 公司的销售收入比上一年度增长了 2209000 元，增幅为 28.9%。

（2）ABC 公司 2002 年度的销售毛利比 2001 年度增加了 986000 元，增幅达 37.7%。销售毛利增幅大于销售收入增幅，这意味着公司在成本控制方面取得了一定的成绩。

（3）2002 年公司的销售费用大幅度增长，增长率高达 56.1%。销售费用增长幅度大于销售收入增幅，这将直接影响公司销售利润的同步增长，公司应加强销售费用支出的管理。

（4）ABC 公司 2002 年度派发股利 150000 元，比上一年增加了 20%。现金股利的大幅度增长对潜在的投资者来说具有一定的吸引力。

（二）技巧之二：纵向分析

横向分析实际上是对不同年度的会计报表中的相同项目进行比较分析，而纵向分析则是相同年度会计报表各项目之间的比率分析。纵向分析也有个前提，那就是必须采用"可比性"形式编制财务报表，即将会计报表中的某一重要项目（如资产总额或销售收入）的数据作为 100%，然后将会计报表中其他项目的余额都以这个重要项目的百分率的形式作纵向排列，从而揭示出会计报表中各个项目的数据在企业财务报表中的相对意义。采用这种形式编制的财务报表使得在几家规模不同的企业之间进行经营和财务状况的比较成为可能。由于各个报表项目的余额都转化为百分率，即使是在企业规模相差悬殊的情况下各报表项目之间仍然具有"可比性"。但是，要在不同企业之间进行比较必须有一定的前提条件，那就是几家企业都必须属于同一行业，并且所采用的会计核算方法和财务报表编制程序必须大致相同。

仍以 ABC 公司的利润表为例分析如下：

（1）ABC 公司销售成本占销售收入的比重从 2001 年度的 65.4% 下降到 2002 年度的 63.2%，说明销售成本率的下降直接导致公司毛利率的提高。

（2）ABC 公司的销售费用占销售收入的比重从 2001 年度 11.1% 上升到 2002 年度的 13.4%，上升了 2.3%，这将导致公司营业利润率的下降。

（3）ABC 公司综合的经营状况如下：2002 年度的毛利之所以比上一年猛增了 37.3%，主要原因是公司的销售额扩大了 28.9%，销售额的增长幅度超过销售成本的增长幅度，使公司的毛利率上升了 2.2%。然而，相对于公司毛利的快速增长来说，公司的净利润的改善情况并不理想，原因是销售费用的开支失控，使得公司的净利润未能与公司的毛利同步增长。

（三）技巧之三：趋势百分率分析

趋势分析看上去也是一种横向百分率分析，但不同于横向分析中对增减情况百分率的提示。横向分析是采用环比的方式进行比较，而趋势分析则是采用定基的方式，即将连续几年财务报表中的某些重要项目的数据集中在一起，同期年的相应数据作百分率的比较。这种分析方法对于提示企业在若干年内经营活动和财务状况的变化趋势相当有用。趋势分析首先必须选定某一会计年度为基年，然后设基年会计报表中若干重要项目的余额为100%，再将以后各年度的会计报表中相同项目的数据按基年项目数的百分率来列示。

下文，将趋势分析的技巧运用于 ABC 公司 1999～2002 年度的会计报表，以了解该公司的发展趋势。根据 ABC 公司的会计报表编制表 7-12。

表 7-12　ABC 公司 1999～2002 年度部分指数化的财务数据

项目	1999 年度(%)	2000 年度(%)	2001 年度(%)	2002 年度(%)
货币资金	100	189	451	784
资产总额	100	119	158	227
销售收入	100	107	116	148
销售成本	100	109	125	129
净利润	100	84	63	162

从 ABC 公司 1999～2002 年度会计报表的有关数据中了解到，ABC 公司的现金额在三年的时间内增长将近 8 倍。公司现金的充裕一方面说明公司的偿债能力增强；另一方面也意味着公司的机会成本增大，公司大量的现金假如投入资本市场，将会给公司带来可观的投资收益。另外，公司的销售收入连年增长，特别是 2002 年，公司的销售额比基年增长了几乎 50%，说明公司这几年的促销工作是卓有成效的。但销售收入的增长幅度低于成本的增长幅度，使公司在 2000 年度和 2001 年度的净利润出现下滑，这种情况在 2002 年度得到了控制。但从公司总体情况来看，1999～2002 年，公司的资产总额翻了一倍多，增幅达 127%。相比之下，公司的经营业绩不尽如人意，即使是情况最好的 2002 年，公司的净利润也只比基年增加了一半多一点。这说明 ABC 公司的资产利用效率不高，公司在生产经营方面还有许多潜力可挖掘。

(四)技巧之四：财务比率分析

财务比率分析是财务报表分析的重中之重。财务比率分析是将两个有关的会计数据相除，用所求得的财务比率来提示同一会计报表中不同项目之间，或不同会计报表的相关项目之间所存在逻辑关系的一种分析技巧。然而，单单是计算各种财务比率的作用是非常有限的，更重要的是应将计算出来的财务比率作各种维度的比较分析，以帮助会计报表使用者正确评估企业的经营业绩和财务状况，以便及时调整投资结构和经营决策。财务比率分析有一个显著的特点，那就是使各个不同规模的企业的财务数据所传递的经济信息标准化。正是由于这一特点，使得各企业间的横向比较及行业标准的比较成为可能。举例来说，国际商业机器公司(IBM)和苹果公司(Apple Corporation)都是美国生产和销售计算机的著名企业。从这两家公司会计报表中的销售和利润情况来看，IBM要高出苹果公司许多倍。然而，光是笼统地进行总额的比较并无多大意义，因为IBM的资产总额要远远大于后者。所以，分析时绝对数的比较应让位于相对数的比较，而财务比率分析就是一种相对关系的分析技巧，它可以被用作评估和比较两家规模相差悬殊的企业经营和财务状况的有效工具。财务比率分析根据分析的重点不同，可以分为以下4类：①流动性分析或短期偿债能力分析；②财务结构分析，又称财务杠杆分析；③企业营运能力和盈利能力分析；④与股利、股票市场等指标有关的股票投资收益分析。

1. 短期偿债能力分析

任何一家企业要想维持正常的生产经营活动，手中必须持有足够的现金以支付各种费用和到期债务，而最能反映企业的短期偿债能力的指标是流动比率和速动比率。

(1)流动比率是全部流动资产对流动负债的比率，即：流动比率 = 流动资产/流动负债

(2)速动比率是将流动资产剔除存货和预付费用后的余额与流动负债的比率，即：速动比率 = 速动资产/流动负债

速动比率是一个比流动比率更严格的指标，它常常与流动比率一起使用以更确切地评估企业偿付短期债务的能力。一般来说，流动比率保持在2:1左右、速动比率保持在1:1左右，表明企业有较强的短期偿债能力，但也不能一概而论。事实上，没有任何两家企业在各方面的情况都是一样的。对于一家企业来说预示着严重问题的财务比率，但对另一家企业来说可能是相当令人满意的。

2. 财务结构分析

权益结构的合理性及稳定性通常能够反映企业的长期偿债能力。当企业通过固定的融资手段对所拥有的资产进行资金融通时，该企业就被认为在使用财务杠杆。除企业的经营管理者和债权人外，该企业的所有者和潜在的投资者对财务杠杆作用也是相当关心的，因为投资收益率的高低直接受财务杠杆作用的影响。衡量财务杠杆作用或反映企业权益结构的财务比率主要有：

(1)资产负债率(%) = (负债总额/资产总额)×100%。

通常来说，该比率越小，表明企业的长期偿债能力越强；该比率过高，表明企业的财务风险较大，企业重新举债的能力将受到限制。

(2)权益乘数 = 资产总额/权益总额

毫无疑问，这个倍数越高，企业的财务风险就越高。

(3)负债与业主权益比率(%) = (负债总额/所有者权益总额)×100%。

该指标越低，表明企业的长期偿债能力越强，债权人权益受到的保障程度越高；

反之，说明企业利用较高的财务杠杆作用。

（4）已获利息倍数＝息税前利润/利息费用

该指标既是企业举债经营的前提条件，也是衡量企业长期偿债能力大小的重要标志。企业若要维持正常的偿债能力，已获利息倍数至少应大于1，且倍数越高，企业的长期偿债能力也就越强。一般来说，债权人希望负债比率越低越好，负债比率低意味着企业的偿债压力小，但负债比率过低，说明企业缺乏活力，企业利用财务杠杆作用的能力较低；但如果企业举债比率过高，沉重的利息负担会压得企业透不过气来。

3. 企业的经营效率和盈利能力分析

企业财务管理的一个重要目标，就是实现企业内部资源的最优配置，经营效率是衡量企业整体经营能力高低的一个重要方面，它的高低直接影响到企业的盈利水平。而盈利能力是企业内外各方都十分关心的问题，因为利润不仅是投资者取得投资收益、债权人取得利息的资金来源，同时也是企业维持扩大再生产的重要资金保障。企业的资产利用效率越高，意味着它能以最小的投入获取较高的经济效益。反映企业资产利用效率和盈利能力的财务指标主要有：

（1）应收账款周转率＝营业收入净额/平均应收账款余额

（2）存货周转率＝营业成本/平均存货余额

（3）固定资产周转率＝营业收入净额/固定资产净额

（4）总资产周转率＝营业收入净额/平均资产总额

（5）毛利率＝（营业收入净额－营业成本）/营业收入净额×100%

（6）营业利润率＝营业利润/营业收入净额×100%

（7）投资报酬率＝净利润/平均资产总额×100%

（8）股本收益率＝净利润/股东权益×100%（投资报酬率×权益乘数）

以上8项指标均是正指标，数值越高，说明企业的资产利用效率越高，意味着它能以最小的投入获取较高的经济效益。

4. 股票投资收益的市场测试分析

虽然上市公司股票的市场价格对于投资者的决策来说是非常重要的。然而，潜在的投资者要在几十家上市公司中做出最优决策，只依靠股票市价所提供的信息是远远不够的。因为不同上市公司发行在外的股票数量、公司实现的净利润以及派发的股利金额等都不一定相同，投资者必须将公司股票市价和财务报表所提供的有关信息综合起来分析，以便计算出公司股东和潜在投资者都十分关心的财务比率，这些财务比率是帮助投资者对不同上市公司股票的优劣做出评估和判断的重要财务信息。反映股票投资收益的市场测试比率主要有：

（1）普通股每股净收益＝（税后净收益－优先股股息）/发行在外的普通股数

通常，公司经营规模的扩大、预期利润的增长都会使公司的股票市价上涨。因此，普通股投资者总是对公司所报告的每股净收益有着极大的兴趣，认为它是评估一家企业经营业绩以及不同的企业运行状况的重要指标。

（2）市盈率 = 每股现行市价/普通股每股净收益

一般来说，经营前景良好、很有发展前途的公司的股票市盈率趋于升高；而发展机会不多、经营前景暗淡的公司，其股票市盈率总是处于较低水平。市盈率是被广泛用于评估公司股票价值的一个重要指标。特别是对于一些潜在的投资者来说，可根据它来对上市公司的未来发展前景进行分析，并在不同公司间进行比较，以便做出投资决策。

（3）派息率 = 公司发行的股利总额/公司税后净利润总额 ×100%

同样是每股派发 1 元股利的公司，有的是在利润充裕的情况下分红，而有的则是在利润拮据的情况下，硬撑着勉强支付的。因此，派息率可以更好地衡量公司派发股利的能力。投资者将自己的资金投资于公司，总是期望获得较高的收益率，而股票收益包括股利收入和资本收益。对于常年稳定的着眼于长期利益的投资者来说，他们希望公司目前少分股利，而将净收益用于公司内部再投资以扩大再生产，使公司利润保持高速增长的势头。而公司实力地位增强，竞争能力提高，发展前景看好，公司股票价格就会稳步上涨，公司的股东们就会因此而获得资本收益。但对另一些靠股利收入维持生计的投资者来说，他们不愿意用现在的股利收入与公司股票的未来价格走势去打赌，他们更喜欢公司定期发放股利以便将其作为一个可靠而稳定的收入来源。

（4）股利与市价比率 = 每股股利发放额/股票现行市价 ×100%

这项指标一方面为股东们提示了他们所持股票而获得股利的收益率；另一方面也为投资者表明了出售所持股票或放弃投资这种股票而转向其他投资所具有的机会成本。

（5）每股净资产 = 普通股权益 ÷ 发行在外的普通股数

每股净资产的数额越高，表明公司的内部积累越是雄厚，即使公司处于不景气时期也有抵御能力。此外，在购买或公司兼并的过程中，普通股每股账面价值及现行市价是对被购买者或被合并的企业价值进行估算时所必须参考的重要因素。

（6）股价对净资产的倍率 = 每股现行市价/每股净资产

倍率较高，说明公司股票正处于高价位。该指标是从存量的角度分析公司的资产价值，它着眼于公司解散时取得剩余财产分配的股份价值。

（7）股价对现金流动比率 = 每股股票现行市价/（净利润 + 折旧费）÷ 发行在外普通股数

该比率表明，人们目前是以几倍于每股现金流量的价格买卖股票的。该倍率越低则意味着公司股价偏低；反之则表明公司的股价偏高。

第八章　海外模块及国际商务

　　进入 21 世纪，经济全球化和科学技术的发展进步给中国企业带来了新的机会和挑战，而由美国金融危机引发的全球经济动荡使得企业的决策环境更加复杂，作为企业的决策者和管理者，应该能够在日益复杂的经营环境中驾驭企业。

　　2010 年 5 月 22 日~6 月 3 日，EMBA545 班 40 位同学在美国完成了海外模块的学习课程。海外模块课程是北大光华 EMBA 项目经过精心设计，专门为在读 EMBA 同学开设的能力提升课程之一，目的是进一步深化基本理论知识的掌握，熟悉国际市场和投资环境，学习全球最新商业实践经验，增强企业开展国际贸易和对外投资途径、方法、机会和挑战的理解，从理论和实践的结合上提升学生跨国经营和管理国际化企业的能力。此次海外模块课程包括课堂学习、实地考察、公司和机构访问等内容，授课内容由北大光华的战略合作伙伴宾夕法尼亚州立大学沃顿商学院的著名教授担任。

　　海外模块学习分为三个阶段，第一个阶段为 5 月 24~26 日的课堂学习，在沃顿商学院学习了全球商务环境下的经营之道。主要内容包括：另类投资、抵押贷款危机和资产泡沫、多元市场的竞争、创造和保持企业的竞争优势、全球化与政治风险分析和培养你的领导力。第二个阶段为 5 月 27 日的课后商务考察，参观费城市政厅和美国康卡斯特电信公司，得到了常务副市长和世界经贸组织代表的接见，听取了康卡斯特电信公司战略与财务规划高级副总裁 Robert S. Victor 对公司情况的介绍，并进行了短暂的经济信息交流。第三个阶段为 5 月 28 日~6 月 2 日的参观游览，参观游览了世界商业中心——纽约、不夜的赌城——拉斯维加斯和明星的梦都——洛杉矶等代表美国经济显著成绩的典型之处。著名的西点军校、高耸的帝国大厦、刮起经济风暴的华尔街、品牌林立的第五大道、高擎火炬的自由女神、旋转的轮盘、哗啦啦的金币、集娱乐之大成的好莱坞，点点滴滴的感受，林林总总的见识，让我们大开眼界。在金融危机中看美国，我们体会深刻，收获颇丰，学习获得圆满成功。

　　课堂学习由沃顿商学院 Richard A. Sapp 教授、管理学和社会学教授马歇尔·梅耶博士负责组织安排，他目前是香港贸易发展局董事、费城交响乐团董事、管理与组织评论的高级编辑、哈佛商业评论(中文版)的顾问编辑、耶鲁大学高管人员领导力研究院的学术委员，他的研究兴趣包括组织绩效的测量、中国的组织管理问题、组织设计与组织变革等，研究项目包括中国国有企业的改革、中国国有企业的国际化、中国高新园区企业的技术与知识转移等。在校期间的所学课程和教师配备，充分考虑了中国学生的特性需求，进行了精心策划和组织，为此次教学的成功奠定了较好的基础。

一、另类投资——对冲基金（Hedge Fund）

另类投资的授课教师是克里斯托弗·盖斯博士，他担任沃顿高管教育财富管理研究项目的学术主管，还担任纳斯达克的经济顾问委员会委员、另类投资杂志的编辑、财富管理杂志的编委会成员，他是中大西洋对冲基金协会的创始董事成员和主席，还担任另类投资特许分析师协会（CAIA）的课程大纲和考试委员会委员。目前的研究兴趣主要包括财富管理、风险管理、资产配置、多因素模型、基金的绩效、股权融资和卖空等相关问题。另类投资是在公开市场销售以外的所有投资，盖斯博士给我们重点讲解了对冲基金。

盖斯博士以英国牛津大学、美国耶鲁和哈佛大学的投资为例，告诉我们：资产管理者在不断地思考着哪些投资是最合适的；如何做出合理的选择才能维持住它的价值；不能用历史的表现来对待股票市场的未来，股票投资风险较大，但也会带来足够多的风险溢价。个人投资组合和大学投资基金很相似，最好的方法是分散投资，面对投资风险和溢价压力，要在投资领域之内采取投资多元化。债券回报不足于承担周期性压力回报，最坏的投资是固定利率的债券投资，基金有非常长的存续能力，而在中长期投资方面，对冲基金表现尤为出色，对冲基金要求机构投资者的投资量较大，所以承担的压力也大。

1. 对冲基金

对冲基金也称避险基金或套利基金，意为"风险对冲过的基金"，起源于 20 世纪 50 年代初的美国。在一个最基本的对冲操作中，基金管理者在购入一种股票后，同时购入这种股票的一定价位和时效的看跌期权（Put Option）。看跌期权的效用在于当股票价位跌破期权限定的价格时，卖方期权的持有者可将手中持有的股票以期权限定的价格卖出，从而使股票跌价的风险得到对冲。在另一类对冲操作中，基金管理人首先选定某类行情看涨的行业，买进该行业中看好的几只优质股，同时以一定比率卖出该行业中较差的几只劣质股。如此组合的结果是，如该行业预期表现良好，优质股涨幅必超过其他同行业的股票，买入优质股的收益将大于卖空劣质股而产生的损失；如果预期错误，此行业股票不涨反跌，那么较差公司的股票跌幅必大于优质股。则卖空盘口所获利润必高于买入优质股下跌造成的损失。正因为如此操作，早期的对冲基金可以说是一种基于避险保值的保守投资策略的基金管理形式。操作宗旨在于利用期货、期权等金融衍生产品以及对相关联的不同股票进行空买空卖、风险对冲的操作技巧，在一定程度上可规避和化解投资风险。

但是，经过几十年的演变，对冲基金已失去其初始的风险及对冲的内涵，成为一种新的投资模式的代名词。即基于最新的投资理论和复杂的金融市场操作技巧，充分利用各种金融衍生产品的杠杆效用，采取筹资私募的方式，具有较好的操作隐蔽性和灵活性，成为承担高风险、追求高收益的重要投资模式。1999~2002年，普通公共基金平均每年损失11.7%，而对冲基金在同一期间每年赢利11.2%。

2. 对冲基金的三个特点

利用金融衍生工具，对冲基金具有以下三个特点：

(1)它可以以较少的资金撬动一笔较大的交易，人们把其称为对冲基金的放大作用，一般为20~100倍；当这笔交易足够大时，就可以影响价格。

(2)由于期权合约的买者只有权利而没有义务，即在交割日时，如果该期权的执行价格不利于期权持有者，该持有者可以不履行它，这种安排降低了期权购买者的风险，同时又诱使人们进行更为冒险的投资(即投机)。

(3)期权的执行价格越是偏离期权的标的资产的现货价格，其本身的价格越低，这就给对冲基金后来的投机活动带来较好的便利条件。

对冲基金管理者发现金融衍生工具的上述特点后，便利用所掌握的对冲基金改变了投资策略，把套期交易变为通过大量交易操纵相关的几个金融市场，从而在它们的价格变动中获利。

3. 典型案例

对冲基金中最著名的经纪人莫过于乔治·索罗斯的量子基金及朱里安·罗伯逊的老虎基金，它们都曾创造过高达40%~50%的复合年度收益率。采取高风险的投资，为对冲基金可能带来高收益的同时，也为对冲基金带来不可预估的损失，再大规模的对冲基金都不可能在变幻莫测的金融市场中永远处于不败之地。如1992年的英镑狙击战，乔治·索罗斯预感到马克不再支持英镑，于是他旗下的量子基金以5%的保证金方式大笔借贷英镑购买马克。当英镑汇率未跌之前用英镑买马克，当英镑汇率暴跌后卖出一部分马克即可还掉当初借贷的英镑，剩下的就是净赚。在此次行动中，索罗斯的量子基金卖空了相当于70亿美元的英镑，买进了相当于60亿美元的马克，在一个多月时间内净赚15亿美元，而欧洲各国中央银行共计损失了60亿美元，事件以1个月内英镑汇率下挫20%而告终。而在1997年7月刮起的亚洲金融风暴中，量子基金大量卖空泰铢，迫使泰国放弃维持已久的与美元挂钩的固定汇率而实行自由浮动，从而引发了一场泰国金融市场前所未有的危机。之后危机很快波及所有东南亚实行货币自由兑换的国家和地区，港元便成为亚洲最贵的货币。其后量子基金和老虎基金试图狙击港元，但香港金融管理局拥有大量外汇储备，加上当局大幅调高息率，使对冲基金的计划没有成功，但高息却使香港恒生指数急跌四成，他们认为同时卖空港元和港股期货，港元息率急升就可拖垮港股，从中获利。1998年8月，索罗斯联手多家巨型国际金融机构冲击香港汇市、股市和期市，然而，香港政府在1998年8月入市干预，令对冲基金同时在外汇市场和港股期货市场遭受严重损失，以惨败告终。

盖斯教授认为，投资是财富的保值和积累的重要手段，敢于冒风险的投资是必不可少的，但是，要努力去回避风险。对于股票、债券、基金等各种投资来讲，利润最大的未必是最好的，过去好的投资未必现在好，现在好的投资未必将来好。

二、美国金融危机成因的探讨

"抵押贷款危机和资产泡沫"的授课老师是苏珊·瓦赫特和安德雷、帕夫洛夫两位教授。苏珊·瓦赫特是沃顿商学院 Richard B. Worley 金融管理学教授和房地产与金融教授，以及宾夕法尼亚大学设计研究院的城市和区域规划教授，她是 HUD 政策规划和研究助理秘书，是 150 多个出版物的作者，曾作为美国房地产协会主席和城市经济协会主席以及房地产领域的顶级学术期刊房地产经济学杂志的联合主编。她的研究兴趣包括房地产经济学、城市经济学和住房金融，研究项目主要包括违约和违法、占有权选择和家庭所有权的可支付性、房地产指数方法论和邻居变革的建模。安德雷·帕夫洛夫副教授是西蒙·弗雷斯特大学金融学副教授，是 Zinman 地产研究所的研究员，Homer Hoyt 高级研究院博士后研究员，以及西蒙·弗雷斯特大学学术退休金计划的信托人。他的研究包括抵押贷款证券定价和商业与居民市场风险管理等，他的工作还包括积极贷款实践的建模、公开交易地产公司的风险管理、抵押证券化，以及使用非参数方法和空间统计学的抵押违约风险建模。苏珊·瓦赫特博士重点讲授了抵押贷款危机。安德雷·帕夫洛夫博士重点讲授了资产泡沫的产生、原因和规避。

1. 抵押贷款和资产泡沫

抵押贷款是一种由抵押物作为担保的借贷，抵押贷款的风险包括信贷违约风险、利率风险、通货膨胀率风险、预付风险和系统风险。无论是理性投资者还是非理性投资者，资产泡沫的出现不可避免，它的产生是资产发酵和搅动的结果，其条件的创造者是金融创新过程中制度的不健全和投资者的贪得无厌，美国抵押贷款的证券化和二级抵押贷款市场的出现，使得信贷泡沫迅速产生，由于制度不健全、市场监管不力和投资者的贪得无厌使泡沫不断扩大，借贷条件门槛较低，抵押贷款普及率高，2004 年住房拥有率达到高峰 70%，1/7 的抵押贷款被拖欠，强制拍卖率非常高。因此，美国金融危机表面看似由住房按揭贷款衍生品中的问题引起的，深层次原因则是美国金融秩序与金融发展失衡、经济基本面出现了问题。美国出现住房抵押贷款危机的也不是由抵押贷款的证券化造成，而是美国资产泡沫的不断膨胀和破裂所致。金融秩序与金融发展、金融创新失衡，金融监管缺位，是美国金融危机的主要原因。只要解决好证券化信息的不对称问题，充分提供负面信息，更加严格地监督操作者的行为，才能尽可能地减少资产泡沫的产生，抑制泡沫的不断膨胀和破裂。

2. 金融秩序的失衡

一个国家在金融发展的同时要有相应的金融秩序与之均衡。美国在 1933 年大危机以后，出台了《格拉斯－斯蒂格尔法》，实行严格的分业监管和分业经营。在随后近60年里，美国金融业得到了前所未有的发展，但在其高速发展的同时，金融市场上的不确定性相应增加。1999年，美国国会通过了《金融服务现代化法案》，推行金融自由化，放松了金融监管，并结束了银行、证券、保险分业经营的格局。

此外，金融生态中的问题，也助长了金融危机进一步向纵深发展。金融生态本质上反映了金融内外部各要素之间有机的价值关系，美国金融危机不仅仅是金融监管的问题，次贷危机中所表现出的社会信用恶化、监管缺失、市场混乱、信息不对称、道德风险等，正是金融生态出现问题的重要表现。

从1999年开始，美国放松金融监管使金融生态环境不断出现问题。金融衍生品发生裂变，价值链条愈拉愈长，终于在房地产按揭贷款环节发生断裂，引发了次贷危机。华尔街在对担保债务权证（CDO）和住房抵押贷款债券（MBS）的追逐中，逐渐形成更高的资产权益比率，各家投行的杠杆率变得越来越大，金融风险不断叠加。

3. 经济基本面下降

美国金融危机的另一原因还在于美国经济基本面出了问题。20世纪末到21世纪初，世界经济格局发生了重大调整，世界原有的供需曲线断裂，出现了价格的上升。美国采取了单边控制总需求的办法，使得原有的供给缺口不断扩大，物价持续上升，就业形势出现逆转，居民收入和购买力下降。

过去60年，美国经济增长和国内消费超出了本国生产力的承受能力。一方面，美国在实体经济虚拟化、虚拟经济泡沫化的过程中，实现不堪重负的增长；另一方面，美国把巨额的历史欠账通过美元的储备货币地位和资本市场的价值传导机制分摊到全世界，这增加了美国经济的依赖性，动摇了美国经济和美元的地位和民众对它们的信心。

4. 法案政策不协调

次贷危机之前，美国政府出台的一系列限制进出口的法案和政策，是导致经济环境走弱的重要因素。在进口方面对发展中国家制造各种贸易壁垒，在出口方面又对技术性产品设限，这些政策直接推动了美国物价的上升，减少了美国的就业机会，抑制了国内的经济创新动力，这也是金融危机爆发的重要诱因。

为此，作为成长中国家的中国，更应该解放思想，积极学习借鉴欧美国家的先进经验，同时警惕其制度缺陷，预防美国金融危机在中国重演。

三、多元市场的竞争依靠战略制胜

"战略制胜：多元市场的竞争"是沃顿商学院Sol C. Snider创业研究中心的执行主任，Dhirubhai Ambani创新与创业管理学教授伊恩·麦克米兰博士讲授。他是沃顿高管教育项目战略思维与管理项目的联合学术主管，长期担任高级管理项目的主讲，他的研究兴趣包括组织能力、创业企业管理、创业学与战略管理等，目前的研究项目包括技术战略、快速增长企业和社会财富。

1. 多元市场及战略

伊恩·麦克米兰博士通过分析万宝路和云斯顿烟草品牌之间的市场竞争、分析美国吉列和法国比克公司的竞争战略、分析近期中国企业对国际市场环境的具体行动，提出了全球化环境下的多元市场竞争特点，就是产品、市场和地理位置的结合，竞争将发生在当地的、地区的、国家的和全球的多种层面上，竞争者的发展就是在不断地拓展和保卫自己的势力范围。多元市场的竞争将以正确的战略制胜。

2. 多元市场竞争要素

伊恩·麦克米兰博士以日本小松公司的全球竞技场作为研究对象，结合日本、亚太、北美、拉美、欧洲、非洲/中东地区市场牵引车、装载车、平地机和挖掘机产品的竞争实况，提出了制定企业战略中多元市场竞争动态/反应分析的三个关键因素：即竞技场的吸引力、对竞争者的反应度和自身的市场力量。竞技场的吸引力包括竞技场对企业的销售/利润的贡献、竞技场对企业的利润率和投资回报率的贡献、竞技场的市场份额，其他诸如情感重要性的因素和未来前景的比重程度，如市场增长率等。对竞争者的反应度包括竞技场对竞争者的销售/利润的贡献、竞技场对竞争者的利润率和投资回报率的贡献、竞争者在竞技场的市场份额，其他诸如情感重要性的因素和高额产额和固定支出的贡献、高雇佣度等。自身的市场力量包括当前企业的市场份额、渠道分销力、技术优势、客户忠诚度、成本优势和品牌形象。

3. 多元市场竞争策略

通过多元市场竞争动态/反应分析，我们可以定位自己企业的竞争领域，先采取袭击和佯攻的攻击手段试探竞争者的反应和实力，然后制定出一套合理的进攻策略，如在一个竞技场收缩以此换来在另一个竞技场的优势，或者诱使对手采取你希望的行动，牵着对手的鼻子走。随时调查进攻结果，再在细分市场上优先选择特定的服务不够的竞技场和反应性比较低的区域集中攻击，一块一块地扩张。在相互进攻的同时要防御，最后依靠自己的实力在市场上达到相互容忍，求得相对的市场平衡。吸引力指数越高，行动力越强；反应性指数越高，竞争者越容易被激发；市场力量指数越高，自身的控制力就越弱。

4. 多元市场竞争动态步骤

伊恩·麦克米兰博士讲授的竞争的动态步骤如下：

①聚集合适的专家团队；

②确定影响吸引力、反应性和市场力量的因素；

③制作吸引力、反应性和市场力量的得分卡；

④选择一个或者两个竞争对手；

⑤给每个竞技场定位；

⑥选择集中关注的核心战略竞技场；

⑦决定在竞技场使用的不同策略。

四、创造和持续保持企业的竞争优势

尼古拉吉·思格尔科博士为我们讲授了"创造和保持企业的竞争优势"。他是沃顿商学院管理学教授，是管理科学季刊、组织科学、战略管理学报、战略组织和管理科学等期刊的编委会成员。他目前的研究兴趣是企业的活动和资源选择的互动在战略和组织方面的影响。

1. 企业的竞争优势

公司的各项活动是一个相互关联的过程，评价企业竞争战略的好坏，就是要分析企业是否创造和保持了企业的竞争优势，能够随时应对环境和市场的突然变化，使企业在不断变化的市场竞争环境中能够达到内外协调、动态适应和不断发展的效果，而企业的竞争优势核心就是利润率高于行业内其他企业水平。

2. 创造差异化

那么，如何创造企业的竞争优势呢？工具和方法不是企业的竞争战略，模仿和抄袭也是永远不会使企业具有竞争优势的。规范运作的企业职能将越来越趋于相同，而不会有竞争优势，如汽车产业。因此，有效的业务运营并不等于企业的战略。战略应该是采用有别于对手的方式来做业务，创造一个独一无二的和可持续保持优势的竞争地位。一招鲜只能保持短期优势，质量和成本之间总是有一个平衡关系，这种平衡的最佳状态很容易被别人模仿，因此要不断地创造差异化，使最佳边界不断外延。因此战略就是独一无二的创造，是有价值的定位，这种定位包含企业内外部活动和行为的不同部署。

3. 在价值链上组合创新差异化

要了解竞争优势就要分析企业在价值链中的内外部活动，先看自己的活动，再看对手的活动，并找到不同之处，努力以不同的方式从事这些活动，让其难以模仿，如果能够得到法律、政策和政府等权威部门的保护，如专利等，构造自己的商业环境，其他企业就会知难而退。如果你的企业活动70%以上得益于拷贝或者是与别人相同的活动，那么你的企业目前处于比较糟糕的状态；如果你的企业活动70%以下得益于拷贝或者是与别人相同的活动，那么你的企业目前处于较好的状态；如果你的企业活动得益于拷贝或者是与别人相同的活动小于10%，那么你的企业目前处于最佳状态。同样是航空公司，而美国西南航空公司就是在机场停留时间、激励机制和灵活的合同条款等方面采取了完全不同于其他航空公司的行为，从而在行业内取得了较好的竞争优势。企业在发展过程中由于增长和盈利两者逐渐求得平衡时，很容易迷失方向，最初的体系在新的市场中没有很强的竞争力，对手很容易攻击和模仿它，并在对手模仿中失去竞争优势。许多企业一不小心就会陷入增长陷阱，虽然在不断上升，但利润却越来越少。企业永远不能够完全阻止对手的模仿，只能让他们的模仿代价高一些，如果一两件事情做得好，很容易让对手模仿，如果你的特性较多时，对手要模仿你所有的优点就比较困难，就会付出较高的代价。如果成本很高，最好不要引发价格战，否则将损失惨重。我们应该对企业系统内外部的一系列活动进行组合创新，找出与对手的差异，明确自身竞争优势的来源，使所有的企业活动与公司的市场定位始终保持一致。

4. 形成企业的系统性竞争优势

如何强化和保持企业业已存在的竞争优势呢？首先要使员工的思想、行为和决定与企业的战略匹配起来，不能够出现当前的政策、行动与企业战略相互矛盾的情况；其次非常重要的是保持战略的长久稳定性和连续性；再次要保持企业定位不变，但是方式方法一定要根据业务运营情况不断改变；最后要考虑企业战略的灵活性，以应对外界宏观环境的变化。

因此，我们要深入分析企业所有系统的活动，明确企业战略地位的选择，理清企业价值链过程中资产管理、客户管理、市场营销和信息反馈等各个环节的一切活动，区分哪些活动对企业形成竞争优势起到积极作用，对不能够形成竞争优势的活动根据企业战略进行适当调整，使其变为实现企业战略目标的支持性活动，从而形成企业的系统性竞争优势。对企业独创性的单项模仿是容易实现的，但是对整个系统进行模仿是比较困难的。

5. 创造和保持企业的竞争优势

企业独创性的系统性活动越复杂，对手就很难明确你内部的真实意图，当然，设计的活动越复杂，虽然对手不易模仿，但是自己内部也难以管控，需要比较高超的管理水平。

所以，创造和保持企业的竞争优势，必须做好以下四项中心工作：

①制定企业战略时一定要权衡利弊，做好定位选择，战略选择越明确越易于传达下去。

②要把业务运营的有效性和战略选择区别开来，战略选择决定企业的竞争优势，而日常运营的有效性只是在改变企业运营的方法和工具；对手效仿的后果，决定着企业是否能够继续维持其在行业的竞争优势。

③如何强化和保持企业业已形成的竞争优势是非常重要的考量。

④在进行战略调整的过程中，努力弱化企业采取的发展变化对当前正常运营的不良影响。

五、全球化与政治风险分析——世界转型期的全球化

"全球化与政治风险分析——世界转型期的全球化"由斯蒂芬·柯布林博士讲授。斯蒂芬·柯布林博士是沃顿商学院 William H. Wurster 跨国管理教授，是世界经济论坛的研究员。他曾担任国际商务学会主席，管理学会国际分部主席和富布莱特奖管

理学科咨询委员会委员。他的研究兴趣包括全球化、全球治理、全球战略、国际商务中的政治学以及信息革命的影响等。

1. 全球化概念

衡量一个国家的经济是否融入全球经济，主要看它的价格水平和工资水平是否与全球趋同，跨国公司和进出口贸易占 GDP 的比重较高，经济规则是否在执行国际标准。经济全球化包括将国家经济纳入世界经济中，通过贸易、国外直接投资、短期资金流动、全球劳工和人力资源的流动、科技成果的流动等来实现。

2. 全球化展望

2025 年前可以确定的国际形势是：中小国家和非国家行为者对国际事务的影响比重在逐渐加大，带来了世界多极机制的不断出现；美国的经济在下降，世界经济中心将逐步转向中国和印度，经济力量逐步从西方转向东方；以现行规则为基础的国际贸易体系逐渐难以继续维持，贸易保护主义行为不断涌现，世界上潜在的冲突在增加；美国虽然仍然是最强大的国家，但是已经不再占据像以前那么强大的主导地位。

2025 年前国际形势关键的不确定是：在转换的地缘政治前景下，全球力量是否会与多边的机构合作，来调整他们的结构和业绩。重商主义带来的贸易保护是否会卷土重来，使全球市场出现倒退。

3. 全球化趋势不可逆转

全球化并不是全球经济一体化，全球经济一体化更加集中和广泛，它的边界概念模糊，空间意义也变得有所不同。全球化使得发达国家的优越感逐渐尚失，危机感却在不断加深，因为，他们从全球化中的获益较低，而发展中国家获益较高，这种现象与 19 世纪后期十分相像。1880～1930 年，由于工业革命、电信革命等新技术革命，带来全球工业经济和出口贸易的快速增长，这段历史被称为全球经济一体化的黄金时代。这一轮一体化全球经济贸易的大幅增加，当时很多人都认为全球化不可逆转，战争在全球经济一体化的背景下不可能爆发，他们崇尚经济开放和规则，大国主导世界经济形势，一些国家的意识形态和经济理念基本一致。但是经济危机的爆发带来一些国家意识形态的转变，国家的意识形态对全球化和国家经济发展的形式有一定的影响，由于多极化世界的产生，各个国家秉承的理念也就各不相同，因此连续爆发了第一次和第二次世界大战。20 世纪 80 年代，由于冷战的结束及互联网的产生和繁荣，全球出现了爆炸性的政治化、全球化开放现象，政府官员降低关税并消除了贸易壁垒，新自由主义经济的意识形态驱动了全球化的发展，各个国家的政治力量都认为开放经济可以带来民主和和平。90 年代 IT 领域的科技进步，增加了自治和独立的机会，加速了全球化的进程。国际之间海洋运输成本比国家内部异地运输都低，优质的产品可以比较容易地在全球配置最优质的资源，一个产品是哪里生产的并不重要，重要的是它的品质。政治、文化和全球经济逐渐多极化，全球经济的组织形式发生了变化，各国政治环境限制了全球经济的发展，科技增加了保护主义的成本，地区保护主义者压力倍增，全球化正在变得不可逆转。当今世界面临着同样的危机，美国的失业率曾经高达17% ~ 18%，欧洲的高福利难以为继，政治不确定性在增加，经济危机一直没有走出低谷，社会动荡因素在加剧。因此，全球化的趋势是不可逆转的和周期循环的，是政治因素和科技因素的发展导致的结果。

4. 全球化考验人类智慧

但是，全球化需要国家之间的合作空前强大，实现这种强大的合作需求可能比以往更加困难。因为，全球化带来的问题是全球性质的问题，比如：气候变化和环境退化，国际金融监管，在规则体系里的贸易与投资，竞争政策，网络道义和网络犯罪，恐怖主义，流行疾病，核扩散，失控的国家，毒品犯罪等，仅靠一个国家是不能解决问题的，全球合作比以往任何时候更加重要，取决于他们之间的利弊权衡。由于全球体制结构在发生改变，在国际政治经济中举足轻重的国家数量在增加，国家之间的差异也在增大，理念不同，追求目标也就不同。带有世界政治权威的非国家行为者出现并增多，相对强势的力量从东方逐渐转向西方，多边合作越来越困难，如多哈回合从2001年开始已谈了九年仍然没有进展，哥本哈根环保条款筹备了五年也效果不佳，全球金融监管协议难以形成。世界各地对规则的理解不同，是否能够达成一致；现有的全球化国际体制和机制以及经济秩序是否行之有效等，受到大多数国家的普遍质疑。

那么，如何避免保护主义的抬头、避免世界经济的倒退、避免国家之间由于经济利益的冲突演变为政治上的对抗和战争历史的重演；如何建立一种适应于当前世界全球化经济发展的新秩序，真正到了考验各国领导者智慧的关头。

5. 全球化将使世界持续兼容并蓄

世界秩序根据国际形势不断发生着变化。冷战时期是美苏双极化秩序；20世纪90年代是美国霸权主义主导的单极秩序；21世纪初美国的世界主导地位在相对下降，美国、欧洲、俄罗斯、日本、中国和印度六股力量和大的区域性力量，如巴西、印度尼西亚、巴基斯坦和韩国等多极力量在不断上升，势均力敌的主要力量比较有限，世界秩序通过多边联盟来定位；2010年随着世界经济全球化步伐的加快，世界秩序多极化形势的转变，众多国家之间逐渐出现了网状机制秩序，进行着互相重叠交错的互动。人们发现：长期以来被西方奉若神明且普遍认可的纯粹的自由经济秩序也不是绝对完美的，被西方视为洪水猛兽的计划经济和宏观经济调控政策在中国的经济改革和发展中起到了意想不到的作用和效果，被许多发展中国家得以借鉴，与西方资本主义国家不一致的另一种经济体制和政策也能够成功，而且可以达到持续快速地增长。

因此，在当今世界建立国际机制中，重点要注意公正的、平等的、多边的、多元的、有效的和民主的因素，一方面，让越来越多的国家在建立世界经济新秩序中发挥作用，同时，也要让一些非国家性质的行为体在国际市场中发挥有效作用，将各种文化和制度的优越性有效地融合在全球化的进程中，努力达到兼容并蓄的效果。

六、培养你的领导力

迈克尔·尤西姆博士为我们讲授了"培养你的领导力"。他是沃顿商学院 William & Jacalyn Egan 管理学教授和领导力与变革管理研究中心主任，已经完成公司组织、所有权、治理、重组和领导力等领域的多项研究，曾为房利美、南方医疗、泰克国际、美国国际发展署、联合国食品和农业组织亚洲、拉丁美洲等机构提供组织发展和变革方面的咨询。

迈克尔·尤西姆教授讲道：近 15 年来中国发生了巨大的变化，主要原因是领导力在发挥着重要作用。但是，领导力在动态的、有风险的或者不确定的环境中情况将大不相同。没有人能够完全拷贝别人的成功，甚至你不能够完全拷贝自己的成功。要想始终做到"东方不败"，领导者必须首先要为自己打好领导力的基础，明确在什么时候领导力最与众不同；其次在实战中不断学习领导力，在重大关键环节做好重要决策；另外，要不断培养自己作为领导者的战略性思维，才能适应时代的需要，不断深化你的领导才能，以满足环境变化的管理要求。那么，如何培养自己的领导力呢？

1. 领导力基础

一项针对财富 500 强企业中的 48 家企业研究，从两份直接对 CEO 的评价报告中得出，CEO 的基本素质是：具有远见卓识；充满极强的自信；能够高效传达预期和标准；能够身体力行公司的使命、标准和价值观；具有个人勇于奉献的精神；行为果断，决心大。

（1）领导力在什么时候最与众不同？

当企业面临不确定因素和快速变化的环境时，领导能力对公司绩效能够产生显著影响。当然，如果管理团队质量较高，即使 CEO 个人素质较低，也能够带来更好的公司绩效。即：顶尖的团队比顶尖的任务更加重要。

（2）普遍适用的领导力特征包括：

①规划愿景，规划出一份清晰且有说服力的愿景，与公司的所有成员沟通；制定能够激发员工兴趣的战略途径；明述策略，提出为实现以上愿景和战略意图的务实策略，确保它被广泛理解；带领执行，亲自带领团队按照战略意图和策略严格执行；

②假设员工已经具有良好的思想和技能准备，清晰传达公司的战略意图和 CEO 的个人期望；

③帮助员工理解愿景和战略含义，用团队荣誉和战略意图激发员工的荣誉和使命感；

④通过行为方式和表述能力向员工传达你的性格特点，确保员工知道你是一个正直的人；

⑤随时尊重和欣赏周围的人，为他们提供必要的支持；

⑥知道怎样表述和交流，用难以忘记的方式让员工牢记在心。

通过针对 62 个国家 825 家公司的 17000 位中层经理和相关金融服务、食品加工、通信业三个行业展开的调研表明，普遍赞同的领导能力是：活力、果断、诚实、激励他人和对业绩的关注。普遍不赞同的领导能力是：独裁、以自我为中心和急躁。在个别文化环境中（非普遍文化环境）比较推崇的领导能力是：野心、形式主义、地位意识、冒险和谦逊。国家之间的差异主要取决于他们的民族文化。

（3）充满挑战时代的领导力特征包括：

①重申使命但要面对现实；

②发挥管理团队的整体力量；

③与员工进行必要的沟通；

④及时向投资者传达战略理念；

⑤与消费者和用户进行良性互动；

⑥建设并保护企业优秀文化；

⑦要对未来充满信心；

⑧集中精力致力于可控制的环节；

⑨识别并克服可预见的决策缺点；

⑩积极倾听并辨别早期的真假警报；

⑪把公众利益置于个人利益之上。

（4）领导力的培养将通过以下途径：

①不断的自我学习以使能力提高；

②寻找导师借以不断修正错误；

③在不同的环境中历练承受能力；

④在恶劣的环境中激发潜力；

⑤不断自我反思和总结；

⑥强烈的使命感。

2. 从实践中学习领导力

在实际工作中，我们经常面临着一些决策，怎样在高风险的情况下做出好的和及时的决策？努力避免次优决策的陷阱，尽快在自己的团队中建立自己的领导力和合作的氛围，是从实践中不断学习领导力的关键。

做出一个好的且迅速的决策，需要随时跟踪获取公司运营和环境的实时信息，情报真实、准确且时效性强；面对需要决策的问题，同时建立多种选择，排列出它们的权重次序，客观分析各种选择带来的可能效果；向经验丰富的顾问和专家咨询合理的意见和建议；使用部分业已形成的共识解决选择中的冲突，经过综合考虑其他因素后进行最终的决策；努力避免决策的偏好性、盲目性、单一性、仓促性，确保决策的科学性、合理性和综合有效性。

在我们的许多决策中，很难避免次优决策的陷阱，尤其是在伴随着过去良好的业绩和很强的未来预期而来的时候。次优决策陷阱，是在经验并不丰富的地方过分重视了早期的片面信息，缺乏对实际情况的全面分析；是在不熟悉的环境中对自己决策的过分自信，未能有效地发挥可以借鉴信息作用；是为了寻求确凿的证据忽视了自相矛盾的数据，没有从正反两个方面科学地分析问题。积极的组织情绪会增加次优决策程序的使用。

迈克尔·尤西姆教授通过瓦格纳·道奇（Wagner Dodge）空降消防灭火队员在曼冲沟（Mann Gulch）森林大火中的悲惨结局告诉大家：在组织压力较大的情况下，建立领导力和有凝聚力的合作团队是非常重要的，个人和组织力较差的团队，很难越过组织承受压力时面临的恐慌点，而只有领导力越强且凝聚力越强的团队，才能承受住更大的组织压力，做出更好的业绩。因此，首先要早些准备领导力的基础，以确保能够准确传达和理解你的真实意图，并使团队成员接到指令时能够高效快速地执行；同时，让团队成员能够连续不断地分享你的信息、知识和经验，授权他们及时做出决策；另外，平时就要通过训练等手段练习你在团队中始终如一的领导力，预判领导决策的贯彻情形，在团队的同事间发展联盟关系，建立在组织压力下业绩突出的团队，通过构造团队来培养领导力。

3. 领导战略构思技巧

迈克尔·尤西姆教授通过美国所罗门兄弟公司国债交易和默克公司罗伊·威格罗斯开发抗击河盲症药物的战略性行为，提出领导者在战略构思中应注意以下几点：

（1）向上领导和向下领导同等重要；

（2）关注长期和关注短期同等重要；

（3）对于所有任职人员一样思考同等重要。像市场、人力资源专员和其他功能性管理人员等。

在当你还没有成为主管时，就要学习负起责任来，要学会用战略思维技巧来思考问题，要按照超常的和远期的利益来行动。

第九章　中西方人性论与管理

　　本章内容由北京大学人格与社会心理学研究中心主任王登峰教授讲授。他曾经任北京大学党委副书记，现任国家教育部语言文字应用管理司司长。他的研究领域是人格与社会心理学、人格结构、心理咨询与治疗等。他是世界上第一个提出针对中国人个性特点的人格模型的人，为中国人自己的心理模型研究做出了开创性成果。曾经获得北京市"五四"奖章、北京大学自然科学奖等。

　　王登峰教授的讲座主要包括：中西方文化中的人性假设，人性假设与人的标准，党政领导干部的胜任特征等。

一、中西方文化中的人性假设

1. 文化的内涵

　　对人性的看法是文化的核心内容。文化的内涵包括所有人为事务的总和，是所有人为事务习惯性认知和行为方法的沉淀。

2. 人性的含义

　　人性是天生的样子，是指人所具有的状态和资质。人性的生物学属性是自私的，自私的本性导致其生命最基本单元的基因具有唯一的天性，那就是基因自我复制，因此人类才能够继续生存、不断繁衍和传宗接代。人性的生物学属性是分析中西方人性假设的基础。

3. 性善论

　　中国文化占主导地位的是性善论。孟子定义的人，从生下来就具备了善的本质特点，既"人之初，性本善"，具有"恻隐之心、丑恶之心、辞让之心和是非之心"。这种善的本质特点是成为君子或者圣人的基础和发端，要具有直达人性修养最高端的基础，不具备善的本质特点就不能称之为人。

　　孟子把人的标准定得很高，要先做人后做事。作为人，生下来就要有高度，而非如牲畜一般。所以，中国人特别关注和在意别人怎么看自己，在未进入君子或者圣人的行列时，中国的人处于"上不着天下不着地"的状态。生活在中国文化中最重要的是争取"是一个人"的资格，即具备以上四个发端然后才能做人，只要能做人，就很容易达到圣人的境界。

4. 性恶论

西方文化占主导地位的是性恶论。如宗教的原罪说，认为人生下来就在地面，本身与牲畜没有太大区别，自私是人的本性，要承认人性的自我意识，肯定人的自利性，强调人的各种要求，要在这种人性的逻辑基础上，展开对法律、政治等制度的探讨与论述，从而探求社会运行的合理与和谐。高尚的道德品质是人性修养的最终目标。

因此，中国文化有关人性本善的假设，强调人该超越自我，以达到一个"内圣外王"的程度；而西方文化则强调，应该顺着人的普遍要求并加以一定的理性节制。

二、人性假设与人的标准

1. 做人与是人

（1）做人——努力目标

在人性本善的中国文化中，做人的起点实际上离人性的弱点——生物学属性很远，即生来并未达到人的标准，只有努力做回到人的行列中，才能使自己接近人性修养的目标。做人是一件比较艰难的事情，因为，这种观点把做人的标准确定为人性修养的最终目标。

这种"上不着天下不着地"的做人标准，容易让人产生原发性焦虑。它主要产生于对自己言行的内省，以及对自己的言行与外界对行为约束之间先天的不一致性的觉察和内省。中国人做人的原发性焦虑，使得无论面对自己还是他人的言行时，都会首先考虑道德性，即按照做人的标准对其进行评价，而对具体言行的直接含义反而没有那么重视。

中国文化的主要特点是"泛道德化"，即对所有的行为都进行善恶的评价，或道德化评价，所以，有人把中国文化称为"扬善文化"，强调"道之以德，齐之以礼"，即用道德来引导，用礼教来整顿，使民众知耻而心附，经过改造才能做人。

（2）是人——生来就是

在性本恶的西方文化中，做人的起点实际上离人性的弱点——生物学属性很近，即生来就是人，倒是离人性修养的目标很远。

西方人生来落地的感觉逐渐养成了开放豁达、外向冒险的民族性格，并一直生活在相对从容的心态中。他们有一种原发性的轻松和随意，观察自己的行为时，往往会把重点放在行为本身的含义上，不需要在行为之外再去寻找符合某种社会标准的证据，与中国人相比作为一个人的压力并不明显。所以，西方文化也被称为"抑恶文化"，强调"道之以政，齐之以刑"，即用政法来引导，用刑法来整顿，使民众免于罪恶，但有无廉耻之心同样是人，虽然不一定符合伦理道德规范。

（3）两种观点的对比

因此，中西方有关人性的假设直接导致了中国人需要努力才能做人（becoming a person），而西方人则生来就是人（be a person）。

中国人做人的压力主要来自于将人性的起点放在了几乎与人性修养的终点相同的水平上。由于做人的苛求，因而会使中国人把做人的终点放在了基础性的道德评价上，这种评价的压力，使得中国人难以平静地分析自己的言行，而把重点放在了对言行的评价上，从而反倒对至善或人性修养终点的效果相对关注较弱。

西方人人性本恶的假设是导致人生来是人的直接原因，使得西方人不会有"不是人"的顾虑。几乎无所不包的是人起点使得西方人不会关注个人言行是否符合眼前的是非标准，因而，既可以心平气和地分析自己的言行，又可以对人性修养的终点给予更多的关注。

2. 文化的作用

文化简述为文饰化裁，强调从内到外的改变。

在信奉"人性本善"的中国文化中，善是做人的起点，但是除了极少数的圣人外，人们的行为均离做人的"善"标相去甚远，所以，儒家强调"修身、齐家、治国和平天下"的个人修养和建功立业的程序，核心在于"先做人，再做事"。

中国人凡事都要参照外在的做人标准，修饰或改正自己的言行，使自己看上去没有那么糟糕，首先要努力争取具备做人的基本条件，然后进行必要的人性修养，做人有压力，对自己的言行有强烈的防御反应。人性修养不是趋"善"而是避"恶"，不是参照终极目标的向上努力，而是参照做人的基础，回避恶行，通过在对言行的"纹饰"中获得做人的资格，并逐渐走向人性修养的终点。

因此，中国人只能采取"边做事，边做人"的策略，就是在做事中磨炼自己的根本，反而使得在做事中体现做人的特点成了"核心"，而做事成了做人的"陪衬"。所以，中国文化的作用，就是文饰每个"准人"的个体，使自己的言行更接近人性之善，以达到"至善"或者"完美"。

在信奉"人性本恶"的西方文化中，善是做人的追求目标，眼前进行的善行或者恶行，只是反映了一个人做人的境界高低，在作为"人"这一点上并没有太大的分歧和差距。而且作为善行或者恶行的境界，主要考察做事的效果，而不是以做事过程中是否合乎道德规范来判断。在西方文化中，人们较少有中国文化中做人的压力，因而可以相对比较自由地去做事。

西方人做人的标准与人的生物学属性几乎是等同的，人性修养的主要任务是远离人的本性，对言行的"栽培"，是在接受现实中存在的人性之恶的基础上，对人性进行逐步地改善过程。由于能够接受现实中存在的人性之恶，因而对自己的言行就没有很强的防御反应，就能够客观地分析和对待自己的言行，人性修养是趋"善"而不是避"恶"，因为人人都有相同的起点，不需要对起点的回避，只需要一种参照人性修养终极目标向上的努力。

文化的作用就是对行为的培养和再造，以改变当前行为的水平或层次，目的是为了使人们远离人性中的"恶"，以达到"善"或者"完美"。

3. 个人主义与集体主义

个人主义与集体主义划分的依据是价值观的差别，即关注个人的成功、自主和独特型，还是关注团体的和谐、被团体成员接受等。

集体主义文化的定义性特征是对关系的特别关注，对自己人（家庭、种族和国家）有较高的依赖，优先考虑所属团体的目标，根据所属团体的常模塑造自己的行为。

个人主义文化则注重竞争和个人的成功与成就，或关注自我依靠、与他人的独立以及个人的独特性。

从做人到是人的层面来看，做人是对关系的关注，做事是对个人成功或独特性的关注。中国人并没有放弃做事，或对个人成功和独特价值的追求，而是"先做人，再做事"，并非"不做事"。西方人"人性本恶论"的假设使得个体无一例外都是人，因而消除了做人羁绊，较少受到泛化的伦理道德规范的约束，但至少也要受到法律和契约的影响，因而必然需要对他人或团体的关注。

从手段到目的的层面来看，追求成功主要是关注目的，而被人认可主要是关注手段和策略。中国人对关系或被他人接受的重视可能包含两个方面的含义，既可以作为目的，也可以作为手段，即通过做人赢得做事的舞台和基础。

三、领导干部的胜任特征

1. 胜任特征

胜任特征指能够区分优秀者和成绩平庸者的个人能力特点。其中包括 3 个范畴和 7 个维度及若干能力项。领导干部个人能力项简图如图 9-1 所示。

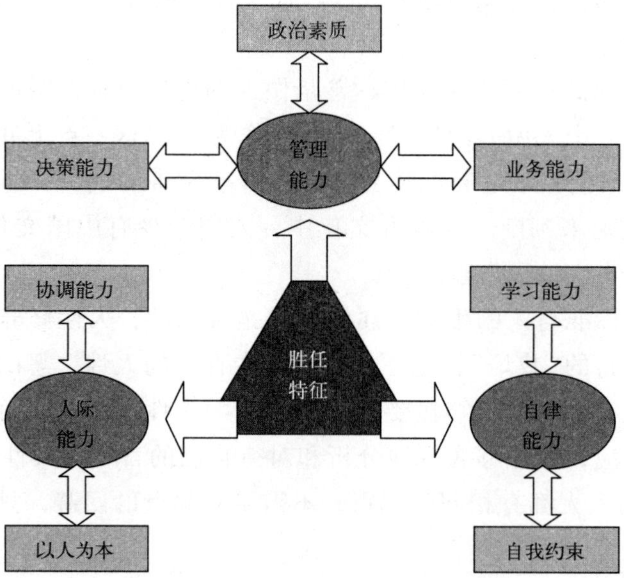

图 9-1　领导干部个人能力项简图

（1）3个范畴包括：管理能力、人际能力和自律能力。

管理能力以政治素质为基础，同时包括业务敏感能力、决策引导能力、市场开拓能力、规划计划能力、指挥行动能力、执行掌控能力、效能评测能力和总结提高能力等。

人际能力以以人为本为基础，同时包括组织协调能力、上下沟通能力、团结协作能力、鼓舞激励能力和团队培养能力等。

自律能力以思想觉悟能力为基础，同时包括自觉学习能力、自我约束能力、自发思考能力和带头行动能力等。

（2）7个维度及若干能力项寓于3个范畴之中，包括：政治素质、决策能力、以人为本、协调能力、自我约束、学习能力和业务能力，其最终体现在管理效率的提升能力上。

2. 中美领导胜任特征的比较

胜任特征分为个人指向、他人指向和事物指向三类。

（1）个人指向的中美比较

美国政府与企业的领导，个人指向的共有特征主要反映在个人演讲、表达、写作以及耐受性与灵活性方面的能力，美国政府领导人的独有特征强调创新、独立、负责、承担责任的能力，美国企业领导人的独有特征强调遵循伦理和规范能力。

中国政府与企业（或党政）领导人的个人指向特征只涉及创新、独立、负责、承担责任的能力和遵循伦理和规范能力，不包括个人演讲、表达、写作以及耐受性与灵活性方面的能力，这部分能力超出了他们所拥有的学习钻研和热情敬业等方面的内容。他们在个人指向方面并不很看重演讲和口才的表达能力，更注重钻研和敬业，以及个人修养和工作态度，是明显的重德轻才倾向。

（2）他人指向的中美比较

美国政府与企业的领导，他人指向的共有特征主要反映在倾听、面谈、说服他人的能力，协调及解决冲突的努力，对别人的理解、评估和影响的能力等；美国政府领导人独有的特征是领导个体和团体的能力；而美国企业领导人的独有特征是使用奖励、补偿、授权以及管理上司的能力。

中国政府与企业（或党政）领导人的他人指向特征涉及了上述绝大部分内容，只有授权和管理上司的能力没有包括在内，但却增加了自律和信任方面的内容。他们在他人指向方面不很注重影响别人，授权和管理上司的能力较弱，更注重自律、信任他人和留给别人的印象，同样是重德轻才。

（3）事务指向的中美比较

美国政府与企业的领导，事务指向的共有特征包括宽阔的视野、长远的打算以及目标的确立和遵从，还有收集信息、关注环境、注重技术进步和理论指导；美国政府领导人独有的特征是对问题的诊断、评估、分析和解决能力，在精确判断基础上的冒险行为能力，以及对非技术因素的重视；而美国企业领导人的独有特征是鼓励结构变化，建立变化的中介机构，注重创造性决策，建立尊重团队合作的文化，以及努力克服逆境的英雄行为。

中国政府与企业（或党政）领导人的事务指向特征主要涉及具体工作的态度，除策划宣传、收集信息、关注环境有些类似外，其他特征与上述内容并没有对应关系，鼓励适应环境的中庸行为，而不鼓励改变环境和结构的个人英雄行为。他们在事务指向方面忽视了具体的提出问题、分析问题和解决问题的能力，并不鼓励个性发挥，而高度重视工作态度、合作素养和留给别人的印象，还是重德轻才。

总体上讲，中国政府与企业（或党政）领导有明显的重品德、轻技术和解决具体问题才干的倾向。注重从政治上或宏观上对上级方针政策的贯彻和落实，倾向于一致性而不是独特性，更注重的是自己能否被别人接受，而不是通过具体的人际技巧影响别人，更为关注的是约束好自己和协调好他人，至于具体工作则往往是由另外的人去完成。

因此，在中国的用人之道是：太平之日德才备，乱世之时取其才。在以德为先的基础上强化具体能力方面的训练。中国政府与企业（或党政）领导工作中最重要的内容是自我约束和人际协调，要在做人与做事之间、在出成绩与树形象之间拿捏好分寸。在管理工作中，一定要处理好德与法、情与理、言与行和人与事之间的关系。

第十章 打造高绩效团队是领导者的职责

        在本章内容中，张志学教授以扎实的理论知识和丰富生动的案例及大量的数据，给我们阐明了在中国现实的情况下，如何做一个优秀的企业领导者。他通过积极的互动和妙趣横生的角色扮演，以及不同阶层的职场定位角色转换等丰富多彩的学习方法，使我们领悟到许多方面的知识，尤其是其中的团队与共同和变革与影响两部分使我们感受颇深。

一、企业领导的基本素质要求

在当前复杂的市场环境中，中国企业的领导应该具备以下三个方面的素质要求：

（1）需要对行业发展趋势判断准确，对企业在行业中所处的位置定位精准，并能够准确把握影响企业发展复杂的内外部要素。要具备这种能力，必须具备以下两点：

①要有较高的学识和修养，能够熟练掌握和运用管理学的知识及工具，具有很高的工作效率；②全身心投入到企业中，对组织架构和系统流程非常清楚，有针对性且实事求是地解决问题。

（2）高层领导班子能够通过民主的、协商的方法对组织的运作达成共识，形成较大的凝聚力。

凝聚力是一个企业干成事业的基础。凝聚力不可能依靠强制、高压和欺骗的手段来实现，它需要积极地探讨、协商和充分的沟通和理解，需要求同存异的积极支持和勇于牺牲自我的高尚品格。

（3）企业领导既要有胸怀，又要有能力和水平。胸怀可以塑造一个敢于讲真话、敢于提不同意见和创造性的管理氛围，水平是因为这种氛围很考验领导者的驾驭能力，否则将不能掌控形势，适时地整合大家的意见，合理地引导讨论的结果。

二、企业领导的基本能力要求

中国企业的领导要具备以上的素质，就要深入学习和准确理解并把握组织与领导、判断与决策、团队与沟通和变革与影响。

1. 组织与领导

在组织与领导方面，认真剖析了组织的四大要素和特征，即目标共享、人员多样、结构严密和文化牵引。企业要做到外部适应和内部整合的协调运行，必须是战略跟随环境变，结构跟随战略变，管理跟随结构变，行为跟随管理变。并在此基础上，提出了管理者和领导者的不同作用，明确指出：管理应对复杂，领导应对变化；管理是把事做正确，领导是做正确的事；企业要健康运行和发展，领导和管理缺一不可。通过腾龙科技有限公司总裁欧戈的案例分析和讨论，揭示了优秀领导者的一般特质和相关特质、领导动机、认知特性和企业组织在面对挑战时、成熟时和存在问题时的领导方式，明确了卓越的领导力是：以愿景唤起聚焦，以沟通凝聚共识，以定位获得信心，以学习提升自知。

2. 判断与决策

在判断与决策方面，从决策小测试开始，告诉我们：人们常常在知觉到的现实和真实现实之间存在差距，经常会犯视而不见、知而不行和行而不达的错误，努力并不能保证做出正确的判断和决策，人们往往会出现证实性偏差，倾向于为自己认为正确的判断寻找证据，而不能寻找不能证明他们判断的证据。数个典型案例说明，管理者的成功取决于每天做出的或批准的众多的决策。决策是一种心理和社会的过程，决策者在信息完备或确定性的决策情境中，基本上会遵循理性的法则，但是这种条件在现实中很难具备。决策者不能掌握完整的信息，往往只挑选出自己满意的而非最佳的解决问题的方法，在不确定性的情境下决策，过分依赖以往的经验和法则是非常危险的。决策时，要尽量减少可得性启发、代表性启发、锚定和框定效应所造成的偏差，降低决策中的风险，避免沉没成本及引起承诺升级，一旦发现投资失误的苗头，应当机立断，损失再大也要斩断。

3. 团队与沟通

在团队与沟通方面，以一个管理与生产的情景模拟活动，通过大家亲自体验，在回顾和反思中，让我们了解到团队互动的成效。有效团队的特征是有明确的目标、结果驱动的结构、称职的团队成员、统一的承诺、合作的氛围、优秀的标准和原则性较强的领导。在团队组织中要直面问题，充分沟通，避免荒谬的"阿比勒尼悖论"现象和消极预期、负面臆想、回避冲突而导致冲突升级的发生，谨防团队决策中的虚假共识，常常进行心理换位，防止好心办坏事。

课堂上，我们亲身参与了管理与生产的课堂活动。作为管理组的一员，我们虽然通过团队合作完成了课堂活动任务，而且成绩也还过得去，但是，回顾我们的活动过程，中间出现了不少的问题。

我们团队的7个组员，无论是管理组还是生产组，大家的责任心和工作激情都是没有问题的，相信大家的智商也不低，可为什么还是在具体实施过程中出现了一些问题呢？其关键是沟通过程中出现了问题。

由此，我们体验到了在企业生产经营过程中，虽然企业有一个好的战略目标、一个不错的制度、一个充满激情的员工团队，但是如果没有一个好的沟通机制，在激烈的市场竞争中，仍然不能保证取得成功。

课堂上，张教授用数据分析说明，这样的课堂活动，如果生产组和管理组都是一个人，成绩应该是比较好的（信息比较容易沟通），但是最好的成绩一定是团队高效协作的结果，说明只要沟通到位，团队的协作比个人单打独斗要更有效，但是一定要克服团队合作中经常容易出现的人际内耗和形不成合力等问题。

因此，建立一个有效的团队，是优秀企业领导者的主要职责之一，打造一个高绩效的团队需要领导者的高超领导艺术。包括为团队制定明确的目标，了解团队每个成员的能力，合理分工，制定团队行动的标准等等，很重要的一点是要保持团队中的畅通有效沟通。

这次的课堂活动中，大部分的管理组在认真讨论制定任务方案时，并没有考虑过生产组正在焦急的等待，也就是说我们都是仅仅站在自己的角度去考虑问题。因此，要做到沟通顺畅，需要每一个团队成员工作过程中都要经常换位思考，想想如果我是对方的位置，我会怎么想？我会期待对方为我做什么？

4. 变革与影响

在变革与影响方面，张教授以丰富的案例揭示了改革开放以来，中国的企业处于外部环境因素复杂而多变的不确定环境中，给企业的运营和管理造成了很大的挑战，中国的企业家可以从对自己有利的方面解读政策，需要企业家去认真分析面临的形势并去适应它。但是绝不可以挑战政府的权威。他们运用中国人的思维整体性、辩证性和行为的灵活性来应对企业周围的不确定性。

如柳传志这样优秀的企业家们清醒地认识到了这一点，他是一个有理想而不理想化的管理者，努力做到了志存高远、圆通练达、审时度势、洞悉人性、摆脱人治和深谋远虑的智慧型企业领袖，能够根据中国的国情，充分考虑各方面的实际情况，适应环境，掌握与现行制度相处的有效方法，同时能够一点一点地摆脱束缚，走向崭新的世界。但是，随着外部环境的变迁，市场经济逐步成熟，政策法规逐渐完善，政府职能渐渐亲和，业务发展逐显困难。以重构招商局的秦晓为例，解读中国的企业家应该以人为本，尊重规律，遵守制度，变革理念，进行必要的战略调整，逐步向专精型企业家转变：即精准把握企业的战略地位，通晓企业运作的理论知识，熟悉客户需求和行业趋势，创造崭新的业务发展模式，推动运用有效的管理工具。

通过罗布·帕森在摩根士坦利银行的案例分析，说明了制度的重要以及在变革中制度的不足。制度是企业运行的保障，一个有竞争力的企业一定要有规范化、流程化的管理作为企业的支撑。现实中，我们不乏看到这样的情况，一个企业制定了宏伟的蓝图，美好的愿景，但是在实际工作中并没有很有效的制度去保证企业按照自身的战略发展下去，最终则走入歧途。

因此，作为企业领头人的优秀领导，一定要投入精力去研究制定规则（制度），并根据外界环境的变化去修订，保证企业制度的科学合理。但是企业领导者不能去当裁判员，而且仅仅依靠企业家个人魅力运营的企业一定是做不大的。我们看到中国有很多的家族企业发展到一定程度，就不能继续像创业时仅仅靠老板的个人能力进行管理了，必须建立规范的、符合企业战略的制度，也就是要有规范的管理体系和工作流程。这时候，往往会采用空降职业经理人，依靠外部咨询机构进行诊断等方法，为企业制定一系列制度，实现蜕变之后才会进入另外一个发展通道。

因此，无论是什么性质的企业，要取得发展，最终还是要靠全体员工的共同努力，要有一支高素质的团队，而合理有效的制度对于保持团队战斗力是不可或缺的。

三、领导者与团队

当前对于企业文化的讨论十分热烈，企业家们基本形成了一个共识：即高明的管理依靠企业文化发挥应有的作用！但是，企业文化是如何形成的呢？文化的形成离不开制度。"制度成习惯，习惯成自然，自然形成文化"。

柳传志曾经说过，"小公司做事，大公司做人"，事业的成败关键在人。因此，作为领导者来说，主要的任务除了明确企业的战略发展方向之外，还应该投入精力去打造一支高素质的、高绩效的优秀团队，而打造优秀团队的有效方法之一就是在规范的管理制度下，给团队成员充分的工作空间，发挥他们的工作潜能，在实际工作中锻炼提高。团队的培育和建设不仅仅是人力资源部门的工作，而这，恰恰是当前许多企业的高层领导者在一定程度上忽视的地方。

企业文化是企业在进行外部适应和内部调整过程中发展出来的共享的基本假定。长期以来被证明是非常行之有效的方法。它通过潜移默化的传达和影响，不断改变新老员工的意识、思考和行动，经过问题感知，被大家认为是天经地义的价值观、规范、假定和象征，从而逐渐塑造员工的行为。在变革的时代，企业文化可以驱使员工自愿填补因制度不能规范而留下的工作空白，它具有较大的影响力，使企业有更强的适应性，是企业生生不息的发展动力。

1. 华为案例分析

经过深入研究华为集团公司的管理体系、文化体系和领导实践，以华为的现状为切入点，深刻分析了华为创业、发展、转型、困境和突围5个发展阶段，以及未来的目标、战略、愿景和使命，并且对华为的领袖任正飞的领导风格、个人魅力和影响力进行了剖析，回顾了华为在国际化征途上的拼搏，以及面临挑战时华为在变革中的转变，提出领导者的核心作用就是创造企业战略、企业结构和企业文化，让结构实现战略目标，让文化传承精神。作为一个国际型企业领袖，要基于自主创新建立竞争优势，推进阳光下的企业运作，创造开放而包容的企业文化，熟悉国际商务法规和文化，尊重国际商业规则和伦理，与业界领袖保持密切的联系，在国际平台上获得发言权。

2. 笔者案例之一

作为某集团公司总部人力资源部门的处室负责人，主要工作职责之一就是选聘我们所属成员单位的高层管理者，也就是基层单位的领导者，这项工作的开展非常重要，需要组建一个临时的团队去完成，而笔者常常会在这个临时的团队中履行领导者的职责。

例如有一次受集团公司公司委托，带队前往集团公司某成员单位进行换届考核，考核组成员来自总部不同部门，还有地方政府有关人员。由于团队是临时组建，到达目的地后，马上召集大家一起开会，就考核工作的任务进行说明，讨论工作的方法以及可能遇到的问题，并做好应对方案，在充分听取大家意见建议的基础上，对事先做好的工作方案进行了补充完善和任务分工。

一般情况下，我们的考核时间就是4天左右，时间比较紧张，虽然之前对这家单位的情况有所了解，但是在有限的时间内要完成考核任务，分工合作是必然的。我们分了几个小组，有人负责调阅单位有关资料，查阅各种报表数据，有人去找基层员工了解情况，有人负责与高管进行谈话。应该说，整个考核过程还是比较顺利的，按照预定的方案时间节点，我们完成了相应的工作任务。

但是，在最终考核组一起讨论对单位的考核意见时，出现了一些意见分歧，主要团队成员对单位的高管团队组建有了不同的意见，讨论了一个下午，也没有形成一致意见。作为这个考核工作团队的负责人，认为当场也不可能形成一致意见，就暂时休会，请大家根据自己了解的情况，再认真思考一下。晚饭后，进行了认真分析，认为主要是团队工作过程中，大家的思想沟通不够充分，对任务的目标还不够明确。因此，一方面将考核的情况向集团公司总部有关领导进行了电话汇报，取得领导支持，另一方面，利用晚上时间，逐一找意见分歧比较大的同志进行个别沟通，了解他们的真实想法，并和他们交换意见，达成基本一致。第二天，我们团队再继续讨论，大家基本上就这个单位的考核意见和调整方案达成了一致的方案，团队任务圆满完成。

回顾这次专项任务，作为团队领导，笔者认为在以下几方面还是成功的。

（1）第一时间明确了团队的工作目标；

（2）制定规则，明确了工作制度；

（3）对团队成员进行了合理分工，各负其责；

（4）在团队成员意见不一致的情况下，没有贸然进行拍板，而是进行了再次的情况沟通，并逐一统一思想。

但是，在过程控制，及时沟通方面，仍然存在一些问题。国有企业领导班子考核是一个很复杂的事件，其中工作团队的成员代表着不同的利益群体，每个人站在不同角度，对被考核单位的工作有不同的看法。如果能够在工作过程中，及时了解不同成员的想法动态，比如说，每天抽出一定时间，召集团公司队成员进行沟通，互相了解工作的进度，发现并讨论工作中遇到的问题，同时及时调整自己的思路，及时统一思想，考核工作应该会更加顺利。

3. 笔者案例之二

2009 年 12 月笔者成功组织完成了一次国外军贸演习试验。

当笔者匆匆赶到国外试验现场以后，首先建立了现场组织机构，研究确定了组织目标、管理机构、岗位责任和所属关系四大要素，让大家充分共享组织追求的试验成功的目标要素，对现场十几个单位不同专业、不同年龄和性别人员 50 多人，按照最终目标要求组织起来，明确了各个岗位的责任和组织所属关系，并要求大家继续发扬外贸 155 传承的精神文化，努力争取表演试验的成功。

这次国外演习，笔者是现场总指挥，日常的组织运作和协调管理已经有一套现行的结构性规程，笔者的责任是：应对用户不断提出的变化，落实责任体制，唤起大家成功的强烈欲望，搭建一个充分而高效沟通的平台，为大家树立必胜的信心。为此，我们组织召开了一个现场动员会，让各方面的负责人对成功完成自己负责的工作范围做了陈述和表态。一个动员会，大大增强了大家的凝聚力、责任感和必胜的信心，同时，在取得共识的基础上达到了目标的统一和步调的一致。

在演习试验发射的前 20 分钟，亲临了一次让笔者记忆犹新的判断和决策的艰难过程。用户非常重视此次演习，因为该国的国王和 20 多位将军以及中国的大使和武官要亲自参加此次试验，对方的炮兵司令非常担心试验出现不良效果，所以针对试验的具体细节与我们多次进行了沟通，但是有一个现实的问题，就是对方的气象雷达不能达到我们要求的弹道高度，为了保证这次演习试验的成功，我们多次向对方提出要求，但是，直到演习前一天的预演前后，都未拿到对方的有效气象数据，当我们非常急切地告诉对方的炮兵司令时，他说到时候如果气象雷达还不能提供有效数据的话，他负责从国家气象局调数据。实际的情况是：当国王乘直升机从空中降落后，对方都忙于向国王致敬，在气象数据仍无着落的情况下，国王已经来到了观摩现场，通过我的现场判断，最终做出了有限理性的决策。因为，我们有演习前一天在气象数据不全情况下的射击成果做参考，根据当天虽然不全但可做参考的气象数据，基本分析和判断了所能带来的最大误差，并指示前观人员隐蔽到绝对安全的位置，在短短的 20 分钟内，坚定了继续进行射击试验的决心，下达了射击命令。

演习的结果是成功的，得到了国王和现场将军们热烈的掌声、亲切接见和好评，因为，通过前观实时传来的图像已经证实了射击效果。这是一支优秀的团队，团队中的大部分人员，在世界上其他国家多次参加过成功的试验，总结的时候，大家为共同的成功而骄傲，为团队的默契、合作的氛围和充分而及时的沟通而自豪。

多年来外贸 155 项目团队形成了一种敢打硬仗和善打硬仗的"外贸 155 精神"，这种精神就是这个团队十多年来逐步形成的企业文化，它在不断变化的环境中，始终秉承一种武器系统内部长期形成的合作习惯，主动驱使各个参试单位的人员自愿填补了因现场环境的局限，不能规范制度而留下的工作空白，使这支团队有更强的适应性，具有较强的战斗力，圆满完成了一次又一次在国外多变恶劣环境下的实弹试验和演习。

集团公司作为一个高科技、现代化和国际化的大公司，要基于自主创新的产品和品牌建立国际竞争优势，无论在内部管理还是对外事务，创造开放而包容的企业文化，努力熟悉国际商务法律法规和地域文化，尊重国际商业规则和伦理，在逐步走向国际军贸大舞台的时候，让企业文化发挥其应用的力量。

虽然演习是成功的，我们组织的每个岗位在各个流程上发挥了应有的作用，但是，认真总结工作的各个环节，仍然存在一些问题，如盲目轻信对方的承诺，与用户的沟通并不彻底，属于消极预期、负面臆想、回避矛盾，而险些造成问题升级。一旦现场决策失误，可能会带来无法挽回的恐怖后果，非常值得我们深思。

第二部分

学习研究篇

第十一章　试论城乡二元体制改革

"城乡二元体制改革"，是北京大学光华管理学院厉以宁教授在中国社会主义市场经济改革进入新的历史时期积极倡导的一个经济理论的创新思想。这个思想一经提出，在国内经济理论学术领域引起较大的反响，并在国内一些城乡领域带来了不同程度的实践活动。例如，北京丰台区的城乡结合部和广东省等地区，正在通过宅基地置换等方法进行试点，逐步缩小城乡差距、解决城乡不平等等问题。

通过在北大光华管理学院的学习和研究，笔者认为，在全球金融海啸的当下，国际国内社会动力严重不足的今天，在中国全面开展城乡二元体制的改革是非常必要的，也是非常及时的，这项改革的实行和推广，具有重要的现实意义和深远的历史意义，将会给中国后30年的发展带来不可估量的变化。

一、什么是城乡二元体制

所谓城乡二元体制，就是政府在城市和乡村管理方面采取的两种不同的社会体制。即，城市和乡村的户籍，一元为城镇，另一元为非城镇，两种不同的户籍人员及其子女，在同一个国家中却享受到不同的政策、待遇和社会福利，这两种不同的体制，造成了城乡之间不能进行充分的人员流动，把城乡居民紧紧地束缚在预先划定的土地和区域内，带来城乡之间存在明显的生活差距，并从而形成事实上的城乡不平等。

改革开放前的中国，一直以计划经济为主体，因此在人口管理方面，采用的就是城乡二元体制，农业户籍的人员，主要以从事农业生产及其相关事业为主，大量居住在农村；非农业户籍人员，从事工业生产或者是政府管理和服务行业，大量居住在大中小城市之中。尤其是农业人员的管理，如果没有当地的城镇户籍，很难在城市中从事任何比较稳定和长久的职业，更不能享受作为城市居民应有的子女教育、房屋居住、粮油供应和其他生活福利等待遇，甚至会被作为"三无"人员，即"无户口、无职业、无居所"，或者被称作"盲流"，就是未按计划盲目流动的人员，被迫遣送回农村。

城乡二元体制是国家政权建设的结果，也是适应农村生产方式的制度选择。这一体制对国家资本积累和工业化建设贡献巨大，但目前却成为构建社会主义市场经济体制的障碍。化解城乡二元体制不仅是一个现实问题，也是一个历史问题，需要在体制转换过程中提升农民、土地等农业资源的自主性地位，以实现农业资源平等参与市场化进程中的专业化分工。

二、城乡二元体制的演变及历史逻辑

城乡二元结构的形成，是在社会分工产生以后逐步形成的。人类社会分工走过一个由自然发展到必然的过程，从而形成了各自从事劳动的内容不同、但又相互依存的社会团体。由于这些代表不同社会团体之间的利益斗争，从而产生了各自的生存空间，由此带来城乡二元结构的产生。

虽然城乡二元结构长期存在，但是，城乡之间人员、物质等始终可以自由流动，并没有出现城乡二元体制。如清朝山东人"闯关东"和山西人"走西口"，农民可以到东北和西北的城镇中做学徒，当店员、开店、办作坊、购房建房；城里人也可以到乡村租地、种地、购房购地、建房，人们在城乡之间可以自由迁徙。

直到 20 世纪 50 年代后期，中国社会主义计划经济制度建立的同时，户籍分为城市户籍和农村户籍，城乡二元体制形成了。计划经济体制有两个重要支柱：一是政企不分、产权不明的国有企业体制；二是城乡分割、限制城乡生产要素流动的城乡二元体制。这两个支柱支撑着计划经济的存在，使计划经济体制得以巩固、维持和运转。从这时开始，城市和农村都成为封闭性的单位，生产要素的流动受到十分严格的限制，城乡也就被割裂开来了，它把广大农民束缚在土地上，禁锢在农村中。城市居民和农民的权利是不平等的，机会也是不平等的。比如同样是义务教育，城里的校舍和小学老师的工资是国家财政拨付经费，可是那个时候农民孩子的校舍却是农民自己筹建，他们的民办教师，也都是农民自己掏钱发工资。

改革开放以来，农村家庭承包责任制调动了农民的生产积极性，并为乡镇企业的兴起创造了条件。但实行农村家庭承包责任制并没有改变城乡二元体制继续存在这个事实。城乡依旧在城乡二元体制下被隔绝，两种户籍制度和土地分配及管理制度仍然阻碍着城乡之间的相互流动，户籍与土地，仍然是城乡不能逾越的两大核心障碍。

1985 年以来，改革的重心从农村转向城市，通过国有企业的股份制改造和国有资产重组，社会主义市场经济体制改革在国有企业改革中取得了很大成绩，遗留的主要问题是深化垄断行业的改革以及加快建设国有资本经营预算制度。然而，计划经济体制的另一个重要支柱——城乡二元体制，多年来基本上未被触及，主要表现在农民可以进城务工，可以把家属带进城镇，城市中的企业可以到农村组织农民生产等等。但这些依然是在城乡二元体制存在的条件下实现的，其效果十分有限。

由于国有企业改革和城市建设的发展需要，以及城乡差距的吸引，农村大量的劳动力涌入城市，为城镇的改革发展做出了重要贡献。如果实现不了"农转非"的户籍变化，他们虽然长期在城市工作，却永远改变不了他们的农民身份，也在城市中享受不到同工同酬、子女教育、长期居留和事业发展等社会权力。

尽管近年来传统的城乡二元经济结构在某些方面已有所松动，但旧体制依然存在，城市和乡村之间仍然存在着生产要素流动的限制或障碍，不仅农业产业化的进程因此而遇到阻力，而且乡镇企业的产业升级和资产重组以及物流业的发展都会因城乡分割、工农分割现象的继续存在而受到制约。

当前，城乡二元体制是阻碍社会主义市场经济发展的主要障碍，在对现有城乡二元体制改革时，必须要厘清其形成的逻辑原因，才能给出针对性的解决方案。

一个稳定的社会经济秩序存在于政治治理方式与经济生产方式相互统一和相互适应的基础上。我国自20世纪以来，逐渐形成的城乡二元体制和乡村治理结构，是由于农村生产方式与现代城市工商业经济间存在较大的反差，从新中国成立前的传统小农经济到计划经济时期的集体经济，再到家庭联产承包责任制，我国农村经济都是确立在小农化的生产方式基础上，农民、土地以及农业资源从未成为自主的生产要素参与到市场的分工和协作中。

城乡二元体制是近一个世纪以来中国城乡经济分化的体现，它不但是现代国家政权计划经济建设的结果，也是适应农村生产方式发展的制度选择。直到目前，农民与土地的依附性关系并没有发生真正改观，土地的社会保障功能仍远大于其经济效益功能，农民仍以土地作为自身的生存基础。土地的社会保障性和农民对土地的依附性，使得农民与土地紧紧连在一起，正是这种生产方式，使得"三农"即农村、农民、农业，从根本上成为一个无法分割的整体，使得农民与土地无法成为现代市场经济需求的相互独立的经济要素。

三、城乡二元体制给当前社会带来的问题

长期的城乡二元体制给当前社会带来许多的问题，集中体现在以下几个方面：

1. 城乡结合部矛盾集中

在城乡结合部，农民与居民混杂，造成街道与乡镇你中有我、我中有你的区域格局，辖区重叠，管理交叉。例如，北京海淀区南苑乡辖区内有9个街道办事处，全乡农民只有2.7万，居民达到35万，流动人口约15万。土地大量被征占，失去土地的农民只能在城市第二、三产业中重新择业，但是由于城乡二元体制造成就业保障等政策存在农居鸿沟，严重影响了农民就业。农民失地不能领取下岗证，农村集体经济组织有钱且愿意缴费也无法进入城镇社会保障体系。据统计，丰台区农村劳动力8.8万人，其中富余劳动力达到2.4万多人，实际上有2/3被集体经济组织"养在"绿化队、联防队、保洁队当中，大约8000人在家待业。城市中的路、水、电、气等基础设施和文教体卫等社会事业全部由公共财政负担，而农村地区公共产品投

入主要依靠集体经济。同时，随着流动人口的大量增加，丰台区流动人口约40万，进一步加剧了农村环境资源的承载压力，加大了管理成本与难度，影响了农村居民的生活水平。这些问题的产生与发展，与城乡分割的二元管理体制紧密相关，个别问题也是相伴相生。

2. 农村大片土地荒芜

改革开放已经30年，当初农村的家庭承包责任制发挥了极大的作用，市场繁荣稳定，生产力大大提高，但是由于没有触动到城乡二元体制，农民越来越感到了城乡的不平等，并且亲身体会到了明显的差距，30年来，他们一直通过各种各样的办法和渠道如潮涌般涌向城市，所谓："宁要城市一张床，不要农村一栋房"。城市出现了大量农民工，最初是农村的剩余劳动力，逐渐转变为家中的主要劳动力，成群结队地走出农村，寻找在城市的生活机会；并且一旦来到城市落下脚，就被城市的花花世界所吸引，不仅自己不愿返回农村，而且想方设法把子女也带了出来，而农村由于大量劳动力流向城市，同时也出现了大片荒芜的土地无人耕种。

3. 城乡差距逐渐加大

我们应当实事求是地评价过去，近年来出现许许多多的问题，就是城乡二元体制继续存在所造成的结果。改革开放的30年，是中国社会主义建设和人民生活水平突飞猛进的30年，然而中国60%～70%的农民仍然生活在贫困线以下，虽然他们的生活环境有所改善，但是，由于城乡二元体制的束缚，他们没有完全享受到改革开放的成果，城市生活水平的进步速度远远大于农村进步的速度，因此，虽然农村生活水平确实也在进步，但是，相对于城镇居民的收入增长率而言，近年来农民的收入增长率是较低的。收入增长率的不同，使城乡居民人均收入的相对差距不断扩大，大部分农民仍然非常羡慕城市的生活。

4. 城镇化发展速度进展缓慢

城镇化是伴随着工业化的进程而不断推进的。但在中国，城镇化的进度相当缓慢，原因之一在于城乡二元户籍制度的存在。城市居民和农民在城乡二元体制下的差别之一，在于农民有承包地和宅基地，以及可以在宅基地上盖住房，他们既是农民的生产资料，又是生活保障。城乡二元体制，把土地作为农民生存的基本生活保障，限制了农民的选择，农民不仅仅是一种职业，还是一种身份，农民并不能自由地选择在城镇还是在农村居住。还限制了土地作为生产要素流动的功能，降低了土地资源配置的效率，降低了农民的消费预期，不利于启动农村大市场。不仅不利于工业化城镇化进程，也不利于农村土地资源优化配置。

当前城镇化之所以进展缓慢，确实同城乡二元体制的存在有关，因为它大大限制了农村人口外迁和土地的集约使用。即使农民进城找了工作，家属的安置、子女的就学升学、医疗问题的解决都相当困难。由于农民很难融入城市社会，对于自己在农村的承包地和宅基地，即使由于没有精力让它荒着和闲着，也不愿去冒风险，担心一旦城市混不下去，在农村也失去了生存的根基。因此，大量荒芜的土地和空闲的宅基地不能集中管理和使用，从而阻碍了城镇化的发展速度。

5. 社会矛盾逐渐突出

当前社会的主要矛盾正在逐步演变为城乡差距之间的矛盾。由于大部分农民不能改变他们的身份，难以融入城市社会，创业的机会又受到许多限制，自我感觉低人一等，在自卑心理的驱动下，逐步转变为仇福憎权的狭隘心理，虽然国家及时采取了取消农业税、增加农业财政补贴、改善农村义务教育等惠农政策，确实缓解了当前社会的主要矛盾，但是并不能从根本上解决问题，同时还会带来新的矛盾，造成城市低收入群体的心理失衡。尤其是农村户籍的新生代，信息社会让他们了解了一切，信息技术给社会带来了翻天覆地的变化，他们了解城乡的差距，甚至可能在随父母于城市打工时亲身感受到这种差距带来的不平等，出生起点带来的差距需要他们加倍的努力才能赶上，存在这种矛盾的是一个不小的群体，而且将随着社会的进步而逐渐凸显。

如果不进行城乡二元体制的改革，既会影响城市活力的增强和城市辐射作用的进一步发挥，也会影响农民收入的持续增加。不仅如此，而且城乡二元体制的继续存在，将继续带来农村居民受教育机会的不平等，受教育机会的不平等就会造成就业机会的不平等，而就业的不平等又会带来收入的不平等。这种情况持续下去，不可避免地会造成下一代、再下一代农村居民生活的不平等、就业的不平等和收入的不平等。不平等的不断循环就是社会矛盾加快积累的过程，一旦积累到一定程度就会上升为社会主要矛盾。因此，取消城乡二元体制的改革，已经成为结束计划经济体制、完善社会主义市场经济体制改革的迫切要求。

四、改革的主要目的和方法

城乡二元体制改革的主要目的就是解决城乡差距的不平等问题，而城乡居民的收入差距是矛盾的主要方面。中央提出，到 2020 年，农民人均纯收入比 2008 年翻一番。中央经济工作会议强调"把提高农民收入、夯实农业基础作为扩大内需的重要内容"。《珠江三角洲地区改革发展规划纲要》提出，到 2020 年，城乡居民收入水平比 2012 年翻一番。因此，我们应该从缩小城乡居民收入差距出发，只要政策措施落实到位，完成这一任务是可能的。

当前，我们正在建设社会主义的市场经济制度，不去改革城乡二元体制这个障碍，就不能完全走出计划经济的阴影。

过去 25 年来，尽管没有明确提出改变城乡二元经济体制问题，但在实际生活中政府已经做了大量工作，并且取得了不小的成绩。例如，容许农村富余劳动力到城镇来工作，容许农民在城镇办企业和经营个体工商业，在某些试点城市容许农民在投资、购房和有稳定的职业、住所的条件下转为城镇户口等，这些都是使城乡二元体制开始发生变化的改革措施。在党的十六届三中全会指引下，建立有利于逐步改变城乡二元经济结构体制的改革步伐已经在大大加快。在全国政协十一届二次会议上，经济委员会副主任、经济学家厉以宁教授旗帜鲜明地指出：目前最重要的改革是城乡二元体制改革，城乡一定要一体化。城乡二元体制改革，就是走城乡一体化道路，同时也是实现经济社会的一体化，从而使城乡差距渐渐缩小，社会待遇趋于平等。目前国家在医疗、教育、养老等社会保障体制方面的改革，也必须统筹城乡，以使农民进出有序。

改革城乡二元管理体制，逐步建立城乡一体的管理体制、就业保障制度、公共服务体系，是全面落实坚持以人为本、统筹城乡发展的科学发展观的现实需要，是提高地区管理水平、建设现代化新城区和社会主义新农村的迫切要求，也是维护农民利益、提高生活水平的重要途径。

那么，如何进行城乡二元体制的改革呢？

1. 正确把握城乡发展一体化战略新格局

加快形成城乡经济社会发展一体化新格局，是党的十七届三中全会提出的当前和今后一个时期推进农村改革发展总体思路的重要内容，是新形势下推进农村改革发展的根本要求。

从发展的实际情况看，一些大中型城市已进入以工促农、以城带乡的发展阶段，进入了改造传统农业、走有地方特色的城市型现代农业发展道路的关键时刻，进入着力破除城乡二元体制、统筹城乡一体化发展的重要时期。当前这些城市对促进城乡协调发展具备许多有利条件，但也面临不少困难和挑战，特别是城乡二元体制造成的深层次矛盾比较突出。由于工业化、城市化进程的快速推进，城乡经济社会利益格局的调整更加剧烈，解决因城乡二元体制所形成的突出问题更为迫切。

因此，应把加快形成城乡经济社会发展一体化新格局作为当前化解城市农村改革发展矛盾、破解"三农"难题的根本出路，作为推动城乡生产要素自由流动和优化组合、实现城乡协调发展的根本举措，作为消除城乡差别、实现城乡共同繁荣富裕的根本途径，要把着力构建新型工农关系、城乡关系作为推动科学发展、建设社会主义市场经济的重大战略。

改革城乡二元体制要按照科学发展的要求，既要抓住有利时机和条件，在一些重要领域和关键环节坚定不移地迈出改革步伐，又要从实际和现实条件出发，正确处理改革发展稳定的关系；既坚定不移地推进城乡经济社会发展一体化新格局建设，又探索分阶段、有步骤的过渡形式和制度安排，循序渐进，力戒急于求成、一刀切、强迫命令和形式主义，通过不断深化破除城乡二元体制的改革，推动各个地区的科学发展。

2. 建立健全覆盖城乡一体化的规划体系

促进城乡一体化发展必须充分发挥规划的引领作用。要结合本地区城乡规划管理实践和中心城市经济社会发展特点，对各类规划的衔接和协调统一部署。强调要继续发挥城市总体战略规划的引领作用，按照主体功能区规划定位规范开发秩序，提出建立主体功能区规划、土地利用规划与城乡总体规划相互协调、覆盖城乡的"三规合一"新机制，特别强调这三个规划之间要相互协调，在规划范围上要做到城乡一体化全覆盖。

3. 积极推进城乡户籍一元化体制

城乡户籍制度是城乡二元体制的主要标志。解决这个问题一定要从户籍制度开始，积极推进城乡统一的户籍管理制度，能够让人们从制度上感觉到：不论你出生在农村还是城市，都将能够享受到同样的社会待遇——那就是作为社会公民应该统一享受的权利和义务。

目前，我国农民工已超过1.2亿人，并且每年还在以500万的速度增长。农民工是户籍身份为农民，而职业身份为工人的一群特殊群体，城乡户籍制度的改革可以从这个特殊的群体开始试点。农村户口和城市户口的转换，可以为农民打开一个口子。实施时期，可以先采取增加农民工获得城市户口的渠道、放宽条件、降低门槛的办法；后期，则应该通过立法，确定农村户口转为城市户口的条件和期限等，使户口的转变逐渐规范、有序、公正和公开。随着社会主义市场经济的发展，在户口最终失去特殊福利含义的条件下，就可以打破城乡分割和区域封闭的局面，实行以固定住所和稳定就业及收入为依据申报城镇户口的政策。届时，农民工可以实现稳定向城市居民户籍的转变，新进城落户的居民获得与原城镇居民同等的权利和义务，同样，城市的低收入群体，也可以到农村的广阔天地去寻找生机和出路，承包土地和农场，从而逐步实现人口的自由迁徙，建立起城乡一体的户籍管理制度。

推进户籍制度改革是统筹城乡社会管理的重要内容。改革户籍制度，关键是要解决附加在户籍制度上的社保、教育、计生、宅基地、兵役等方面的政策问题。因此：

一是完善与户籍制度改革相关的各项配套政策，稳定农村土地承包政策，稳定现行计划生育政策，明确农村集体资产产权归属。强调在改革城乡户籍制度中，要同步推进相关配套政策的改革和完善，确保农村居民的各项权利、权益落到实处。

二是实行城乡统一的户口登记制度，将公民户口统一登记为"居民户口"。在推行试点取得经验的基础上，分步推进城乡一元化户籍管理制度的实施。

三是实施以身份证为核心凭证的社会管理模式，探索居住证管理制度等辅助政策。可以将身份证转变为一个身份证信息综合管理号，把个人和家庭信息、就业收入以及财产情况、信用守法纳税记录、养老医疗低保等社会保障资料，以及义工、志愿者等事项一并纳入全市统一的身份证号数据库中，原城镇居民和农村居民均可按照身份证号进入社会管理综合信息网，统一纳入可衔接、可转移和统一管理的社会保障体系。政府可通过法律服务、医疗保障、就业援助、养老保险、社会救济、教育投入等各种服务管理方式，有效实施对城乡户籍一元化改革后登记为"居民户口"人员的服务与保障。

上海市发改委原副主任及全国政协委员蒋应时认为：上海正在推行的户籍新政的方向是正确的，在居住证和上海户籍之间搭建了一座桥。但是，新政的推行必须考虑到城市承受能力。上海的面积是6000多平方米，常住人口已经达到2000多万，城市交通、环境、社会服务等都有一定的承受限度。目前，上海已经面临着交通拥堵、环境影响等大城市的通病，因此应当将上海对人才的需要与城市承载的可能结合起来，通过居住时间、纳税、诚信度等评价机制建立一个门槛，以实现人口迁移的平稳过渡。

4. 逐步进行土地制度改革

虽然城乡户籍制度是城乡二元体制的主要标志，但仅仅走向城乡户籍一元化，还不足以消除农民进城和加速城镇化的体制障碍。农村户籍背后的土地制度——土地使用权问题是城乡二元体制改革的核心之一，稳妥而积极地处理好农村土地的承包经营权与农民宅基地使用权的流转或抵押，是推进城乡二元体制改革的重要内容。随着城乡二元体制的改革，农村户籍的背后是土地制度被改变，包括农村土地承包制度和农村宅基地制度向着户籍一元化的方向转变，从而大大有利于国家发展工业化，从而有利于农村推进城镇化的发展道路。

本节重点探讨农田与农民宅基地的权属性质以及如何改变的问题，分别对土地承包经营权流转、农民宅基地置换、农民承包地和宅基地使用权抵押，以及相应的加强农村、农业保险工作等部分进行阐述。

（1）促进土地承包经营权流转

中国广大农民在改革开放以来能够解决温饱问题，农村土地承包责任制功不可没。但是多年来的农村实践同样表明：土地承包制存在着明显的局限性，使农业的规模经营不容易实现，农业劳动生产率难有较大幅度提高，农村家庭承包的土地使用效率不高，而且这种局限性越来越突出。

虽然一些人建议实行耕地私有化，实行谁承包的土地就改为归谁所有。但是，这容易引起翻历史旧账，引发新的不公平，使农村社会发生巨大动荡。同时，从经济上分析，耕地私有化以后更不容易实现农业规模经营，耕地使用效率更不容易提高，因为相当多的农民会特别珍视私有耕地，宁肯守着这一小块私有耕地也不愿意离开它。另一些人建议耕地国有化并在此基础上实行永佃制。永佃制将被解释为世袭租佃，成为推进农业规模经营的新障碍。若只实行耕地国有化，不实行永佃制，实践已经充分证明，国有农场的效率未必高于家庭承包责任制。

因此，在稳定农村土地承包关系的基础上，鼓励和支持土地承包经营权流转是发展城市型现代农业的必然要求。中央提出：按照依法、自愿、有偿和"三个不得"（不得改变土地集体所有性质、不得改变土地用途、不得损害农民土地承包权益）的原则，允许农民以转包、出租、互换、转让、股份合作等形式流转土地承包经营权。

目前，农村土地承包经营权流转比例较低，流转方式单一，流转市场还不健全，难以适应现代农业规模化、集约化、组织化经营发展的要求。为此，一是对把土地承包权流转给农业大户、以农产品为经营对象的龙头企业、农民专业合作社、农业产业化经营和耕种能手的农户，政府应该按实际流转面积给予适当的财政补贴。二是支持现代农业经营主体开展规模经营，妥善解决生产设施建设用地问题。此外，还可以试行"土地银行"经营方式，即外出务工的农民，或家中缺少劳动力的农户，把所承包的土地存入农村信用社，按年取得利息。坚持农村基本经营制度，进一步稳定和完善土地承包关系，按照依法自愿有偿原则，健全土地承包经营权流转市场。

只要承包土地的使用权能够流转起来，农村土地承包制度的局限性就可以大大减少，而城镇化的速度就可以加快。只要城镇吸纳农村人口的能力增大，城镇建设配套工作跟上，城乡二元户籍制度就可以逐渐转向一元户籍制度。这样，城乡二元体制的改革就可以取得实质性的进展。在这一过程中，进城务工农民的收入也将明显地增加，因为他们除了劳动收入之外，还能得到"财产性收入"，如租舍收入、"土地银行"支付的利息、土地使用权入股后的红利等。

（2）建立健全城乡统一的建设用地市场

土地制度是农村的基础制度。建立健全城乡统一的建设用地市场，是贯彻中央关于征地制度改革的重要举措。

一是对依法取得的农村集体经营性建设用地，必须通过统一有形的市场、以公开规范的方式转让土地使用权，在符合规划的前提下与国有土地享有平等权益。旨在推动农村集体建设用地在符合规划的前提下进入市场，与国有建设用地享有平等权益，这有利于逐步形成反映市场供求关系、资源稀缺程度、环境损害成本的土地价格形成机制，建立与城镇地价体系相衔接的集体建设用地地价体系，充分发挥市场配置土地资源的基础性作用，充分挖掘集体建设用地的巨大潜力，形成统一、开放、竞争、有序的城乡建设用地市场体系。

二是依法征收农村集体土地，按照同地同价原则及时足额给农村集体组织和农民合理补偿，主要是针对切实保护被征地农民的合法权益。新征地项目要同步安排农村集体经济发展留用地及农民安置用地，支持农村发展集体经济，防止农民因失去土地或土地减少而导致生活水平下降，妥善解决好被征地农民就业、住房和社会保障问题。

（3）积极探索以宅基地置换城镇住房新路子

宅基地是由个人向集体申请，批准后无偿取得，其对农民的重要性不亚于承包的耕地。宅基地虽然是归"集体"所有，但"集体"概念一直含糊，因为，农民在自家宅基地上面盖的房屋为个人所有。

城乡二元体制使得农民把自家的宅基地看得很重。宅基地以及宅基地上盖的房，成为农民生活最基本的保障，这在计划经济为主导的情况下，对稳定农村社会有利。但是在社会主义市场经济的今天，许多农民进城变成农民工，大量劳动力转移到农民向往的城市来工作和生活，工作比较稳定的农民工子女也随着父母来到城里就近上学，城里出现了许多农民工子弟学校，家里只剩下老、弱、病、残，农村劳动力严重不足，造成一些农田基本荒芜，但是由于解决不了城市户口，所以农村的宅基地也不敢或不舍得轻易放弃。因此，与推进城乡二元体制改革密不可分的另一个土地问题，就是农民宅基地的处置。在推进城乡二元体制改革时，一定要妥善处置好进城务工农民的宅基地问题。目前的基本做法是，通过政府对宅基地的征用，实行了宅基地国有化，而农民则得到一定的补偿。但实践表明，这种做法不是最好的办法，而且农民对此也很不满意。

农民宅基地允许置换是解决以上问题的一个比较好的办法。所说的宅基地置换，是指在县市政府的统一安排下，进城工作和生活的农民及其家属把自己的宅基地和上面的房屋，交给县市政府处理，换取城市户籍，并得到一套居住面积大体上相当的城镇公寓住房。在有的县市，地方政府如果财力许可，还可以再给这些农民以城市低保待遇。这样，农民及其家属就可以安心地迁入城镇工作和生活。

从促进农民向城镇集中和居住向社区集中出发，积极探索以宅基地置换城镇住房新路子。就是在国家政策框架内，坚持承包责任制不变、耕地总量不减少、充分尊重农民意愿，高水平规划、设计和建设一批有特色、适宜产业集聚和生态宜居的新型小城镇。农民用宅基地，按照规定的置换标准无偿地换取小城镇中一套住宅，迁入小城镇居住。对农民原有的宅基地统一组织整理复耕，实现耕地占补平衡。宅基地置换城镇住房的核心是"换"，关键是土地置换，包括土地规划的调整、权属置换、用途置换等方面内容。通过土地置换，在同一块土地空间上既增加了城镇建设用地供给，又保持了耕地的占补平衡，使农村土地在流转中实现集约利用。既能推动农民居住向社区集中，又能满足城镇建设用地增长的需要；既能促进城乡用地集约和空间布局优化，又能改变农民的生产生活方式，使农民在土地流转中得到最大的实惠。

（4）规范农民承包地和宅基地使用权的抵押管理

在目前的法律框架下，农民所承包的耕地和农民的宅基地都是集体所有，农民只有使用权，因此，农民既不能抵押自己所承包的耕地，也不能抵押自己的宅基地。但在城乡二元体制的改革中，应当允许农民抵押承包地和宅基地。这是关系到发展农业生产，提高农民收入，便于农民及其家属进城工作和生活，以及加速城镇化有序进行的一件大事。

农民承包地和宅基地（包括上面的房屋）的抵押，实际上包括两个方面：一是外出务工和准备迁入城镇的农民，把承包地和宅基地（包括上面的房屋）抵押出去；二是继续留在农村的农民，为了生活或生产上的需要，把承包地和宅基地（包括上面的房屋）抵押出去。

首先要指出，承包地和宅基地（包括上面的房屋）的抵押，不等于流转，因为在抵押之后仍归原来的使用者使用，而且在偿还贷款之后可以赎回。对于外出务工和迁居城镇的农民，他们应当有权在对自己的承包地和宅基地的抵押和流转之间做出选择。主要的问题是：农民如果选择抵押的话，那么应该抵押给什么人合适。如果抵押给本村的或外村的其他农民，可能引起较多的纠纷，甚至成为变相的私人高利贷。而且一旦到期无法赎回，又会成为私人土地兼并行为。如果抵押给企业，也会出现类似的情况。较好的做法是：组建"土地银行"之类的农村金融机构，或容许条件较好的农村信用社或乡镇银行兼营农民承包地和宅基地（包括上面的房屋）的抵押业务。对继续留在农村的农民的承包地和宅基地的抵押，同样涉及抵押给农村中的私人或企业还是抵押给农村金融机构的选择问题。较好的做法仍是由农村金融机构从事土地抵押业务，以避免私人之间发生纠纷或出现变相的高利贷行为、私人土地兼并行为。

农民承包地和宅基地（包括上面的房屋）的抵押问题，应当引起高度重视，并及早予以落实。要知道，无论是外出务工和迁居城镇的农民，还是继续留在农村的农民，都可能出于生产或生活的需要，急需一些资金，但往往借贷无门。因此，他们以自家的承包地和宅基地（包括上面的房屋）作为抵押而获得一笔贷款，是一个比较好的办法。对准备进城的农民来说，如果他有可能把承包的土地或宅基地（包括上面的房屋）抵押出去而得到一笔资金，可以用于在城镇中购买或租赁房屋，也可以用于在城镇中作为经营店铺或手工作坊的资本，然后陆续偿还贷款，这样，他今后的工作和生活就有了保证。对继续留在农村中的农民来说，如果他有可能把承包的土地或宅基地（包括上面的房屋）抵押出去而得到一笔资金，可以用于添置农业机械或农用汽车，也可以在农村兴建种植蔬菜花卉的塑料大棚，或兴建较大的养猪场、养牛场，以增加产量，提高劳动生产率，增加收入，然后陆续偿还贷款，这样，他今后的工作条件和生活状况也会大大改善。所以，应当及早容许农民土地使用权的抵押行为，并加以正确引导，使之逐步走向规范化。

（5）开展城乡建设用地增减挂钩试点

城镇建设用地增加与农村建设用地减少相挂钩是 2004 年国务院在《关于深化改革严格土地管理的决定》（以下简称《决定》）中提出的重要举措，主要做法是：依据土地利用总体规划，将若干拟复垦为耕地的农村建设用地地块（即拆旧地块）和拟用于城镇建设的地块（即新建地块）共同组成建新拆旧项目区，通过建新拆旧和土地复垦，最终实现项目区内建设用地总量不增加，耕地面积不减少，质量不降低，用地布局更合理的土地整理工作。

当前的许多地区，土地利用分散，集约程度不高。为此，要通过推动城乡一体化发展，统筹城乡用地开发，促进土地集约利用。城乡建设用地增减挂钩的试点政策，为在不减少耕地的条件下增加城镇建设用地供给开辟了新的途径，是统筹城乡发展，加快农村城镇化的重大政策机遇。

5. 促进城乡基本公共服务均等化

改革开放30年，农村土地制度改革取得一定的成绩，但是由于城乡二元体制结构、尤其是城乡二元的基本公共服务体制尚未有实质性改变，导致农村土地的社会保障功能处于不断强化的趋势，并成为制约新阶段农村土地制度改革的重要因素。长期以来，农村义务教育、医疗卫生、文化建设等社会事业发展和基础设施建设明显滞后于城市地区，在农村上学难、看病难、饮水难、行路难、养老难等问题不同程度地存在着。

进入21世纪，中国开始从以解决温饱为主要目标的生存型社会进入以人的发展为目标的发展型社会，新阶段统筹城乡发展，实现城乡一体化是改革发展的大方向和大目标。在这样的背景下，广大农民面临的经济社会风险开始发生重要变化，即逐步从传统农业社会以依赖土地为重点向工业化、城市化进程中以基本公共服务为重点的转变。为此，新阶段统筹城乡发展的实质在于承认和保障农民的基本生存权和公平发展权，重点在于初步实现城乡基本公共服务均等化，从而加快弱化以至完全剥离土地的社会保障功能，转而以基本公共服务为农民生存和发展的基本保障，并使土地恢复作为农业生产资料的基本功能。

由于受到多年来形成的重城市轻农村、重工业轻农业的发展模式、发展思路的影响，公共服务资源在城乡之间配置不均衡，导致农村公共服务水平低下，广大农民群众无法享受到改革发展的成果。20世纪80年代中期至今，中国农村居民的消费率从最高时1983年的32.3%下降到2007年的9.1%，24年下降了23个百分点；在居民消费总额中，农村居民消费所占比重从1978年的62.1%下降到2007年的25.6%，29年下降了37个百分点。从1979～2007年的近30年中，农村居民家庭人均纯收入年均增长7.1%。在收入不断增长的情况下，为什么农村居民的消费率会呈现逐年大幅下降的趋势呢？

中国农村消费率和消费份额的大幅降低，既有城乡收入差距不断扩大的原因，更重要的是由于农村基本公共服务供给严重短缺，城乡二元的户籍制度迟迟难以打破，关键在于地方政府难以解决城乡基本公共服务的过大差距，由此明显增强了农村居民的预防性储蓄的倾向。为农民提供长期而有保障的基本公共服务，已成为新阶段农村土地流转的基本条件。如果基本公共服务供给短缺的问题不解决，农村土地的流转很有可能严重违背农民的意愿。

在农村基本公共服务供给严重不到位的情况下，农村土地大规模流转的社会风险很大。例如，广大农民工享受的社会保障只等于城市居民的25.1%左右，如果5%左右的农民工返乡，就有1000多万农民工重新回到农村，一旦农民工面临着既缺乏土地权利，又缺乏基本公共服务保障的双重困境，大面积的农村土地流转就有可能引发一系列新的社会矛盾和问题。农民也应当享受基本生存权和公平发展权，构建城乡经济社会发展一体化的体制机制重在改变城乡二元的基本公共服务制度，城乡居民享受公共服务水平差距不断缩小并趋于一致，是城乡一体化发展的重要标志。未来5～10年内，建立城乡统一的公共服务制度是大势所趋，城乡一体化的最终目标应该是实现公共服务均等化。

要实现公共服务均等化，需要改变久以形成的惯性思维模式，加大农村地区公共服务的资金投入。各有关部门要坚持从实际出发，在财政可以承受的范围内提出一系列"含金量"较高的指标。如：实施城乡贫困家庭子女接受高中阶段教育免费制度、逐步实行农村中等职业教育免费，如：巩固和发展新型农村合作医疗制度，提高财政补助标准和人均筹资水平，推动农村卫生机构向社区卫生服务转型，逐步实施与城市社区卫生服务机构相同的公共卫生服务补助政策，解决原被征地农民养老保险问题，农村和城镇低保标准逐步实现统一。充分体现各级政府"富民优先、民生为重"的政策导向，努力让城乡居民共享改革发展成果。

6. 建立健全农村和农业保险制度

为了使农民的土地抵押业务能够顺利开展，政府应该加强在我国建立健全农村、农业保险制度。因为，把承包地或宅基地（包括上面的房屋）抵押出去的农民，如果遭遇到重大自然灾害，损失惨重，收入锐减，他们就面临着不能偿还债款的可能，如果这样，是否连承包的土地、宅基地（包括上面的房屋）都可能丧失呢？或者进行土地抵押的农民家中的主要劳动力因各种原因而死亡、残疾，他们同样会落到丧失抵押物的地步。这些顾虑就会让农民放不开手脚，因此，如果建立健全了农村、农业保险制度，实际上是对农民的土地抵押行为给予了有力的支持，同时，加强农村、农业保险工作，也是农民增产增收的重要保证之一。

7. 大力发展农民新型合作组织

农村合作经济组织与农民的利益联结紧密，对农民增收的促进作用十分明显。中央提出要培育农民新型合作组织，发展各种农业社会化服务组织。因此，我们要十分重视培育农民新型合作组织，不断提出一些扶持农民专业合作经济组织、土地股份合作组织、社区股份合作社等合作组织发展的政策措施，并应该按照对地方财政贡献的大小，对各类农村合作组织给予适当的奖励。

8. 改革中心城镇发展扶持办法

中心城镇是农村区域性经济和文化中心，是统筹城乡发展的重要节点，是解决"三农"问题的重要平台。可以对中心镇实施梯次发展思路，划分扶持发展层次，明确发展时序；调整市级统筹建设资金分配政策，形成梯次资金扶持等级；采取竞争性扶持资金方式，扶持奖励发展较快的中心镇，以区域竞争代替平均分配。按照这一思路，集中资源在重点抓好几个中心城镇的基础上，分步推进其他中心城镇的建设，增强中心城镇的集聚辐射和示范带动能力，充分发挥其在城乡一体化发展中的重要节点作用。

9. 发展度假式乡村休闲旅游

发展度假式乡村休闲旅游是统筹城乡发展，促进农民增收，就近转移农村劳动力的一条重要途径。发展观光休闲农业和"农家乐"，必然要有配套的道路、停车场、餐饮、住宿、公厕等基础设施和服务设施。但由于现行的法律法规没有专门规定，再加上规划滞后、建设用地指标紧张等原因，上述配套设施用地基本无法落实，严重制约了乡村休闲旅游业的发展。针对这些问题，政府应该出台相应的政策，鼓励和支持农民依托农居和良好生态，大力发展具有地方特色的乡村旅游业，重点发展度假式"农家乐"乡村休闲旅游。按照农民投资、政府补贴的原则，同步推进村庄改造与乡村旅游区建设，推进农民住房景观化改造，形成"一村一品、一村一景、一村一业"、错位互补、协同发展的格局。

10. 建立生态环境补偿机制

良好的城乡生态环境是城市综合竞争力的重要因素。在推动城乡一体化发展过程中，必须全面推进农村生态环境保护与建设，构建中心城市绿色生态屏障。《决定》首次提出要"健全农业生态环境补偿制度"，为我们明确了改革方向。我们应该从统筹城乡环境保护及生态建设和建设宜居城乡的战略高度，提出筹集资金用于耕地和林地保护补偿的办法；研究制定对生态农业、生态工程、生态旅游项目的补偿机制和补偿标准。

五、化解城乡二元体制的关键

1. 在农业自身的经济成长过程中化解

在城乡非均衡状态下，在农村经济生产方式还没有得到根本改观的情况下，通过简单地取消户籍制度和改革土地制度来实现统一社会主义市场经济体制的构建，其结果可能会造成农村、农民、农业更被动的局面，从而使他们成为市场化过程中结构化了的边缘群体。

虽然改革现行土地制度和户籍制度，理论上能够使农民与土地分离，使两者成为市场生产要素自由流通。但生产要素自由流通有两个层面的含义：一是不同产业、不同经济组织对经济要素的竞争性选择；二是生产要素所有者对不同产业、不同经济组织的竞争性选择，也就是说，生产要素的所有者与专业化经济组织必须在平等的基础上相互选择对方，只有如此才能形成真正的自由市场流通，丧失均衡对等意义的自由选择必定是一方对另一方的强制性利益剥夺。

目前我国城乡发展很不均衡，在农业和农民处于弱势的情况下，简单推进生产要素的绝对自由，有可能使原来人为的二元体制转化为市场化了的结构性二元结构。另一方面，土地的社会保障性在本质上使农民与土地的关系呈现身份依附性，农民和土地仍是一种身份鉴别而不是职业化的定位，因为他们的生产和生活没有融入现代市场经济的专业化分工中。在这种情况下形成的土地流转，不能完全具有现代意义上生产要素的性质，农民可能也很难作为劳动力要素自由参与到专业化的市场经济分工中。所以，"三农"要融入统一市场，必须将"三农"内在的经济成长与乡村治理体制改革结合起来，城乡二元体制应当在农业自身的经济成长过程中化解。因此，农村和农业自主性成长成为化解城乡二元体制的关键。

2. 化解农民与土地的依附性关系

如果说城乡二元体制改革的最终出路在于形成全国性的统一市场，使农民的权益在市场规则中得到维护，那么当前重要的问题是如何使农民成为平等的市场主体，使农业成为自主的产业。在这一意义上，真正需要关注的是农民、土地等农业资源如何能够成为相互独立的生产要素，使农民从土地和其他农业资源中解脱出来，在农业内部培育农民和土地参与专业化分工的竞争能力。这就需要在市场化进程中，构建农业的自主空间，以确保农业能够与城市工业形成一定程度上的均衡。为此人们自然会想到乡村自治，但必须明确的是乡村自治首先是乡村为了自身利益而构建起对外界不利因素的抵御，是确保乡村自由发展和自主发展的制度框架。实施乡村自治不是自我封闭，更不是为了在大众参与下对乡村共同利益进行瓜分，而是对外争取更大属于乡村的成长空间，以推进乡村共同利益的增长。可以说乡村自治的主要目的是：在乡村自治制度下，如何使农民成为自身的利益主体，使农民和土地成为独立自主的市场经济要素。关键就是利用乡村自治制度来化解农民与土地的依附性关系，使农民可以自由从事不同产业或行业，使土地可以在不同生产形式间选择。

今天，社会对农产品的多元化需求，工商业与农业的紧密关系都使得农业内部的细密分工成为必然趋势，只有农业内部的专业化分工和利益格局分化才能够推进农业自身组织化水平和自我组织能力的提高，才有可能促进自身参与自由市场竞争的能力。农民与土地作为生产要素才可能根据专业化生产的需求参与社会分工，进行自主选择，农民和土地也因此将不再依附于对方存在而成为相互独立的经济要素。

总之，城乡二元体制改革过程必须与农民作为平等市场经济主体地位的确立相统一，必须与农民、土地等农业资源成为相互独立的市场经济要素统一，只有这样，城乡二元体制才能从根本上被化解。

3. 实事求是稳妥推进改革

城乡二元管理体制改革尚属新生事物，虽然有专家做过调查研究，也有些地方搞过试点，但全国还没有现成的政策可依，也没有比较成熟的经验可借鉴。在改革过程中，我们要克服急功近利的冒进思想，深入调查，认真研究，稳步推进，坚持摸清实际情况，制定最佳方案，用足用好政策，努力实现让农民"揣着保障，带着资产进入城市"的改革初衷。

在城乡二元体制改革试点过程中，坚持走群众路线，一切依靠群众，一切为了群众，凡是涉及农民切身利益的问题，都要给予最充分的重视，让改革成为广大农民的意愿，让农民成为城乡改革的支持者，把解决农民最关心的问题当作推进工作的重点，始终坚持将农民群众的切身利益放在首要位置是改革顺利推进的根本。尊重群众意愿是改革顺利推进的重要条件，推进城乡二元体制改革的整个过程中，我们必须充分尊重群众意愿，积极调动群众的积极性，让改革成为群众主动参与的自觉行动，才能使城乡二元体制改革得以顺利进行。在调查研究和制定改革方案时，要认真听取、广泛征求基层干部和村民代表的意见，对涉及农民群众利益的问题给予高度重视。在工作开展中注意积极向农民群众宣传政府的改革政策，改革试点实施方案的确定，最终要村民代表大会讨论通过。同时，就改革中所遇到的农民群众关心的社会保障和就业等问题专门形成宣传材料，组织专门工作人员向农民群众宣传改革可以带来的种种好处，切实使改革成为农民自愿和自觉的行为，得到农民群众的理解和拥护。这样的改革才能有效地维护改革进程中农村社会的稳定。

可以相信，一旦规范化了土地抵押行为，并且建立健全了农村、农业保险制度和基本公共服务制度，农村经济就增添了活力，不仅外出务工和迁居城镇的农民受益，继续留在农村的农民受益，而且城市居民同样受益，因为农民的收入提高了，城乡经济联系加强了，就会加快城镇化的速度，农民进城也将会有序地推进。

无论是农民承包的耕地入股、农民宅基地的置换，还是农民以承包地、宅基地（包括上面的房屋）作为贷款的抵押物，都需要有法律上的明确界定。既然这些都是城乡二元体制改革过程中有必要及早解决的问题，完全可以先在各个改革试验区范围内试点，总结经验，逐步推广。即使有些做法同现行的法律有不一致之处，或者找不到现行法律的依据，也不妨碍继续试点，只要事实证明是对的，就可以修改法律或制定新的法律。中国的社会主义市场经济体制改革不就是这样一步一步走过来的吗！

六、城乡二元体制改革的深远意义

在全国政协十一届二次会议上，左焕琛委员讲：城乡二元体制的改革，顺应我国由农业社会向工业社会转型的发展需要，可以使社会管理制度与社会主义市场经济更加协调，能够保障公民迁徙和居住的自由，是关系到提高农民收入、协调社会发展、实现人的全面发展和社会全面进步的重大举措，有着客观的必要性和现实的迫切性，具有深远的历史意义。

1. 城乡二元体制改革，将使中国农民实实在在地成为一个数量十分庞大的"待富"群体，从而带来内需的大突破，其作用与影响将无法估量

中国经济增长至今仍是以投资带动为主。消费，尤其是民间消费，虽然近年来有所增加，但与投资带动相比，依旧居于次位。扩大内需是我们面临的大问题，如何持续而健康地扩大内需，关键是迅速提高农民的收入，改变农民的生活方式，调整农民的消费结构。

随着城乡二元体制改革的推进农民承包地的流转和宅基地置换工作的展开、农民承包地和宅基地抵押问题的解决，农业一定会有很大发展，农民收入会迅速增长，城镇化速度也一定会大大加快，这将导致农民收入的增加和农民生活方式的变化，城乡收入差距将会在农民收入增长过程中逐步地缩小，同时，由于社会最低生活保障制度基本建立，社会低收入家庭的后顾之忧也就逐渐消除，必定会引起内需的大突破，由此对中国经济发展的持续推动作用是难以估量的。

全世界最大的有待开发的市场就在中国的农村。中国的8亿农民，包括迁居城市的农民和继续留在农村的农民，是一个数量十分庞大的"待富"群体，一旦他们走上小康和富裕的道路，将对中国经济乃至世界经济产生巨大的影响。

2. 城乡二元体制的改革是继国有企业体制改革之后又一项带有根本性质的经济体制改革，具有划时代的历史意义

中国共产党第十六届三中全会，指明了深化经济体制改革的指导思想和原则，坚持以人为本，树立全面、协调、可持续的科学发展观，促进经济社会和人的全面发展。第一次明确提出要建立有利于逐步改变城乡二元结构的体制，城乡二元体制改革从此被正式提上了议事日程。这是关系到贯彻科学发展观，完善社会主义市场经济体制，协调社会发展，促进社会进步，让广大农民共享发展与改革成果的重大举措，具有深远的历史意义。可以肯定地讲，城乡二元体制的改革是继国有企业体制改革之后又一项带有根本性质的经济体制改革，具有划时代的历史意义。

3. 城乡二元体制的改革充分体现科学发展观"以人为本"的实质，真正使农民走上共同富裕的道路

社会主义革命和建设的目的就是为了让人民过上幸福的生活，而人民生活的幸福体现在人民物质文化生活质量的不断改善，体现在人的全面发展，体现在社会的物质文明、政治文明、精神文明和生态文明的发展和协调，也体现在社会经济与生态环境之间的协调发展，以及人与自然之间的和谐发展。落实以人为本，有必要逐步改变城乡二元经济结构，要实现人的全面发展和社会的全面进步，也包括建立有利于逐步改变城乡二元经济结构的体制。只有改革城乡二元体制，才能充分体现科学发展观"以人为本"的实质，真正使农民走向共同富裕。在现实生活中，人们经常提出的一个问题是让广大农民共享发展与改革的成果。政府对农业投入的增长，农业税的减免或取消，对种粮农民进行直接补贴等，这些都是必要的，但显然不能从根本上解决平等问题。只有通过改革城乡二元体制，才能让农民和城市居民一样享有同等的权利、拥有同等的机会。

4. 城乡二元体制改革有利于落实五个统筹，实现社会主义全面协调可持续发展

社会主义市场经济想要做到城乡发展的统筹、区域发展的统筹、经济和社会发展的统筹、国内发展和对外开放的统筹、人与自然和谐发展的统筹，都与城乡二元体制的改革有着密不可分的关系。因为，无论就城乡关系还是就区域之间的关系而

言，一些问题和矛盾的产生以及它们不易顺利解决，都同现存的体制有关。

例如，农村教育经费和公共卫生事业经费的投入、农村生态资源和环境保护所需资金的投入，就是与财政体制和投融资体制直接有关的问题。只有根据城乡经济社会发展的要求进行统筹，才能明确财政体制和投融资体制的改革方向，使较多的资金投向农村教育、卫生、生态环境保护等领域，使城乡居民的教育和医疗保健条件更为平等，经济社会发展的基础更为牢固。另外，地区发展不平衡，尤其是中西部少数民族地区、革命老区、边疆地区和特困地区发展的相对滞后，在很大程度上也同城乡二元经济结构的存在有关。在这些地区开展扶贫工作，主要是带动生产生活条件差的农民脱贫。由此涉及基础设施建设和生产生活条件改善所需要的投入来自何处，通过哪些渠道流入等体制方面的问题，也只有在统筹发展的战略思想指导下才能解决。

提高农民收入，缩小城市和农村的收入差距，是城乡协调发展中的首要问题，也是经济和社会可持续发展中应当着力解决的要点，城乡二元体制不改革，不仅农民收入无法实现较大幅度的增长，城乡收入差距无法有较大程度的缩小，而且乡镇和村这样的基层单位由于本身财力所限，也无法在乡风文明建设、村容整洁、环境保护等方面有较大的进展。

应当认识到，环境和资源是我们这一代同子孙后代共有共享的。以牺牲生态环境来单纯追求GDP的增长，不仅牺牲了当代人的生活质量，甚至会使后代人难以生存。而要有效地治理环境、保护资源，除了应当加强环境与资源保护工作、提高全民的可持续发展意识，还应着手改变城乡二元经济结构，消除城乡分割现象，以便对城乡企业的环境治理有统筹的规划和安排。城乡分割消除后，生产要素的流动顺畅了，这同样有利于城乡企业的资产重组，从而可以按照可持续发展的要求来关闭、合并对环境造成严重污染的企业。

所以，如果不对城乡二元体制进行实质性的改革，以上这5个统筹很难实现，经济和社会都难以走上可持续发展的道路，社会协调也就难以实现。

5. 城乡二元体制改革，将会逐步促成社会最低生活保障制度的全面实施和城乡人民真正意义上的权利平等

社会最低生活保障制度是把城乡居民都包括在内的最低生活保障制度。无论城市还是乡村，只要收入低于一定标准的居民，都可以享受此项社会保障。这是由财政拨出经费，由专管部门负责发放的，是城乡居民最后一道生活保障线。其他各种社会保障（如就业保障、养老保障、教育保障、医疗保障、住房保障等）都是社会最低生活保障的延伸。

不能把社会最低生活保障制度视为社会救助体系的一部分。社会救助对象应当是灾民、流浪者、乞丐、残疾人、孤儿等，资金来源可以多样化，而社会最低生活保障却需要覆盖全社会的低收入家庭，而且其费用只能来自于国家财政，并由专门

的部门负责发放。

由于城乡二元体制的存在，以及由于农民的承包土地和宅基地实际上包含了社会最低生活保障的内容，所以目前要基本建立的社会最低生活保障制度必须在城乡二元体制框架内考虑，而不能等到城乡二元体制结束之后再考虑。

农民如果迁居城镇，无论以何种方式放弃了承包地和宅基地，低收入家庭都应享受城市最低生活保障。虽然农民已进城务工，但并未放弃承包地和宅基地，则不能享受城市最低生活保障。而且，只要城市务工收入高于农村最低生活保障支付标准，也将不在农村最低生活保障费发放范围之内。

假设我国在工业化中期基本建立了社会最低生活保障制度，那么，随着经济的持续发展以及工业化和城镇化的推进，城乡二元体制改革将会在这个过程中取得较大的进展，也就是说，我国城乡最低生活保障支付标准基本达到统一。另外，随着国家经济实力的增强和财政承受能力的增强，社会最低生活保障支付标准是有条件逐步提高的，社会最低生活保障支付标准也将随着职工平均工资和农民平均收入的增长而增长。因此可以预见，最先达成城镇居民与农民间的权利平等可能将从社会最低生活保障支付标准开始。

城乡二元的户籍制度改革，将随着城乡二元经济结构的改变而逐步走向户籍的一元化。无论从哪个角度看，城乡在户籍方面的一元化都是符合人的全面发展要求的，也是使所有的家庭、所有达到入学年龄的儿童和青少年、所有达到就业年龄的劳动者在学习、就业、生活等各方面处于平等地位的制度保证，从而实现城乡人民在社会主义市场经济中真正意义上的平等。

总之，只要把上述这些问题提到实现人的全面发展和社会全面进步的高度来认识，我们就会正确领会逐步改变城乡二元经济结构对我国社会主义市场经济带来的深远意义。

第十二章 装备研制项目风险管理研究

　　笔者从事国防装备项目管理工作多年，曾经在装备项目中开始尝试采用风险管理，提出的风险管理方法首次应用于陆军地面武器装备研制全过程，促进了风险管理在项目管理中的实际应用，收到了一定的效果，积累了一定的经验。

　　本章综合分析了国内外装备科研项目管理的发展情况，重点对装备研制项目风险管理进行了研究，阐述了装备科研项目风险管理的内涵和特点，通过研究国外装备研制风险管理理论和方法，结合国内装备研制的具体特点，制定了装备研制风险管理的流程。以某型装备研制项目为背景，对风险管理工作进行了完整的描述，提出了风险估计的量化方法，将模糊综合评价方法应用于武器装备研制项目的风险评价，通过定性分析与定量分析相结合的方式，为管理决策提供了直观依据。

　　本章所提出的面向装备研制全过程的风险管理方法与体系结构，深入探索了武器装备研制项目风险管理的新途径和新方法，丰富并完善了风险评价与控制手段，提高了风险控制的应变能力，从而有效降低了项目研制风险，提高了武器装备研制项目风险管理水平，有限保证了武器装备研制项目的顺利完成，具有十分重要的理论指导意义。

一、基本概述

（一）项目的概念

　　项目来源于人类有组织的活动的分化。随着人类的发展，有组织的活动逐步分化为两种类型：一类是连续不断、周而复始的活动，人们称为"作业或运作"（Operations），如企业流水线生产产品的活动；另一类是临时性、一次性的活动，人们称为"项目"（Projects），如三峡工程、阿波罗登月工程等。

　　目前国际上对"项目"含义的理解不完全相同，但其共性的内容是：项目是在限定条件下，为完成特定目标要求的一次性任务。任何项目的设定都有其特定的目标，这种目标从广义的角度看，表现为预期的项目结束后所形成的"产品"或"服务"，有人把这类目标称为"成果性目标"。与之相对应的还有另一类项目的目标，称为"约束性目标"，如费用限制、进度要求等。显然，成果性目标是明确的，它是项目的最终目标，在项目实施过程中被分解为项目的功能性要求，是项目全过程的主导目标；约束性目标通常又称限制条件，是实现成果性目标的客观条件和人为约束的统称，是项目实施过程中必须遵循的条件，从而成为项目管理的主要目标。

从上述描述中可以看出，项目的定义实际包含三层含义：

（1）项目是一项有待完成的任务，有特定的环境与要求。这一点明确了项目自身的动态概念，即项目是指一个过程，而不是指过程终结后所形成的成果。

（2）在一定的组织机构内，利用有限资源（人力、物力、财力等）在规定的时间内完成任务。任何项目事实上都会受到一定的条件约束，这些条件是来自多方面的，如环境、资源、理念等等。这些约束条件成为项目管理者必须努力促其实现的项目管理的具体目标。在众多的约束条件中，质量（工作标准）、进度、费用是项目普遍存在的三个主要的约束条件。

（3）任务要满足一定性能、质量、数量、技术指标等要求。项目是否实现，能否交付用户，必须达到事先规定的目标要求。功能的时限、质量的可靠、数量的饱满、技术指标的稳定，是任何可交付项目必须满足的要求，项目合同对于这些均具有严格的要求。

项目的外延是广泛的，正像美国项目管理专业资质认证委员会主席 Paul Grace 所讲："在当今社会中，一切都是项目，一切也将成为项目"，按项目进行管理将成为未来企业管理模式发展的主要方向。

（二）项目管理的发展

人类自从有组织的活动出现至今，就一直执行着各种规模的"项目"。中国的长城、埃及的金字塔都是人类历史上运作大型复杂项目的范例。直到第二次世界大战爆发，战争需要新式武器，这些从未做过的项目接踵而至，不但技术复杂，而且参与人员众多，时间又非常紧迫，因此，人们开始关注如何有效地实行项目管理来实现既定目标，并逐步发展成为主要的管理手段之一。

装备研制项目的管理是项目管理应用的重要分支，主要是指对武器装备研制项目工作过程进行管理的活动。现代项目管理最早由美国军方创立，并通过"北极星计划"和"阿波罗计划"的应用走向成熟。我国国防装备项目管理从"两弹一星"研制开始，逐步形成了一套具有中国特色的项目管理理论。

装备研制项目管理主要包括组织管理、进度管理、技术管理、质量管理、成本管理和风险管理等几个方面。我国在组织管理、进度管理、技术管理、质量管理等方面形成了系统完善的管理方法和制度，但在科研成本管理和风险管理方面尚有待完善，尤其在风险管理方面，还没有形成一套完整有效的风险评估体系。

项目管理从经验走向科学的过程，应该说经历了漫长的历程，原始潜意识的项目管理萌芽经过大量的项目实践之后才逐渐形成了现代项目管理的概念，这一过程大致经历了如下4个阶段：

(1)20世纪30年代以前，是潜意识的项目管理发展时期，任务是无意识地按照项目的形式运作。

(2)从30年代初期到50年代初期，是传统项目管理的形成时期，本阶段的主要特征是横道图已成为军事工程与建设项目规划和控制的重要工具。

(3)从50年代初期到70年代末期，是项目管理的传播和现代化时期，本阶段的重要特征是开发和推广应用网络计划技术。特别是在美国海军的"北极星(Polaris)"号潜水艇所采用的远程导弹F. B. M的项目和阿波罗载人登月工程中计划网络技术(PERT)的应用，节约了投资，缩短了工期。网络技术也由此而成为一门独立的学科，项目管理因之更加充实，并逐渐发展和完善起来。

(4)从70年代末到现在，是现代项目管理的发展时期，本阶段的特点表现为项目管理范围的扩大，以及与其他学科的交叉渗透和项目促进，极大地丰富和推动了项目管理的发展。项目管理在理论和方法上得到了更加全面深入地探讨，逐步把最初的计划和控制技术与系统论、组织理论、经济学、管理学、行为科学、心理学、价值工程、计算机技术等以及项目管理的实践结合起来，并吸收了系统论、控制论、信息论及其他学科的研究成果，发展成为一门较完整的独立学科体系。

进入21世纪，项目管理的发展有了新的突破，其特点是面向市场，迎接竞争；项目管理除了计划和协调外，对采购、合同、进度、费用、质量、风险等给予了更多的重视，并形成了现代项目管理的框架。为了在迅猛变化、激烈竞争的市场中，迎接经济全球一体化的挑战，项目管理更加注重人的因素，注重顾客，注重柔性管理，力求在变革中生存和发展。现代项目管理已经为项目管理的应用提供了一套完善的科学体系，其追求的目标是使项目参与方都得到最大的效益以及项目目标的综合最优化。当代项目与项目管理是扩展了的广义概念，项目管理更加面向市场和竞争，是一套具有完整理论和方法基础的学科体系。

(三)研究背景和意义

装备项目管理主要是指对武器装备项目工作过程进行管理的活动，是对实施和保障国防装备的科研、订货、保障部队使用直至装备退役、报废的全系统、全寿命管理活动。

装备项目管理涉及的领域非常广泛，但是最具代表性、最能反映整个装备项目发展进程的是高科技武器装备研制项目的管理，它们既是现代项目管理的发源地，同时也是现代项目管理在国防系统应用最具成效的领域。高科技武器装备项目的管理，是指为高科技装备项目发展的需要而建立的特殊组织形式和管理方式，它要求按照系统工程的思想，对高科技装备项目从提出需求到研制生产和装备使用的过程实行全系统全寿命管理。

1. 项目背景特征

现代高科技复杂武器装备项目呈现出几个典型的特征：

（1）高科技特性

一是知识高度密集；二是技术高难度；三是产品高可靠性。

（2）高时效性

现代科学技术表明，进入高科技时代的技术"半衰期"为 10 年，对于一项大型装备项目，其研制周期往往要 10 ~ 20 年，如果在研制过程中不对技术状态实行动态控制，不下大力气抓好预先研究，不重视装备项目的时效性，那么就会出现还未等交付使用，该项目就成为性能上的过时货。尤其到了微电子革命时代，那些电子、信息技术密集型的装备项目，由于微电子技术革命的"半衰期"仅为 3 ~ 5 年，其工程技术老化速度就来得更快。

（3）跨学科综合性

装备项目的研制活动需要跨越众多的科学技术领域，其知识领域涉及机械、电子、化学、物理学、光学、材料学等多个学科，并且各个学科之间需要高度融合。

（4）低费用设计性

武器装备项目往往需要巨额投资，风险较大，费用问题就成为决定项目成败的关键因素，按费用设计逐渐被很多国家采纳。装备项目的费用由研制、生产和维修保障三大块组成，统计数据表明，三大费用比例大致为 1 : 3 : 6，而且，项目研制早期阶段的决策方案将决定项目全寿命周期费用的绝大部分，但该阶段仅占全寿命费用的 3% 左右。项目的早期设计起着决定性作用，因此，在研制阶段尽早开展有效的设计，可以节省国防项目的全寿命费用。

（5）高战略层次性

装备项目在国防现代化中占有非常重要的地位，对国民经济的发展有巨大的战略作用，这一切使国防装备项目的发展和决策常常会涉及国家的最高层次，需要制定国家层面上的战略规划并组织实施。

（6）高风险特性

国防装备项目具有高新技术属性，许多方面需要自主创新和发明创造，技术上的不确定因素较多，技术风险高。同时需要巨额研究和发展资金，动辄几亿甚至几百亿，且历时周期长，涉及的参研单位多，人员投入多，外部制约因素多，存在较大的不确定性和风险。对大型装备项目，无论是作为投资方的国家，还是作为生产方的工业部门都难以承担由于管理失误而造成的巨大损失。

2. 重要意义

在国防装备项目中采用合理的项目管理手段，有助于缩短研制周期、节约经费、降低风险和减少失误，保证项目的成功，使项目效益达到最大化。

我国国防装备项目管理从 20 世纪 60 年代的"两弹一星"研制开始，迄今发展已近50年，逐步推行系统工程管理方法，形成了一套具有中国特色的项目管理理论，在组织管理、进度管理、技术管理、质量管理等方面逐步形成了系统完善的管理方法。近几年，更进一步完善了成本管理，并逐步细化完善全寿命周期的管理办法。但是对装备研制项目的风险管理一直没有太大的进展，仍然停留在经验决策和拍脑袋决策的层面上，迫切需要引入先进的管理方法，在管理科学化与民主化的基础上，实现管理方法、管理技术和管理手段的现代化。尤其是我国正处于进一步完善社会主义市场经济的环境下，有时装备项目的拖延或者失败往往对承研方的经济效益产生较大影响。因此，承研方往往掩盖装备项目中孕育的风险，夸大项目的可行性和成熟度，最后项目失败，给国家造成不小的损失；或者承研方夸大项目的研制风险，以利于多申请研制经费。在这种环境下，加强装备项目风险管理，提供科学有效的决策依据，已成为装备项目管理的重中之重。

因此，开展武器装备研制风险管理研究，深入探索武器装备研制项目风险管理的新途径和新方法，丰富并完善风险评价与控制工具和手段，提高风险控制的应变能力，加强风险管理理论与方法在武器装备研制项目管理中应用研究，促进风险管理在项目管理中的实际整合，从而有效降低项目风险，提高武器装备研制项目风险管理水平，确保武器装备研制项目的顺利完成，具有十分重要的意义，主要体现在以下几个方面：

（1）武器装备研制风险管理研究与实践能促进武器装备项目管理的完善，是实施费用、进度、技术目标的依据，能辅助决策者进行预算决策，能为阶段评估和里程碑的决策提供风险信息，能用来监控项目的进展状况，从而保障项目决策的科学化、合理化，减少项目决策的风险。

（2）武器装备研制风险管理研究与实践可以提高武器装备项目管理水平，降低项目成本，提高项目效益，确保项目研制目标的实现。

（3）武器装备研制风险管理能为项目实施提供安全、可靠的运行环境，可以减少或消除项目实施主体、个体、相关方、干系人的担忧，从而保证项目利益相关者全身心投入项目实施各项活动过程中，保证项目实施各单位经营的稳定发展，保证项目利益相关者的发展和利益。

（4）武器装备研制风险管理有利于项目资源的优化配置，有利于兵器工业企业和事业的发展，有利于社会资源的合理配置、流动和国家产业结构的优化。

（5）武器装备研制风险管理可以有效识别风险、分析风险、规划风险、控制风险，有利于消除项目风险给企业、经济、社会带来的损失和由此产生的不利后果，有利于社会生产的顺利进行，有利于经济稳定发展和经济效益的提高，有利于企业、社会、经济的稳定和发展。

（6）通过系统地开展武器装备研制风险管理，可以提高我国武器装备（特别是大型复杂武器系统）研制的风险管理研究和应用水平，促进我国武器装备研制的发展，提高我国的国防科技能力、经济实力和在国际上的军事地位。

二、国内外装备科研项目管理的发展概况

（一）国外装备科研项目管理的发展概况

美国军方注重管理理论的研究和探索，用理论来指导管理实践。美国工业界许多先进的管理方法和管理理论，包括项目管理理论、费用－效益分析理论、规划计划预算管理理论、计划评审技术、运筹学理论等，都是由美国国防部首先提出，然后推广到民用领域的。他们提出的全系统全寿命理论以及以可靠性为中心的维修理论及其实践，都对理论界和管理界产生了重大影响。可以说，武器装备高科技项目管理的发展历程，也是项目管理的发展历程，主要有三个阶段。

1. 项目管理的形成阶段

现代项目管理最早由美国军方创立，是随着第二次世界大战时致力于作战任务的军事战术特编组织的出现而诞生的。到 20 世纪 50 年代，这种方法在装备项目管理的舞台上崭露头角，由于其效果良好，很快在军内外普遍推广应用，被誉为"美国国防部对当代管理科学与实践的 13 项重大贡献"之一。美国海军的"北极星计划"和国防航空航天局的"阿波罗计划"是项目管理的成功例子。

20 世纪 50 年代，美国海军在"北极星潜艇计划"中，开发出计划评审技术（PERT），这一技术的出现被认为是现代项目管理的起点，同时美国军方在其他项目中还开发了武器系统费效分析方法等技术。

20 世纪 60 年代，美国国防航空航天局在"阿波罗计划"中，通过立项、规划、实施，开发出著名的"矩阵管理技术"。在该项目的实施中，工程管理人员将风险管理运用于项目管理中，采用失效模式和关键项目列表等方法对阿波罗飞船进行风险管理，取得了巨大成功。

在 60 年代中期以前，国防项目超概算和拖进度的现象十分普遍，而且数额十分巨大。1967 年，美国国防部在借鉴非国防项目成本进度控制成功经验的基础上，总结了多年来管理国防项目的成功经验和失败教训，编制了"成本进度控制系统"的基础性文件——"成本/进度控制系统准则"，并在当年以美国国防部 7000.2 号指令的形式正式执行。在此之后该方法在英、法、澳大利亚、日本等国得到推广，成为成本进度控制的广发法则。

2. 项目管理的发展阶段

在 20 世纪 70 年代初期，为适应国防项目尤其是重大国防项目管理的需要，美国国防部颁布了著名的 5000 系列文件——《重大防务系统的采办》。在该文件中，美国国防部将整个国防项目管理生命周期分为 3 个阶段。在随后的 30 多年中，该文件经过了多次修订和完善，目前已经成为美国国防项目管理人员的重要指南。其他国家

也制定了相似的文件，对国防项目的研制阶段进行划分，并制定了相应的里程碑制度。

进入 20 世纪 80 年代，项目管理作为一种新兴的管理技术得到了迅速的发展。1983 年，美国国防部国防系统管理学院组织编写了《系统工程管理指南》一书。从 1986 年起，根据帕卡德委员会的建议，美国国防部建立以国防采办执行官为首的项目管理体系。该体系根据项目的需要来设置，以实现对国防高科技项目的专业化管理，提高管理效率。

3. 项目管理的完善阶段

进入 20 世纪 90 年代，由于国防项目的复杂性和综合性大大提高，美国在 90 年代中期开始提倡在项目办公室中采用一体化项目小组的管理方式。英国根据《战略防务审查》提出的"精明采办"要求，在国防采购局中组建了若干个一体化项目小组，每个一体化项目小组负责一个或几个项目的全寿命管理。法国在项目管理的实践中，探索出了项目管理与技术管理相结合的矩阵式组织形式，建立了跨学科的一体化项目小组，实行对项目的全面管理。

随着信息技术的发展，各国对国防项目管理制度都进行了不同程度的改革，以适应国防高科技项目的需要。美国提出了渐进式和螺旋式采办的概念，注重对装备的不断更新，以适应装备技术发展的需要。在管理方式上，将信息技术应用于项目管理中，形成了 CALS、电子化采购等方式，大大提高了管理效率。

(二)国内装备项目管理的发展概况

我国国防项目管理的发展最具代表性、最能反映整个国防项目发展进程的两个主要领域是航天型号工程和兵器工业军贸项目管理，它们既是现代项目管理的发源地，同时也是现代项目管理在国防系统应用最具成效的领域。我国装备项目管理的发展也经历了三个阶段。

1. 项目管理的萌芽阶段(十一届三中全会以前)

我国最早的项目管理萌芽应该是华罗庚先生提出的运筹法和优选法，随后，钱学森先生提出要用复杂巨系统的思想来考察国家和国防经济建设的问题，推广系统工程的理论和方法，重视重大科技工程的项目管理，这是我国学者对项目管理思想的最早贡献。

在 20 世纪 60 年代的导弹研制项目中，引进了国外的网络评审技术、规划计划预算系统、工作分解结构等项目管理方法，形成了一套具有中国特色的项目组织管理理论。70 年代，我国的国防项目管理中陆续引入了全寿命管理、一体化后勤管理等方法，并在一些大型工程中推行系统工程管理方法。

但是，在这个阶段，所有的国防项目都是计划任务，主要由工业主管部门对项目进行全面管理，这种高度的计划性在保证对项目实施有效的行政管理的同时，整个项目管理主要是围绕项目生产过程的技术管理进行，由于经验不足，没有对整个项目的过程进行全面的质量和风险控制，对项目成本、进度的管理也表现出系统性、全面性的许多不足之处。

2. 项目管理的逐步发展阶段(十一届三中全会后~1998年)

在这个时期，国防采办普遍实行指令性计划下的合同制，对进度、成本和质量的要求促使国防项目管理进入了多维管理的阶段，为了在时间进度、保障条件、资金运筹等方面进行及时有效的协调平衡，在国防项目的研制过程中引入了项目管理的方法。在一些国防项目中推行系统工程，实行矩阵式管理，并通过引进了《武器装备研制管理译丛》等书，引入国外的国防项目管理方法。制定了项目的研制程序，将整个研制过程分为若干个阶段，通过分阶段管理，确保项目低风险、有计划、按步骤地从一个阶段过渡到另一个阶段，项目管理的理念、方法和工具在国防高科技型号管理中逐步得到应用。

3. 项目管理的快速发展阶段(1998年至今)

随着装备建设发展的需要和市场经济环境的逐步建立，越来越多的科学管理方式被引入到武器装备建设的管理中，其中项目管理作为一种按工期、预算和要求去优质完成任务的技术与方法，对于具有投入大、难度高、周期短等特点的武器装备采办项目是非常合适的。1998年成立总装备部、新国防科工委和1999年组建十大军工企业集团后，我国的国防项目管理采用国外的先进管理思想，实行全系统、全寿命管理，装备管理部门对一些重大项目设立型号办公室，特别是在兵器工业军贸项目管理领域，加强对装备的研制和生产的全寿命管理和工程实践。各部门都开始对国防项目管理理论进行全面的研究，并在实践中不断运用项目管理的方法和工具。通过对发达国家成功的国防项目管理模式的研究，项目管理已经成为管理层的共识，国防高科技项目管理进入了一个快速发展的阶段。

(三)中美国防装备项目生命期的管理过程

1. 项目生命期的概念

基于普遍意义上的项目生命期概念可以分为四个大的阶段，即概念阶段、规划阶段、实施阶段及结束阶段，项目的不同阶段其项目管理的内容是不相同的。项目管理的内容多是以其生命期过程为重点进行展开，它使得人们能够从开始到结束对整个项目的实施有全面系统而又完整的了解。

概念阶段的主要工作是明确需求、项目识别、项目构思、确立目标、可行性研究和风险分析，编写项目建议书。

规划阶段的主要内容是项目最终产品的范围界定、项目实施方案研究、项目计划的制定、项目工作分解结构和风险评估，确认项目有效性，提出项目实施报告。

项目实施阶段的主要内容是建立项目组织、建立项目工作包、细化各项技术需求、建立项目信息控制系统和执行 WBS 的各项工作，并对项目实施过程中范围、质量、进度、成本进行指导、监督、预测和控制。

项目结束阶段的主要任务是最终产品的完成、项目验收、清算账务、项目评估、文档总结，并转换产品责任者，解散项目组。

2. 美军国防项目管理生命期过程分析

美国国防项目的阶段划分经历了一系列的演变，根据不同时期的具体国情、军情及时调整和改革国防项目阶段的设置和划分。

(1)1993 年 2 月，美国国防部在修订的 5000.2 指令中，将重大国防采办项目划分为 6 个阶段，5 个里程碑，如图 12 - 1 所示。

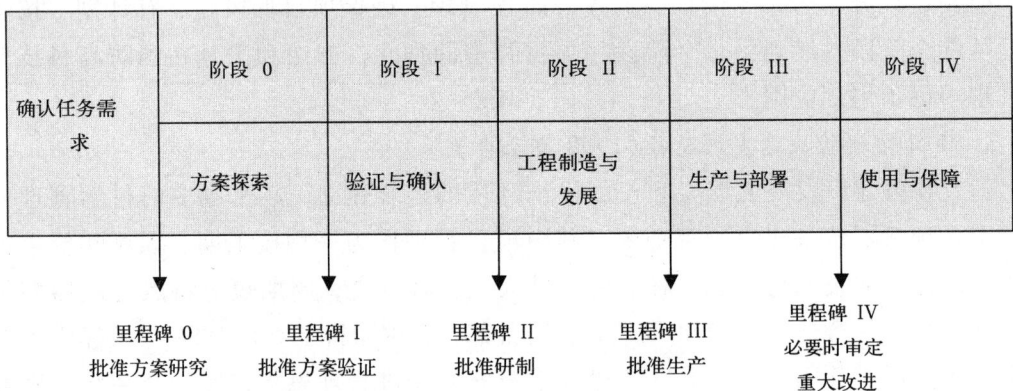

图 12 - 1　美军 1993 年版里程碑设置图

(2)1996 年 3 月，美国国防部再次修订采办程序，将重大国防采办项目仍分为 6 个阶段，但设置的里程碑却减为 4 个，如图 12 - 2 所示。

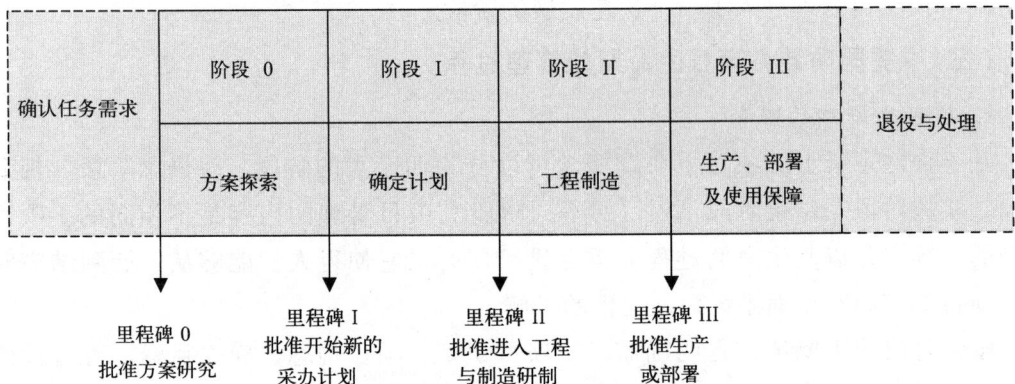

图 12 - 2　美军 1996 年版里程碑设置图

(3)2001 年 1 月，美国国防部颁布最新指令，废止 1996 年版的采办程序，将重大项目的采办过程分为 4 个阶段、3 个里程碑，全过程用 3 种活动描述，如图 12 - 3 所示。

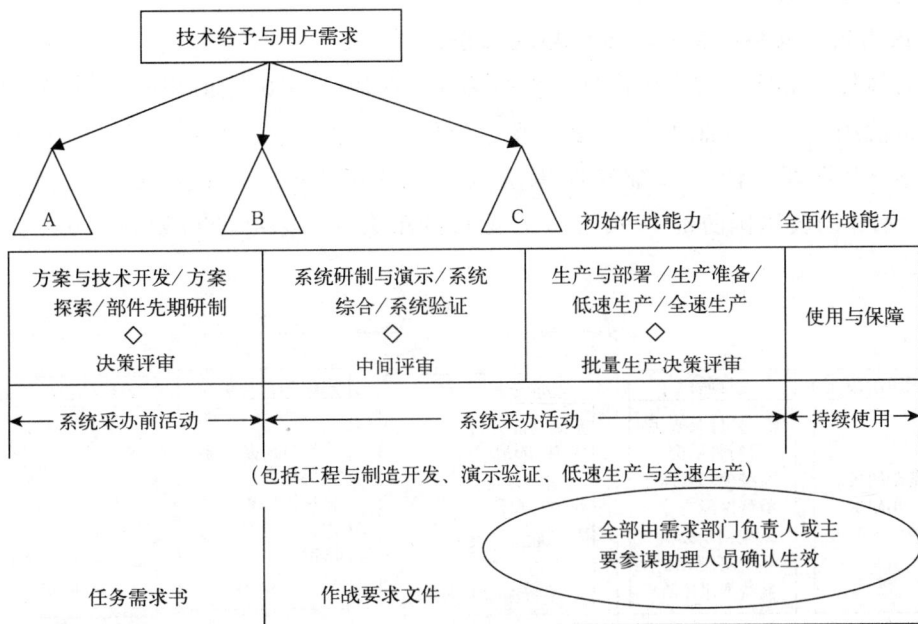

图 12 - 3　美军 2001 年版里程碑设置及装备采办管理框架图

（4）2003 年 5 月，美国国防部颁布了最新的 DoDI5000.2 指令，它在 2001 年的指令的基础上作了一些变化，将 2001 年指令中的第一个阶段分化为 2 个阶段，其他则无变化，如图 12 - 4 所示。

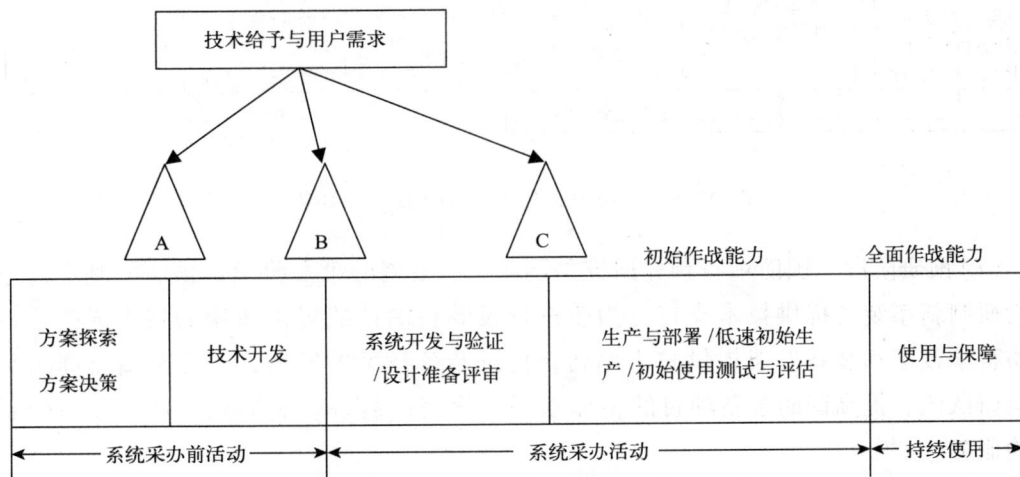

图 12 - 4　美军 2003 年版采办管理框架图

通过对美军历次里程碑设置情况的纵向比较可以发现，美军里程碑的设置，在数目上有逐渐减少的趋势。1993 年为 5 个，1996 年为 4 个，2003 年为 3 个。这个趋势反映了美军"更好、更快、更省"的采办目标，体现了美军简化采办程序，提高采办效率的管理思想。

3. 国内国防装备项目管理生命期过程分析

我国国防装备项目的全生命期一般分为3个阶段——预先研究阶段、型号研制阶段、装备使用阶段。按照工作流程一般分为预研阶段、论证方案阶段、工程研制阶段、定型试用阶段、使用和维修保障阶段、退役和后评价阶段等6个阶段，如图12-5所示，与美国国防部1996年3月修订的重大国防采办项目划分的6个阶段比较相似。

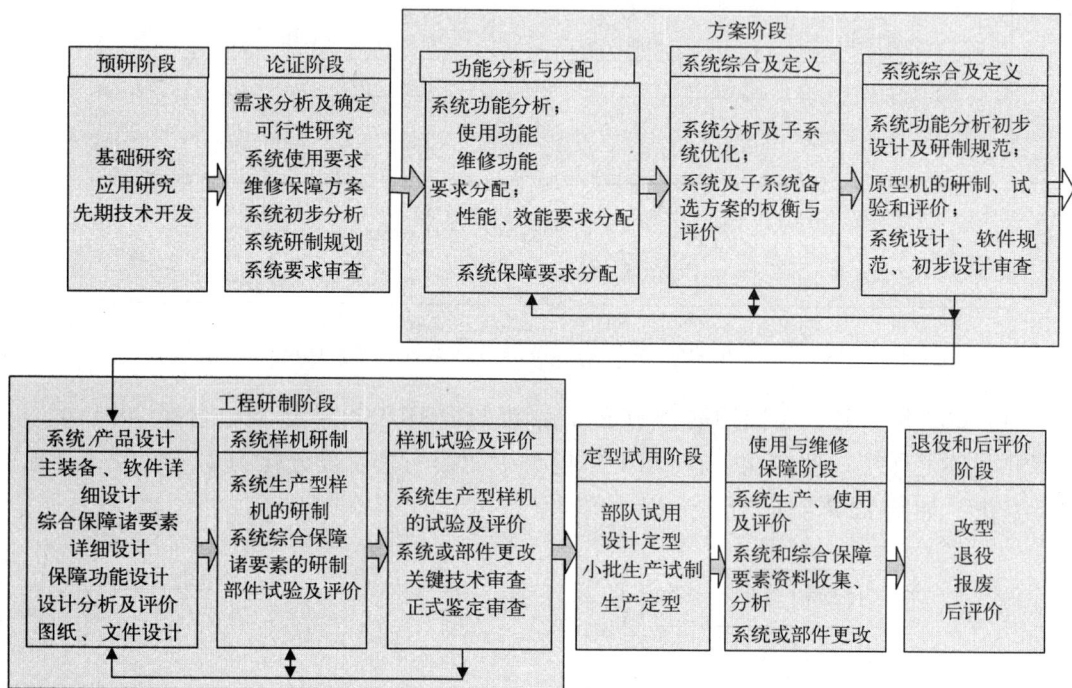

图12-5　我国国防装备项目的全生命期图

（1）预研阶段。国防项目预先研究是国防项目发展的第一阶段，预研的基本任务是为研制新型装备提供技术支持，为改进现役装备的性能提供适用的技术成果，为国防科学技术和装备发展提供技术储备，促进装备技术的发展，培养和造就高水平的科研队伍，提高国防装备项目的整体水平，为缩短装备研制周期、降低装备研制风险服务。

预研必须坚持需求牵引与技术推动、国内预研与国外技术引进、近期发展与中远期发展、重点背景项目发展与技术领域平衡发展相结合，必须加强新型装备高新技术创新发展。预研可分为应用基础研究、应用研究和先期技术开发。

该阶段对应美军采办管理过程中方案探索前的确定任务需求。美军对先期技术演示验证尤为重视，并确定7大攻关领域为演示的重点：全球监视与通信、精确打击、空中优势与防空，海上控制与水平作战、先进的陆战、模拟环境，减轻经济负担等技术。其目的是为解决中远期国家安全问题，加快新型号武器的研制，保持美军技术优势，并将实验室中的技术优势化为战场上的军事优势。美国在管理程序规定新型号研制立项必须做到65%以上的关键技术已经成熟。

（2）论证阶段。论证阶段的主要工作是进行战术技术指标、总体技术方案的论证及研制经费、保障条件、研制周期的预测，形成《武器装备研制总要求》。

该阶段对应着美军采办管理过程中的0阶段：方案探索阶段。美军在方案探索的主要工作包括组织竞争、并行的短期方案研究，宗旨是确定和评估有关方案的可行性，为在下一个阶段决策点评价这些方案相应的特征（如优点和缺点、风险度等）奠定基础。这期间将根据需要对可供选择的方案进行分析，以对各方案进行比较。在综合考虑经费的宏观指标、计划进度安排、性能特征、软件需求、交易的机会、综合采办战略和试验与鉴定战略等因素的基础上，确定获选方案。该阶段通常持续时间较短（1~2年），所需经费较少。

（3）方案阶段的主要工作是根据批准的《武器装备研制总要求》进行武器系统研制方案的论证、验证，形成《研制任务书》。

该阶段对应着美军采办管理过程中的Ⅰ阶段：确定计划阶段。在该阶段，将把计划确定为方案、设计方法，并根据需要寻求相关技术，同时进一步对可供选择的方案的优缺点进行评估。必要时，将考虑和组织样机、演示验证和早期的作战评估工作，以降低风险，确保在进入下一个决策点之前全面了解和掌握在技术、生产和保障等工作中可能出现的风险。同期将研究全寿命经费的估算、效费比、装备的可兼容性和可供选择的采办战略等问题。Ⅰ阶段的周期一般在2~3年，要开展样机研制的计划则需要5年甚至更长的时间，如空军的先进战术战斗机计划。

（4）工程研制阶段。工程研制阶段的主要工作是根据批准的《研制任务书》进行装备项目的设计、研制、试验工作。

（5）设计定型阶段。设计定型阶段的主要工作是对装备项目性能进行全面考核，以确认其达到《研制任务书》和研制合同的要求。

（6）生产定型阶段。生产阶段的主要工作，一方面是工业部门对装备项目批量生产条件进行全面建设，以确认其符合批量生产的标准，稳定质量，提高可靠性；另一方面是军方使用部门对装备进行适应性试用，检验装备的作战使用和维修性能是否达到战技指标的要求，是否好用、顶用、管用。

我国装备项目全寿命周期的工程研制阶段、设计定型阶段和生产定型阶段对应着美军采办管理过程中的Ⅱ阶段：工程制造阶段。工程制造阶段的主要目标是：将获选的设计方案转变为稳定的、可操作的、可生产的、保障完善的、符合成本效益原则的设计，确定研制生产程序，通过组织试验演示系统的能力。本阶段的一项主要工作是组织研制试验和鉴定工作，以确保武器系统符合技术规范，并组织作战试验与鉴定工作，以确保武器系统能满足作战性能和要求。在工程制造阶段，随着试验结果、设计安装和改进工作的开展，将开始低速度的初期生产工作。

（7）使用和维修保障阶段。使用和维修保障阶段的主要任务是保持装备项目的适度规模和良好技术状态，高效保障军队作战、训练和其他各项任务的顺利完成。

该阶段对应美军采办管理过程中的Ⅲ阶段：生产、部署与使用保障阶段。生产部署与使用保障阶段与工程与制造发展阶段的一些工作通常是交叉重叠的，特别是那些低速度的初期生产是计划采办战略组成部分的项目。本阶段的工作目标是通过组织后续的作战试验鉴定，评估武器系统的性能和质量，可兼容性和可相互操作性。对武器系统的使用状况进行不断监督，是武器系统能够始终满足用户的需要，达到预定的作战指标。在部署和整个使用保障期间，将不断对部署武器系统进行改进。

（8）退役和后评价阶段。退役和后评价阶段的主要工作是装备到使用寿命终止后退役或在使用过程中进行质的改进而产生新的型号。后评价是对该装备进行全面的总结评价。

该阶段对应美军采办管理过程中的Ⅲ阶段后的工作。武器系统使用寿命终止后，应对其进行退役处置。在此期间，武器装备项目主任将确保对需要进行退役处置的武器装备及有关配件进行有效的管理和控制。项目主任还必须保证装备的退役处置工作不给国防部造成环境、安全和卫生等方面的问题。

通过上述我国与美国武器装备全寿命周期阶段划分及其阶段工作内容的比较，虽然美军通过减少采办阶段和里程碑节点在逐步简化采办程序，提高采办效率，期间阶段划分或每一阶段的具体工作可能略有不同，但整个采办过程中所有的工作与我国装备采办全寿命周期工作基本一致。

其中，装备项目型号研制阶段主要包括了论证、方案、工程研制、设计定型和生产定型5个阶段，此阶段所涉及的领域和组织单位最多、组织过程复杂、延续时间长、投资大，是国防项目发展的核心阶段。

国防装备生产和使用阶段主要包括了使用与维修保障、退役与后评价两个阶段，强调的是项目生产的有效组织，以及在使用过程中的有效管理，科学合理地降低生产和使用费用是该阶段的主要目标。

（四）我国装备项目管理的经验、特点和不足

1. 我国装备项目管理发展的经验

国防装备项目一般是一种系统结构复杂、高新技术含量高、投资规模大、使用需求特殊、不确定性强的大型项目，需要采取科学的管理方法、组织管理模式和先进的技术、方法、工具。随着国防现代化建设的深入发展，国内对项目管理也进行了不少的探索，总结出了很多有益的经验，有力地促进了项目的顺利进行。归纳起来，主要有以下几点：

（1）实行了"三坐标"论证、"五坐标"管理。"三坐标"论证是在项目总体方案的基础上，按照系统的网络图进行经济承包，从技术、进度和经济三要素进行论证。一经"三坐标"论证方案敲定，就要实施"五坐标"管理。"五坐标"管理是在项目研制管理过程中，针对行政、技术、工艺、质量和经济五条线，相应建立行政总指挥系统、总设计师系统、总工艺师系统、总质量师系统和总会计师系统。

（2）开展矩阵管理。在职能机构里，设立了以型号项目为龙头的办公室，负责对工程项目实施协调、检查和督促等综合性工作，该组织形式不打破原有纵向职能，只突出工程的横向协调作用，这种矩阵管理从机关延伸到基层，并向左右、内外扩延，形成不同层次的全方位交叉网络组织。

（3）建立了总体组。在型号研制中，创建了总体设计组，并通过它进行了强有力的技术抓总协调，取得了明显的成效。

（4）在型号研制中创立了"四个三结合"的模式。"四个三结合"包括"引进、消化、创新"三结合，"设计、生产、使用"三结合，"技术人员、工人、干部"三结合，"技术工作、管理工作和思想政治工作"三结合。"四个三结合"对我国装备项目研制的发展起了重要的作用。

（5）按项目的研制程序，实行分阶段管理。建立了项目的研制程序，将整个研制过程分为7个阶段：预研阶段、论证阶段、方案阶段、工程研制阶段、设计定型阶段、生产阶段和使用保障阶段。每一个阶段结束后，要经过严格的评审，只有评审通过后，才能进入下一阶段。通过分阶段管理，可以确保项目低风险、有计划、按步骤地从一个阶段过渡到另一个阶段，从而使项目沿着高效、经济、快速的轨道运行。

2. 我国装备项目管理的特点

（1）组织管理

国防装备项目一旦确立，就面临着如何有效组织实施项目的问题，项目组织结构形式对项目的成败有很大的影响。"四师"系统是在国防装备型号项目管理过程中针对行政、技术、质量和工艺建立的相应的行政指挥系统、设计师系统、质量师系统和工艺师系统。行政总指挥是项目的总负责人，对型号研制负全责，负责型号项目的组织与实施管理工作；总设计师作为总指挥在技术上的助手，是型号工程系统的技术负责人，总指挥应支持其在技术上的决策，并积极创造条件，以保证其得以实施；质量师系统在项目行政指挥系统的统一领导下，开展研制全过程的各项质量工作；工艺师系统对项目研制工艺技术工作负责，在研制全过程中从工艺上确保项目的研制质量，保质、保量按期完成研制任务。

近年来，为适应我国武器装备建设的新形势、新要求，武器装备研制的经济性分析工作越来越得到重视，在"四师"系统的基础上成立了会计师系统，总会计师在总指挥的领导下，做好经费的管理与控制工作。型号任务的组织运作以职能部门为基础，在各师系统下设专职办公室和专职人员。

"四师"系统是我国国防装备项目管理几十年实践的经验总结，在我国国力较为匮乏，工业与经济基础较为薄弱的年代，这种组织管理模式能够快速地集合各种资源和人才，集中力量从各方面保证国防装备型号项目的成功研制。因此，"四师"系统的组织管理方式在保证国防项目研制成功方面发挥了巨大作用，推动了我国国防项目管理的发展。这其中以设计师系统和行政指挥系统两条线特点最为鲜明。

在国防装备项目研制过程中，项目管理组织突出以项目为中心，具备强有力的组织领导和统筹能力，并与有关部门的决策机构结合起来，按系统原则进行组织，充分利用信息技术、计算机技术的最新发展成果，进行并行式的全方位动态管理，建立健全技术责任制和目标管理责任制，按照科研工作的规律管理科研，重视专家在项目研制过程中的作用，充分发挥他们的决策咨询和学术带头作用。

（2）质量管理

国防装备项目始终树立质量第一的方针，贯彻全寿命质量管理的思想，建立从计划到使用服务全过程的质量保证体系，控制研制、生产和装备全过程中影响质量的各项因素，使装备产品质量不断提高。

国防装备项目的质量是以可靠性、可维修性、可保障性等"三性"为核心的质量体系及实现过程。建立了以过程为基础的质量管理体系，对研制过程中的合同评审、设计控制、文件和资料控制、采购、顾客提供产品的控制、产品标识和可追溯性、过程控制、检验和试验、检验测量和试验设备的控制、检验和试验状态、不合格品的控制、纠正和预防措施、预防措施、搬运、储存、包装、防护和交付、质量记录的控制、内部质量审核、培训以及服务等研制全过程的方方面面的质量管理工作给予了规范和指导。

同时，国防装备研制质量管理的一个突出特点就是在研制和生产过程中建立了军事代表质量监督体系，军事代表质量监督体系执行国家和军队关于装备质量管理的规定，充分发挥整体优势，协调各有关军事代表室的质量监督工作；向军队装备主管机关（部门）报告研制、生产工作情况；传达并贯彻落实上级对装备研制、生产工作指示和要求；监督承研承制单位质量保证体系有效运转；及时研究、协调跨单位技术质量问题的处理意见；监督承制单位按照装备合同的规定，确保装备质量。

（3）进度管理

国防装备项目与其他项目相比较具有科技含量高、进度协调复杂、研制周期长、投资数目大、技术风险高、参研单位广、环境不确定因素多等特点。由于国防装备项目受国内外政治环境因素影响较大，"后墙不倒"是装备研制的一个突出特点，同时，由于装备研制需要进行大量的试验工作，试验工作受季节、环境、时间的影响非常大，某一环节研制工作延误十天，甚至影响到整个项目研制进度延误一年以上，甚至整个项目的延误直接影响到国家政治环境和领土安全，因此，项目进度管理在国防装备项目管理中占有非常重要的地位，也是装备项目管理工作的重中之重。

通过建立项目计划层次体系，严格按照项目Ⅰ、Ⅱ、Ⅲ级计划，层层展开，从粗到细，各有重点，一级保一级。项目进度计划把项目的各项工作串联起来，通过建立全面、严格的项目综合进度计划，对项目的全过程实施指导、协调和监督。同时，通过工作分解结构、责任分配矩阵、甘特图、网络计划技术、里程碑事件图及计算机管理软件等项目进度管理工具，有力地保障了装备项目按时保质完成研制任务。

我国装备项目进度管理体系较为完善，各类管理工具和方法应用较为普遍和成熟，实施效果较为理想。

3. 我国装备项目管理的不足

高新技术的广泛应用，使得装备产品技术复杂程度越来越高，研制规模越来越大，研制风险越来越高，研制经费日益膨胀。费用的有限、技术的先进性，对于项目而言，毋庸置疑将会是具有极大的不确定性和高风险性。而目前兵器装备科研项目面临的现实是，技术性能要瞄准世界先进水平、进度要求紧、研制费用少以及采购单价指标较低，"十五"期间几个大型研制项目正是反映了这一特点，造成了研制工作面临的各类风险越来越繁杂。

(1) 装备研制项目风险管理意识不强

近年来，为解决装备研制过程中的各种风险，我国有关军兵种和研制部门在风险管理的研究和实践方面也进行了一些尝试，主要集中在对一些具体项目的技术风险进行分析和研究，其工作主要由军代表在装备研制和生产中进行质量监督来完成，取得了一些经验和成效。但是，从高层决策到具体的研制活动执行者，风险管理意识还没有普遍树立起来。一个装备研制项目确立以后，缺乏顶层的风险管理计划，在项目实施过程中，项目成员也缺乏风险管理的超前意识和主动性，使风险管理活动不能作为一项科学的、制度性的日常工作融入项目研制实施的全过程中，对于装备研制风险仍处于被动应对状态。

(2) 没有建立起有效的风险管理体系

我国当前的大多数装备研制项目缺乏专门的机构来负责风险管理工作，也没有专业评估单位、独立评估机构和评估人员。风险管理活动大都是在采办过程中的某一个阶段或节点展开，而在项目早期从总体上对风险管理进行计划、在项目进行中持续进行风险管理工作做得还不够，风险管理活动缺乏规范的程序。

(3) 缺乏有效的风险管理方法和技术手段

有效的管理手段和方法是避免、减轻和控制风险的前提，但是，由于风险管理在我国装备研制项目中尚未正式开展，使得管理手段和方法在实践中还不能得到制度性和经常性的贯彻和应用，使得许多风险问题难以得到及时解决，给项目实施带来巨大隐患。主要表现在：缺乏完善的理论、方法和技术手段对风险进行科学分析和管理；在装备研制项目管理中，还没有将制定完善细致的风险管理计划纳入项目的前期准备工作中；在研制项目管理中，也没有进行风险监督的有效方法，且风险监督效果不好，不能满足装备研制项目风险管理实践的要求。

（4）缺乏进行风险管理的信息环境

我国目前装备研制项目管理中的分段管理和部门分割造成了信息渠道不畅，形成了相对独立的"信息孤岛"。承担武器装备研制的军工企事业单位出于自身利益的考虑，往往隐瞒有关的费用、进度和技术能力方面的信息，造成了研制单位和装备研制管理部门的信息不对称，有可能导致道德风险的发生。风险管理还没有能充分利用计算机、网络等现代信息技术手段建立起从军方到承包商的再从承包商到军方相关利益主体共享的信息环境。装备研制过程中的信息不对称和"信息孤岛"现象，限制了风险信息的及时获取，影响到风险数据的准确性。

整体而言，我国装备研制项目风险管理意识还不强，风险管理基础较为薄弱，风险管理机制还不健全，尚未建立起完善的、具有指导性和可操作性的装备研制项目风险管理方法、技术体系，在提高装备采办效益上还没能充分发挥其应有的作用。

根据我国武器装备项目管理的现实情况，为使风险管理真正开展起来，真正树立对风险进行管理的理念，将风险管理作为提高装备研制效益的重要手段，把风险的大小作为决策的重要依据，真正在装备研制项目管理实践中始终如一地坚持下去，并取得较好的效果，对武器装备研制项目开展风险管理的分析与研究，显得尤为重要。

三、国内外风险管理研究现状

（一）国外风险管理研究现状

在项目风险研究中，一个重要的组织是国际项目管理协会 IPMA，该协会每两年召开一次世界项目管理大会，1992 年 6 月，在意大利佛罗伦萨召开的第十一届大会将项目风险分析作为第一主题的四个分题之一，与会论文中与项目风险有关的文章占 1/10。1994 年 6 月，在挪威奥斯陆召开的第十二届大会将项目风险管理作为大会四大主题之一。以后每届大会中均将项目风险管理作为重要议题和主要讨论内容，有关项目风险管理的文章日趋增多。美国项目管理学会 PMI 也将项目风险管理作为其主要研究领域，并不断更新其知识体系中有关项目风险管理的内容。1986 年，欧洲 11 个国家成立了欧洲风险研究会，专注研究风险和风险管理。

当今世界上一些大型工程项目，如美国华盛顿地铁、英国伦敦地铁、中国香港地铁、新加坡地铁等，均无一例外地采用了风险管理技术；而 NASA（美国国家航空和宇宙航行局）更是把项目风险管理技术应用于其所有航天项目中，使之成为其每一位工作人员日常工作必不可少的一部分。

1994 年，US Standish 研究组对 IT 行业总价值大于 250 亿美元的 8400 多个项目调查研究分析表明：仅 16% 的项目成功，而 84% 的项目面临失败，其中 34% 的项目彻底失败，50% 的项目经补救后完成。项目统计平均预算超出量为 90%，平均工期拖延期为 120%，超预算又拖期的占 33%，按预算、工期完成的占 9%。1997 年，US J. D. Frame 对 438 位来自 IT、通信、制药、零售、建筑等行业项目经理所从事的最新项目调研表明：项目工期方面，35% 的项目严重拖期，34% 的项目一定程度拖期，22% 的项目按期完成，8% 的项目一定程度提前，1% 的项目大量提前。项目费用方面，17% 的项目严重超值，38% 的项目一定程度超支，27% 的项目按预算完成，12% 的项目有一定程度节余，6% 的项目大量节余。项目性能方面，29% 的项目未达到指标要求，51% 的项目满足指标要求，20% 的项目比要求的指标完成得好。综合统计表明，71% 的项目满足或比要求的指标完成得好，55% 的项目严重或一定程度超支，69% 的项目严重或一定程度拖期。可见，每类项目都不同程度地出现问题，遭遇风险，因而制约了项目性能、进度、费用等要素和目标的实现。因此，实施项目风险管理不仅十分必要，而且势在必行。

近年来，随着项目日趋大型化和复杂化，项目风险管理逐渐成为管理学界的研究热点，越来越多的研究人员将精力投入到这一领域，出现了很多有价值的研究成果，并在应用中取得了较好的经济效益。但从总体上说，项目风险管理理论目前仍处于发展阶段，尚未形成一套完整的理论方法体系，具体的研究成果分散在诸如大型土木工程、大型软件开发、航天项目研制等各个不同的专业领域，通用性不强。在欧美一些发达国家，项目风险管理的研究和应用较为广泛，研究内容涉及项目费用、进度、质量、对环境的影响等，研究领域集中于软件开发、高科技项目研制以及大型土木工程等方面。另外，也有一部分学者将精力投入到项目风险管理一般理论、方法和技术的研究上，试图归纳出一些具有普遍意义的结论，并取得了一些成果。在一些发达国家，已经出现了专门用于风险管理的应用软件和专门提供项目风险管理咨询服务的组织。

（二）国外装备研制项目风险管理状况

近些年来，国外发达国家已经将装备研制项目管理提高到一个十分重要的地位，理论和实践都有了长足的发展。作为装备研制项目管理工作的一个重要组成部分，项目的风险管理成为各国格外关注的问题。风险管理起源于德国，20 世纪 30 年代在美国兴起，50 年代以来发展为一门独立的学科。目前国外在装备研制领域已经形成了一套较为完善的风险管理方法和手段。

美国的装备研制风险管理经过起步（20 世纪 70 年代以前）、制度基本形成（20 世纪 70～90 年代）、完善（20 世纪 90 年代至今）等阶段的发展，形成了基于装备研制全寿命周期的风险规划、风险评估、风险处理、风险监控等为内容的装备研制风险管理系统理论。

(1)美国最先将风险评价与控制理论内容引入到装备科研项目风险管理中,不仅在风险评价与控制理论方面有系统、深入的研究,而且,还制定了一系列的管理制度、规程、指令来指导和规范装备科研项目的管理,对提高美军装备科研项目管理水平起到了积极的推动作用:

1)美国国防部早在20世纪60年代就开始了对风险问题的研究,强调风险的评估、量化和管理,指出仅用三维参数(时间、费用和性能)来考虑项目是有缺陷的,必须引入第四维参数,即风险参数,并应该将风险维当作平衡其他三维的重要评价指标。新型装备的研制过程是研究创新的、以前尚未存在过的对象、过程或系统,是一个创造性的探索过程。一般包含计划风险、技术风险、费用风险、进度风险和保障性风险等五类风险。装备研制项目的风险管理一般分为4个阶段,即制定风险管理计划、风险评估、风险分析和风险处理。其中,风险评估是对风险进行量化的过程,是为风险分析和风险处理提供数据基础和决策的依据。

(2)自20世纪80年代初期起,5000系列文件对风险分析必须作为采办过程的一部分,有着越来越详细的要求。1991年2月,美国国防部首次在其5000系列规范中提及风险管理技术,用法律的形式规范国防采办过程的风险管理。其中,5000.1的"国防采办"与5000.2的"国防采办管理政策与程序",为项目管理人员提供了实施风险管理的指南。1996年3月,国防部5000系列指南进行了修改,旨在进一步端正项目管理者对风险管理的态度,更加强调采办领域中风险管理的重要性,要求采办人员应通过持续的项目风险评估以管理风险而不仅仅是避免风险。1996年颁布的5000.1号指令还重新修订和发布了5000.2-R号条例即《重要国防采办计划和重要自动化信息系统采办计划的规定程序》,将装备采办过程划为四个阶段,即方案探索(0阶段),项目形成与风险降低(I阶段),工程研制(II阶段),生产、部署和作战保障(III阶段);并在每一个阶段前设置一个里程碑决策点,只有当阶段审查达标后方可做出进入下一个阶段的决策,否则继续此阶段或者中止项目。而在此之前,采办过程是划为初步研究、方案探索、演示验证、全面研制、生产部署、使用维修这6个阶段。装备采办过程阶段划分的变化,尤其是明确规定阶段I为项目定义与风险降低,凸显了美国国防部对装备采办项目风险管理的高度重视。据美国国防部统计数据表明,装备全寿命周期费用的80%在装备生产前已经可以基本确定,而整个装备全寿命周期费用的80%也发生在生产制造与使用维修阶段。这就是说,阶段III以前的活动、决策对装备全寿命周期费用起决定性作用,要想降低项目风险,必须把握好阶段I、阶段II。

为了缩短采办周期,减少后勤响应时间,2001年修正的5000.2-R号条例将装备采办过程划分为系统采办前(方案与技术开发)、系统采办(系统研制与演示验证、生产与部署)、系统维持(使用与保障)三大阶段。其中,方案与技术开发首先要求评估各方案的可行性、风险性，然后需要对部件进行先期开发，以逐个解决重点技术，降低技术风险。系统研制与演示验证则要求对经演示验证的分系统和部件进行系统集成，在工程化批量生产前进一步降低技术风险和系统集成风险。

1998年，美国国防部委托国防采办大学和防务系统管理学院正式出版了《国防部采办风险管理指南》（以下简称《指南》），之后该指南随着国防采办改革的进行和风险管理领域出现的新问题进行了必要的修改，至2002年6月已出版了第6版。美国国防部对《指南》的修订基本上反映了风险管理研究中比较成熟的理论成果，是对它们的系统总结。至此，美国国防部建立了理论、实践和法规三位一体的采办项目风险管理框架。

3）随着理论上的成熟和各种规范、指南的颁布，风险管理更多地出现在实践环节中。1981年，时任美国国防部长的卡卢奇推行了所谓的"卡卢奇行动"，要求军方估计费用并编制风险预算。次年，该行动演化为"国防采办改进计划"。在所有32项行动中，有2项试图通过指导费用估算者解决技术风险和其他风险因素的问题以提高预算功能。为了贯彻实行这些政策，当时的国防部鼓励采用费用概算的全面风险评估法（TRACE），作为一种可能的、将风险编入估价的方法，以解释可能的费用增长。

4）NASA于多年前曾开发一种称为概率风险评估（PRA）的工具用于核反应堆项目的风险管理，该方法曾经多次被引入到装备采办领域，但由于每次计算出来的成功概率很小，被认为是一种毫无意义的方法。1986年，"挑战者"号事故使美国国防部开始重新认识PRA，并逐步向装备采办领域推广。目前，PRA已成为美国国防领域和欧洲空间局（ESA）广泛采用的风险管理方法，在多次重大项目采办中发挥了极为重要的作用。2002年3月31日，作为成熟的标志，在美国国防部的授权下，NASA总部和下属的安全与任务可靠性研究中心发布了《概率风险评估过程指南》一书，系统阐述了NASA采用PRA工具进行风险管理与评估的基本做法。

5）具有军方背景的卡内基·梅隆大学软件工程研究所（SEI）提出了一种风险管理的方法论——持续风险管理（CRM）。该理论改变了以往的认为风险管理是一个对系统的一次性认识过程，认为风险管理应该是一个持续的动态过程，是对系统风险的不断认识、不断分析、不断管理的过程。目前，持续风险管理已被运用到美国国防部几乎所有的采办项目中，并被国际项目管理协会（PMI）列入刚刚提出的项目管理规范中。

6）理论上和实践上的逐渐成熟，同时促使了一些管理工具的出现。风险分析与成本管理系统（RACM）是由美国洛克希德·马丁公司提出的风险分析与成本管理工具。RACM有两个重要的创新：一是在风险的计算上，用概率统计的方法代替了传统的简单加成，运用了蒙特卡洛模拟；二是将风险管理运用到了模型中。美国国防部国防合同管理事务局（DCMA）也开发了一个名为RAMP（Risk Assessment and Management Program）的风险管理工具，将供应商分为三类：战略型的，重要的和日常的。前两种类型的供应商代表了特别重要的承包商和承包项目，风险较高，后果重大。后一种代表一般的供应商。RAMP详细提供了针对不同类型供应商的风险评估与管理方法；另外，美国海军陆战队在其AAAV项目采办过程中使用了一个风险管理软件，通过使用一个可视化的设计数据库，将其用于WBS模型和风险及其他信息的跟踪，取得了较好的效果。

在装备研制风险管理方法和技术方面，美国已从最初关注进度风险的计划评审技术（PERT）、图示评审技术（GERT）发展到进度与费用并重的"成本/进度控制系统"，以及进度、费用、性能风险全面进行管理的风险评审技术（VERT）；尤其在高新技术装备研制项目风险的定量化评估和分析方面，取得了诸如风险全息层次模型（HHM）和风险过滤、排序与管理框架（RFRM）；提出一体化定量风险管理理论（IQRM）和持续风险管理理论（CRM），并在定量化风险管理理论的基础上建立了基于风险的决策支持理论（RBDS）等研究成果，从而为高新技术的装备研制项目风险管理提供了有利的支持和决策手段，作为全系统、全寿命、全员风险管理思想和理论集中体现的风险矩阵（Risk Matrix）、风险雷达（Risk Radar）等方法在美国装备研制风险管理中得到积极的推广和广泛的使用。

在装备研制风险管理的实践领域，美国国防部走在了各国的前面。他们于20世纪70年代起就开始要求对装备研制项目实施风险管理，并以大约每10年一次的频率大幅度修改有关风险管理的研制文件，向着更加严格、更加细致地的方向对风险管理作了各种详尽的规定。

（2）在英国、法国、德国、俄罗斯、日本等发达国家的装备研制风险管理中，尽管没有像美国一样制定相关的风险管理政策、条例、法规，但风险管理思想却贯穿其装备研制风险管理全过程。随着时间的推移，重视和加强装备研制风险将是各国装备研制管理部门的共同议题和任务，装备研制风险管理将在装备研制管理中扮演日益重要的角色，成为装备研制管理中不可或缺的重要有机组成部分。

德国早在第一次世界大战结束后就为重建提出了包括技术风险管理在内的风险管理思想，德国强调技术风险的控制、分散、补偿、转嫁、防止、回避和抵消等。如德国法律要求所有公司在其产品技术属性与人员要求存在风险时，必须提出"绝对安全报告"，并且该报告应至少每5年更新一次。

法国和其他一些欧洲国家直到20世纪70年代中期才接受风险管理的概念，但自接受伊始，就高度重视技术风险管理的重要性。如法国达索公司作为法国空军战斗机的主要供应商，其新机研制中重要的一条就是及时地把任何一点的技术风险减少到最低程度。

20世纪70年代初，英国在RB.211发动机因复合材料风扇叶片技术不过关而导致英国罗－罗公司破产，之后，管理层痛定思痛，将技术风险管理置于非常重要的位置考量。英国有关部门发布了《英国风险可容忍度文档》(The UK Tolerability of Risk Document，1987)，从技术风险的可容忍度的角度探讨技术风险管理。

俄罗斯在技术风险管理上具有一贯的保守性，但非常重视应用综合集成技术以降低技术风险，其中最突出的莫过于新型战斗机研制。俄罗斯在新型战斗机设计中尽量运用一切力所能及的技术，针对"对手"的特点，采取一切相应措施，突出重点，以达到制服"对手"的目的。技术不到位，宁可放弃某些性能，也不轻易冒险。

欧洲航天局(ESA)对技术风险的深切认识源于美国挑战者 1 号航天飞机爆炸的灾难带来的强烈震撼，这一灾难也迫使 ESA 开始引进和开发现代技术风险管理技术。然而，Ariane5 的首次飞行失败才真正令 ESA 有了切肤之痛。1997 年的一份调查报告最终揭示，那次事故的原因源于软件技术风险和综合集成中技术对环境不适应的风险。随着航天项目复杂性的增加，ESA 越来越意识到大型航天项目进行技术风险管理的必要性。为了加强对空间系统及相关设备的技术风险管理，ESA 在 20 世纪 80 年代后期制定了风险评估标准 PSS – 01 – 401(风险评估要求和方法)，该标准确定了 ESA 进行技术风险管理的目标：

1)估计技术风险事件后果的累计概率；

2)通过渐进技术风险评估促进设计改进；

3)对技术风险划分等级；

4)进行技术风险敏感性分析；

5)确定和评价残余技术风险。

ESA 开发了多目标决策支持系统来支持风险管理，并成功开发了技术风险评估专家系统。ESA 用于技术风险评价的数据源不仅包括专家经验数据，相似工程中获得的数据，从过去产品中得出的数据，更包括直接从相关试验中获得的数据。

外军装备采办风险管理是随着项目管理理论的发展而发展起来的。高度重视在装备采办中开展风险管理的作用，目前已建立了完善的风险管理理论体系，普遍建立了风险管理组织体系，制定了风险管理相关法规标准，并在不断改进管理手段、开发风险管理技术和工具、提高装备采办效益中发挥了重要作用。

(三)国内风险管理研究状况

20 世纪 70 年代末 80 年代初，项目管理理论和方法进入我国。中国项目管理研究委员会(PMRC)每两年召开一届全国项目管理学术会议，专注于研究有关项目管理方面的问题，项目风险管理经常是会上的主要议题。1991 年 10 月，在上海宝钢召开了"新时期大型工程项目管理理论与方法"研讨会，对中国大型工程项目管理问题进行了认真的讨论和充分的研究，会议的成果反映在会后出版的论文集《中国大型工程管理》中。1993 年 5 月底至 6 月初，中国运筹学会可靠性学会召开了全国第一届可靠性与概率风险研究学术会议。

20 世纪 80 年代中期以后，随着中国经济的不断发展，世界上各种风险管理理论与方法被介绍到中国，同时也被应用到项目管理尤其是大型土木工程项目管理中。如天津大学等单位成功地为三峡水利枢纽工程完成了风险分析研究并受到国家科委的奖励；上海地铁在项目实施过程中成功地运用了项目风险管理方法。虽然从总体上来看，项目管理理论和方法的学习和应用在我国呈现蓬勃发展之势，但我国项目风险管理理论的研究与欧美发达国家相比仍存在较大差距，研究人力和物力的投入非常有限，只有部分学校的部分人员在进行该方面的研究，研究和应用的领域多集中在大型建筑工程项目上，研究的内容则集中在项目的投资费用和工程进度两个方面，研究成果及应用范围也非常有限，目前我国有关风险、风险分析、风险管理、风险决策的研究已有不少，研究项目风险、项目风险分析、项目风险管理、项目风险决策不是很多，研究装备项目风险分析、风险管理的则更是寥寥无几，而实施装备项目风险分析和风险管理的就更少了。

从理论成果和文献报告来看，我国有关装备研制项目风险管理的研究起步较晚，通常认为是在 20 世纪 70 年代末 80 年代初的时候。我国少数企业在 80 年代后期，开始使用国外的先进经验去识别、预测、评价和控制风险，取得了较为满意的成绩。人们的风险管理意识逐渐提高，科学的风险分析方法和控制手段逐步得到推广和应用。

国内对装备研制风险管理问题的探讨较少，长期处于以经验为主的状态，缺乏先进的理论指导，研究与应用仍处于起步阶段，在理论研究方面主要是介绍国外的风险管理理论及方法。例如，国内在 1965 年引进、推广计划评审技术（PERT），当时称为"统筹法"。

在实际应用中，国内常结合多种方法的优势进行综合分析，形成了国内研究的一大特点。例如，故障树分析理论和方法要求故障树顶事件和底事件发生的概率精确化，但研究人员却发现这一要求在实际情况中很难达到。因此，20 世纪 80 年代末期和 90 年代初期，国内外学者对模糊故障树分析有了较多的理论和方法研究。王长峰在《重大研发（R&D）项目过程管理综合集成与过程风险管理模式研究》中采用了"模糊—事件树—故障树"综合集成的分析方法来研究和解决研发项目和舰船建造过程的复杂系统中的过程风险概率问题。

国内的风险管理处于初级阶段，在重大科技项目风险管理理论研究方面取得了一定的进展，有关机构探讨了项目风险的决定因素和决策机制，指出了项目风险的主要来源，提供了动态层次分析法（DAHP）和模糊分析法（FA）等适用于大型项目的分析和评估项目风险分析的方法，并创新性地将仿真和熵理论用于项目风险分析研究。

目前，许多学者尝试将一般项目的风险管理方法应用于装备领域中，有将 Monte Carlo 模拟法、主观概率法、效用理论、灰色系统理论、外推法、贝叶斯推断法、模糊分析法、影像图分析法、马尔柯夫过程分析法等应用于风险管理的探讨。

几十年来，我军的装备经历了从仿制、改进、到自行研制的发展过程。新中国成立初期，我军装备主要靠仿制，研究工作仅围绕着熟悉装备的战术技术性能和掌握正确的使用原则与方法进行。随着仿制—改进—自行研制的逐步深入发展，装备建设工作全面展开，促进了研究领域的扩大和风险管理工作的开展。国内许多学者都曾经开展过关于装备费用、进度和技术风险方面的研究，特别是近年来，我国在航天领域系统地开展了风险评价与控制技术的研究，对神舟飞船研制的方案论证阶段、方案设计阶段、初样研制阶段和正样研制阶段，建立了较为完善的风险工作体系和风险识别、风险分析、风险监督和控制的技术方法体系，并且在载人航天工程中进行了实践与探索，取得瞩目成绩。

我军装备采办风险管理起步较晚，在计划经济时代，装备研制和生产实行指令性计划的管理方式，装备采办部门和装备研制生产单位的风险意识都不强。装备研制过程中，多考虑技术上的难点，对费用和进度没有一套完善的监督和评价体系。风险管理仅限于对技术风险的分析和控制。随着经济体制改革，军工企业逐步转变为自主经营的市场主体，装备研制生产摆脱指令性计划模式，实行了国家指令性计划下的合同制，对研制项目进行招投标，对研制进度、费用和性能要求日趋明朗，各种风险逐步显现出来。

1998年以后，随着军队和国防工业管理体制的改革，军队和装备承制单位成为不同的利益主体，装备采办部门开始对风险管理给予高度重视。但是，由于一些重要武器装备的性能指标要求高、研制时间紧、技术难度大，装备研制中存在的"拖、降、涨"问题仍没能得到有效解决。为此，2000年7月，我军提出了要在装备科研生产中建立和完善"竞争机制、评价机制、监督机制和激励机制"的要求。"四个机制"的提出，进一步提高了采办部门对风险的认识，也带动了装备采办风险管理理论的研究。

我国的国家军用标准也对风险管理提出了有关要求，如 GJB2393—97《武器装备研制项目管理》采用附录的形式专门提出了风险管理要求，包括风险管理准则、使用方职责、承制方职责等。GJB9001A—2001《质量管理体系要求》的第七章规定："组织对复杂产品实现的各阶段都应进行风险分析和评估，形成各阶段风险分析文件，并提供给顾客"。在有关故障树分析法的国军标中，也要求项目的工程技术人员采用故障树分析法找出项目可能出现的技术难点，并采取相应的对策。

随着装备采办风险管理实践不断深入，装备采办风险管理理论研究也取得了丰硕成果。自20世纪90年代中后期开始，军内一些理论工作者和研究单位开始对装备采办风险管理进行研究，相关论文和研究报告不时刊登在一些学术性杂志，如《科研管理》《中国软科学》等。近两年，关于装备采办风险评估方法、装备研制生产过程风险管理流程等方面的论文不时见诸报端，为进一步系统地研究采办风险打下了基础。如魏汝祥等人的《我军装备采办风险管理现状与对策》、尹让福等人的《加强武器装备研制过程风险管理的探讨》、张根红的《军工产品科研生产过程中的风险管理》等文章，分别对我军装备采办风险管理总体现状、研制过程中风险管理存在的问题及对策研究、研制生产过程风险管理具体流程等进行了记述，对于从全局上把握我军装备建设风险管理现状、政策法规及研制生产过程中风险管理着重把握的环节等具有重要的意义。中国国防科技信息中心在采办管理方面的研究比较深入，形成了如《国外武器装备采办管理及启示研究》《世界军事大国武器装备采办管理》《外军利用四个机制促进装备建设研究》等关于国外装备采办管理方面的研究成果，其中对美、英、法等国的装备采办风险管理都有不同程度的涉及。在针对国内的采办管理研究中，形成了《军工科研生产运行机制若干问题的研究》《我国武器装备实行国家军事订货制度的研究》和《重大武器装备项目科研、订货过程控制与管理研究》等研究报告，从理论上对装备采办风险管理和控制提出了相应的对策和建议，对采办风险管理机构也有不同程度的论述。

显而易见，我国在装备项目风险管理方面，无论是理论研究还是实践应用，与国外同行和国内其他软科学研究和应用现状相比，都有较大的差距。这与我国项目管理、装备项目管理研究与实践起步晚、对管理等软科学重视程度不够、装备项目复杂程度高、政治性强等诸多因素有关。为提高我国装备项目风险管理研究和应用水平，促进我国装备事业发展，提升我国科技能力、经济实力和政治地位，有必要深入研究装备研制的风险管理，并在实践中予以应用。

四、装备研制项目风险管理理论研究

(一)风险的定义及特征

风险就是发生不幸事件的概率，或者说，风险就是一个事件产生人们所不希望的后果的可能性。风险分析要包括发生的可能性和产生的后果大小两个方面。风险可以表示为事件发生的概率和后果的函数：

$$R = F(P \times C) \tag{12-1}$$

其中，R 为风险；P 为事件发生的概率；C 为事件发生的后果。

风险的特征是人类活动内在规律的外在表现。正确认识风险的特征，对于识别和量化风险、加强风险管理、减少损失、圆满地实现项目目标具有重要意义。

1. 客观性

不确定性是客观事物和人类活动发展变化过程所固有的，因此风险无处不在、无时不在。

2. 潜在性

风险往往不显露在表面，人们不容易注意到它们的存在，才容易在各种活动中蒙受损失。但是，是否真的蒙受损失却是有条件的，只有促使风险事件发生的条件或者环境变成现实，风险才从潜在状态转化为现实，成为风险事件。

3. 可测性

人们可以通过观察和监视，进而做出合理的判断，对可能发生的潜在风险进行预测、估量和评价，就有可能较为准确地把握风险。在此基础上制定相应的防范、管理和控制措施。

4. 相对性

风险是与从事的活动、在活动中的行为方式和决策密切相关的。同一风险事件对不同的活动主体会带来不同的后果；不同的活动主体，如果行为方式、决策和措施不同，也会面临不同的风险后果；不同的活动主体对待同一风险的态度可能是不同的，因此风险是相对的。

5. 随机性

即使客观条件相同，风险事件有可能发生，也有可能不发生。风险事件带来的后果也是多种多样的，每种后果出现的可能性大小（概率）都有其客观规律，这种规律称为概率分布。掌握了这种概率分布就有可能对风险后果做出数量上的估计。

（二）风险管理的概念

1. 风险管理的内涵

风险管理是识别和评估风险，建立、选择、管理和解决风险的可选方案的组织方法。在风险管理中可运用一些工具辅助项目管理者管理技术领域的风险、理解项目出现偏差的危险信号，尽可能早地采取正确的行动。风险管理是健全的项目管理过程中的一个方面，可以应用许多系统工程的管理技术。根据美国项目管理学会的报告，风险管理有三个定义：

（1）风险管理是系统识别和评估风险因素的形式化过程。

（2）风险管理是识别和控制能够引起不希望变化的潜在领域和事件的形式、系统的方法。

（3）在项目中，风险管理是在项目期间识别、分析风险因素，采取必要对策的决策科学和决策艺术的结合。

风险管理包含对未来可能发生事件的控制、并且是预见式而不是反应式的。如一项高新技术的装备研制项目，最初的计划是 16 个月，而技术人员认为 20 个月更切合实际。如果项目管理是预见式的，它可能立刻制定一个应变计划，而反应式的项目管理则要等到问题发生再采取措施，那时，需要对出现的危机尽快做出反应，与事先制定应变计划相比，可能会失去一些宝贵的时间和机会。正确的风险管理不仅要减少风险事件发生的可能性，而且要减少其对项目产生的影响。

2. 装备研制项目风险的内涵

装备研制风险是指在整个研制周期内，由于各种风险因素的干扰，致使装备研制工作偏离预期目标(如研制费用超支、进度拖延、性能指标达不到等),甚至导致研制失败的可能性。

就装备本身而言,它不是一般的商品,具有特殊的商品属性;装备需求具有国家任务性质,采取的是国防合同方式;装备属专买专卖产品;买方介入研制生产过程。由于装备特有的对抗性,对技术创新、研制时效和研制成本有着很高的要求,从而导致研发风险较一般项目风险更高,风险损失也更大,装备研制活动延期、终止、失败和达不到预期战术技术指标等事件,不仅会引发费用风险而导致研制委托方发生有形的经济损失,而且会导致军事上的无形损失,给国防带来难以估量的损失。由于装备作为研制客体所具有的特殊性,导致其研制风险具有鲜明的特点。

3. 装备研制风险的特点

(1)装备研制风险的"三高"

1)高可变性

在装备研制的整个过程中,风险会受到多种因素的影响,在风险性质、破坏程度方面呈现动态变化的特征。在装备研制风险管理实践中突出表现为:有些风险会得到控制,有些风险会发生并得到处理,同时在研制的每一阶段又可能产生新的风险。

2)高时效性

装备研制的时限要求非常严,必须满足未来军事斗争准备的要求,进度的拖延,不仅涉及费用风险,还涉及国防效益,因而时限要求非常高。

3)高难度

装备的对抗性决定了其性能必须与现代战争的特点相适应、与未来作战强敌装备相抗衡,装备研制必须满足作战任务的要求。也就是说,装备的技术含量相当高,往往代表了当前国家的最高技术水平,因而研制的技术难度非常高。

(2)装备研制风险的多样性和层次性

装备研制具有涉及范围广、系统环节多、规模大、耗费资金多、参与人员多、研制、生产和使用周期长、系统操作复杂、涉及新技术多、包含的未知因素多等特点。研制过程中风险因素数量多且种类繁杂,致使在研制全寿命周期内面临的风险多种多样,而且大量风险因素之间的内在关系错综复杂,各种风险因素之间与外界因素交叉影响,又使风险显示出多层次性,这是装备研制过程中风险的主要特点之一。由于装备种类繁多且涵盖面极广,既有枪支弹药,又有装甲车辆等,同一装备既有机械加工件,又有电子产品,既有硬件,又有软件,因此,构成装备研制风险的风险因素一般不是单一的,而是多元的、多层次的,并具有集合性和系统性的特点。特别是大型装备研制周期长、规模大、体系化产品种类多、涉及范围广、风险因素多,风险因素之间的内在关系错综复杂,各风险因素之间及风险因素与外界因素交叉影响,加之装备的研制受国际国内政治、经济、军事形势变化的影响较大,致使装备研制风险呈现出显著的复杂性。

（3）装备研制风险的关联性

装备研制的各个阶段的风险形成一个串联系统，每一个阶段的风险相互联系、相互影响，甚至有的风险间存在着耦合作用。因为在装备研制过程中，风险事件发生的概率和研制的不确定性随着论证设计迭代过程而逐渐减小，而相应的风险损失却是在一步步增加。在最初的论证阶段中，所提出的一般是定性的问题和比较粗糙的定量指标，随着研制工作的进展，经过深入地设计计算和试验验证等，定量指标越来越具体、越来越丰富，到生产定型时，已经获得了最为准确的数据，此时的风险事件概率和研制不确定性最小。而随着事件的推移，到了生产定型阶段，即使是设计层面上的小问题，都要花费大量的人力和物力来予以更正，风险损失巨大。

（4）装备研制风险的可管理性

从装备研制的实施过程来看，许多风险都在研制的实施过程中由潜在变为现实。尽管装备研制风险具有很强的随机性，但是其内在的客观规律决定了它在一定程度上可以为人所预测、认识和控制。装备研制风险的可管理性使得人们有可能按照科学的风险管理理论和方法，采取具体有效的风险处理措施来减少风险，使风险得到有效的控制，促使装备研制获得成功。

4. 装备研制项目风险管理的内涵

装备研制风险管理是项目风险管理理论在装备研制领域的具体运用与发展，是根据装备研制目标或目的，通过风险识别、风险定性分析、定量分析、风险处理和风险监控等手段把装备研制进程的风险降低到最低程度，以最低的研制费用可靠的保障装备研制工作顺利完成的科学管理过程。所以装备研制风险管理的内涵可以归纳为以下 4 点：

（1）装备研制风险管理属于项目风险管理范畴；

（2）装备研制风险管理的目标是以最小成本将装备研制进程中风险因素的不利影响控制在最低程度；

（3）装备研制风险管理是通过风险规划、风险识别、风险定性分析、风险定量分析、风险处理和风险监控等一整套系统的方法和手段来完成的；

（4）装备研制风险管理涵盖项目立项开始直至研制工作结束的整个周期。

5. 装备研制风险管理的准则

为减少装备的研制风险，承担装备研制任务的使用方和承制方应遵行以下风险管理准则：

（1）严密分析研究，明确并冻结战术技术指标要求；

（2）严格控制系统技术状态的更改；

（3）尽量采用现有的，并为实践证明是有效的技术和产品；

（4）控制新上技术的比例，在装备项目的研制中，新研产品的比例一般不应超过20% ~30%；

（5）装备研制中采用的新技术、新成品、新材料和新工艺必须经过充分验证；

（6）在采用某些重大技术项目时，应考虑其后备方案；

（7）进入工程研制阶段，不允许存在任何高风险项目；

（8）合理安排研制进度，留有适当的时间裕度，以防意外情况发生时造成进度延误；

（9）保证用于装备研制的资源（包括人力、资金、物资、器材设备等）是充分的和可供使用的；

（10）只选择持有"装备研制许可证"的单位作为新成品的供应单位；

（11）对影响武器系统使用安全的关键部件要实施冗余度设计。

6. 装备研制风险管理原则

装备研制风险管理应针对装备研制项目的特殊性遵循以下几个原则：

（1）系统性原则

装备研制风险管理要能够全面完整地反映整个装备研制过程中的各种风险、可能发生的概率、损失的严重程度、风险因素以及风险的出现可能导致的其他问题。装备研制风险管理是否全面完整，将直接影响到风险管理的决策，从而对风险管理的最终结果产生影响。

（2）科学性原则

装备研制项目全寿命期内面临不同类型、不同性质、损失程度不等的风险。因此，必须综合采用各种装备研制项目风险管理方法，使得风险的划分和分类科学合理，能够正确反映其基本内涵和外延，逻辑结构严密，同时尽可能采用量化识别方法，以便得出科学合理的分析结果。

（3）动态性原则

装备研制风险管理并不是一次性的，而是一个连续的、动态的过程。因为随着研制的实施以及装备研制的内部和外部环境的变化，实际的风险也是在不断变化的，旧的风险在消失，新的风险在不断涌现，因此装备研制风险管理工作是连续不断的动态过程，始终贯穿于装备研制的整个生命期。

（4）全员性原则

装备研制风险管理不只是主管部门或者研制风险管理人员的工作，而是装备研制全体部门、全体成员共同参与完成的任务。因为每个研制成员的工作都有风险，每个研制成员都有各自的研制经历和风险管理经验。装备研制风险管理的成功依赖于整个研制团队的集体参与和支持。

（5）兼顾委托、代理双方特性

装备研制风险给研制委托方带来的不利影响，主要体现在两个方面：一是纯粹风险导致研制主体的实际收益与预期收益或实际成本与预期成本发生背离，从而蒙受经济损失，对研制委托方而言，则体现为研制工期推迟，不能如期装备部队形成战斗力，装备性能指标降低等。这种研制风险损失表现为研制主体非故意的、非计划和非预期的，对研制委托方和承制单位同时构成损失。二是投机风险导致的研制委托方单方的损失，承制单位利用现行制度的缺陷，通过有意的行为，从拖进度、降指标、超经费的现象中获取利益。因此，研制委托方在进行项目研制风险管理是必须瞄准委托代理的特点，在研究约束与激励机制方面下工夫。

（三）装备研制风险管理流程

通过研究国外装备研制风险管理理论，结合国内装备研制的特点，吸取国内装备研制项目管理经验，装备研制风险管理的流程图具体如图 12-6 所示。

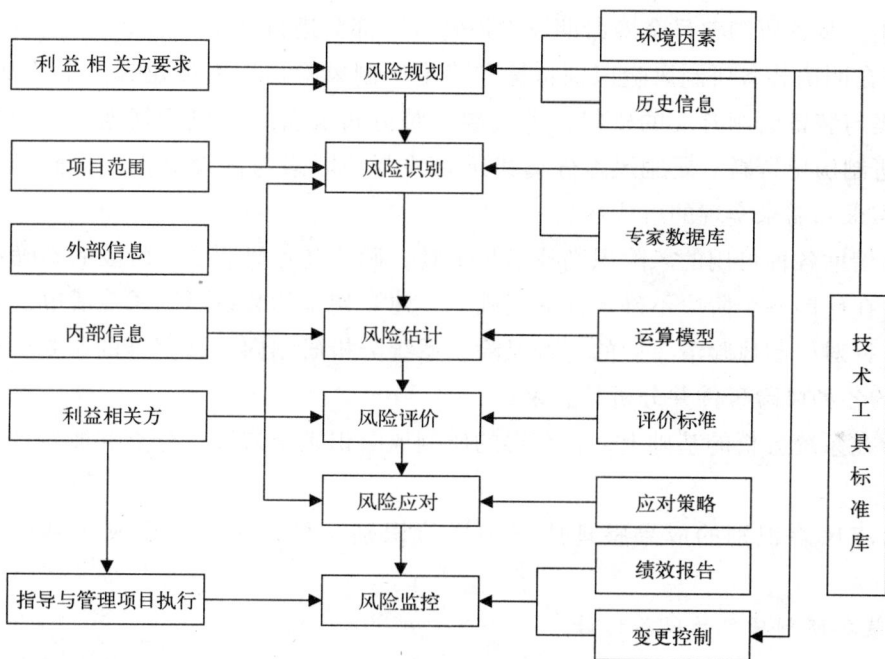

图 12-6　装备研制风险管理流程图

1. 装备研制项目的风险规划

风险规划指确定一套完整、全面、有机配合、协调一致的策略和方法并将其形成文件的过程，这套策略和方法用于辨识和跟踪风险区，拟定风险缓解方案，进行持续的风险评估，从而确定风险变化情况并配置充足的资源。

制定风险规划就是提出风险管理行动的详细计划，其主要目的是：

（1）制定一份结构完备、内容全面并相互协调的风险管理策略并形成文件，即风险管理计划；

（2）确定项目负责人实施风险管理的策略；

（3）规划充足的资源。

2. 装备研制项目的风险识别

由于装备研制是一个开放的复杂的系统，因而影响它的风险因素错综复杂，有直接的，也有间接的，有明显的，也有潜在的，并且各种风险因素（或风险事件）给装备研制造成的损失也各不相同，因此要全面、正确、有效识别装备研制风险，必须遵循一定的原则，按照规范的程序进行。为了能够辨识研制过程中的风险和引起该风险的主要因素，并对其后果做出定性估计，对研制过程中的风险进行识别要运用分解原则，需要将装备研制风险识别这个复杂的过程分解为较为简单地易于识别的过程，将大系统分解为小系统，按照一定的程序进行。

装备研制风险识别过程的基本任务是将研制过程中不确定性转化为可以理解的风险描述。装备研制项目全寿命期风险识别分6部分进行：

（1）在明确装备研制风险识别目标和确定研制风险识别人员及其分工的基础上，全面收集与装备研制有关的资料，尤其要系统分析装备研制风险规划、研制的整体规划、研制历史资料、研制风险分类和研制的制约因素与假设条件，从而确定装备研制的需求和需求实现的可能性；

（2）借助各种可用的风险识别技术与工具，确认装备研制各个阶段的不确定性；

（3）在研制各个阶段不确定性的基础上，建立初步的装备研制风险清单；

（4）针对研制风险清单中的各种风险，系统分析研制内外部因素的影响，确认可能产生的各种风险事件并分析其后果；

（5）在系统分析的基础上，将获得的研制风险识别结果进行分类和制定研制风险预测图；

（6）将风险识别的成果整理成研制风险识别文件，建立并形成研制风险目录摘要。

3. 装备研制项目的风险估计

在进行风险识别之后，下一步就要对风险进行估计。风险估计的对象是各项目的单个风险，非项目整体风险。进行风险估计，就是衡量风险的大小，必须综合考虑风险事件发生的概率和后果大小。装备研制项目风险估计就是要确定项目风险发生的概率和对项目的影响程度。一般来说，装备研制项目风险发生的概率和后果的计算均要通过对大量已完成的类似工程项目的数据进行分析和整理得到。

4. 装备研制项目的风险评价

装备研制项目风险评价是在装备项目的风险识别和风险估计的基础上，把损失的频率、损失程度以及其他因素综合起来考虑，分析风险可能对项目造成的影响，进行风险排序，并确定项目整体风险水平的过程。

5. 装备研制项目的风险应对

装备研制项目的风险应对是对风险进行辨识、评价、选定并实施应对方案的过程。目的是在给定的约束条件和目标下使风险保持在可接受的水平。风险处理包括确定应当做些什么，应于何时完成，由谁负责，需要多少钱这样一些具体问题。

应注意以下几个方面：

（1）加强型号研制的源头建设

研制论证阶段是整个型号研制的源头。论证阶段的理想色彩，论证阶段一定程度下的领导意志，论证本身的不全面、不系统、不合理等方面给型号研制成功留下了严重的隐患，而且研制论证阶段的风险对研制的其他阶段的风险具有很强的辐射作用和放大效应。加强型号装备顶层设计和需求论证能力建设势在必行。

（2）加强国防科学技术和能力建设

加强国防科学技术和能力建设是装备研制的基础和支撑，其在一定程度上决定和影响着装备研制性能、研制费用、研制进度目标的实现。

（3）加强研制管理能力和水平

研制管理能力和水平是型号装备研制成功的倍增器和加速器，受到研制管理体制、机制、组织、协调、指挥、决策等因素的影响。加强研制管理能力和水平是一项紧迫而长远的关键任务。

6. 装备研制项目的风险监控

风险监控是在整个研制过程中，按既定的衡量标准对风险处理活动进行系统跟踪和评价的过程，必要时还包括进一步提出风险处理备选方案。

五、装备研制风险管理应用案例分析

本节在前述详细介绍了装备项目风险管理的内涵、风险管理的国内外研究现状、实施风险管理的流程和详细步骤后，将重点以某型号装备研制项目为背景，利用自主研究的装备研制风险管理方法体系，对某型坦克研制项目风险管理的全过程进行完整的介绍，即风险规划、风险识别、风险估计、风险评价、风险应对和风险监控，进而详细阐述装备研制项目风险管理的流程，介绍风险管理系统的特点、功能和作用。

（一）装备研制项目简介

某型坦克项目研制过程经历了论证阶段、方案阶段、原理样机阶段、初样机阶段、正样机阶段和设计定型阶段。该装备研制要求具有强大的火力、良好的机动性能和较强的装甲防护能力，主要用于地面突击、消灭敌人装备、阵地防御设施和有生力量，具备在现代战争条件下的作战和较高的生存能力。

该项目的研制是与使用方签订研制合同，承制方在研制各阶段严格按照合同规定标的交付样机和完成相关设计试验工作。只有通过各阶段评审并满足转段条件，项目才能进入下一阶段。

项目研制的组织管理采用设立"四师"系统的管理方式，即行政指挥系统、设计师系统、质量师系统和工艺师系统，各系统下设型号办公室、总师办、总质办、总工艺办，此外项目还设置了各专项组（其中包括专门从事项目风险分析与控制的专项组）以及专家组。

项目研制的质量管理采用了质量师系统和军事代表质量监督体系两条管理体系，互相监督，互相促进。通过制定有关的质量管理规定和条例，结合承制单位自有的质量管理体系认证，实现项目质量的五归零管理。

进度管理采用行政指挥系统制定详细的三级计划网络体系，通过制定时间表、落实责任制、明确责任人，全程协调和监督，有力保障进度按计划完成。

成本管理采用设立成本专项组的组织管理模式，对项目研制的各个阶段进行成本分析，制定各阶段的项目预算，按合同管理，按里程碑拨款。

（二）项目风险管理要求和过程

1. 风险管理要求

为了减少和有效控制整个项目的研制风险，根据国军标 GJB2993—97《装备研制项目管理》，承担研制任务的使用方和承制方应遵循第四节所介绍的装备研制风险管理准则规定的 11 条要求。同时，使用方还应承担以下职责：将风险管理要求列为装备研制管理任务的重要内容，并写入合同工作说明；将风险作为评估承制方总体研制方案的准则之一；根据装备研制项目的风险大小确定研制合同类型，并规定和承制方分担风险的程度；监控装备研制中存在的高风险和中等风险科目以及承制方采取的减少风险的活动与措施；将风险列为各阶段技术评审必须审查的项目之一；按研制合同的规定支付风险管理费用。

承制方应承担以下职责：在论证阶段，承制方应在方案选择中进行风险权衡，并对中选方案的技术风险进行评估。在方案阶段，承制方应采用工作分解结构对系统的各个工作单元进行风险评估；对确认出的风险进行量化的估计，以确定高、中等风险和低风险项目；制定并实施风险管理计划；定期提交风险状态报告，中等以上的风险项目的风险状态报告应提交总设计师和行政总指挥；在方案阶段结束前，应对设计方案进行抉择，不准任何高风险项目进入工程研制阶段。在工程研制阶段，承制方应对整个装备系统进行风险评估，以确定整个系统风险的大小，并继续执行风险管理计划以降低研制；严密监控各项验证试验。在定型阶段，承制方应对生产过程中的更改和改进进行风险评估；对试用过程进行监控和跟踪。

2. 风险管理与项目研制过程

项目研制过程中的风险管理过程如图 12-7 所示，风险管理流程按照第四节介绍的流程开展分析，如图 12-6 所示。

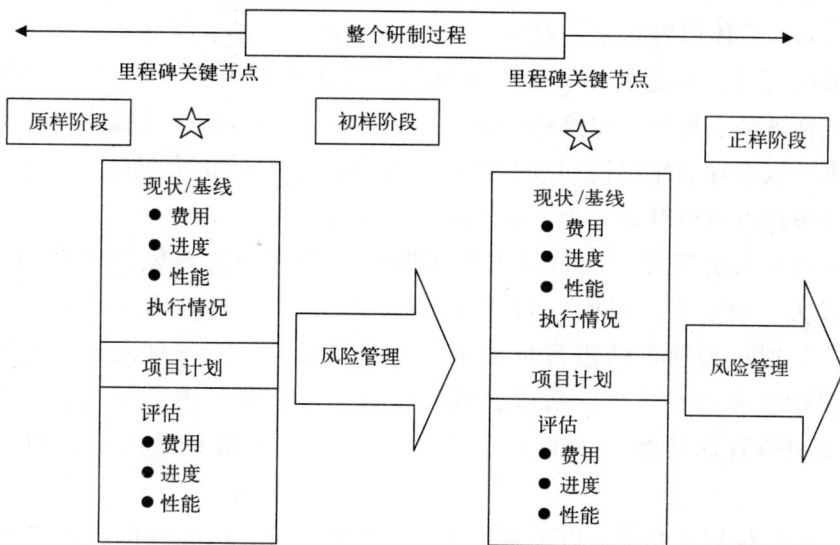

图 12 - 7　风险管理与项目研制过程

(三)风险规划

风险规划是风险管理过程的首要任务，是实施风险管理必不可少的重要环节。特别是在重大的、长周期的、复杂的新研项目中，风险规划规定了一系列合理和预定的过程，经过这些过程，项目得以顺利执行。风险规划的成功与否在很大程度上决定了项目风险管理的水平。

1. 风险规划的内涵和任务

(1)风险规划的内涵

风险规划指决定如何着手进行风险管理活动的过程。风险规划是将风险形成文件的过程，其确定了一套完整全面、有机配合、协调一致的策略和方法。这套策略和方法用于识别和跟踪风险区，拟定风险缓解方案，进行持续的风险评估，从而确定风险变化情况并配置充足的资源。

在进行风险规划时，主要考虑的因素有：项目图表、项目研制工作内容、项目特点及复杂程度、预定义角色和职责、各项风险容忍度、工作分解结构、风险管理指标体系等。风险规划包括与项目相关的风险区和风险源，采取风险评估、分析手段，制定了风险处理的主要策略和具体实施的手段。当风险规划完成后，应定期审查风险管理计划，必要时要进行修订。项目风险规划要有所侧重，以利于项目参与者对项目的计划一目了然。因此，风险管理计划在某些方面要很详细，例如权责确定和费用、进度、技术指标的确立；同时，在另外一些方面可粗略，如项目的评估方法，仅提出几种建议即可。

（2）风险规划的任务

风险规划的具体内容包括：制定一份结构完备、内容全面并相互协调的风险管理策略并形成文件；确定项目负责人实施风险管理策略的方法；进行资源的重组。风险规划包括评估、控制、监控和记录项目风险的各种活动，其输出结果就是风险管理计划书。风险规划能够说明项目中的主要风险事件转化为风险时的条件、主要风险的应对策略以及应对每一个主要风险时采取的行动。

装备研制项目的资源、项目需求和风险管理能力约束着风险规划的过程。项目资源涉及人、财、物、时间、信息等，项目资源的有限性决定了项目风险规划的必要性，同时也为项目的进行带来了一定的风险。风险管理能力直接影响到风险规划的科学性和可操作性。所以，风险规划阶段主要考虑的问题有：①项目是否可行；②风险管理策略是否可行；③实施的管理策略和手段是否符合管理的目标。

因此，风险规划主要承担以下两项工作：①针对项目面临的形式选定行动方案；②选择适合的风险处理策略。

2. 风险规划的过程

风险规划的主要依据（风险规划的输入）和风险规划的过程如图12-8所示。

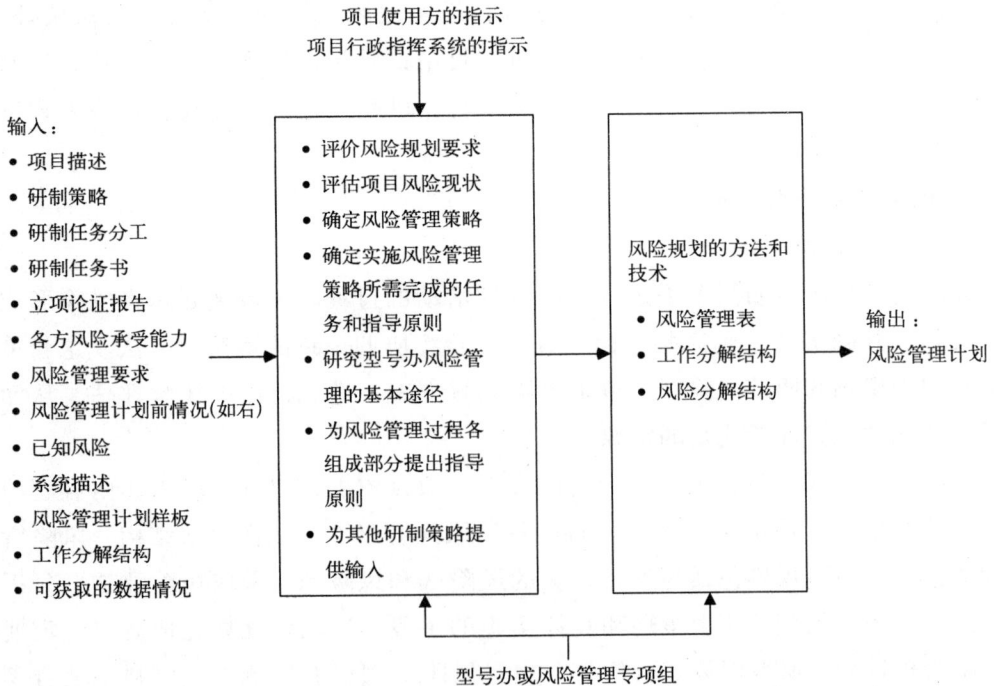

图12-8　项目风险规划过程

风险规划的技术和方法是在将风险规划的依据转为成果的过程中所用的技巧和

工具。风险规划技术的输入和输出，为应用风险规划技术时应予遵循的过程，这个过程包括若干反复迭代的活动，以此制定出风险管理策略和风险管理计划。下面通过具体应用各类风险规划的技术和方法对风险规划的制定过程进行描述。

3. 建立装备研制风险管理表

（1）建立风险核对表

风险核对表将与风险相关信息的各个侧重点进行分类以理解风险的级别。装备研制风险分类系统是一个结构化的核对清单，它将已知的装备研制项目中的风险按照通用的种类和具体的风险属性组织起来。风险核对表帮助人们彻底识别在特定领域内的风险。例如，在关键路径上的项目便可组成一个等待管理的进度风险核对清单，可以选用项目风险分类系统或项目工作分解结构作为核对清单的基础。风险分类表示风险区和风险源的归纳结果，它可以作为制定风险评价指标体系的依据。某型坦克项目的风险核对表如表 12 - 1 所示。

表 12 - 1　某型坦克项目风险核对表

1. 立项风险	2. 技术风险	3. 管理风险	4. 人力风险	5. 环境风险
a. 理论成熟度	a. 设计	a. 计划	a. 责任	a. 政治
b. 方案评审过程	b. 工艺	b. 组织	b. 能力	b. 经济
	c. 材料	c. 协调	c. 队伍稳定性	c. 自然
	d. 元器件	d. 指挥控制		d. 市场
		e. 设施		

（2）建立风险登记册

风险登记册记录风险管理的基本信息。风险登记册是一种系统记录风险信息并跟踪到底的方式。某型坦克项目的风险登记册如表 12 - 2 所示。

表 12 - 2　某型坦克项目风险登记册

名称	说明
项目号	项目编号
风险事件号	风险事件编号
风险概率	风险事件可能发生的概率
风险后果	风险事件可能发生的后果
风险度	风险事件的风险度
费用影响	风险事件发生对费用的影响
技术影响	风险事件发生对技术的影响
进度影响	风险事件发生对进度的影响

名称	说明
质量影响	风险事件发生对质量的影响
风险等级	风险指标体系中的等级
WBS	所属的工作分解结构区域
指标体系	所属指标体系的名称或编号

4. 建立某型坦克装备研制工作分解结构

工作分解结构图(WBS)是将项目按照其内在结构或实现过程的顺序进行逐层分解而形成的结构示意图,它可以将项目分解到相对独立的、内容单一的、易于成本核算与检查的工作单元,并能把各个工作单元在项目中的地位与构成直观的表示出来。WBS单元是构成分解结构的每一独立组成部分。WBS单元按所处的层次划分级别,从顶层开始,依次为1级、2级、3级,在某型坦克项目中,可以分为5级或更多的级别。某型坦克项目工作分解结构如表12-3所示。

表12-3 某型坦克项目工作分解结构

一级	二级	三级	四级	五级
项目总体	战斗部	炮塔	炮塔体	
			炮塔基板	
			……	
			指挥塔门	底座
				指挥塔门
			供输弹	供弹机
			……	……
		火炮组件	火炮	炮身
				炮闩
				炮尾
				……
			并列机枪	枪管
				扳机装置
				供排弹装置
		防护组件	金属防护	……
			非金属防护	内衬、隐身涂料
		火控系统	车长	跟踪瞄准
				指挥控制
			炮长	跟踪瞄准

			弹道解算
		……	……
底盘部分	车体	前部装甲板	……
		首上	
		…	…
	动力系统	发动机	曲轴
			连杆
			缸体
		……	缸盖
		启动电机	……
		发电机	
		……	……
	传动系统	离合器	……
		变速箱	太阳轮
			行星轮
			摩擦片
		转向系统	……
电器部分	……	……	……

5. 建立装备风险分解结构

风险分解结构(RBS)是在工作分解结构完成之后,系统、持续、详细和一致地进行风险识别的综合过程,并为保证风险识别的效力和质量的风险管理工作提供了一个框架。它根据项目工作分解结构列出了项目中可能发生的风险区和风险源。风险区归纳了可能产生风险的工作分解结构块。分析风险区可以确定哪些工作分解结构容易产生风险,而风险源的确立使风险产生的源头更加明确。某型坦克项目的风险分解结构如表 12-4 所示。

表 12-4 某型坦克项目得出的主要风险源

风险源分类	风险标示号	风险阐述
需求风险	A1	需求不够准确或不明确
	A2	需求不够稳定
计划风险	B1	计划不够明确
	B2	计划的可行性不够

续表

风险源分类	风险标示号	风险阐述
技术风险	C1	技术不够成熟
	C2	技术的复杂性较高
	C3	技术较为先进
管理风险	D1	管理机构的效率较低
	D2	管理机构的决策能力不强
环境风险	E1	国际政治环境复杂
	E2	国家政策和军事战略改变
	E3	国家市场和经济建设波动较大
合同风险	F1	合同类型变化
	F2	合同报价减少
信用风险	G1	承包商的信用降低
	G2	缺乏不对称信息交流和沟通
保障风险	H1	资源保障不足
	H2	组织保障不力
组织人才风险	J1	缺少高素质的人员
	J2	人员流动较大，不稳定
	J3	组织机制和约束机制不健全

6. 风险规划的成果

风险规划的成果就是风险管理计划书。风险管理计划描述了风险识别、风险定性分析、风险定量分析、风险处理和风险监控在项目生命期内如何安排与实施的过程。风险管理计划在风险规划中起控制作用。风险管理计划要说明如何把风险分析和管理步骤应用到项目之中。该文件详细地说明了风险识别、风险评价、风险处理和风险监控的所有方面。风险管理计划还要说明项目整体评价的风险的基准是什么，应当使用何种方法以及如何参照这些风险评价基准对项目整体进行评价。某型坦克项目风险管理计划书包括的内容如表 12-5 所示。

表 12-5　某型坦克项目风险管理计划

1 第一部分：描述	4 第四部分：风险管理
1.1 任务	4.1 风险分析的方法
1.2 系统	4.2 各类风险的对策和处理
1.2.1 系统描述	4.3 风险管理
1.2.2 关键功能	4.3.1 风险降低里程碑
1.3 要求达到的使用特性	4.3.2 风险预算编制

1.4 要求达到的技术特性	4.3.3 偶发事件规则
2 第二部分：工程项目提要	5 第五部分：总结
2.1 总要求	5.1 风险过程总结
2.2 管理	5.2 技术风险总结
2.3 总体进度	5.3 计划风险总结
3 第三部分：风险的评估和量化	5.4 保障性风险总结
3.1 风险评估的方法	5.5 费用风险总结
3.2 各类风险的评估	5.6 进度风险总结
3.2.1 技术风险的评估	5.7 结论
3.2.2 计划风险的评估	6 第六部分：参考文献
3.2.3 保障性风险的评估	7 第七部分：批准事项
3.2.4 费用风险的评估	
3.2.5 进度风险的评估	

风险规划是一项重要的管理职能，武器装备研制项目的各级组织和各项活动都离不开规划工作，通过风险规划，制定了一份结构完备、内容全面并相互协调的风险管理策略并形成文件，特别是在重大的、长周期的、复杂的项目中，风险规划的成功与否在很大程度上决定了项目管理的水平。

（四）风险的识别

风险管理的第二步是识别和评估潜在的风险领域，这是风险管理中最重要的步骤。它是承研单位在资金、责任和人身伤亡等风险一出现或出现前，就系统地、连续地识别它们。

在进行风险识别之前要进行风险形势评估，风险形势评估以项目计划、项目预算、项目进度等基本信息为依据，着眼于明确项目的目标、战略、战术以及实现项目目标的手段和资源。从风险的角度审查项目计划认清项目形势，并揭示隐藏的一些项目前提和假设，使项目管理部门在项目初期就能识别出一些风险。在对项目的基础风险的形式评估之上，就需要对各种显露的潜在风险进行识别。项目风险识别是通过调查、了解，识别项目风险的存在，然后通过归类，掌握风险产生的原因和条件，以及风险所具有的性质。

1. 风险识别的过程

风险识别过程中，对资料的收集工作极为重要，尤其是收集以前研制过的、同本项目类似的项目及其经验教训对于识别本项目的风险非常有用，甚至以前的项目财务资料，如费用估算、会计账目等都有助于识别本项目的风险。进行风险识别时还应翻阅过去项目的档案，向曾参与项目的有关各方征集有关资料，于本项目的风险识别极有帮助。进行风险识别应收集的资料包括：①研制任务书及立项论证报告；

②研制合同；③设计图样和技术文件；④有关标准、规范、条令及条例；⑤领导机关批复的有关文件；项目及技术状态；⑥风险分析数据、模型及结论等；⑦科研、生产设施及人员配备等状况；⑧其他。

某型坦克研制项目风险识别的过程如图 12 - 9 所示。

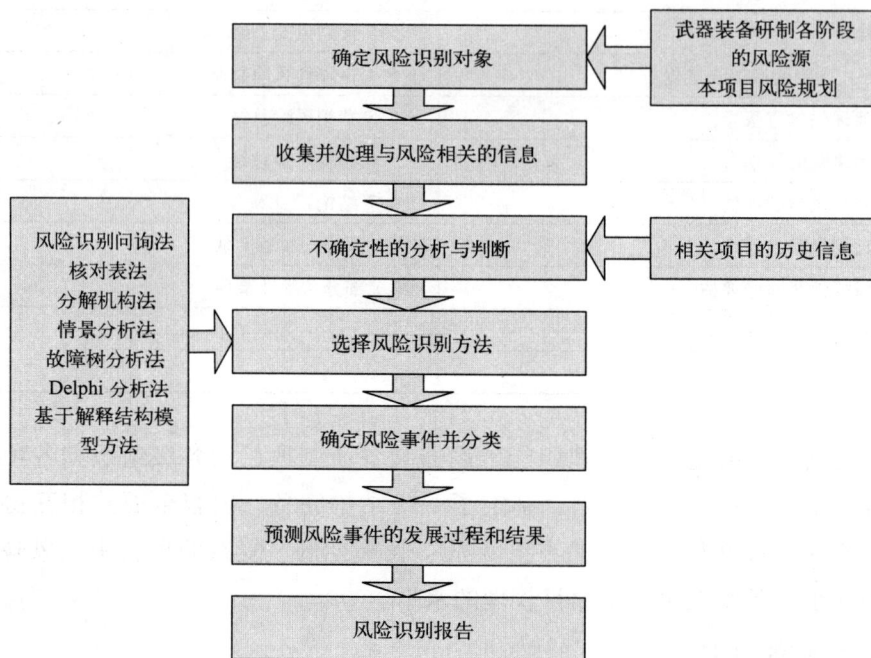

图 12 - 9　某型坦克研制项目风险识别过程

2. 确定风险识别对象

某型坦克项目风险识别的第一步就是要确定风险识别的对象，对项目研制的各个阶段的主要工作进行分解，确定识别对象。确定风险识别对象的主要依据一个是项目研制各阶段的风险源，另一个是项目风险规划。

（1）项目研制各阶段风险源的确定

通过对某型坦克项目研制过程各个阶段的主要工作内容、内部条件和外部环境进行分析，得出项目研制各阶段风险源如表 12 - 6 所示。

表 12 - 6　某型坦克项目研制各阶段风险源

研制阶段	风险类型	
	主要风险源	次要风险源
项目论证阶段	管理风险、费用风险、进度风险	能力风险、协调风险、组织风险、责任心风险等
项目设计阶段	技术风险、费用风险、进度风险	组织风险、协调风险、能力风险、责任心风险、人员稳定性风险、经济风险等

研制阶段	风险类型	
	主要风险源	次要风险源
项目研制阶段	技术风险、管理风险、费用风险、进度风险、保障性风险	材料风险、组织风险、人员稳定性风险、能力风险等
项目试验阶段	技术风险、管理风险、费用风险、进度风险、保障性风险	材料风险、工艺风险、组织风险、人员稳定性风险、能力风险等
项目定型阶段	管理风险、保障性风险	计划风险、组织风险、协调风险、人员稳定性风险、能力风险等
项目小批试制阶段	技术风险、管理风险、费用风险、进度风险、保障性风险	组织风险、人员稳定性风险、能力风险、工艺风险、市场风险等

（2）项目风险规划

本项目风险识别能够从项目风险规划中获得如下信息：①本项目研制规划；②本项目风险识别的范围；③本项目风险识别的渠道和方法；④本项目分解结构；⑤本项目的工作重点及相关方面；⑥本项目的组织分工及时间节点；⑦本项目风险识别的详细要求。

3. 收集并处理与风险相关的信息

进行风险识别时，本项目与其他相关项目的历史档案文件中有许多对项目的风险管理有帮助的有效信息，例如项目成功的经验及失败的教训、以往项目的风险源和风险事件等。在保存的项目记录中通常记录着风险事件的来龙去脉全过程，这些都对本项目风险识别起着关键的作用。历史信息主要有：文件记录、产品图纸及相关技术文件、费用成本分析、工作分解结构、专家判断、各类分析报告、相关规章规定等。

4. 运用风险识别的技术和方法进行风险识别

风险识别的技术和方法多种多样。由于系统的复杂性和风险因素的隐蔽性等特点导致风险识别的现有方法多为定性研究或为主观分析方法，如风险识别问询法、核对表法、分解结构法、情景分析法、故障树分析法等。本项目的风险识别工作主要运用了主观分析方法——Delphi 法。

Delphi 法本质上是一种反馈匿名函询法。其做法是，在对所要预测的问题征得专家的意见之后，进行整理、归纳、统计、再匿名反馈给各专家，再次征求意见，再集中，反馈，直到得到稳定的意见，其过程可简单表述如下：

匿名征求专家意见—归纳、统计—匿名反馈—归纳、统计……若干轮后，停止。

Delphi 法的程序是以轮来说明的。在每一轮中，组织者与专家都有各自不同的任务。

运用 Delphi 法进行风险识别的过程如图 12 – 10 所示。

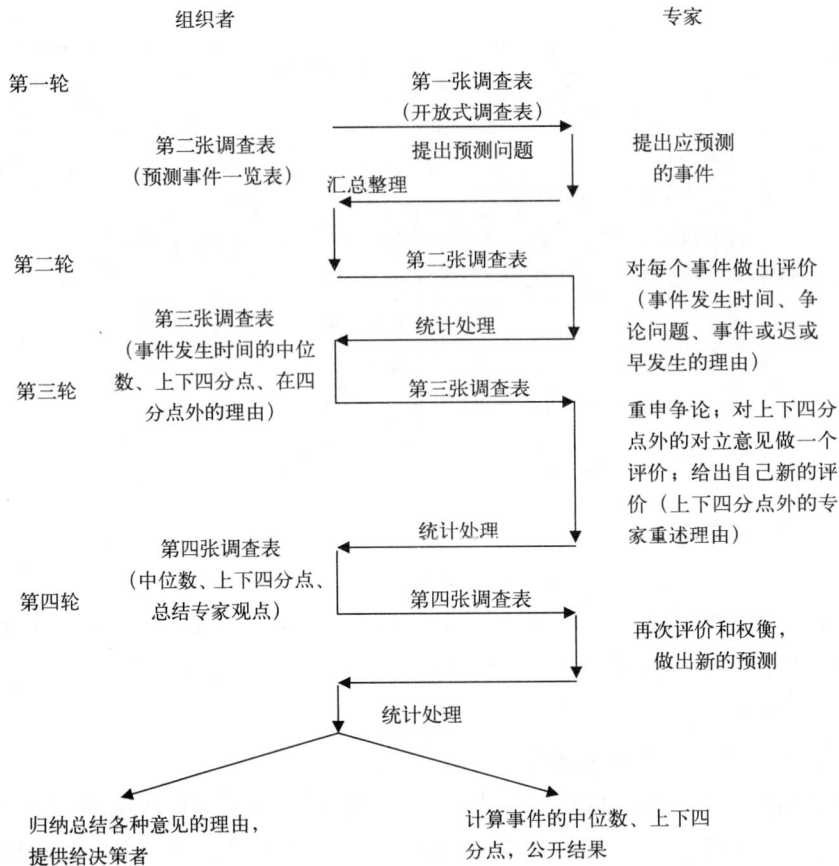

图 12-10 某型坦克项目运用 Delphi 法进行风险识别的过程

运用 Delphi 法对各项具体技术风险事件进行识别的结果如表 12-7 所示。

表 12-7 运用 Delphi 法对各项具体技术风险进行识别的结果

风险事件编号	风险事件名称	WBS 部件名称	预计发生时间	费用影响权重	技术影响权重	进度影响权重
1	尺寸有误	炮塔基板	2002.8.5	0.2	0.4	0.4
2	承受力不够	炮管	2002.8.10	0.2	0.5	0.3
3	硬度不够	炮尾	2002.10.8	0.1	0.7	0.2
4	不灵活	炮闩	2002.10.27	0.4	0.3	0.3
5	组装故障	发射系统	2002.11.5	0.2	0.2	0.6
6	瞄准不精确	瞄准具	2003.1.10	0.4	0.4	0.2
7	平衡度不够	减振支架	2003.1.20	0.2	0.6	0.2
8	连续故障	中央处理器电路板	2003.2.22	0.3	0.3	0.4
9	连续故障	接口电路板	2003.3.2	0.3	0.3	0.4
10	划分不精确	分划板机构	2003.6.10	0.1	0.4	0.5
11	……	……	……	……	……	……

（五）风险估计

风险估计是依靠有关知识、经验和能力等主观因素，通过对影响风险的各种因素的分析，来确定风险的存在和估计风险大小及其发展趋势的一种方法。本项目的风险估计过程是一个评估已识别出的风险对本项目的影响和风险发生可能性的过程。具体来讲，此过程通过考虑风险发生的概率、风险发生后对本项目研制目标的影响和费用、进度、范围和质量风险的承受水平以及对已经是别的风险事件的优先级进行评估。在已有信息输入的基础上，本项目风险估计过程如图 12-11 和图 12-12 所示。

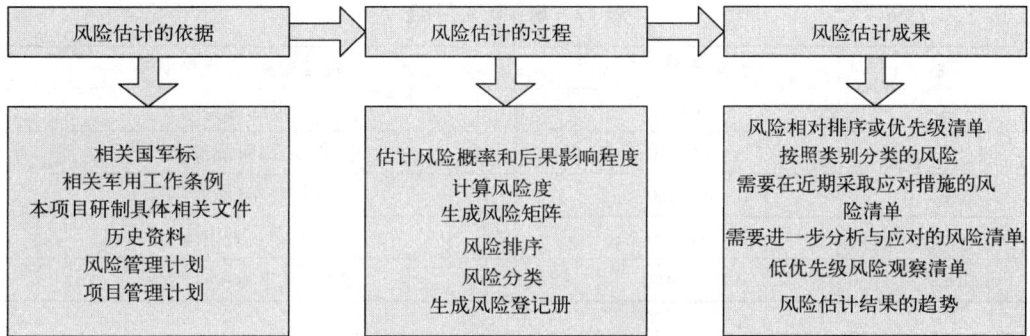

图 12-11　风险估计过程及结果

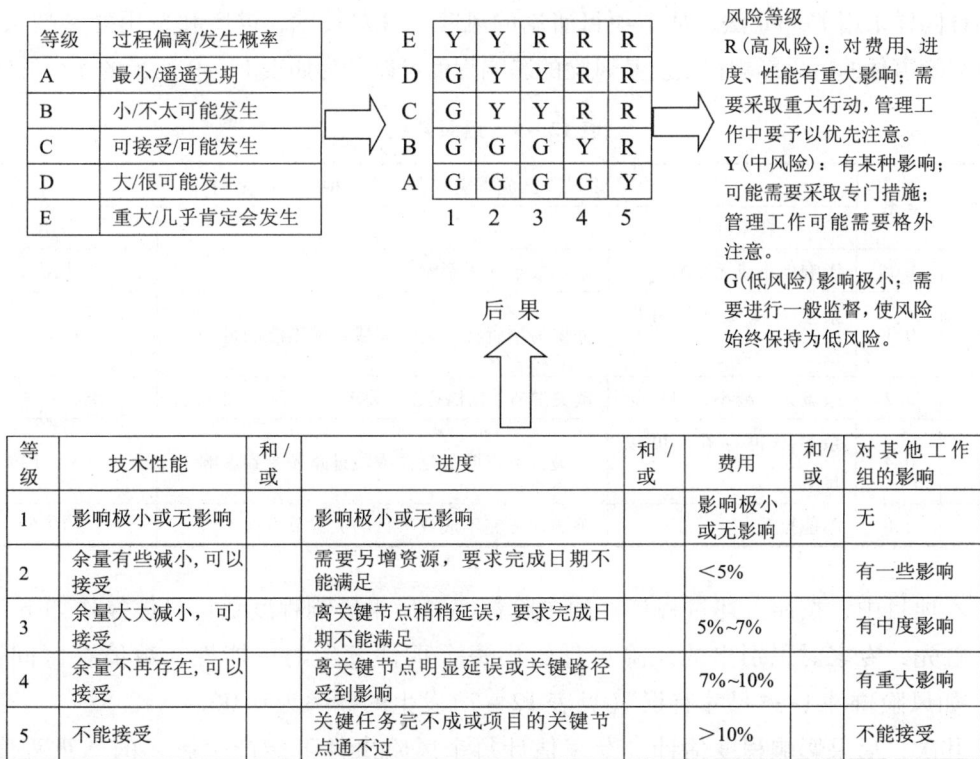

后　果

风险等级
R（高风险）：对费用、进度、性能有重大影响；需要采取重大行动，管理工作中要予以优先注意。
Y（中风险）：有某种影响；可能需要采取专门措施；管理工作可能需要格外注意。
G（低风险）影响极小；需要进行一般监督，使风险始终保持为低风险。

等级	过程偏离/发生概率
A	最小/遥遥无期
B	小/不太可能发生
C	可接受/可能发生
D	大/很可能发生
E	重大/几乎肯定会发生

等级	技术性能	和/或	进度	和/或	费用	和/或	对其他工作组的影响
1	影响极小或无影响		影响极小或无影响		影响极小或无影响		无
2	余量有些减小，可以接受		需要另增资源，要求完成日期不能满足		<5%		有一些影响
3	余量大大减小，可接受		离关键节点稍稍延误，要求完成日期不能满足		5%~7%		有中度影响
4	余量不再存在，可以接受		离关键节点明显延误或关键路径受到影响		7%~10%		有重大影响
5	不能接受		关键任务完不成或项目的关键节点通不过		>10%		不能接受

图 12-12　风险估计过程的具体描述

1. 估计风险概率和后果影响程度

(1)估计风险概率

风险事件发生概率可以根据历史情况利用统计参考数据进行估计。但本项目为新型装备研制项目，很少有可利用的现成数据，因此，本项目的风险概率估计采用前述介绍的 Delphi 方法。首先，在评分之前需要建立一个概率判据（评分标准），如表 12−8 所示。然后让每位专家独立填写风险事件发生概率表，如此反复多轮后，专家意见渐趋一致，最后得到每个风险事件的发生概率。

表 12−8 概率判据

等级	风险概率(%)	过程偏离/发生概率
A	0~10	最小/遥遥无期
B	11~40	小/不太可能发生
C	41~60	可接受/可能发生
D	60~90	大/很可能发生
E	90~100	重大/几乎肯定会发生

(2)对后果影响程度进行评估

风险事件的后果影响程度与其对应的风险必然有单调正相关关系。本项目对风险影响估计同样采用 Delphi 法，从本项目研制的风险事件对技术、进度和费用的影响入手，评价风险事件的后果影响程度。某风险的影响程度可以分为如表 12−9 所示的 5 个等级。

表 12−9 后果判据

等级	系数	设风险已成事实，会产生何种程度的影响		
		技术性能	进度	费用
1	0.05	影响极小或无影响	影响极小或无影响	影响极小或无影响
2	0.1	余量有些减小，可以接受	需要另增资源，要求完成日期不能满足	<5%
3	0.2	余量大大减小，可接受	离关键节点稍稍延误，要求完成日期不能满足	5%~7%
4	0.4	余量不再存在，可以接受	离关键节点明显延误或关键路径受到影响	>7%~10%
5	0.8	不能接受	关键任务完不成或项目的关键节点通不过	>10%

本项目中，按照上述过程计算的风险概率和后果影响程度估计具体操作如下：

首先，专家对识别出的风险事件给出每个事件发生的可能性，数值在区间[0，1]。如风险事件1—"尺寸有误"（见表 12−7）发生的概率为 0.06。

其次，后果影响程度估计。专家估计每个风险事件可能产生影响的严重程度做出估计。如风险事件1—"尺寸有误"发生的后果影响程度为4。

2. 计算风险度

为了能对风险有一个定量的描述，用风险度来反映风险的大小，见式（12 – 2）：

风险度 $R_f = f$（风险事件发生的概率测度，风险发生后果的影响测度），

$$R_f = 1 - P_s C_s = 1 - (1 - P_f) \times (1 - C_f) = P_f + C_f - P_f C_f \quad (12 - 2)$$

其中：P_f 表示风险事件发生的概率；P_s 表示风险事件未发生的概率；C_f 表示风险事件发生的后果严重程度；C_s 表示风险事件未发生的后果严重程度。

由公式可知，风险度的计算涉及每个风险事件的发射概率和后果影响程度，由于在发生概率的估计中是直接用数值表示的，故可直接代入公式：如风险事件 1—"尺寸有误"发生的概率为 0.06，则相应的 $P_f = 0.06$；后果影响程度也可以用相应的数值与之对应（见表 12 – 9），风险事件 1—"尺寸有误"发生的后果影响程度较为严重，则其相对应的数值为 0.4，故 $C_f = 0.4$。

针对风险事件 1—"尺寸有误"，计算其风险度为：

$$R_f = 1 - P_s C_s = 1 - (1 - P_f) \times (1 - C_f) = P_f + C_f - P_f C_f$$
$$= 0.06 + 0.4 - 0.06 \times 0.4 = 0.436$$

对本项目每个风险事件逐项计算风险度，结果如表 12 – 10 所示。

表 12 – 10　某型坦克项目各风险事件的风险度

风险事件编号	风险事件名称	WBS 部件名称	发生概率	后果程度	风险度
1	尺寸有误	炮塔基板	0.06	较严重	0.436
2	承受力不够	炮框	0.10	较严重	0.46
3	硬度不够	炮身	0.04	较严重	0.424
4	不灵活	炮门	0.13	中等	0.304
5	组装故障	发射系统	0.06	较严重	0.436
6	瞄准不精确	瞄准具	0.04	轻微	0.136
7	平衡度不够	减振支架	0.12	中等	0.296
8	连续故障	中央处理器电路板	0.06	严重	0.812
9	连续故障	接口电路板	0.06	中等	0.248
10	划分不精确	分划板机构	0.14	较严重	0.484
11	……	……	……	……	……

3. 生成风险矩阵

风险矩阵用矩阵从概率和后果影响程度两个维度来对风险事件进行描述，给出风险等级，对风险进行优先排序，便于进一步的定量分析和风险处理。本项目采用概率和影响矩阵的形式，评估每项风险的重要性，及其紧迫程度。概率和矩阵形式规定了各种风险概率和影响组合，根据不同的发生概率和后果影响程度登记，将风险事件分为风险低、风险中和风险高三个级别，具体如表 12 – 11 所示。概率和矩阵

形式如图 12 - 13 所示。

表 12 - 11　风险等级综合判据

等级	说明
高	可能有重大危害
中	有某种危害
低	影响轻微

E	中	中	高	高	高
D	低	中	中	高	高
C	低	中	中	高	高
B	低	低	低	中	高
A	低	低	低	低	中
	1	2	3	4	5

图 12 - 13　风险矩阵形式的总体风险等级

　　风险矩阵既可用来描述单个风险事件的具体风险为止，也可以对项目的整体风险事件个数做出统计，具体如下：

　　(1)针对单个风险事件，如本项目中风险事件 1—"尺寸有误"的位置是处于"0% ~10%"与"较严重"的交点，则在察看其相应的风险矩阵时可知风险事件 1—"尺寸有误"的奉献为中等。

　　(2)从项目的整体角度出发，在风险矩阵中每个级别显示的是与之对应的风险事件的数目。统计出项目所有的风险事件的个数，即得到项目风险矩阵，如图 12 - 14 所示，处于概率为"0% ~10%"与后果影响度为"轻微"交点的风险事件共有 10 个；概率为"0% ~10%"与后果影响度为"中等"交点的风险事件共有 8 个；概率为"0%~10%"与后果影响度为"较严重"交点的风险事件共有 15 个；概率为"0% ~10%"与后果影响度为"严重"交点的风险事件共有 4 个；概率为"11% ~40%"与后果影响度为"中等"交点的风险事件共有 4 个；概率为"11% ~40%"与后果影响度为"较严重"交点的风险事件共有 4 个。可以清楚地看出，该坦克研制项目的风险事件大多集中在低风险和中风险两个区域，没有处于高风险的风险事件。

E	中	中	高	高	高
D	低	中	中	高	高
C	低	中	中	高	高
B	低	1	4	4	高
A	低	10	8	15	4
	1	2	3	4	5

图 12 - 14　某型坦克研制项目风险事件在风险矩阵中的分布

4. 对风险进行排序

风险排序能根据风险度的大小对所有的风险事件进行排序，从而能找出风险最大的几个风险事件进行重点监控，使损失降到最小。本项目的风险排序是根据风险事件的风险度对识别出的风险事件进行等级划分。按照：当 $R_f < 0.3$ 时，风险较低；当 $0.3 < R_f < 0.7$ 时，风险中等；当 $R_f > 0.7$ 时，风险较高。

如风险事件1—"尺寸有误"的风险度是0.436，故该风险事件的风险为中。同理能得出其他风险事件的分类。

5. 对风险进行分类

在前述风险识别过程中，已经对每一风险事件识别出其发生对三个方面的影响权重(费用、进度和技术)，计算出风险度后，此处用每个风险事件的风险度分别乘以三个方面的权重，即具体得出对三个方面的风险度。如风险事件1—"尺寸有误"的风险度是0.436，其风险发生对费用、进度和技术三个方面的所造成的影响权重分别为：0.2，0.4，0.4，计算其对费用的风险度为：

$$R_{fc} = R_f \times I_c = 0.2 \times 0.436 = 0.0872$$

故能得到风险事件1对费用、技术和进度三个方面的风险度分别为：费用风险度0.0872，技术风险度0.1744，进度风险度0.1744。同理，可以得到该坦克研制项目所有风险事件对费用、技术和进度三个方面的风险度如表12-12所示。

表12-12　某型坦克项目风险事件对费用、技术和进度的风险度

风险事件编号	风险事件名称	WBS部件名称	风险度	费用影响权重	技术影响权重	进度影响权重	费用影响	技术影响	进度影响
1	尺寸有误	炮塔基板	0.436	0.2	0.4	0.4	0.0872	0.1744	0.1744
2	承受力不够	炮框	0.46	0.2	0.5	0.3	0.092	0.23	0.138
3	硬度不够	炮身	0.424	0.1	0.7	0.2	0.0424	0.2968	0.0848
4	不灵活	炮闩	0.304	0.4	0.3	0.3	0.1216	0.0912	0.0912
5	组装故障	发射系统	0.436	0.2	0.2	0.6	0.0872	0.0872	0.2616
6	瞄准不精确	瞄准具	0.136	0.4	0.4	0.2	0.0544	0.0544	0.0272
7	平衡度不够	减振支架	0.296	0.2	0.6	0.2	0.0592	0.1776	0.0592

续表

风险事件编号	风险事件名称	WBS 部件名称	风险度	费用影响权重	技术影响权重	进度影响权重	费用影响	技术影响	进度影响
8	连续故障	中央处理器电路板	0.812	0.3	0.3	0.4	0.2436	0.2436	0.3248
9	连续故障	接口电路板	0.248	0.3	0.3	0.4	0.0744	0.0744	0.0992
10	划分不精确	分划板机构	0.484	0.1	0.4	0.5	0.0484	0.1936	0.242
11	……			……	……	……	……	……	……

6. 生成风险登记册

风险登记册时所识别的风险事件的全部信息的完整记录。该研制项目的风险登记册如表 12 - 13 所示。

装备研制项目的风险估计过程是一个评估已识别风险的影响和可能性的过程。此过程通过考虑风险发生的概率，风险发生后，需要对武器装备研制项目目标的影响和研制项目的费用、进度、技术的风险承受水平，以及对已识别的风险事件的优先级进行评估，根据风险对研制项目目标的潜在影响进行优先排序，明确研制项目中特定的风险及其应对，并确定其重要性。

表 12 - 13　某型坦克研制项目风险登记册

风险事件编号	风险事件名称	WBS 部件名称	费用影响权重	技术影响权重	进度影响权重	发生概率	后果程度	风险度	风险等级	费用影响	技术影响	进度影响
1	尺寸有误	炮塔基板	0.2	0.4	0.4	0.06	较严重	0.436	中	0.0872	0.1744	0.1744
2	承受力不够	炮框	0.2	0.5	0.3	0.1	较严重	0.46	中	0.092	0.23	0.138
3	硬度不够	炮身	0.1	0.7	0.2	0.04	较严重	0.424	中	0.0424	0.2968	0.0848
4	不灵活	炮闩	0.4	0.3	0.3	0.13	中等	0.304	中	0.1216	0.0912	0.0912
5	组装故障	发射系统	0.2	0.2	0.6	0.06	较严重	0.436	中	0.0872	0.0872	0.2616
6	瞄准不精确	瞄准具	0.4	0.4	0.2	0.04	轻微	0.136	低	0.0544	0.0544	0.0272
7	平衡度不够	减振支架	0.2	0.6	0.2	0.12	中等	0.296	低	0.0592	0.1776	0.0592

风险事件编号	风险事件名称	WBS部件名称	费用影响权重	技术影响权重	进度影响权重	发生概率	后果程度	风险度	风险等级	费用影响	技术影响	进度影响
8	连续故障	中央处理器电路板	0.3	0.3	0.4	0.06	严重	0.812	高	0.2436	0.2436	0.3248
9	连续故障	接口电路板	0.3	0.3	0.4	0.06	中等	0.248	低	0.0744	0.0744	0.0992
10	划分不精确	分划板机构	0.1	0.4	0.5	0.14	较严重	0.484	中	0.0484	0.1936	0.242
11	……	……	……	……	……	……	……	……	……	……	……	……

(六)风险评价

前面几节针对某型坦克项目中存在的技术风险进行了风险识别和风险估计,初步得出了各类技术风险的风险度、风险等级以及对进度、技术和费用的影响程度,对技术风险建立了量化的分析。整个项目中存在着多种多样的风险,技术风险仅仅是其中比较重要的一环,本节的风险评价建立在风险估计的基础上,从宏观角度上,对项目可能涉及的其他潜在风险的发生概率及其后果影响等方面进行进一步的量化分析。在已有信息输入的基础上,本项目风险评价过程如图12-15所示。

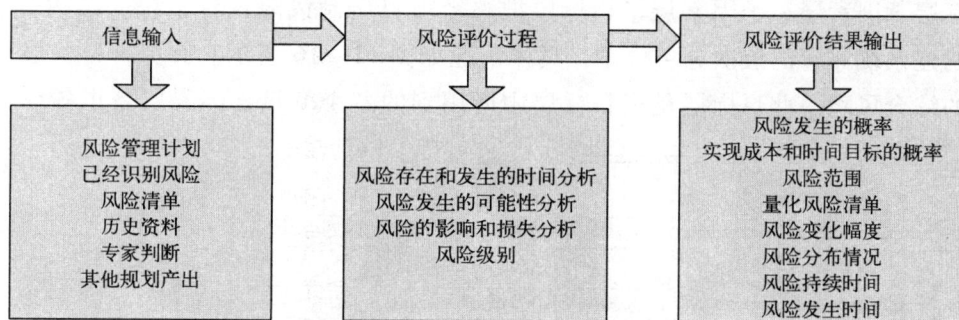

图12-15 风险评价过程及结果

某型坦克项目研制的风险具有以下一些特点:①风险的存在具有客观性和普遍性;②某一具体风险的发生具有偶然性,大量风险的发生具有必然性;③风险的可变性;④风险的多样性和多层次性。

该项目研制风险的特点决定了风险管理是一个复杂、动态的过程。而将定量方法应用于风险分析,对实际可能发生的情况进行模拟,并通过数理统计方法,可以了解项目的情况,量化分析不同的情形,供决策参考,为后续风险处理提供定量化的依据,提高风险处理的科学性和准确性。可以用于该研制项目的风险定量分析方法和技术有：贝叶斯网络方法、影响图法、蒙特卡罗模拟法、主观评分法、模糊综合评价法、多属性群决策方法、网络计划技术、故障树方法、人工神经网络法和支持向量机等。

模糊综合评价是指对多属性体系结构描述的对象作出全局性、整体性的评级，其基本思想是，在确定评价因素、引资的评价等级标准和权值的基础上，运用模糊集合变换原理，以隶属度描述各因素及因子的模糊界线，构造模糊评价矩阵，通过多层的复合运算，最终确定评价对象所属等级。应用模糊综合评价法能够从各个方面较为完整地评价该坦克研制项目的整体风险。通过构建不同的指标体系，可以完成对装备研制项目技术风险、管理风险、费用风险、进度风险和保障性风险的定量分析。

因此，本研制项目采用模糊综合评价法进行风险评价，下述将通过模糊综合评价法的具体应用详细阐述该坦克研制项目风险评价的全过程。

1. 划分评价对象

设项目有 n 个一级评价指标（因素），每个一级评价指标又包含多个二级指标（因子）并用 U，u 等符号表示，即评价因素集 $U = \{U_1, U_2, \cdots, U_n\}$，指标集 $u = \{u_1, u_2, \cdots, u_m\}$。

为了对该研制项目风险进行全面评价，构建了进行风险综合评价的五个层次指标体系，采用模糊层次分析方法进行装备采办风险指标体系的构建。按照目标层、子目标层、因素层、子因素层、指标层把整个项目研制风险评价系统的结构分为5层，构建系统评价的层次分析模型，具体情况如图12－16所示。其中，目标层是指项目的综合风险，此目标层是指目标层中所用到的各个变量，因素层是指各个方面

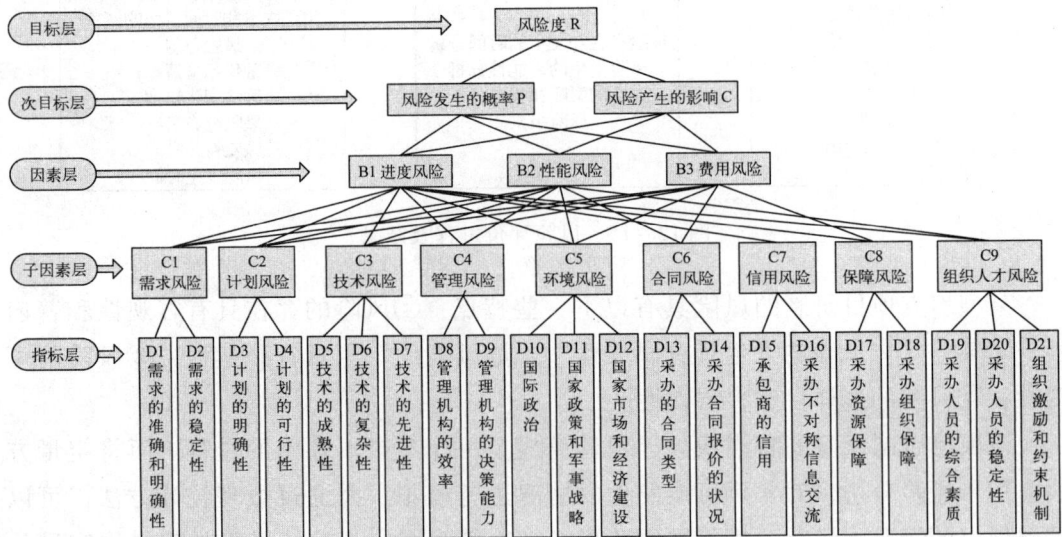

图12－16　装备采办风险评估层次分析模型

的风险，子因素层是因素层各个方面的风险所包含的风险，指标层包含了各个子因素风险的细化指标。按照某型坦克项目风险系统中的风险对目标的影响可以分为：进度风险、性能风险、费用风险。按照该项目研制风险的来源可以分为：需求风险、计划风险、技术风险、管理风险、环境风险、合同风险、信用风险、保障风险、组织人才风险等。

装备采办风险评估层次分析模型中的评估指标内容说明如表 12 – 14 所示。

表 12 – 14　评估层次结构模型中指标内容的说明

编号	指标	指标内容说明
D1	需求的准确性和明确性	采办目标需求表达的具体、清晰、准确和明了
D2	需求的稳定性	采办目标需求具有较强的稳定性，不能轻易更改
D3	计划的明确性	采办各实施阶段计划的具体、清晰、准确
D4	计划的可行性	采办各实施阶段计划的可操作性、合理性
D5	技术的成熟性	采办各实施阶段中技术的现实可行性
D6	技术的复杂性	采办各实施阶段中技术的复杂程度和难度
D7	技术的先进性	采办各实施阶段中技术的创新性和先进程度
D8	管理机构的效率	采办各级管理机构运行的顺畅性和高效性
D9	管理机构的决策能力	采办各级管理机构科学合理的决策能力
D10	国际政治	采办所处国际政治环境的变化及其对采办的影响
D11	国家政策和军事战略	国家经济、军事政策和军事战略决策及其对采办的影响
D12	国家市场和经济建设	国家经济环境和市场经济建设及其对采办的影响
D13	采办的合同类型	采办所采用的合同种类
D14	采办合同报价的状况	采办合同的定价方式、价格调整规定
D15	承包商的信用	承包商的履约情况、合作态度、信誉
D16	采办不对称信息交流	采办各阶段的不对称信息的沟通和交流
D17	采办资源保障	采办各阶段的人力、物力和经费等资源的保障
D18	采办组织保障	采办管理组织结构的健全
D19	采办人员的综合素质	采办人员的能力、经验、政治和军事等全面素质
D20	采办人员的稳定性	采办人员相对的确定性和流动相对的稳定性
D21	组织激励机制和约束机制	组织的奖惩机制、竞争机制和制约机制

由于因素层包括子因素层，子因素层还包括指标层，因此，对整个项目的风险评价需要从最低的指标层开始，逐层向上完成子因素层、因素层直至目标层的评价。

2. 建立评价集

根据评价因素对风险概率和风险后果程度产生的不同影响，设有 k 个评价等级，$V = \{v_1, v_2, \cdots, v_k\}$ 为评价集，某型坦克项目设立的风险评价集如表 12 – 15 所示。

表 12 – 15　风险评价等级表

符号	概率等级					后果程度等级			
	I	II	III	IV	V	A	B	C	D
描述	很可能发生	较可能发生	可能发生	可能性较小	可能性很小	较严重后果	严重后果	轻微后果	可忽略后果

其中概率等级的评价集有 5 项，$K_P = 5$；后果程度等级的评价集有 4 项，$K_C = 4$。

3. 建立子因素层各因子的隶属度矩阵

专家参照评价集 V 对因子进行评价，构造模糊映射 $f: u \rightarrow F(V)$，$F(V)$ 是 V 上的模糊判断，得到从 u 到 V 的模糊关系矩阵 $R \in F(u \times V)$。它反映了各评价因素和评价等级之间的关系。设第 l 个子因素有 m 个指标，k 个评价等级，则第 l 个子因素的隶属度矩阵为：

$$M_l = \begin{bmatrix} r_{11} & r_{12} & \cdots & r_{1k} \\ r_{21} & r_{22} & \cdots & r_{2k} \\ \vdots & \vdots & & \vdots \\ r_{m1} & r_{m2} & \cdots & r_{mk} \end{bmatrix} = (r_{ij})_{m \times k}$$

其中：M_l 为第 l 个子因素的隶属度矩阵；r_{ij} 为第 l 个子因素中第 i 个指标的第 j 项评价等级的概率隶属度。

本项目设计了调查问卷，邀请了共计 21 位专家对该项目的风险进行评价，聘请专家参照表 12 – 15 对风险子因素的各指标发生概率及影响进行评价，每个专家对各指标的概率及产生后果的判定作为评价集。对专家评价结果的统计如表 12 – 16 所示。

表 12 – 16　模糊综合评价法专家评价结果统计表

		D1	D2	D3	D4	D5	D6	D7	D8	D9	D10	D11	D12	D13	D14	D15	D16	D17	D18	D19	D20	D21
概率	I	2	1	3	2	1	1	2	1	2	1	1	1	2	1	2	1	1	2	5	2	2
	II	3	2	5	6	6	3	2	2	7	2	2	1	5	3	1	2	1	1	5	8	2
	III	10	14	10	12	18	17	7	3	15	9	7	2	3	1	10	10	1	10	10	8	8
	IV	5	8	10	9	4	8	15	4	3	13	15	20	16	10	1	10	15	15	10	5	10
	V	10	5	2	1	1	1	4	20	3	6	5	6	3	12	26	6	3	12	3	2	8
后果	A	8	12	10	14	4	2	4							1	8	2	5	2	1	2	1
	B	5	13	13	10	7	17	13	15	6	2	4	3	2	2	10	3	10	2	3	5	2
	C	13	3	6	5	16	5	8	8	16	3	10	19	20	3	10	10	15	10	15	15	15
	D	4	2	1	6	4	5	6	5	7	24	15	6	7	24	2	10	5	11	8	8	12

下面以子因素技术风险 C_3 为例说明计算过程及评价分析过程。

通过指标体系知技术风险 C_3 共有 3 个决定指标，分别是 D_5 技术的成熟性，D_6 技术的复杂性，D_7 技术的先进性。在专家评价结果（表 12 - 16）中得出每个指标分别在概率等级（5 项）和后果等级（4 项）上获得的专家赞成数，除以专家总数即得到该指标在不同等级的支持率，即为技术风险各指标的概率隶属度矩阵 $R_{PC3(3 \times 5)}$（3 个指标，5 项评价等级）和后果隶属度矩阵 $R_{CC3(3 \times 4)}$（3 个指标，4 项评价等级）。

$$R_{PC3} = \begin{bmatrix} r_{11} & r_{12} & \cdots & r_{15} \\ r_{21} & r_{22} & \cdots & r_{25} \\ r_{31} & r_{32} & \cdots & r_{35} \end{bmatrix} = \begin{bmatrix} 0.033 & 0.2 & 0.6 & 0.134 & 0.033 \\ 0.033 & 0.1 & 0.567 & 0.267 & 0.033 \\ 0.067 & 0.067 & 0.233 & 0.5 & 0.133 \end{bmatrix}$$

$$R_{CC3} = \begin{bmatrix} r_{11} & r_{12} & r_{13} & r_{14} \\ r_{21} & r_{22} & r_{23} & r_{24} \\ r_{31} & r_{32} & r_{33} & r_{34} \end{bmatrix} = \begin{bmatrix} 0.1 & 0.233 & 0.534 & 0.133 \\ 0.067 & 0.567 & 0.166 & 0.2 \\ 0.133 & 0.433 & 0.267 & 0.167 \end{bmatrix}$$

4. 进行单个子因素各指标权重的计算

单个子因素的隶属度矩阵建立之后，需要对单个子因素各指标的权重进行计算。本项目对单个子因素各指标权重的计算采用熵权系数法。熵权系数法能从指标的集中程度通过计算量化权重，克服了直接赋值的主观性。风险因素 U_i 的相对重要性可由熵来度量：

$$H_i = -\sum_{j=1}^{k} r_{ij} \ln r_{ij} \tag{12 - 4}$$

式中，$r_{ij}(j = 1, 2, \cdots, k)$ 越接近相等，熵值越大，风险因素 U_i 对系统风险评估的不确定性越大。当 $r_{ij}(j = 1, 2, \cdots, k)$ 取值相等时，熵最大，为 $H_{max} = \ln k$，用 H_{max} 对式（12 - 4）进行归一化处理，得到衡量风险因素 U_i 的相对重要性的熵值为：

$$E_i = -\frac{1}{\ln k} \sum_{j=1}^{k} r_{ij} \ln r_{ij} \tag{12 - 5}$$

当 $r_{ij}(j = 1, 2, \cdots, k)$ 取值相等时，熵 E_i 最大为 1。所以 E_i 的值满足 $0 \leq E_i \leq 1$。由于熵最大时，此风险因素对系统风险评估的贡献最小，因此确定风险因素 U_i 的权可以由 $1 - E_i$ 来度量。对其进行归一化得到风险因素 U_i 的权值为：

$$w_i = \frac{1 - E_i}{\sum_{i=1}^{m} (1 - E_i)} \tag{12 - 6}$$

计算熵权系数。由上述三个公式计算出技术风险 C_3 的 3 个决定指标 D_5、D_6、D_7 各自的概率权向量 A_{PC3} 和后果权向量 A_{CC3} 分别为：

$$A_{PC3} = (w_{PD5} \quad w_{PD6} \quad w_{PD7}) = (0.386 \quad 0.38 \quad 0.234)$$

$$A_{CC3} = (w_{CD5} \quad w_{CD6} \quad w_{CD7}) = (0.366 \quad 0.454 \quad 0.180)$$

5. 计算每个子因素的隶属度

进行单级模糊评价，分别得到每个子因素相应的隶属度：

$$R_l = A \times M_l = (r_1, r_2, \cdots, r_k) \qquad (12-7)$$

根据式(12-7)子因素 U_3 技术风险的隶属度为：

$$r_{PC3} = A_{PC3} \times R_{PC3} = [0.040 \quad 0.131 \quad 0.502 \quad 0.270 \quad 0.057]$$

$$r_{CC3} = A_{CC3} \times R_{CC3} = [0.090 \quad 0.421 \quad 0.319 \quad 0.170]$$

通过上述步骤，完成了子因素层中单个子因素技术风险的隶属度计算。下述需要完成对因素层三个因素的隶属度计算。

6. 计算子因素层的隶属度矩阵

考虑子因素层中所有的 9 项子因素，得到因素层的隶属度矩阵：

$$R = [R_1 \quad R_2 \quad \cdots \quad R_9]^T \qquad (12-8)$$

由于已经计算了技术风险的评价向量，按照上述步骤，再分别计算得到某型坦克项目其他 8 个子因素各自的概率和后果评价向量(隶属度)，则构成了因素层的概率评价矩阵 R_{PC} 和后果评价矩阵 R_{CC}，即：

$$R_{PC} = \begin{bmatrix} r_{pc1} \\ r_{pc2} \\ r_{pc3} \\ r_{pc4} \\ r_{pc5} \\ r_{pc6} \\ r_{pc7} \\ r_{pc8} \\ r_{pc9} \end{bmatrix} = \begin{bmatrix} 0.045 & 0.079 & 0.420 & 0.231 & 0.225 \\ 0.080 & 0.187 & 0.374 & 0.313 & 0.046 \\ 0.040 & 0.131 & 0.502 & 0.270 & 0.057 \\ 0.045 & 0.123 & 0.236 & 0.122 & 0.474 \\ 0.034 & 0.050 & 0.142 & 0.568 & 0.206 \\ 0.047 & 0.139 & 0.1 & 0.450 & 0.263 \\ 0.039 & 0.039 & 0.081 & 0.081 & 0.760 \\ 0.033 & 0.033 & 0.166 & 0.5 & 0.268 \\ 0.090 & 0.153 & 0.309 & 0.292 & 0.156 \end{bmatrix}$$

$$R_{CC} = \begin{bmatrix} r_{cc1} \\ r_{cc2} \\ r_{cc3} \\ r_{cc4} \\ r_{cc5} \\ r_{cc6} \\ r_{cc7} \\ r_{cc8} \\ r_{cc9} \end{bmatrix} = \begin{bmatrix} 0.360 & 0.354 & 0.2 & 0.086 \\ 0.404 & 0.380 & 0.182 & 0.034 \\ 0.090 & 0.421 & 0.319 & 0.170 \\ 0.047 & 0.329 & 0.419 & 0.205 \\ 0.033 & 0.091 & 0.308 & 0.568 \\ 0.033 & 0.067 & 0.334 & 0.566 \\ 0.130 & 0.174 & 0.447 & 0.249 \\ 0.082 & 0.108 & 0.474 & 0.336 \\ 0.040 & 0.101 & 0.540 & 0.319 \end{bmatrix}$$

7. 计算项目总的风险发生的概率

重复上述过程，计算完因素层中单个因素包含的各子因素权向量后，即可计算得到 B_1 进度风险、B_2 性能风险、B_3 费用风险三个因素层因素的概率评价矩阵 R_{PB} 和后果评价矩阵 R_{CB}，则构成了对目标的评价矩阵，即：

$$R_{PB} = \begin{bmatrix} r_{PB1} \\ r_{PB2} \\ r_{PB3} \end{bmatrix} = \begin{bmatrix} 0.043 & 0.079 & 0.233 & 0.284 & 0.361 \\ 0.049 & 0.113 & 0.290 & 0.344 & 0.204 \\ 0.043 & 0.094 & 0.271 & 0.410 & 0.182 \end{bmatrix}$$

$$R_{CB} = \begin{bmatrix} r_{CB1} \\ r_{CB2} \\ r_{CB3} \end{bmatrix} = \begin{bmatrix} 0.126 & 0.210 & 0.372 & 0.292 \\ 0.110 & 0.193 & 0.346 & 0.351 \\ 0.129 & 0.183 & 0.313 & 0.375 \end{bmatrix}$$

再计算 3 个基本因素的概率权向量和后果权向量，分别为：

$$A_{PB} = (0.349 \quad 0.278 \quad 0.373)$$

$$A_{CB} = (0.291 \quad 0.379 \quad 0.330)$$

评价集各指标的权重分别为：

$$B_P = (9/25 \quad 7/25 \quad 5/25 \quad 3/25 \quad 1/25), B_C = (7/16 \quad 5/16 \quad 3/16 \quad 1/16)$$

则某型坦克项目风险事件发生的概率为：

$$P_f = A_{PB} R_{PB} B_P^{\mathrm{T}} = (0.349 \quad 0.278 \quad 0.373)$$

$$\begin{bmatrix} 0.043 & 0.079 & 0.233 & 0.284 & 0.361 \\ 0.049 & 0.113 & 0.290 & 0.344 & 0.204 \\ 0.043 & 0.094 & 0.271 & 0.410 & 0.182 \end{bmatrix} \begin{bmatrix} 9/25 \\ 7/25 \\ 5/25 \\ 3/25 \\ 1/25 \end{bmatrix} = 0.147$$

该某型坦克项目风险后果的影响程度为：

$$C_f = A_{CB} R_{CB} B_C^{\mathrm{T}} = (0.291 \quad 0.379 \quad 0.330)$$

$$\begin{bmatrix} 0.126 & 0.210 & 0.372 & 0.292 \\ 0.110 & 0.193 & 0.346 & 0.351 \\ 0.129 & 0.183 & 0.313 & 0.375 \end{bmatrix} \begin{bmatrix} 7/16 \\ 5/16 \\ 3/16 \\ 1/16 \end{bmatrix} = 0.199$$

计算该项目的风险度为：

$$R_f = 1 - P_s C_s = 1 - (1 - P_f) \times (1 - C_f) = P_f + C_f - P_f C_f = 0.317$$

对项目风险度 R_f 的最后结果进行判定，由于 $0.3 < R_f < 0.7$，可知某型坦克项目的风险处于风险较低与风险中等之间。

如前步骤分别得出各个因素及各个指标相应的概率测度、后果测度、风险测度及其排序，如表 12 - 17 所示。

表 12 – 17　该项目采用模糊综合评价法各因素评价结果及排名

	进度风险		技术风险		费用风险	
	数值	排序	数值	排序	数值	排序
概率	0.133	3	0.157	1	0.153	2
后果	0.209	1	0.195	3	0.196	2
风险	0.314	3	0.321	1	0.319	2

　　武器装备研制项目的风险评价过程是运用系统的分析思想，对研制项目相关风险的发生概率和风险造成的损失及其幅度，以及项目整体风险和损失进行数值分析的过程，本部分通过构建不同的指标体系，应用模糊综合评价法从武器装备研制项目技术风险、管理风险、费用风险和进度风险等各个方面较为完整地评价该坦克研制项目的整体风险，为型号研制和改进提供定量基础。

(七)风险应对

　　经过项目风险识别和风险评价后可以确定项目全部的风险，一般会有两种情况：一是项目整体风险超出了能够接受的水平；二是项目整体风险在可接受的水平之内。

　　对于两种不同的情况，各自可以有一系列的项目风险应对措施，如图 12 – 17 所示。对于第一种情况，项目整体风险超出了可接受的水平，至少有两种基本的应对措施可以选择：一是当项目整体风险超出可接受水平很高时，由于无论如何努力也无法完全避免风险所带来的损失，所以应该立即停止项目和全面取消项目；二是当项目整体风险超出可接受水平不多时，可以通过主观努力和采取措施避免或消减项目风险损失。如果项目整体风险在可接受的水平之内，也应该制定各种各样的项目风险应对措施，去规避或控制风险。

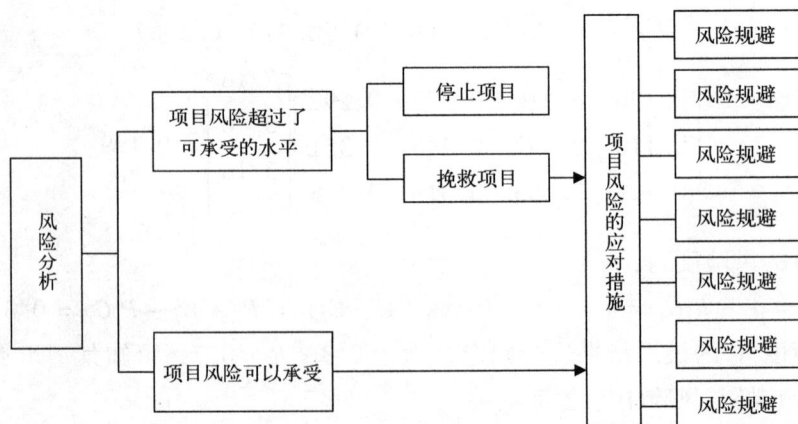

图 12 – 17　项目风险评价后的应对措施

1. 风险应对计划

风险应对计划就是制定风险规避策略以及具体实施措施和手段的过程。这一阶段要考虑的两个问题：第一，风险管理策略本身是否正确、可行；第二，实施管理策略的措施和手段是否符合项目总目标。

风险应对计划的制定主要遵循几个原则：

一是把风险事故的后果尽量限制在可接受的水平上，是风险管理规划和实施阶段的基本任务。整体风险只要未超过整体评价基准，就可以接受。对于个别风险，则可接受的水平因风险而异。风险后果是否可被接受，要考虑两方面，损失大小和为规避风险而采取的行动。如果风险后果很严重，但是规避行动不复杂，代价也不大，则此风险后果可被接受。

二是项目风险管理人员在项目进行过程中应该定期（可以按里程碑节点）将风险水平同评价基准对照，逐渐提高风险评价基准。

三是在考虑风险应对计划时，项目风险管理者应采取主动行动，尽量减少已知的风险，提高项目成功的概率。

2. 风险应对方法和技术

（1）装备研制风险预防

装备研制项目风险预防的常规方法可以分为有形和无形两种。

1）有形风险预防——工程法

工程法是一种有形的方法，它以工程技术为手段，可以消除一些物质性的装备研制风险威胁。工程法预防装备研制风险有多种措施，如：①防止装备研制风险因素出现；②减少已存在的装备研制风险因素；③将装备研制风险因素与人、财、物在时间上和空间上隔离。

工程法有如下特点：每一种措施都与具体的工程技术相联系，但对其又不能过分依赖。首先，采取工程技术措施需要很大的投入；第二，任何工程设施都需要有人员参加，而人的素质起决定作用；第三，任何工程设施都不会百分百的可靠。因此，研制项目的工程法需要同其他措施结合起来使用。

2）无形风险预防

无形的装备研制风险预防手段有教育法和程序法。

①教育法

装备研制项目管理人员和其他有关各方的行为不当可成为研制项目的风险因素。因此，要减轻与不当行为有关的装备研制风险，必须对有关人员进行风险和风险管理教育。教育内容应包含装备研制项目的预算、规划、法规、章程、标准、操作规程、风险知识、安全技能和安全态度等。

②程序法

程序法是以制度化的方式从事装备研制活动，减少不必要的损失。装备研制项目的管理部门制定的各种管理计划、方针和监督检查制度一般都能反映研制活动的客观规律。所以，要从战略上减轻装备研制风险，就必须遵循基本的操作程序。

（2）装备研制风险控制

装备研制风险控制适用于装备研制方案已定的情况，即研制展开阶段，这是所有装备研制项目风险应对技术中最通行的一种，它可以形象地表述为：承认有风险，但将尽力减少其发生，减轻其影响。风险控制就是通过风险处理技术，使用户和承制部门可以采取积极步骤降低风险事件发生的概率并减轻其对研制项目的潜在影响。

装备研制风险控制是对项目进行连续监控和纠正的过程，控制方式有反馈控制和前馈控制两类。

①反馈控制

反馈控制是对各项研制工作有规律的（或连续的）观察和现场监督，发现问题，及时采取补救措施，如各种形式的审查、汇报、工作检查、阶段工作总结等，都是反馈控制的具体形式。

②前馈控制

前馈控制是相对于反馈控制而言的，它的指导思想是：研制项目中的许多技术风险都是可以通过主动工作而得到减轻乃至消除的，而不是只能在问题产生后再去观察和解决。具体做法是根据对研制风险的预先分析，制定研制风险降低计划，并跟踪其执行情况，对易出问题的地方提前制定对策，尤其对研制项目关键技术要实施重点管理。

装备研制风险控制的措施主要有：①多家研制；②早期样机研制；③渐进式研制；④检查；⑤验证事件；⑥使用全尺寸模型；⑦建模/仿真；⑧过程验证；⑨制造筛选。

（3）装备研制风险避免

装备研制风险避免可用于对研制项目风险进行权衡与决策的过程中。这实际上是一种风险厌恶的态度，可以表述为"我不接受这个选择，因为它有潜在的不利后果"。在许多情况下都可以从若干备选方案中做出较低风险的选择，而作为低风险选择就是做出了风险避免的决策。

装备研制风险避免是一项降低风险的技术，它降低或取消一些招致研制风险的要求，使用该技术应该与用户密切协调。因为该技术有降低风险的作用，所以在制定研制风险处理计划时通常引用该技术，风险避免工作可以与初始使用要求分析同时进行，并需要费效分析的支持。

在装备的研制中，风险避免有如下一些具体形式：

1）针对技术风险。降低新研制系统及设备性能改进的幅度；研制较为简化的系统设备；采用现有的系统及设备；不采用或少采用新工艺、新材料、新技术、新体制。总体来说，就是降低指标和功能的改进，并使复杂性降低，从而有效降低技术风险。进度风险和费用风险主要由技术风险所引起，所以降低了技术风险，也就有效降低了进度风险和费用风险。

2）针对纯粹的费用和进度风险。尽量避免估算错误；辨识并分析人为的压低风险。

3）针对其他风险成分。引起上级机关的重视，避免行政延误；及时了解上级和平级单位的有关情况，对技术方案的变动，研制项目的进度和资金保障等要做到有一定的预见性；尽量避免与研制项目有直接关系的人员的变动；研制项目主管人员要对项目进行透彻研究，以利于发现其中潜在的风险源。

（4）装备研制风险承担

装备研制部门或承包方可以考虑把风险自愿承担下来。自愿接受可以是主动的，也可以是被动的。由于在需求论证阶段就已经对一些风险有了准备，所以当研制风险事件发生时马上执行应急计划，这就是主动接受研制风险；被动接受研制风险是指在研制风险事件造成的损失数额不大，不影响研制项目大局时，有关方面将风险承担下来。承担研制风险是最省时的一种风险处理方法，在许多情况下也是最节省费用的一种方法。当采取其他风险处理方法的费用超过研制风险事件本身造成的损失数额时，可以考虑采取研制风险承担的方法。

装备研制风险承担是有意识地决定接受项目研制的不利事件发生的后果，在装备研制中，不论怎样去避免和控制风险，总有一定数量的研制风险是需要承担的，因此在某种意义上，它是在风险避免和风险控制的基础上，可以退守的最后一道防线，研制项目主管人员必须针对具体情况设定一个适当的可以安全接受的"储备水平"，或最低的可以接受的立场。总之，研制风险承担就是针对某一个或几个已辨识出的研制风险后果有意识的决定采取或不采取行动。

1）辨识和了解需要承担的研制风险，主要的工作程序如下：

①确定某项研制风险一旦成为现实需要多少资源，如时间、财力、人力；②确定需要采取哪些具体的管理活动，如重新设计、重新试验等；③确保采取必要的行政管理措施去迅速实施上述管理活动；④决定承担某项研制风险后，就要留出各种储备，以备该研制风险发生。

2）装备研制项目风险承担的三种措施：

①设立预算应急费。预算应急费也叫不可预见费，它是一笔事先准备好的资金，用于补偿因差错、疏漏及其他不确定性对研制项目费用估计精确性的影响。预算应急费在项目研制过程中一定可以花出去，但用在何处、何时以及多少，则在预算时并不知道。预算应急费在研制项目预算中要单独列出，不能分散到具体的研制费用项目下。

②设立技术后备措施。技术后备措施专门用于应付研制项目的技术风险，当预想的情况已经出现，并需要采取补救行动时才启用技术后备措施。预算和进度后备措施很可能用得上，而技术后备措施则不一定用上。只有当不大可能发生的事件发

生，需要采取补救行动时，才动用技术后备措施。

③采取进度后备措施。对于进度方面的不确定因素，研制项目有关各方一般不希望以延长时间的方式解决。因此，项目管理部门就要设法制定出一个比较紧凑的进度计划，争取项目按期完成。从网络计划的观点看来，进度后备措施就是在关键路线上设置一段时差或浮动时间。首先应当找出网络上的关键路线，然后采取措施压缩这条路线上的各个工序时间，腾出一段后备时差，这就是进度后备措施。项目不确定性程度越高，任务越含糊，关键路线上的时差或浮动时间也应该越长。

需要注意的是，决定承担风险，则留出以上各种储备以备风险发生。如果做不到这一点，项目可以在分配给这项工作的经费和进度限度内运作。如果项目完不成其目标，必须做出决策，是追加资源，或者接受能力要求降低，还是取消此项工作。

（5）装备研制风险转移

装备研制风险转移是在风险避免、风险控制和风险承担的基础上发展起来的一类做法，它的指导思想是研制风险共担，即委托方和研制方共同承担风险，也可视为委托方和研制单位向对方转移风险，一般来说，这种转移对双方都有利。其目的不是降低风险发生的概率和不利后果的大小，而是借用合同或协议，在风险事故发生时将损失的一部分或全部转嫁到研制项目承担者以外的第三方身上。

3. 根据风险系数选择装备研制风险处理方法

风险系数（风险度）是指装备研制中存在的风险事件对研制项目产生不利影响的严重程度，它是风险事件造成研制失败的概率和失败后果的综合测评参数。失败概率 P_f 高，但失败后果 C_f 不一定严重；失败概率 P_f 很低，但失败后果 C_f 却很严重。风险系数 R 越大，说明风险事件对项目的不利影响越严重，反之亦然。

风险系数主要可以用于风险处理过程中风险规避策略的选择上，即根据确定的风险防范系数 $R_v = 1 - R_f$ 值的大小可以决定采取什么样的风险规避策略。R_v 值介于 0 和 1 之间，R_v 值越小说明进行风险规避的难度越大。

（1）如果 $R_v = 0$，说明进行风险防范的难度最大，这时候风险无法通过转嫁给第三方得到减轻，如果风险实在太大，最好的办法就是采取风险避免的方法，干脆放弃该项目，以避免更大的损失；如果风险较小，则可以采取风险承担的方法，同时做好风险预防的准备，必要时启用后备措施。

（2）如果 $0 < R_v < 1$，说明风险可以通过采取一定的措施进行不同程度的避免，可以采用控制风险、减轻风险或者转移风险的办法，同时对风险进行预防，必要时启用后备措施。当然，如果采取这些措施的成本 C_v 高于风险本身造成的损失 C_r，则可以考虑承担风险的做法。

（3）如果 $R_v = 1$，说明该风险完全可以避免，对于项目的影响可以忽略不计，因此在做风险管理计划时可以不予考虑。

根据 R_v 值选择风险规避策略的方法如图 12-18 所示。

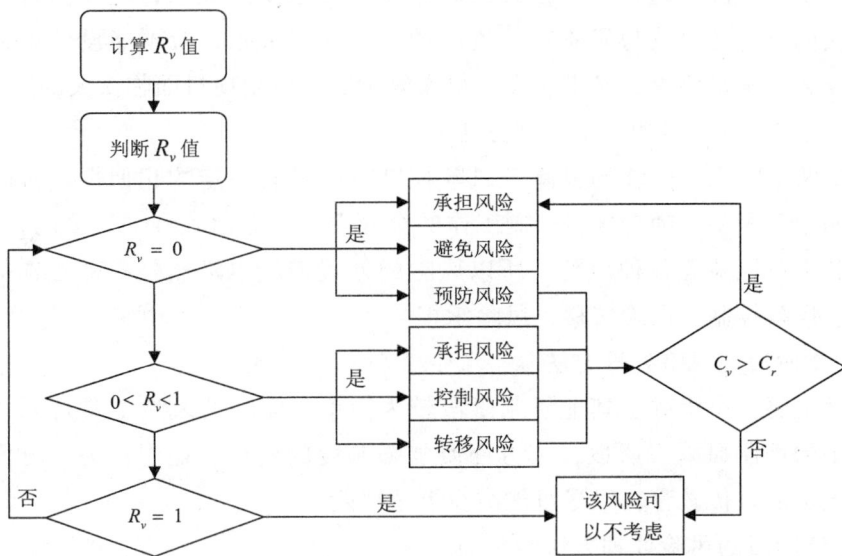

图 12 - 18 根据 R_v 值选择风险规避策略的方法

在某型坦克项目的研制过程中，我们按照前述计算的各风险事件的风险系数，根据上述风险处理策略和过程完成各个风险事件的风险处理。同时，在考虑各项风险事件的风险处理方式的过程中还须结合项目研制的各个阶段分别予以分析和考虑。

4. 基于研制阶段的装备研制风险处理方法

装备研制项目是分阶段进行的，包括项目论证、设计、研制、试验、定型和生产六个阶段。在每一个阶段中，由于其主要工作内容、内部条件和外部环境均不同，导致各项目的主要风险各不相同，应采取风险处理的侧重点也不相同。此外，由于每个阶段的工作侧重点及外部环境的不同，其风险控制也必须各有侧重。

（1）论证阶段的风险处理方法

这一阶段的项目主要处在筹划中，装备研制项目的立项风险正是在该阶段形成的。研制项目的各种风险都与立项风险密切有关，对项目今后的研制会产生巨大的影响。具体的风险处理主要有两种途径：一是严格按照项目研制的决策程序，深入调查，广泛听取各方面的意见，在综合分析和平衡的基础上，做出科学的决策；二是对项目进行科学的可行性论证，论证项目成立的必要性和所需达到的应用目标，论证计划的可行性，包括技术、进度和费用等各个方面。

（2）设计阶段的风险处理方法

装备研制项目的设计风险仅次于立项风险，对研制项目也具有很高的综合影响度，所以，在该阶段中必须对研制项目的设计风险加以重点控制。具体措施有以下几种：要根据项目研制的目的和要求进行优化设计、避免方案重大修改带来的风险损失；进行可靠性方案论证、设计和确定总体可靠性指标，保证系统的可靠性；在技术途径和工艺方法的选择上，正确的处理继承和创新的关系；全面衡量方案的先进性与现实的可行性以及与研制项目资源约束之间的关系，既不能设计得太简单而导致其性能无法满足要求，又不能设计得太复杂而使研制项目面临太大的风险。

（3）研制与试验阶段的风险处理方法

由于这两个阶段所面临的风险及风险控制措施具有一定的相似性，所以一并论述。在这两个阶段中，随着项目研制工作的全面展开，会面临种类繁多的技术风险、管理风险和人员风险等各种风险。所以风险的处置措施也必然是各种各样的，包括风险避免、风险控制、风险转移、风险承担。

（4）定型阶段的风险处理方法

该阶段主要工作相对于其他研制阶段较为简单，面临的风险主要是人力风险和管理风险中的控制风险。所以，一方面要加强制度的建设和监督；另一方面，应加强对有关人员的宣传教育，以尽可能减少上述风险。

（5）生产阶段的风险处理方法

在生产阶段，风险控制的重点是对质量的全面控制，同时，可通过转包等形式将研制项目的一部分风险转移出去。

基于研制阶段的装备研制风险处理方法措施如表 12 - 18 所示。

表 12 - 18　基于研制阶段的装备研制风险处理方法措施

项目阶段	主要风险	主要处理措施	辅助处理措施
论证阶段	管理风险	风险控制：加强预先研究工作；制定科学决策程序；充分的立项论证	风险避免：调整项目研制目标 风险承担：制定应急措施，增加项目弹性
设计阶段	管理风险 技术风险 费用风险	风险控制：加强预先研究工作；可靠性设计及优化设计；正确处理继承和创新的关系；全面权衡先进性和可实现性的关系	风险承担：主要是被动式的 风险避免：放弃设计风险太大的方案
研制阶段 试验阶段	技术风险 管理风险 进度风险 费用风险 保障性风险	风险控制：主要是全面的质量管理和可靠性	风险转移：通过转包等形式将风险转移出去 风险承担：主要是被动的风险承担 风险避免：放弃风险过大的工艺方案
定型阶段	技术风险 管理风险 进度风险 费用风险 保障性风险	风险控制：加强制度建设以及对工作人员的培训教育	风险承担：主要是被动的风险承担

项目阶段	主要风险	主要处理措施	辅助处理措施
生产阶段	技术风险 管理风险 进度风险 保障性风险	风险控制：主要是全面的质量控制	风险转移：通过转包等形式将部分风险转移出去 风险承担：主动的和被动的风险承担共存

5. 风险处理结果

某型坦克项目风险处理的结果如表 12 – 19 所示。

武器装备研制项目风险应对过程是对风险进行辨识、评价、选定并实施应对方案的过程。是在给定的项目约束条件和目标下使风险保持在可接受的水平。本部分详细介绍了根据风险系数选择研制风险处理的方法，并根据装备研制阶段不同的特点提出武器装备研制风险处理的方法措施。

表 12 – 19　某型坦克项目风险事件的风险处理方法

风险事件编号	风险事件名称	WBS部件名称	预计发生时间	风险等级	风险度	风险处理方法	费用预算/元	进度影响	备用方法	负责人
1	尺寸有误	炮塔基板	2002.8.5	中	0.436	风险预防	3000	3	风险承担	张三
2	承受力不够	炮框	2002.8.10	中	0.46	风险预防	3000	3	风险转移	李四
3	硬度不够	炮身	2002.10.8	中	0.424	风险承担	3000	4	风险转移	王五
4	不灵活	炮闩	2002.10.27	中	0.304	风险预防	500	1	风险承担	张三
5	组装故障	发射系统	2002.11.5	中	0.436	风险转移	5000	5	风险承担	李四
6	瞄准不精确	瞄准具	2003.1.10	低	0.136	风险转移	1000	2	风险控制	王五
7	平衡度不够	减振支架	2003.1.20	低	0.296	风险转移	300	1	风险承担	李四
8	连续故障	中央处理器电路板	2003.2.22	高	0.812	风险预防	4000	4	风险承担	张三
9	连续故障	接口电路板	2003.3.2	低	0.248	风险预防	300	1	风险承担	张三
10	划分不精确	分划板机构	2003.6.10	中	0.484	风险转移	2000	1	风险控制	王五
11	……	……	…	…	…	……			……	

（八）研制风险监控预警系统

某型坦克项目执行风险监控的过程如图 12 – 19 所示。

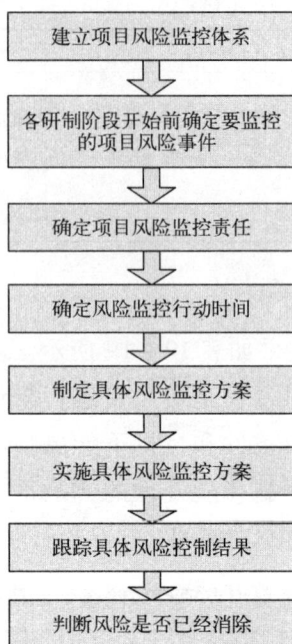

图 12 – 19　某型坦克项目风险监控流程

在某型坦克项目研制过程中，首次尝试采用研制风险监控预警系统来监控项目风险。研制风险监控预警系统可通过度量某种状态偏离预警线的强弱程度，发出预警信号并提前采取防范措施。它是项目管理层通过建立风险评估体系来预防、化解风险的发生，将风险造成的损失降到最低的有效手段。该项目风险监控预警系统采取超前和预先防范的管理方式，一旦在监控过程中发现有发生风险的征兆，立即采取措施并发出报警信号。在进行风险预警时可以做到：①对项目研制的全过程进行动态的在线监控，识别风险要素；②一旦发现项目进展不顺利，即转入预警管理程序，进行纠偏干预；③及时向机关发出警报，以便机关及时干预和决策。

在该项目研制风险监控预警系统中，风险一般可分为系统风险和非系统风险两类。前者涉及所有项目，不能通过项目方采取措施来分散，因而不应作为项目风险监控预警系统防范的主要对象；后者是随机发生的，可以通过有效的应对措施来分散，因而非系统风险应作为该项目风险监控预警系统控制的主要目标。

可建立如图 12 – 20 所示的风险预警系统应用模型。

根据上述建立的风险监控预警系统应用模型，对某型坦克项目进行风险监控的过程如下：

（1）建立项目风险监控体制，主要包括建立项目风险责任制、项目风险信息报告制度、项目风险监控决策制度以及项目风险监控沟通程序等，由项目负责人和各级风险管理部门负责。

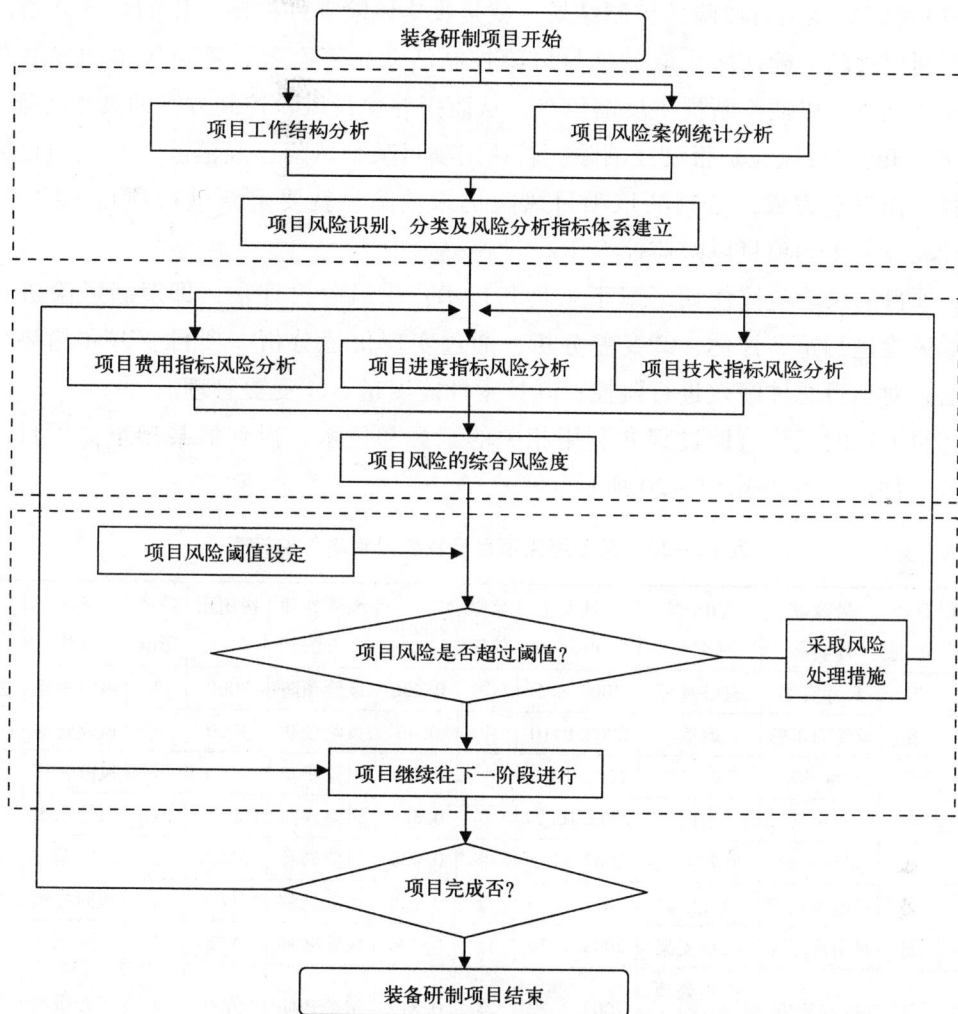

图 12 − 20　某型坦克项目研制风险监控预警系统应用模型

（2）在项目各个阶段开始前，确定要监控的项目风险事件。

（3）确定项目风险监控责任，确保所有需要监控的项目风险都落实到人，同时明确岗位职责，对于项目风险控制实行专人负责。

（4）确定项目风险监控的行动时间。对项目风险的监控制定相应的时间计划和安排，计划和规定除解决项目风险问题的时间表与时间限制。

（5）制定具体风险监控方案。根据项目风险的特性和时间计划制订出各具体项目风险控制方案，找出能够控制项目风险的各种备选方案，然后要对方案作必要可行性分析，以验证各项目风险控制备选方案的效果，最终选定要采用的风险控制方案或备用方案。

（6）实施具体项目风险监控方案。要按照选定的具体项目风险控制方案开展项目风险控制的活动。

（7）跟踪具体项目风险的控制结果。就是收集风险事件控制工作的信息并给出反馈，即利用跟踪去确认所采取的项目风险控制活动是否有效，项目风险的发展是否有新的变化等，以便不断提供反馈信息，从而指导项目风险控制方案的具体实施。

（8）判断项目风险是否已经消除。若认定项目某个风险已经消除，则该项目风险的控制工作就已完成，若判断该项目风险仍未消除，就要重新进行项目风险识别，重新开展下一步的项目风险监控工作。

该项目的风险监控使用了以下工具和技术：①风险再评估，即对新风险进行识别并对风险进行重新评估；②变差分析，通过实现价值分析、项目变差和趋势分析等方法，对项目总体绩效进行监控；③技术性能度量；④变更管理。

遵照上述的风险监控过程并利用相关的工具和技术，得到的某型坦克项目已发生风险事件监控表如表12-20所示。

表12-20 某型坦克项目已发生风险事件监控表

风险事件编号	是否识别	风险事件名称	WBS部件名称	预计发生时间	风险等级	风险度	风险处理方法	费用预算/元	进度影响	备用方法	负责人
1	是	尺寸有误	炮塔基板	2002.8.5	中	0.436	风险预防	3000	3	风险承担	张三
2	是	承受力不够	炮框	2002.8.10	中	0.46	风险预防	3000	3	风险转移	李四
3	是	硬度不够	炮身	2002.10.8	中	0.424	风险承担	3000	4	风险转移	王五
4	否	不灵活	炮闩	2002.10.27	中	0.304	风险预防	500	1	风险承担	张三
5	是	组装故障	发射系统	2002.11.5	中	0.436	风险转移	5000	5	风险承担	李四
6	是	瞄准不精确	瞄准具	2003.1.10	低	0.136	风险转移	1000	2	风险控制	王五
7	是	平衡度不够	减振支架	2003.1.20	低	0.296	风险转移	300	1	风险承担	李四
8	是	连续故障	中央处理器电路板	2003.2.22	高	0.812	风险预防	4000	4	风险承担	张三
9	是	连续故障	接口电路板	2003.3.2	低	0.248	风险预防	300	1	风险承担	张三
10	是	划分不精确	分划板机构	2003.6.10	中	0.484	风险转移	2000	1	风险控制	王五
11	……		……	……	……		……			……	

六、结论

本章综合分析了国内外装备科研项目管理的发展情况，重点针对我国武器装备研制项目风险管理的不足，将国内外风险管理领域先进的理论和方法应用于我国武器装备研制风险管理具体实践工作中，以某型坦克研制项目为背景，对该坦克研制项目全过程的风险管理工作进行了完整的描述，以文字和报表的形式全面展示了项目风险管理实施过程，以及相应的分析结果，为管理决策提供依据。

装备研制风险管理既是理论方法和实务的融合，又是微观风险管理和宏观风险管理的融合，作为项目全方位管理的重要一环，风险管理对保证武器装备研制项目实施的成功、对武器装备研制管理实践具有重要意义和价值。本研究的创新点主要有：

（一）首次将风险管理应用于陆军地面武器装备研制全过程

我国陆军地面武器装备的研制长期缺乏风险管理或风险管理长期处于以经验为主的状态，研究与应用仍处于起步阶段，本研究首次在陆军地面武器装备研制全过程开展了风险管理工作，有效地填补了相关领域的空白。

（二）提出了面向武器装备研制全过程的风险管理方法与体系结构

以往武器装备研制过程中只针对局部风险管理工作或某些研制环节进行过探索，缺乏先进的理论指导和行之有效的、完善的方法体系结构。本研究将国内外风险管理先进的方法和技术手段应用于武器装备项目研制具体的风险管理过程中，从各个具体的风险管理环节和过程到每项风险管理工作的具体实施方法、从各项风险管理工作的输入到结果输出、从风险管理的方法体系到结构体系都进行了详尽的阐述。

（三）定性分析与定量分析相结合

本项研究不仅依靠有关知识、经验和能力等主观因素，通过对影响风险的各种因素进行分析，来确定风险的存在和风险大小及其发展趋势的定性分析方法；而且运用系统的分析思想，对研制项目相关风险的发生概率和风险造成的损失及其幅度，以及项目整体风险的概率和损失进行数值分析的定量分析过程。定性分析与定量验证相结合，在进行深入定性分析的基础上，利用装备研制项目研制过程中方方面面的具体数据信息，借鉴当前国内外相关领域的最新理论成果和实践经验，建立各项识别、评价、综合权衡及控制模型，对研究内容的关键环节和方面力求做到定量化。

（四）将模糊综合评价方法应用于武器装备项目风险评价

长期以来，我国的武器装备项目风险评价缺少切实可行的定量分析技术，本研究将成熟的模糊综合评价方法应用于武器装备项目风险评价，不但从各个侧面较为完整地评价武器装备研制项目的整体风险，而且对相关风险发生的概率、风险造成的损失等进行了量化分析，分析结果直观、具体。

（五）具有广泛的指导意义

将风险管理集成到项目研制全过程，从方案论证到工程研制，对每项风险管理工作的具体实施方法和步骤进行了详细地描述和界定，实施过程简单、可操作性强，并可根据实际需要进行裁减，具有广泛的应用前景。

我国的风险管理工作特别是装备研制风险管理研究与应用尚处于起步阶段，虽然本研究在装备研制项目风险管理体系结构、定量模型和方法以及具体应用过程等方面开展了一些工作，但由于装备研制风险的"三高（高可变性、高时效性、高难度)"、多样性和多层次性以及关联性强等特点，决定了武器装备研制项目风险管理无论是在理论、方法还是在体系结构上仍需在进一步的实践过程中不断丰富和完善，对技术的验证和实际数据的积累需要漫长的时间。同时，加强装备研制的源头建设，加强装备顶层设计和需求论证能力建设，加强国防科学技术和能力建设，加强研制管理能力和水平同样也是装备项目研制风险管理工作的基础和关键任务。

第十三章 基于 AHP 的武器系统顶层规划与总体设计方案决策研究

作者基于层次分析法理论研究了现代自行加榴炮武器系统顶层规划和总体设计的首要问题——总体方案决策研究，构造了解决复杂和不确定问题的层次结构模型，建立了决策指标体系，通过模拟专家的方法确定各层的权重，依据各层因素的计算结果，最终计算出待选方案对综合目标的权重进行层次总决策，从而得到 A155 自行加榴炮武器系统的总体方案明显优于美军数字化改造后的 B155 自行榴弹炮武器系统，前者综合效能是后者的 1.5 倍，其作战能力、系统精度和经济性远比 B155 优越，特别是在经济性上，费用仅是 B 的 1/5。但是在信息能力上不如 B155，在关键的信息共享指标上，差距还比较大。

AHP—Analytic Hierarchy Process（层次分析法），是美国运筹学家托马斯·沙旦 1971 年提出的决策分析方法。在此我们将应用这种分析方法，对现代自行火炮武器系统的顶层规划与总体设计方案进行决策研究。

一、AHP——层次分析法原理

层次分析法在解决问题时，首先对问题所涉及的各因素进行分类，找出相互关系，构造层次结构。全部因素分为目标类，准则类，方案类：

最终目标……评价准则……待选方案

之后，求出各个评价准则对最终目标的重要程度（权重），再分析各个待选方案对各个评价准则的重要程度（权重），最后，计算出各个待选方案对最终目标的重要程度（权重）。

设某层的因素为 A_1，A_2，$\cdots$，A_n，当计算对上层某因素的权重 w_1，w_2，$\cdots$，w_n 已知时，$\boldsymbol{A} = (a_{ij})$ 为如下所示的矩阵：

$$\boldsymbol{A} = (a_{ij}) = \begin{bmatrix} w_1/w_1 & w_1/w_2 & \cdots & w_1/w_n \\ w_2/w_1 & w_2/w_2 & \cdots & w_2/w_n \\ & & \cdots & \\ w_n/w_1 & w_n/w_2 & \cdots & w_n/w_n \end{bmatrix} \tag{13.1}$$

即 $a_{ij} = w_i/w_j$，$a_{ji} = 1/a_{ij}(i, j = 1, 2, \cdots, n)$，此时成立，对任何 i，j，k，$a_{ij} \times a_{jk} = a_{ik}$（一致条件）。这表明决策者的判断是前后一致的，无矛盾的。记 $\boldsymbol{w} = (w_1, w_2, \cdots, w_n)^T$，计算可得，

$$\boldsymbol{Aw} = n\boldsymbol{w}$$

即为矩阵特征值问题

$$(\boldsymbol{A} - n\boldsymbol{I})\boldsymbol{w} = 0 \tag{13.2}$$

其中，$\boldsymbol{I}$ 为 n 阶矩阵。由线性代数理论，为了有非零向量 $w \neq 0$，n 必须为 $\boldsymbol{A}$ 的特征值，对应 w 为 $\boldsymbol{A}$ 的特征向量。进一步由 $a_{ij} \times a_{jk} = a_{ik}$ 知 $\boldsymbol{A}$ 的秩为 1，于是 $\boldsymbol{A}$ 只有一个非零特征值。另外 $\boldsymbol{A}$ 的主对角元之和为 n，即为 $\boldsymbol{A}$ 的特征值之和，于是 $\boldsymbol{A}$ 的唯一非零特征值为 n，$\boldsymbol{A}$ 的特征值成立以下关系，

$$\lambda_i = 0, \lambda_{\max} = n, (\lambda_i \neq \lambda_{\max}) \tag{13.3}$$

A_1，A_2，$\cdots$，A_n 对应的权重向量 $\boldsymbol{w}$ 为 $\boldsymbol{A}$ 的最大特征值 n 对应的单位特征向量（$\sum\limits_{i=1}^{n} w_i = 1$）。

然而，在解决实际复杂问题时，权重向量 $\boldsymbol{w}$ 是未知的，必须求出其近似向量 $\boldsymbol{w}'$。根据决策者的回答，得到比较矩阵 $\boldsymbol{A}' = (a_{ij})$，从而计算出权重向量 $\boldsymbol{w}'$。

$$\boldsymbol{A}'\boldsymbol{w}' = \lambda'_{\max}\boldsymbol{w}' \quad (\lambda'_{\max} \text{为} \boldsymbol{A}' \text{的最大特征值})$$

但是由于实际情况的复杂性，决策者的回答一般不具有一致性。此时 $\boldsymbol{A}'$ 不满足一致性条件 $a_{ij} \times a_{jk} = a_{ik}$，可以证明成对比较矩阵 $\boldsymbol{A}'$ 的最大特征 $\lambda'_{\max} \geq n$。这可由下面所示的沙旦定理看出。

$$\lambda'_{\max} = n + \sum_{i=1}^{n} \sum_{i=i+1}^{n} (w'_j a_{ij} - w'_i)^2 / w'_i w' a_{ij} n \tag{13.4}$$

一般 $\lambda'_{\max} > n$，$\lambda'_{\max} = n$ 的充要条件为 $\boldsymbol{A}'$ 是一致阵。引进一致性指标如下：

$$CI = \frac{\lambda'_{\max} - n}{n - 1} \tag{13.5}$$

一致性指标的意义。首先 $\boldsymbol{A}'$ 的 n 个特征值的和为 $n(a_{ij} = 1, \sum\limits_{i=1}^{n} a_{ii} = n)$，于是式（23.5）确定的一致性指标表示除 $\lambda'_{\max}$ 以外的 $n-1$ 个特征值的平均值的绝对值。矩阵 $\boldsymbol{A}'$ 为一致阵时，$CI = 0$ 的值在 0.1（或 0.15，0.1 或 0.15 的选取，取决于决策者对不一致的容忍程度）以下时，通过以上得到的一致性指标，再计算一致性程度 I，若 A 的不一致性程度 I 在容许范围之内，比较矩阵有效。I 的计算式为：

$$I = \frac{CI}{R} \tag{13.6}$$

其中：R 随判别矩阵的阶数不同而变化，具体数据见表 13-1。

表 13 - 1   R 与判别矩阵的阶数关系表

阶数	3	4	5	6	7	8	9	10
R	0.52	0.89	1.12	1.26	1.36	1.41	1.46	1.49

当 $I > 0.1$（或 0.15）时，说明有不一致数据存在，必须进行一致性检验。检验方法如下：必须重新构造成对比较矩阵，但到底哪一个成对比较值不符合一致性不易判断。文献[5-8]给出了一种判别不一致数据的方法，即计算特征向量中 ω 已有权值比值 ω_i/ω_j，并将这些比值按顺序成比值矩阵，判定原矩阵与比值矩阵的各元素中差别最大者即为异常值所在。通过修改专家给定的值，重新形成差别矩阵，并再求其特征向量和特征根，并进行一致性检验，直至其一致性指标符合要求为止。

二、层次分析法的基本步骤

层次分析法的模型框图详见图 13 - 1，它的基本步骤如下：

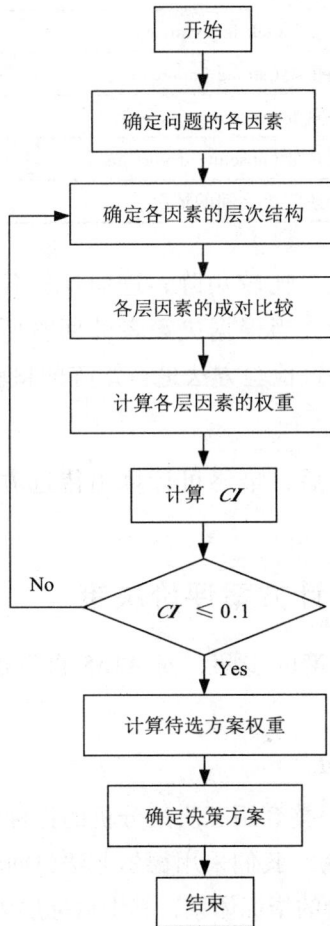

图 13 - 1   AHP 模型框图

◇ 第十三章   基于 AHP 的武器系统顶层规划与总体设计方案决策研究 ◇

231

(一)第1阶段

构造复杂问题的层次结构模型。最上层的一个因素为最终的综合目标，在以下各层中根据决策者的主观判断，确定各因素与上一层因素有无关系。一般除综合表外的各层因素数目最多可允许7个左右。层数则根据问题的结构性质而定，没有特别的界线。最下层为待选方案。

(二)第2阶段

确定各层因素的权重。作为评价的基础，对某层的与上一层某因素有关系的各因素进行成对比较。如果有 n 个参加比较的因素，则要作 $n(n-1)/2$ 次的承兑比较。成对比较的结果值一般取为 $1/9$，$1/8$，…，$1/2$，1，2，…，8，9 等（各数字的含义参见表13-2）。

表13-2　重要尺度及含义

重要尺度	含义
1	同等重要(equal importance)
3	稍重要(weak importance)
5	相当重要(strong importance)
7	非常重要(very importance)
9	极端重要(absolute importance)
2，4，6，8	在上述等级之间的情况

以上工作可得到各层的成对比较矩阵，进而计算各层因素的权重。其中要用到线性代数中的矩阵特征值理论。当根据决策者的回答所构造的成对比较矩阵不满足一致性条件，应根据上述不一致检验方法进行矩阵的检验与修正。

(三)第3阶段

各层因素的权重计算出来后，最终可计算出待选方案对综合目标的权重，从而得到决策方案。

三、武器系统总体设计方案评价决策

按照层次分析理论进行决策的步骤，对A155自行炮武器系统与美国B155的总体设计方案进行决策评价。

(一)决策指标体系的建立

层次分析法的关键是建立一整套用于决策分析的指标体系。为准确而全面地评价A与B火炮的总体设计方案的优劣，我们采用德尔菲法(Delphi technique)请武器领域的若干专家确定了用于两者进行评价的指标体系，其中目标层为武器系统总体设计综合效能，准则层为一级指标和二级指标，其中一级指标包括作战能力、系统精度、信息能力、后勤保障、训练能力和经济性，二级指标为各一级指标的分指标。如图 13 - 2 所示。

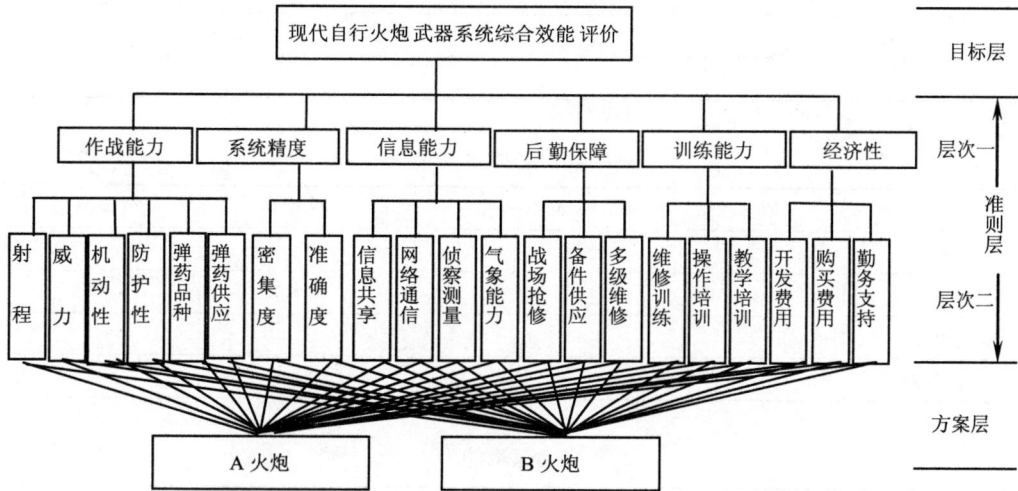

图 13 - 2　A 与 B 自行火炮武器系统总体方案决策层次图

（二）尺度数据的获取与整理

在建立指标体系的同时，我们也请专家对某层的与上一层某因素有关系的各因素进行成对比较，并综合这些专家的意见，得到了各指标进行比较时的尺度数据表。如表 13 - 3 ~ 13 - 5 所示。

表 13 - 3　层次一中各因素的成对比较矩阵

	作战能力	系统精度	信息能力	后勤保障	训练能力	经济性
作战能力						
系统精度						
信息能力						
后勤保障						
训练能力						
经济性						

表 13 - 4　层次二中各因素的成对比较矩阵

①作战能力

	射程	威力	机动性	防护性	弹药品种	弹药供应
射程						
威力						
机动性						
防护性						
弹药品种						
弹药供应						

②系统精度

	密集度	准确度
密集度		
准确度		

③信息能力

	侦察测量	网络通信	信息共享	气象测量
侦察测量				
网络通信				
信息共享				
气象测量				

④后勤保障能力

	战场抢修	备件供应	多级维修
战场抢修			
备件供应			
多级维修			

⑤训练能力

	维修训练	操作训练	教学培训
维修训练			
操作训练			
教学培训			

⑥经济性

	开发费用	购买费用	勤务支持
开发费用			
购买费用			
勤务支持			

表 13 - 5　层次三(方案层)中各因素的成对比较矩阵

①作战能力诸子指标对比矩阵

射程	A	B	威力	A	B	机动性	A	B
A			A			A		
B			B			B		

防护性	A	B	弹药供应	A	B	弹药品种	A	B
A			A			A		
B			B			B		

②系统精度诸子指标对比矩阵

密集度	A	B	准确度	A	B
A			A		
B			B		

③信息能力诸子指标对比矩阵

侦察测量	A	B	网络通信	A	B
A			A		
B			B		
信息共享	A	B	气象测量	A	B
A			A		
B			B		

④后勤保障能力诸子指标对比矩阵

战场抢修	A	B	备件供应	A	B	多级维修	A	B
A			A			A		
B			B			B		

⑤训练能力诸子指标对比矩阵

维修训练	A	B	操作训练	A	B	教学培训	A	B
A			A			A		
B			B			B		

⑥经济性诸子指标对比矩阵

开发费用	A	B	购买费用	A	B	勤务支持	A	B
A			A			A		
B			B			B		

（三）计算各层矩阵的特征值及其对应的特征向量

分别求取上述对比矩阵的特征值和特征向量，其中：特征值用于检验数据的一致性，其对应的特征向量即为权重向量，通常情况下，需要将特征向量归一化得到最后权重向量。计算结果见表13-3（其中：表中的特征向量中分量的顺序与上述矩阵中的指标相对应）。

表13-6中的特征值对应的特征向量还需要归一化，才能化为权重向量。在归一化前，需对不一致的数据进行检验和修正。

表13-6 各层因素特征值、特征向量及一致性检验结果

层次		特征向量 W	特征值 λ	一致性检验
层次一		(0.4331, 0.2078, 0.1514, 0.1122, 0.0634, 0.0321)	6.5162	0.0819
层次二	作战能力	(0.8509, 0.3598, 0.3364, 0.1367, 0.1129, 0.0446)	7.0327	0.1639
	系统精度	(0.25, 0.75)	2	0
	信息能力	(0.8977, 0.3953, 0.1725, 0.0906)	4.1899	0.071
	后勤保障	(0.9265, 0.3662, 0.0868)	3.0291	0.027
	训练能力	(0.9265, 0.3662, 0.0868)	3.0291	0.027
	经济性	(0.9161, 0.3715, 0.1506)	3.0385	0.0247
层次三	作战能力 射程	(0.8333, 0.1667)	2	0
	威力	(0.875, 0.125)		
	机动性	(0.25, 0.75)		
	防护性	(0.75, 0.25)		
	弹药品种	(0.8333, 0.1667)		
	弹药供给	(0.75, 0.25)		
	精度 密集度	(0.5, 0.5)		
	准确度	(0.75, 0.25)		
	信息能力 侦察测量	(0.8333, 0.1667)		
	网络通信	(0.5, 0.5)		
	信息共享	(0.25, 0.75)		
	气象测量	(0.5, 0.5)		
	后勤 战场抢修	(0.5, 0.5)		
	备件供应	(0.25, 0.75)		
	多级维修	(0.5, 0.5)		
	训练 维修训练	(0.1667, 0.8333)		
	操作训练	(0.75, 0.25)		
	教学培训	(0.875, 0.125)		
	经济性 开发费用	(0.1, 0.9)		
	购买费用	(0.9, 0.1)		
	勤务支持	(0.875, 0.125)		

注：此表中的数据为 A 与 B 的对比数据。

（四）不一致数据的检验与修正

由不一致性检验栏表13-3计算的结果可知：层次二中作战能力矩阵的 $I = 0.1639 >$

0.1。故作战能力矩阵中存在不一致数据。按照层次分析法理论中对不一致性问题的处理原理，计算作战能力矩阵中 $W_i/W_j(i, j = 1, \cdots, 6)$，得到如下的矩阵：

$$A' = \left[\frac{W_i}{W_j}\right] = \begin{bmatrix} 1 & 2.3649 & 2.5294 & 6.2246 & 7.5368 & \underline{19.2077} \\ & 1 & 1.0696 & 2.6320 & 3.1869 & 8.1219 \\ & & 1 & 2.4608 & 2.9796 & 7.5937 \\ & & & 1 & 1.2108 & 3.0858 \\ & & & & 1 & 2.5485 \\ & & & & & 1 \end{bmatrix}$$

比较原 A 与 A' 的各元素，可知差别最大的元素如 A' 下划线元素所示，修改其成对比较值，并依据此原理，最后得到如下成对比较值矩阵：

$$A'' = \begin{bmatrix} 1 & 3 & 5 & 7 & 9 & 9 \\ 1/3 & 1 & 3 & 3 & 3 & 7 \\ 1/5 & 1/3 & 1 & 3 & 7 & 6 \\ 1/7 & 1/3 & 1/3 & 1 & 3 & 4 \\ 1/9 & 1/3 & 1/7 & 1/3 & 1 & 1 \\ 1/9 & 1/7 & 1/6 & 1/4 & 1 & 1 \end{bmatrix}$$

计算得到：特征值为 $\lambda = 6.4843$，特征向量为 $W = (0.8653, 0.3722, 0.2883, 0.1452, 0.0678, 0.0623)$，一致性检验结果 $I = \dfrac{\lambda - n}{(n-1) \times R} = \dfrac{6.4843 - 6}{(6-1) \times 1.26} = 0.0768 < 0.1$，合乎要求。故最终作战能力矩阵的特征向量即为 W。

（五）根据特征向量得到各层因素权重

首先，对表 13 – 6 中的特征向量归一化。得到表 13 – 7 的归一化结果，即为权重向量。因层次三种结果已经归一，故表仅列出层次一和二中特征向量归一化结果。

表 13 – 7　权重向量结果表（层次一和层次二中各因素）

层次		权重向量 W
层次一		(0.4331, 0.2078, 0.1514, 0.1122, 0.0634, 0.0321)
层次二	作战能力	(0.4804, 0.2067, 0.1601, 0.0806, 0.0376, 0.0346)
	系统精度	(0.25, 0.75)
	信息能力	(0.5769, 0.2540, 0.1109, 0.0582)
	后勤保障	(0.6716, 0.2655, 0.0629)
	训练能力	(0.6716, 0.2655, 0.0629)
	经济性	(0.6370, 0.2583, 0.1047)

因此，层次二相对于层次一的权重向量可以分别计算为：

作 战 能 力：$\omega'_{21} = 0.4331\omega_{21} = (0.2081, 0.0895, 0.0693, 0.0349, 0.0163, 0.0150)$；

系统精度：$\omega'_{22} = 0.2078\omega_{22} = (0.0520, 0.1559)$；

信息能力：$\omega'_{23} = 0.1514\omega_{23} = (0.0873, 0.0385, 0.0168, 0.0088)$；

后勤保障：$\omega'_{24} = 0.1122\omega_{24} = (0.0754, 0.0298, 0.0071)$；

训练能力：$\omega'_{25} = 0.0634\omega_{25} = (0.0426, 0.0168, 0.0040)$；

经济性：$\omega'_{26} = 0.0321\omega_{26} = (0.0204, 0.0083, 0.0034)$；

综合以上结果，得到图 23 - 2 中所示的第三级各因素（按从左到右的顺序）的权重向量如下：

$$\omega = (0.2081, 0.0895, 0.0693, 0.0349, 0.0163, 0.0150, 0.0520, 0.1559, 0.0873, 0.0385,$$
$$0.0168, 0.0088, 0.0754, 0.0298, 0.0071, 0.0426, 0.0168, 0.0040, 0.0204, 0.0083, 0.0034)^T$$

（六）层次总决策

计算出各层因素间的权重后，就可以计算出层次全体的权重，即决定对于综合目标的各待选方案的定量选择标准。

记各待选方案的选择标准的权重为 X，则：

$$X = \omega' \cdot \omega$$

其中：

$$\omega' = (\omega_1, \omega_2, \omega_3, \omega_4, \omega_5, \omega_6, \omega_7, \omega_8, \omega_9, \omega_{10}, \omega_{11}, \omega_{12}, \omega_{13}, \omega_{14}, \omega_{15}, \omega_{16}, \omega_{17}, \omega_{18}, \omega_{19}, \omega_{20}, \omega_{21})$$

它是准则层最下层的 21 个因素对 A155 与 B155 的评价结果的权重向量组成的 2×21 矩阵，各分量 $\omega_i (i = 1, \cdots, 21)$ 的矩阵值可根据表 23 - 3 中层次三的特征向量值分别得到。如：

$$\omega_1 = (0.8333, 0.1667)^T, \omega_2 = (0.875, 0.125)^T, \omega_3 = (0.25, 0.75)^T$$

同时，因为 ω 是 21×1 矩阵，因此，可作矩阵乘法，得到方案的权重矩阵 X 为：

$$X = (0.6, 0.4)$$

四、计算结果分析

（1）由最终得到的 A 与 B 的评价向量矩阵 X 得到：A 火炮的总体设计方案明显优于 B，前者综合效能是后者的 $0.6/0.4 = 1.5$ 倍

（2）还可以进一步计算得到准则层中的层次一中各指标因素 A 与 B 性能值的比较结果。其计算原理与层次总决策的原理一致，以作战能力的对比计算为例，

$$A_1 = \begin{bmatrix} 0.8333 & 0.875 & 0.25 & 0.75 & 0.8333 & 0.75 \\ 0.1667 & 0.125 & 0.75 & 0.25 & 0.1667 & 0.25 \end{bmatrix} \cdot \begin{bmatrix} 0.4804 \\ 0.2067 \\ 0.1601 \\ 0.0806 \\ 0.0376 \\ 0.0346 \end{bmatrix} = \begin{bmatrix} 0.7389 \\ 0.2611 \end{bmatrix}$$

即作战能力 A 是 B 火炮的 0.7389/0.2611 = 2.83(倍)。将层次一中两种火炮各指标进行对比计算，计算结果如表 13 - 8 所示。

表 13 - 8 准则层中层次一中各指标对比计算结果

指标名称	结果矩阵	对比结果($\frac{A}{B}$)
作战能力	(0.7389, 0.2611)	2.83
系统精度	(0.6875, 0.3125)	2.2
信息能力	(0.3927, 0.6073)	0.6466
后勤保障	(0.4336, 0.5664)	0.7682
训练能力	(0.3661, 0.6339)	0.5775
经济性	(0.1821, 0.8279)	0.22

(3)通过对层次一中各指标的细化计算，得到的结论是：

①A 火炮武器系统在作战能力、系统精度与经济性上远比 B 火炮优越，特别是在经济性上，费用仅约为其 1/5 ，A 的费效比基本符合我国当前的实际情况。

②A 火炮在信息能力、后勤保障与训练能力上不如 B，结合层次二中的权重向量可知，在这三者上，A 也并不是全部指标都不如 B，如信息能力，A 在侦察测量方面就远较 B 火炮要强，在网络通信和气象测量方面不相上下，但在关键的信息共享指标上差距还较大。这表明了专家们在当前信息战条件下对战场信息互通是特别看重的，因而给它的权重也较重。这也给 A 的进一步提高适应信息战的能力提出了要求，是其下一步完善的方向。对后勤保障与训练能力的分析同样可以得出对应的结论。

五、结论

层次分析理论一般用于存在不确定情况及多种评价准则的决策问题进行评价分析。这一方法基于对问题的全面考虑，将定性与定量分析相结合，将决策者的经验予以量化，是比较实用的决策方法之一，现经过不断的改进，方法已趋于成熟，广泛应用于多准则和不确定问题的评价。

总体设计方案决策研究是武器系统顶层规划和总体设计技术研究的首要问题，本章节应用 AHP 方法对 A 火炮武器系统和数字化改造后的 B 火炮武器系统的总体方案进行了实例研究和综合效能评价，通过评价过程，构造了解决复杂和不确定问题的层次结构模型，建立了决策指标体系，通过模拟专家的方法确定各层的权重，依据各层因素的计算结果，最终计算出待选方案对综合目标的权重进行层次总决策，从而得到 A 火炮的总体设计方案明显优于 B，前者综合效能是后者的 1.5 倍，其作战能力、系统精度与经济性上远比 B 优越，特别是在经济性上，费用仅约为其 1/5。但是在信息能力上不如 B 火炮，在关键的信息共享指标上，差距还比较大。同时反映出专家的打分比较

客观，说明专家把握了当前的战场需求。比较客观而准确地实现了两种火炮总体方案的评价。

　　AHP方法是定性和定量结合比较紧密的一种有效方法，在现代自行加榴炮武器系统评价的过程中，需要理论和实际经验的结合。

第十四章　军贸国际化战略研究

本章笔者以军贸国际化战略的基本概念及 SWOT 和五力模型为研究基础及工具，提出了军贸产品国际化发展的战略选择，重点探讨了跨国经营的条件、国际市场进入方式、国际化经营决策程序、国际化合作方式、并购企业价值分析、跨国并购融资方式、风险分析与控制和并购绩效评估等内容，同时提出国际化兼容与整合、企业核心竞争力以及国际化人才策略等研究思想，试图结合工作实际中的体会和总结，力求为军贸产品的国际化发展提出一些可行的研究成果。

一、基本概念及工具

(一)军贸

军火贸易(以下简称军贸)则指以货币或其他商品为媒介的军品有偿转让活动。历史上的每一次战争都会提醒人们对武器的需求，大多数国家在军用装备方面难以完全自给自足，从安全意义上讲，战争总会刺激那些有威胁感的国家寻购先进武器的胃口。因此每年全球军贸交易额非常庞大且利润可观。

军贸工作是中国兵器面向国际国内两个市场的一个重要的方面，是中国兵器走向国际化发展道路的战略平台。军贸工作的发展，不仅能够给中国兵器相关企事业单位带来显著的经济效益，而且能够带动相关或者其他领域的产品和技术在国际市场上的发展。国力递增的最终决定因素是科学技术水平的提高，而不是仅仅着眼于重复产出的数量累积，军贸事业的兴衰其实就是中国国防科技实力强弱的最直接体现。国防工业全球化的浪潮方兴未艾，军贸已经从援助合作逐步走向了竞争合作，这种趋势对军贸的合作方式将产生深刻的影响，军贸合作方式更加多样化，军贸产品国际化发展势在必行。

(二)国际化

所谓国际化，就是要站在世界范围的高度感受与思考一切事物。在企业参与国际竞争中，应该在世界范围内配置优质资源，努力做到市场认知的国际化、产品和服务的国际化、生产要素的国际化、生产过程的国际化和人力资源的国际化。

我们需要对异国文化和历史拥有全面、深入、准确的了解和把握；理解和尊重拥有不同政治制度，文化背景和宗教信仰的民族；培养自身的国际竞争能力和国际化的素质；学习与推广中华民族的光荣文化与传统，让各种文化互相交流，碰撞和融合；拥有在全球范围内与国际级企业平等对话的核心竞争能力和共同语言，当然，具有国际化视野的核心是要有一批国际化人才。

随着经济全球化的发展趋势，世界各主权国家之间的经济联系越来越密切，经济的相互依赖性越来越强。贸易壁垒的下降和运输费用的降低，以及信息对称程度的增加，使得由于历史和地域原因形成的主权国家控制的分割市场，日益融合成为一个统一的、市场规模越来越扩大的全球大市场。因此，企业在市场分析和制定发展战略时，必须要以国际化的视野，站在全球经济的高度来谋划企业未来的发展。

企业的国际化产品将以树立全球品牌为主，全球品牌的作用使得全球性消费影响力扩大，生产效率不断提高，企业的发展机会和增长空间增加。同时，市场竞争使得企业规模效益不断上升，企业间的市场竞争，由最初国内市场的兼并重组等逐渐扩展到国际市场，形成了世界级品牌之间的较量和在国际市场的行业竞争和对抗，竞争的程度也在逐步加剧。

企业将创新建立国际化市场运作的新模式，产品和服务的宣传、营销、售后等情况，通过国际化信息平台适时反馈，例如：专家组和备件库存等需求，充分利用国际资源实现市场快速响应。

生产要素的国际化包括技术转移、知识创造和知识管理的国际化、资本流动的国际化和人力资源的国际化。不仅要求技术创新要具有国际市场的竞争力，更要在技术转移和知识管理方面尽量考虑兼顾国际环境的适应性和国际市场发展的需要。同时，由于投资的自由化和国际间资本流动管制的规范化，以及跨境上市等国际化资本运作程度的加深，国际化企业的管理和资金筹措能力更强，且资金运作规模更加巨大，国际化人才也更能够发挥效力，通过国际化人才队伍在相关领域的规范运作，实现国际化战略思想，使得国际竞争对手变成合作伙伴或者竞争队友，从而形成优势互补或者风险利益共担的超越国境的世界性企业团队。

企业通过在国际市场从事越来越多的销售、采购和生产活动来对日益自由化的贸易和投资制度做出回应。由于产业分工在更大范围内展开，为了充分利用当地的政策优势，或者为了利用地域间在生产要素的质量和价格的差异优势，把价值链的不同环节放在不同的地域完成，从而使得企业打破国境建立跨国公司，以企业自身利益为中心，在追求最大效益的同时实现了国际化市场增长的发展道路。

衡量一个国家经济是否融入全球经济，主要看它的价格水平和工资水平是否与全球趋同，跨国公司和进出口贸易占GDP的比重是否较高，经济规则是否在执行国际标准。全球各类企业的国际化发展，正在为经济全球化铺平道路。经济全球化将国家经济纳入到世界经济中，通过贸易、国外直接投资、短期资金流动、全球劳工和人力资源的流动、科技成果的流动等来实现。

但是，经济全球化并不是全球经济一体化。全球经济一体化要更加集中和广泛，它的边界概念模糊，空间意义也变得有所不同。而经济全球化使得发达国家的优越感逐渐丧失，危机感却在不断加深，这种现象与19世纪后期十分相像。经济全球化的趋势是不可逆转的和周期循环的，是政治因素和科技因素导致的结果，因此，企业的国际化发展道路也将是不可逆转的必然结果。

（三）战略选择及工具

战略（Strategy）是一门选择的艺术，它是关于企业如何获得价值的理论，是组织经济利益的源泉，是组织的顶层规划，是合理地建立组织目标，并为实现目标所进行的一系列的选择和策划活动，其核心问题就是如何能够比其他企业获得更高的经济利润。

美国普渡大学克兰纳特（Krannert）管理学院杰弗瑞·杰瑞（Jeffrey J. Reuer）教授讲授的企业价值获取工具，如图14-1所示。

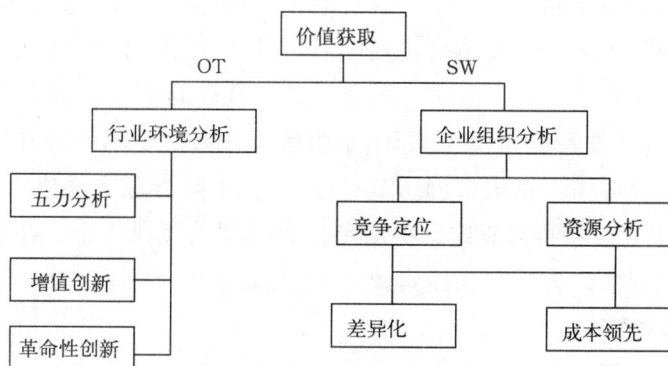

图14-1 企业价值获取工具图

企业战略是为在某个特定市场获得利润和竞争优势而设定的目标和整体实施计划，企业国际化战略是企业为融合不同地域的市场资源、资金和技术而制定的意在取得竞争优势的目标、方针和行动方案。

企业管理者要认真分析企业所面临的战略环境，谨慎地找寻利益与风险的平衡点，慎重但却果断地选定战略目标，稳妥地把握着战略的航船，引导着企业的行驶方向，经过在各方面许多努力，最终达到理想的彼岸。

1. 制定战略步骤

企业国际化战略一般分5个步骤：

（1）理解整个战略工程。

（2）分析外部环境，即进行行业外部环境的机遇和挑战分析。

（3）分析内部环境，即企业组织内部的优势和劣势分析。

（4）识别战略备选方案。

（5）优选并执行符合实际的国际化战略。

2. SWOT 分析

SWOT 分析又称态势分析法，它是美国旧金山大学于 20 世纪 80 年代初提出的，也是我们在战略管理课程中学到的分析工具。SWOT 分析是一种对事物的内部优势、劣势和外部机遇、挑战的分析，如表 14 – 1 所示：

表 14 –1 SWOT 分析

组织内部（Organizational internal）	外部环境（Environmental external）
优势（Strengths）	机遇（Opportunities）
劣势（Weaknesses）	挑战（Threats）

3. 五力模型分析

1979 年，年轻的经济学家、副教授迈克尔·波特在《哈佛商业评论》发表了"How Competitive Forces Shape Strategy"一文，这是他在《哈佛商业评论》上发表的第一篇文章。此文点燃了战略研究领域的一场革命。在随后的几十年里，波特将他在经济研究领域卓绝的严谨态度，带到了企业、地区、国家，以及最近的医疗保健和慈善事业等领域的竞争战略研究中。"波特五力模型"影响了整整一代人的学术研究和商业实践。近几年，在哈佛商学院教授扬·里夫金（Jan Rivkin）和多年同事琼·马格雷塔（Joan Magretta）的鼓励和帮助下，波特再次肯定、更新和扩充了那篇经典文章。在这篇新作中他还指出了人们的常见误区，为模型使用者提供了实践指导，并深入分析了五力模型对当今企业战略的重要意义。

识别战略备选方案，要明确企业国际化发展的目标，充分理解行业的性质，掌握企业投资目标国家的环境，企业在行业环境中的核心竞争力以及革命性创新和增值创新能力，充分利用企业资源优势、成本优势和产品差异化特点确立市场定位，并选择合适的市场进入方式，制定并提出数个备选方案；

战略制定者的工作，从本质上说就是通过一系列的选择和策划活动认识和应对竞争。做出战略选择是需要勇气的，因为利益与风险从来都是形影不离。然而，企业管理者对竞争的界定往往过于狭窄，就好像竞争只发生在当前的直接竞争者之间。事实上，参与利润争夺的不仅仅是现有的行业对手，还包括其他 4 种竞争力量——客户、供应商、潜在进入者和替代产品（详见图 14 –2）。这 5 种力量扩大了竞争范围，界定了行业结构，也决定了一个行业内竞争互动的本质。

虽然从表面上看，每个行业各不相同，比如，全球汽车行业与全球艺术品市场或欧洲严格管制的医疗保健服务行业，它们看起来并无共同之处，但是决定其获利能力的基本因素却是一致的。若想了解这三个行业的竞争状况和获利能力，都必须从 5 大力量入手来分析行业的基本结构。

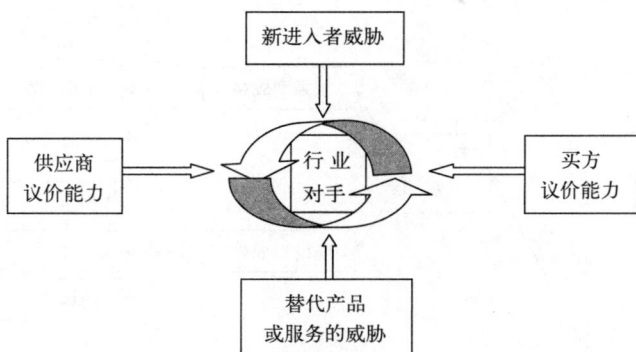

图 14 - 2 5 种竞争力量

最强势的竞争力量决定了一个行业的获利能力，所以它也是战略制定中最重要的因素。但是哪种力量最为显著，并不总是那么容易看到。如果 5 种力量都很强势，就像在航空、纺织、酒店等行业中表现的那样，那么就很难有哪家公司能获得不错的投资回报。如果这些力量较为温和，就像在软件、软饮料、化妆品等行业中那样，那么许多公司都能赢利。无论一个行业是提供产品还是提供服务，是刚刚兴起还是成熟已久，科技含量是高还是低，受管制还是不受管制，其竞争格局和获利能力都是靠行业结构推动的。

影响一个行业短期获利能力的因素有很多，比如天气和商业周期等，但是决定一个行业长期获利能力的则一定是行业结构，而它是通过 5 大竞争力量来体现的。了解了这些竞争力量及其内在成因，我们就能发现某一个行业当前获利能力的来源，并获得一个指导性框架，以此来预测和改变行业的长期竞争格局和获利能力。战略制定者在考虑竞争问题时，不但要考虑公司的自身定位，同时也要对行业结构予以周密的思索，因为只有了解了行业结构，才能进行有效的战略定位。通常情况下，抵御竞争对手，并使它们朝着有利于自己公司的方向发展，对于企业战略至关重要。

4. 军贸国际化战略选择

战略是选择的艺术，但是公司层战略选择的空间或范围是有限的，公司战略之所以丰富多彩，在于其不同战略组合的多样性，在于事业层和职能层落实战略手段的差别。公司层战略的基本选择，如图 14 - 3 所示。

军贸国际化战略，如果能够享有基于企业专有的知识和信息的竞争优势，将会增加企业的价值。对于企业来讲，国际化道路是困难的，不仅需要额外的成本，而且更需要企业形成独特的局部竞争优势或者系统性的竞争优势，同时需要策划一些保障战略目标实现的策略群来发挥企业的竞争优势，从而推进目标的实现。国际化战略的核心竞争力包括科技创新能力、规模经济能力、资源整合和配置能力、良好的市场能力形象和持续竞争优势的创造能力。没有国际化核心竞争力的跨国经营将会变成一种灾难。

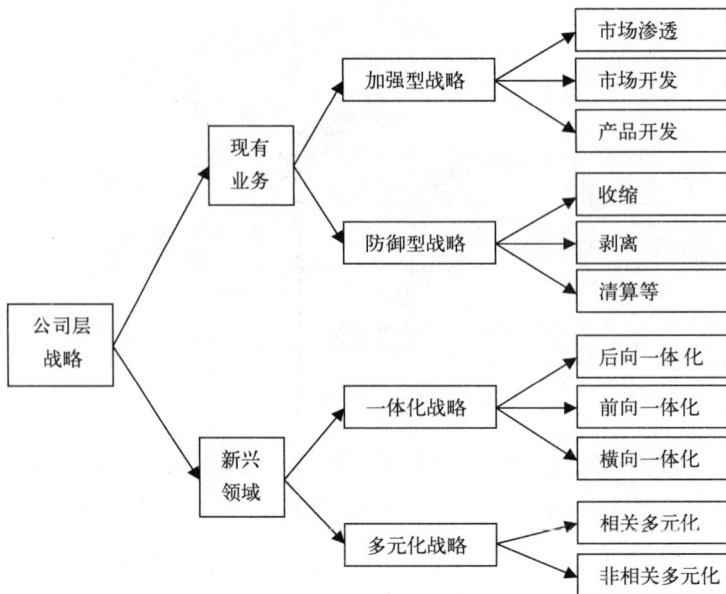

图 14 - 3　公司层战略选择图

在经济全球化的环境下，竞争将发生在当地的、地区的、国家的和全球的多种层面上，集团公司的军贸国际化应该选择多元化战略，它将根据当前所处的多元市场竞争特点，结合产品、市场和地理位置的具体情况确定。竞争者的发展就是在不断地拓展和保卫自己的势力范围，多元市场的竞争将以正确的战略制胜。

二、跨国经营行为方式

新进入某行业的企业总会带来新的产能，并意欲获得一定的市场份额，这就给价格、成本，以及投资比率这些竞争必要元素带来了压力。尤其是当新进入者从其他市场通过多元化战略进入这个市场时，它们很可能利用现有能力和现金流来重塑竞争格局。一个行业的进入威胁有多大，取决于现有的进入壁垒有多高，以及进入者对现有企业所做反应的判断。如果进入壁垒很低，而且新进入者认为现有竞争者不会采取什么报复行为，那么进入威胁就大，行业获利能力也不会太高。由此可见，制约行业获利能力的是进入威胁，倒未必是真的有新的竞争者进入。

一般情况下，新进入者必将跨越 7 个进入壁垒，才能取得成效。即：供应方规模经济(economy of scale)、需求方规模效应(benefit of scale)、客户转换成本(switching cost)、竞争资本需求、与规模无关的现有企业优势、无可比拟的分销渠道资源和限制性政府政策。

目前，国际投资政策趋势正呈现出二元性：一方面力求进一步实行投资自由化和投资促进；另一方面，则力求加强投资管控，争取实现公关政策目标。经济刺激方案和国家援助对外国投资产生了影响，迄今为止未出现明显的投资保护主义现象。国际投资协定体系正在迅速扩大，各国出于确保国际投资协定与其他政策领域(如经济、社会和环境)的协调和互动的基本需求，正在积极审查和修订国际投资协定制度。

不断演变的跨国公司体系以及新出现的投资政策环境，为投资促进发展带来三类主要挑战：①如何实现恰当的政策平衡(兼顾自由化与管制；兼顾国家和投资者的权利与义务)；②如何加强投资与发展之间至关重要的相互关系，如外国投资与减贫以及国家发展目标之间的相互关系；③如何确保国内与国际投资政策之间以及投资政策与其他公共政策之间的一致性。

这不仅需要不断地探索新的投资与发展模式，还需要建立健全国际投资制度，以便切实促进可持续发展。

尽管全球危机影响了直接外资的流量，但它并未使得日益加快的国际化步伐停顿下来。2008年和2009年，跨国公司外国子公司在全球国内生产总值中所占份额创下11%的历史新高，外国雇员人数仍有增加，2009年外国子公司的资产增加了7.5%。国际投资环境和政策的不断改善，为军贸产品的国际化发展创造了一定的条件。

军贸产品国际化行为方式可以采取产品出口、技术转让或者特许经营和对外直接投资等几种方式，不同的行为方式，将会带来不同的市场控制效果，随着资源投入的增加，其对市场的控制力度会逐渐加大。产品出口是最简单的一种市场进入方式，目前的军贸产品大量采用此种方式，但是海外国际化道路的发展，必将经历从出口产品到技术转让、进而组织合资公司和全资子公司的过程，这是企业国际化发展的必然结果。

(一)国际市场进入方式

跨国经营的企业本身必须拥有独特的和独占的无形资产，这些无形资产可以同时在不同的地域发挥作用，这些资产缺乏交易市场，必须在一家公司内部才能被有效利用。

国际军贸市场的进入方式，可以根据国家在国际市场上的竞争优势和地方企业的竞争能力状态分为4种方式，即：

1. 现成产品进出口

当地方企业的竞争能力低下而且我们的国家竞争优势也低下时，主要的市场进入方式是进出口现成的产品。如目前占绝大多数的军贸产品销售市场，我国在该市场的影响力和竞争实力并不具备太大优势，地方没有军工企业及技术力量，或者地方军工企业及技术力量基本没有竞争能力。

2. 技术引进和对外投资

当地方企业的竞争能力仍很低下，但我们的国家竞争优势提高以后，则市场的进入方式将转变为以技术引进和对外投资的全资子公司为主。如目前的非洲部分市场，我国在该市场的影响力和竞争实力较强，而地方没有军工企业及技术力量，或者地方军工企业及技术力量基本没有竞争能力。

3. 技术转让和特许经营

当地方企业的竞争能力提高以后，如果我们的国家竞争优势仍很低下，则市场的进入方式将转变为以技术转让和特许经营的合资公司为主。如巴基斯坦和阿尔及利亚等个别市场，我国在该市场的影响力和竞争实力并不具备太大优势，而地方军工企业及技术力量具有一定的竞争能力。

4. 优势互补为主的对外投资合作

当地方企业的竞争能力提高而且我们的国家竞争优势也提高以后，则市场进入的主要方式为以优势互补为主的对外投资合作方式，组成全球化市场竞争的核心力量，在满足本国市场需要的同时共同开发全球市场。我国在该市场的影响力和竞争实力具有一定的优势，而地方军工企业及技术力量具有一定的竞争能力，目前在国际市场上可能会是强有力的竞争对手，彼此进一步进行国际化合作的愿望积极，彼此联合后可以与更加强大的对手在国际军贸市场上竞争，但目前尚未完全成形，正在与南非等具有一定技术实力的军工企业探讨合作的方式。

（二）国际化经营决策程序

国际化经营的决策程序如图 14-4 所示。

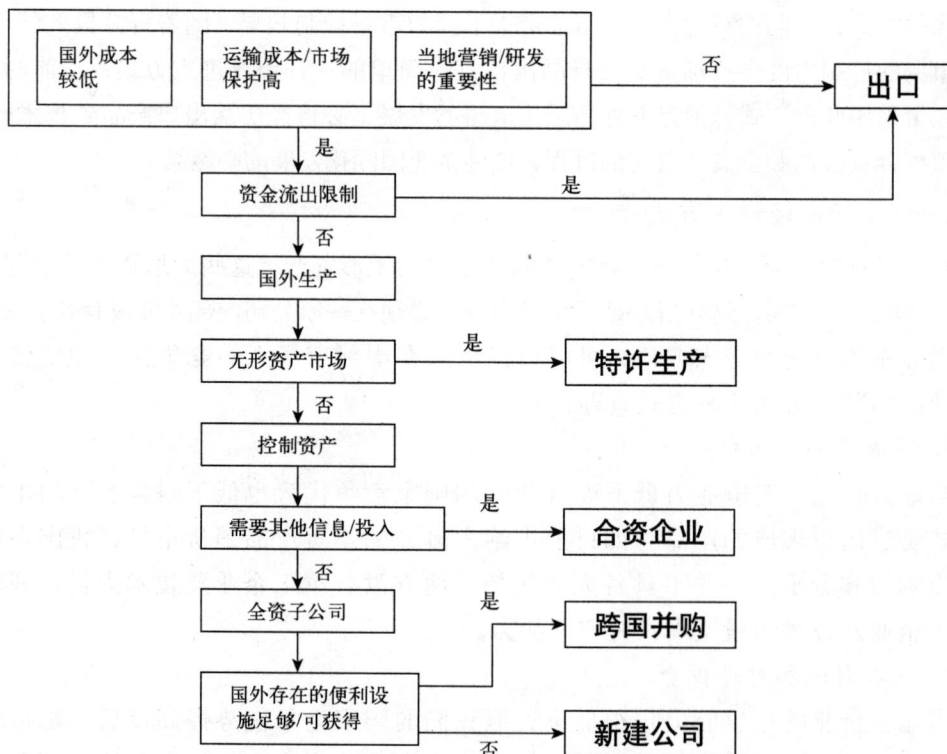

图 14-4　国际化经营的决策程序

（三）国际化合作方式

国际化合作方式一般可以采取国际战略联盟、国际合资企业、企业跨国并购和跨国新建企业等几种方式。

1. 国际战略联盟

由国际上两个或者多个企业共同实施的协作活动，联盟中的所有企业承担相应的义务和责任，为联盟做出贡献，并从中获益。战略联盟随着时间的延续逐渐由非股权战略联盟发展为股权合资战略联盟。

（1）非股权战略联盟

非股权联盟是两个或者两个以上的企业之间互相没有资产所有权，也无新法人实体，他们为了一个共同目标，联合起来共同组织投资项目和研发产品，双方根据联盟的任务分工分别工作，共享中间和最终成果，此种联盟缺乏实质性资源投入。如图14-5所示。

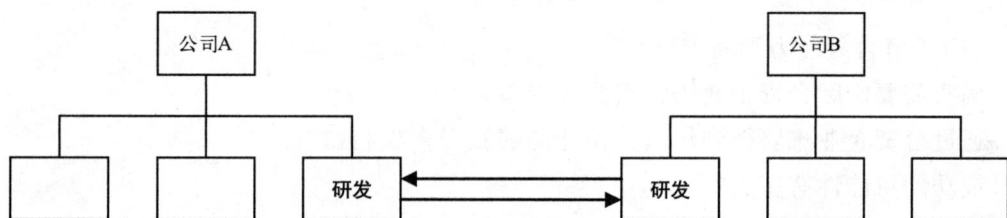

图 14-5　非股权战略联盟

（2）股权合资战略联盟

股权联盟是两个或者两个以上的企业之间互相拥有资产所有权，他们为了一个共同目标，在各自拥有不可或缺的技术和市场等经营优势的情况下，联合起来共同组成新法人实体，新实体在独立法人的组织领导下，形成自身的运营团队，并统一开展项目投资、产品研发、市场开拓等独立运营工作，新实体独享中间和最终成果，联盟投资方按照股权比例获益并行使权力，此种联盟为实质性资源投入。如图14-6所示。

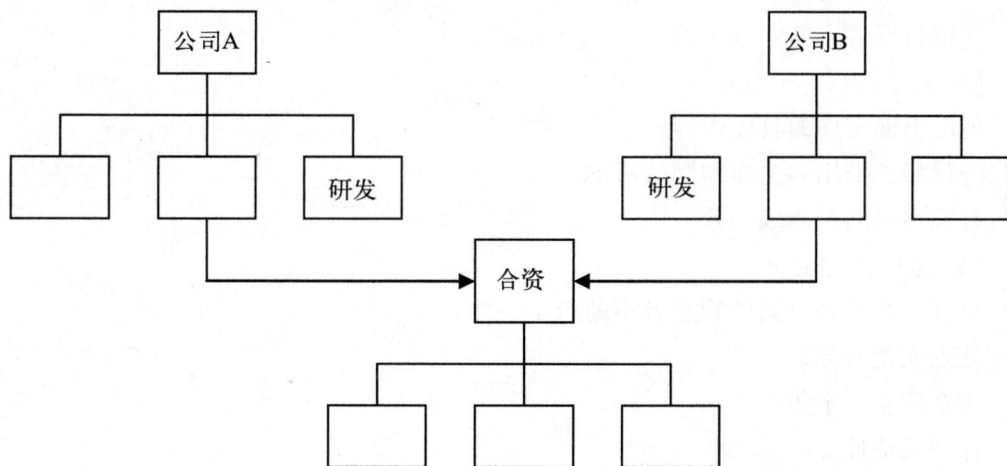

图 14-6　股权合资战略联盟

2. 国际合资企业

国际合作企业自愿形成，通过合资公司可以获得自身企业不能提供的且在当地市场也买不到的投入或技术，而另一个公司可以提供互补的技术和资产。同时，国际合作企业可以帮助企业进入新的市场和行业其他领域。但是，在某些行业中，政府规定外商只可以拥有部分股份，即只能参股，不能控股。同时，国际合资企业需要高额的管理费用，容易造成技术和专业技能的外泄，并且由于种种原因，它是一个先天就不稳定的组织，应该为企业发展的次佳选择。

如果投资者选择了将要进入的市场，并且确定了以国际合资企业的形式作为进入模式，则他必须选择合适的合作伙伴，提供正确的激励机制，并建立合理的治理结构。

(1) 了解自身能力和需求

确实需要国际合资企业吗？需要合资多久？

通过合资企业想要得到什么？预计能够获得多少利益？

成功的可能性有多大？

合资经营是最好的选择吗？

(2) 选择合适的合作伙伴

合资伙伴与你的目标相同吗？

合资伙伴具有必需的技能和资源吗？合资后确实能够得到使用吗？

你能够适应合作伙伴的环境状况和文化习惯吗？

你能够提前安排一个合资约定期吗？

(3) 设计合资企业

定义企业的经营活动范围和它相对子母公司的战略自由度；

列出每个母公司的职责和回报，从而创造一种双赢的局面；

确定合资各方的管理角色。

(4) 订立协议

列出书面工作的具体内容；

进行相关信用和法律问题的考虑；

有关终局问题达成一致。

(5) 运行合资企业

对合资企业各方高层管理者不断给予关注；

处理文化差异；

注意防止不平等；

保持灵活性。

3. 企业跨国并购

并购的内涵非常广泛，一般是指兼并(Merger)和收购(Acquisition)。兼并又称吸收合并，指两家或更多的独立企业、公司合并组成一家企业，通常由一家占优势的公司吸收一家或更多的公司；收购指一家企业用现金或有价证券购买另一家企业的股票或资产，以获得对该企业的全部资产或某项资产的所有权，或获得对该企业的控制权。并购有时也称收购兼并，或称并购，即 Acquisition & Merger。

4. 跨国新建企业

跨国建厂虽然避免了与当地企业之间的直接问题，但是与当地同行、同类企业之间的见解问题和其他如法律、政治、文化、环境等因素仍然是基本一致的，尤其是国别差距和企业差距依然存在。

三、并购及跨国并购研究

并购的实质是在企业控制权运动中，各权力主体依据企业产权所做出的制度安排而进行的一种权利让渡行为。并购活动是在一定的财产权利制度和企业制度条件下进行的，在并购过程中，某一或某一部分权力主体，通过出让所拥有对企业的控制权而获得相应的收益；另一或另一部分权力主体，则通过付出一定代价而获取这部分控制权。企业并购的过程，实质上是企业权力主体不断变换的过程。

市场经济条件下，企业掌握资源的重新配置或是生产资料的再分配可以通过收购兼并的方式来完成，尤其是世界金融危机的结果使得发达国家许多企业的资产价值下降，对于一些正在寻找发展机会的企业来讲，似乎意味着海外扩张的最佳时机已经到来，跨国并购是企业在全球快速扩张的重要手段，它可以快速进入新的市场，有效地提升企业在国际市场上的竞争力。企业的领导者必须准确理解并购的实质，才能有效地利用这一工具，实现企业快速发展的目的。

但是跨国并购充满了风险，需要面对不同国家和地区政治、经济、文化和市场的挑战，走并购之路可能存在文化、管理、法律、产能和法人治理5个方面的陷阱，尤其在目标选择上存在信息不对称和并购后的整合等问题。

1987年，麦肯锡公司对116家并购公司进行研究，发现有77%的公司在并购后3年内无法收回其投资成本。究其原因，主要是并购公司的主营业务实力不强，并购规模过大，占并购公司市场价值的10%以上；对市场潜力的评价过于乐观，高估了协同效应，收购价过高以及拙劣的并购整合，其中最重要的失败原因是并购整合进展缓慢。1989年，伦敦PA咨询公司的对1982～1988年间28家美国银行的主要收购者进行研究，80%的收购公司股票产生负面影响，并购后的银行1～5年收益与同行相比分别下降3%、8%、24%、29%和39%。究其原因主要是缺乏并购后的战略性规划。1995年美氏管理咨询公司对150家并购公司进行研究，发现并购后3年股东收益大幅降低，失败率达50%以上，究其原因是并购双方缺乏合理的评价和执行并购整合计划的强制性策略，乐观地估计了协同效应，实际上并购双方存在比较严重的文化冲突，因此并购后的整合进度缓慢。1997年，美氏管理咨询公司对168家并购公司进行研究，发现并购后 3 年股东回报率低下，80 年代为 63%，到 90 年代为 48%。1996 年，库帕斯——莱布兰会计咨询公司对 125 家本国公司从现金流量和利润角度来考察，66% 的公司财务状况恶化，究其原因主要是整合速度太慢。1999 年，据 KPMG 咨询公司对 1996～1998 年 700 起大型跨国并购中的 107 起并购案例调查分析，在 2001 年对 1997～1999 年 118 起跨国并购案例做了类似的研究和对比分析，1999 年的研究结果是：17% 的跨国并购增加了股东价值，30% 的并购股东价值没有发生变化，53% 的并购引起股东价值下降，但在访谈中 82% 的反馈者表示并购获得成功。从 2001 年看，75% 的管理者认为并购获得成功，但从股价变化分析中显示，30% 的并购增加了股东价值，39% 的股东价值没有发生变化，31% 的股东价值反而下降。究其原因，主要是协调效应评估、并购后整合计划和尽职调查的 3 个硬要素和管理方式选择、文化整合和沟通的 3 个软要素的处理非常关键。

(一) 动因、类型及常用方法

1. 动力与原因

并购的动因是指并购的动力和原因，并购的动力和原因虽然多种多样，涉及的因素方方面面，归纳起来主要有如下几类：

(1) 扩大生产经营规模，降低成本费用；

(2) 提高市场份额，提升行业战略地位；

(3) 取得充足廉价的生产原料和劳动力，降低成本，增强企业的竞争力；

(4) 实施品牌经营战略，提高企业的知名度，以获取超额利润；

(5) 为实现公司发展的战略，通过并购取得先进的生产技术、管理经验、经营网络、专业人才等各类资源；

(6) 通过收购跨入新的行业，实施多元化发展战略，分散投资风险；

(7) 股东因各种原因不愿意继续经营企业而转让所有权，或企业陷入困境，希望通过并购引进具有实力的机构谋求新的发展；

(8) 其他类，如投机性的转手倒卖，企业因价值被低估而产生的收购行为，合理避税，建立更大规模的企业集团公司，等等。

2. 基本类型

按照不同的划分标准，并购有如下不同的类型：

(1) 按被并购对象所在行业分

按照被并购对象所在的行业，并购分为横向、纵向和混合三种并购形式。横向并购又称为水平并购，是指为了提高规模效益和市场占有率，生产或经营同类或相似产品的企业之间发生的并购行为。纵向并购又称为垂直并购，是指为了业务前向或者后向的扩展而在生产或经营的各个相互衔接和密切联系的公司之间发生的并购行为。混合并购是指在生产技术和工艺上没有直接的关联关系，产品也不完全相同的企业之间的兵工行为。

（2）按企业并购目的分

按照企业并购的目的，并购可分为规模型、功能型、组合型和产业型四种并购形式。规模型并购是通过扩大企业规模以达到减少生产成本和降低销售费用的目的。功能型并购是通过并购行为以提高市场占有率，从而扩大市场份额。组合型并购是并购行为实现多元化经营，从而减少企业经营风险。产业型并购是通过行为实现生产经营一体化，从而构筑相对完整的产业链，以提高行业利润率。

（3）按被并购企业法律状态分

按照并购后被并购企业法律状态来分，并购可分为新设法人型、吸收型和控股型三种形式。新设法人型即为并购双方都解散后成立一个新的法人。吸收型即为其中一个法人解散，另一个法人继续存在。控股型即为并购双方都不解散，但一方被另一方所控股。

（4）按采用的并购方法分

按照并购方法来分，可分为现金支付型、品牌特许型、换股并购型、以股换资型、托管型、租赁型、承包型、安置职工型、合作型、合资型、划拨型、债权债务承担型、杠杆收购型、管理者收购型、联合收购型等。

3. 常用方式

并购和反并购是一个博弈的过程。并购方试图通过多种途径、以最低成本购入目标企业；而目标企业的股东和管理层出于自身利益最大化的考虑，在并购中会尽力提高收购价格，甚至通过各种途径来进行反收购。

（1）跨国并购

跨国并购的常用方式包括独立并购与联合办公、善意并购、与恶意并购、邀请并购与公开竞标并购、一次到位式并购与循环渐进式并购。

（2）跨国反并购

分事前反并购措施和事后反并购措施两种。事前反并购措施包括双重资本重组、毒丸计划、拒鲨条款和降落伞计划；事后反并购措施包括股票回购、发行新股、死亡换股、派发额外奖励、资产收购和剥离、资产重估、白衣骑士、帕克门战略和诉诸法律。

收购企业管理者要寻找独特的范围经济，保守收购目标和相关秘密，努力避免竞价收购，迅速完成交易，尽量采取小圈子低调收购。目标企业管理者要努力寻求收购信息，邀请其他守寡者入场，尽量拖延交易完成。

（二）价值分析

一般在收购公司的时候，都会提出如下几个问题：即被收购的公司每年有多少利润？可以持续获利多少年？目前公司的成长速度是否合理？收购该公司将承担多大的风险？收购成功具有何种战略价值？

1. 公司价值

公司价值是企业的战略选择和执行能力共同作用的结果，它的成果形态包括有形价值和无形价值，有形的价值元素可以是企业的资产和资金，无形价值可以是品牌和美誉度，而形成价值的技术元素包括独有的技术、产品质量、生产效率、技术快速反应力。此外形成企业价值的社会元素还包括企业社会资源、诚信、社会责任和企业文化等。

一个生产企业最初的市场价值是由设备的专用性准租、土地租金、人力成本存量所决定的，其企业账面价值等于原始现金投入。随着企业的发展，企业将逐步具备其本身的核心竞争力，并形成相应的经营管理手段、组织资源、市场资源、研究开发能力、科技成果、专有技术、专利、商标、商誉等无形资产，即形成了企业长期使用而没有实物形态的资产。企业的无形资产与有形资产一起构成企业的价值，账面价值主要反映有形资产（也反映部分无形资产），而市场价值反映的是市场对企业的认同。

2. 价值分析

在战略性并购过程中，被并购方的价值主要体现在技术引进、品牌、减少竞争、生产设备、销售渠道、客户资源等方面。并购方购买的是他心目中认同的使用价值。因此，在进行被收购公司的价值分析时，应该首先要搞清楚收购的战略目的，因为，收购方由于其收购战略目的而分析的战略价值，将对并购方的价值分析有着不同的理解。

（1）战略价值分析

战略价值是促使产业资本并购或者回购相应目标的主要因素，也往往是由产业资本战略目标不可逆转和上市公司独特资源的几乎不可替代性所决定的，是我们考虑的最主要方面。获得或者控制独特而重要的资源往往是并购的首要目标，这类情况主要是指上市公司的门店、土地、渠道、品牌等一些具有较为明显垄断性的独特资产和地产、连锁商业还有一些诸如矿产类的紧缺资源、军工许可行业等，其往往具备不可替代性，其他试图进入该行业领域的产业资本必须或几乎要通过收购来切入。而已经占有该资源的大股东也几乎不可随意放弃，他们可能采取回购股权的方式加强对自身企业的控制。其主要目的是获取新的市场和品牌、减少竞争和实现产业扩张，从而实现规模效应，获得更多的利益。

（2）市值价值评估

科学的公司价值评估，主要体现在财务层面和价值层面的分析，明确该公司现资产状况和现金流量，确定企业并购的市值价格，进行并购的成本效益分析，明确收益的静态（投资利润率、投资利税率和自有资金利润率）和动态（净现值、净现值率、内部收益率）指标；进行行业、技术、品牌、竞争对手、客户、项目等风险因素评估，确定必要的风险指标，如回收期、偿还期、平衡点和敏感点；分析并购对企业财务带来的影响，确定并购融资及付款方式和企业并购的会计方法，进行 MBO 杠杆和折现率等并购策略和投资决策选择，明确公司价值与权益资本收益率（ROE）之间的关系。同时对重置成本和市值进行比较，对于产业资本来说，如何尽量低成本收购实业资本也是其重点考虑的问题，那么对比分析重置成本和市值之间的差距，就可以较为清楚其中水有多深。市值较重置成本越低，则对产业资本的吸引力越大。不同行业的重置成本都有较大差别，这需要根据不同情况采取不同的应对策略。

（3）行业特性和股东及股权结构分析

因为行业特性中的政策门槛、行业集中度和股东及股权结构是决定行业并购活跃度的重要因素。

①政策门槛

比如金融行业的并购就不容易发生，这是和政策管制密切相关的。一般情况下和国计民生密切相关的行业，并购的政策成本往往非常高，也很不容易发生市场行为模式下的并购。并购涉及的复杂因素多，不确定性较大。而由于缺乏控制权竞争和争夺的压力，控股方回购积极性也会相应削弱。

②行业集中度

行业集中度越低，一般情况下并购和控股权争夺的目的越容易实现，并购成本也相应较低，反之则不然。

③股东及股权结构

股权结构和股东情况也往往是决定并购和回购活跃度的重要因素。分析股东在抛售或者增持的历史行为，可以从侧面来分析大股东对该公司实业价值的看法。大股东的资金紧张状况，或者该行业资金面的普遍紧张，都可能会导致大股东方面愿意引入新的战略投资方，或者对恶性并购行为的抵抗力减弱，从而引来其他产业资本的关注。

股权结构越是分散，越容易产生各类并购行为，也越容易刺激大股东回购。反之股权较为集中，或一致行为人持有集中度较高的上市公司，发生二级市场并购难度一般较大，控制权转移更多可能以股权协议转让为主。另外，大股东有回购承诺或者表态回购意愿的都会引起股值的变化。

一般而言，股本规模较小的上市公司，有能力并购的产业资本往往越多，并购所需的资金成本一般较低，而股本规模较大的上市公司，有能力并购的产业资本往往越少，并购所需的资金成本一般较高。

（三）一般实施程序

1. 选择目标企业——接触和谈判；

2. 签订保密协议——对目标企业进行审查；

3. 做好资金准备；

4. 展开评估与价格谈判；

5. 签订收购意向书；

6. 履行应当的谨慎义务；

7. 签订并购协议；

8. 政府部门审批备案；

9. 正式移交——完成收购。

（四）融资方式

改革开放30多年来的实践证明：中国资本市场的发展，助推了国有企业的财富创造，为大型国企的发展壮大带来了更加广阔的发展空间。

因为，资本市场的发展带来了中国的金融变革，金融变革使得资本市场融资渠道增加，金融投资推动了产业投资，产业投资使得一个个大小项目得以实施，许多项目的成功，带来社会财富和企业财富的不断增加。且增加的社会和企业财富又作为金融投资进入下一轮产业推动的融资领域，以此循环往复，不断带来更多的财富。

融资包括股权和债权两种办法。股权可以通过股票二级市场、封闭式和开放式基金、QFII、融资融券、股指期货和国外个人投资等获得，债权则从银行贷款和通过发行债券取得。

国有企业通过股份制改造和公司上市解决了股权分置和企业资本的流动性问题，从而达到就业扩大、经济增长、物价稳定和收支平衡的组织健康和平安状况。

中国资本市场的发展，为国有企业发展壮大创造了良好的机遇，到目前为止，国资委、发改委颁布的所有行业规划、产业政策都在印证这点。到目前为止，石油石化、电信、电力、煤炭、冶金、船舶制造、航运、建筑等行业中，产生了一批世界一流企业。通过资本市场实现兼并重组是成本最小、最便捷的方法，还可以把行政意志与市场资金流完美地结合成一体。

在央企数量逐步减少的同时，央企在资本市场的地位越来越坚固，资本市场上的"大象"现象将越来越多。以后股市不是几只"大象"起舞，而会出现群"象"起舞并互相制约的壮观景象。

目前，政府大力支持这些代表中国经济未来的大型国企的发展。决策层与监管层不仅口头一再表示支持，还出台了种种政策，或者以实际行动表示期许。资本市场的融资与再融资，无不对有国企背景的大盘蓝筹股网开一面。同时，为解决跨省市、跨地区兼并重组的地方政府缺乏动力的难题，国家税务总局酝酿制定关于大型企业汇总纳税的管理办法，其中规定跨地区经营的总公司将就地预收所得税。只要国家的经济战略不变，大型国企将会有更大的发展空间。

但是，我国的资本市场与成熟的资本市场相比，具有国有股占多数的特殊股权结构、以中小投资者为主的特殊投资者结构和不成熟的特殊股权文化等特征，资本约束和市场约束不健全，法律制度、信用体系和市场股权文化也亟待完善。

那么，如何利用企业内部和外部的资金渠道在短期内筹集到所需的资金直接关系到并购的成败。不同的融资方式对企业资本结构会产生重大影响，继而会影响到企业的长远发展。

跨国并购融资方式有其独到之处，如汇率问题、东道国政府资本市场的完善问题、国际资本市场融资问题等，这些都是跨国并购不同于国内并购的地方，因此，跨国并购面临着更大的融资风险，选择合适的融资方法和制定科学的融资策略是企业跨国并购应高度关注的问题。

1. 融资方式及其选择

跨国并购的融资方法一般分为内部融资和外部融资两种。内部融资主要依靠企业的自有资金。外部融资包括负债融资、权益融资和混合性证券三个部分。负债融资主要由银行借款和公司债券组成；权益融资主要由普通股融资和优先股融资两种；混合型证券主要由可转换债券、可转换优先股和认股权证组成。在国际资本市场可以采取国际银团贷款、国际债券和国际股票的方式进行融资。

美国经济学家梅耶（Mayer）根据对西方主要发达国家的研究提出了著名的针对本国市场融资的啄食顺序原则可以参考和借鉴。

即：内部融资→外部融资→间接融资→直接融资→债券融资→股票融资

在跨国融资途径选择的过程中，我们一定要因地制宜地采取科学合理的办法。其核心问题在于融资成本，同时要在企业层面上充分考虑经营状况、资本结构和战略目标等因素，在国家层面上重点考虑汇率、利率、税收和东道国的态度等因素。

2. 私募基金

私募基金主要分布在美国和一些低税或无税的国家或地区，在很多国家和地区通常不需要在金融部门注册，直接由基金经理招募成立，只接受财务成熟的投资者，而不公开募集份额，因此监管比较松。

私募基金是一种快速的融资方式，对中国企业跨国并购应该能够起到一定的作用，管理层通过私募基金的改造，可以弥补中国企业国际化经营的不足。

（五）风险分析与控制

收购与兼并为资本运作的重要组成部分，资本运作是企业迅速发展壮大的一条捷径，随着经济全球化的发展，为了寻找海外机会，全球化配置资源，获得先进的技术和管理方法以及国外经营许可，缓解国内竞争形势，提高外汇储备的使用，外向跨国并购的动机也在逐步增加。同行业的重组和整合使得境内并购形成大趋势，多种渠道的资产注入形成了整体上市的大趋势。

收购与兼并的资本运作来势凶猛，锐不可当。其思想理论建立在协同效用理论、交易成本理论、代理成本理论和自负假说理论的基础之上。规范的资本运作方式包括：VC 与 PE 的股权投资、IPO 上市、MBO/LBO、买壳上市、借壳上市和定向增发。其主要动机是：使自己可进可退，获取 IPO 上市溢价，合理避税，利用内部价格转移价值，获得或者控制重要资源，消除不确定性，消灭对手，提升自身竞争力和资产价值。通过自我发展、与拥有互补优势的企业形成战略联盟、兼并收购拥有专业知识或核心资源的企业这三个主要途径，提高自身的核心竞争力，从而利用并购提升企业的市场竞争地位。

并购已成为企业迅速扩张和企业家迅速增长财富的重要手段，因此国内和国际两个市场都上演着许多扑朔迷离的资本传奇故事。有人为之自豪与狂欢，有人则为此沮丧和懊恼。中国企业家及其企业也开始尝到其中的美妙与苦涩。中海油和海尔分别高调并购美国优尼科和美泰克，华为欲重磅并购英国马尼可，都以失败告终，但却大大开阔了中国企业家及其企业的国际化视野，并得到了对国际市场游戏规则很好的历练。这也就有了中石油等企业的再次成功起航。并购也在迅速改变全球产业格局，并引起各国政府高度警惕。凯雷并购徐工、法国 SEB 并购苏泊尔都引起了中国政府的极大关注，并出台了相关政策；中海油并购优尼科，同样导致了美国政府的介入而使这桩交易无疾而终。并购近来表现出的更大魅力是，史无前例地影响着中国企业的管理实践和商业思想，并在不断加快这一认知和实践进程。并购使企业综合竞争力被迫迅速提升，行业品牌集中度迅速加大，企业经营技能迅速攀升。中国与世界正一同进入并购时代。

1. 风险分析

收购与兼并虽然为企业做大做强提供了良好的发展机会，但是常常也是企业发生危机的导火索。据不完全统计，企业在并购中只有 20% 的并购真正成功，而收购方的平均收益为零甚至为负。并购的最大受益者是被收购公司的股东，一般有 10% ~30% 的超常回报。据麦肯锡研究，弱肉强食的并购，80% 的大公司未能收回投资成本。在我国近年来的企业并购活动中，失败的案例更是不胜枚举。

跨国并购中存在市场第三方和非市场第三方。市场第三方包括投资银行、投资顾问公司、会计师事务所、律师事务所、资产评估机构、公关公司和其他市场中介机构；非市场第三方包括政府、东道国、债权人及银行机构、工会组织、经销商、供应商等相关利益主体。因此，在跨国并购中存在法律风险、政策风险、定价风险、汇率风险、经营风险、财务风险、整合风险等。通过培养与东道国政府的关系，可以比较准确地评估东道国的政治风险；通过制定和完善整合计划，实施妥善且迅速的整合，可以化解人力资源风险；同时要重视企业文化整合，并利用金融工具等规避财务风险。经过认真研究，其主要风险来自于信息不对等、抵制与对抗和整合三个方面。

（1）信息不对等风险

信息不对等风险表现在：资产缩水、资产所有权存在问题、存在担保与其他齟然债务问题、可转换证券、认股权、期权、金降落伞或不良资产等情况不明，现金交易、现金等流动资产、税收的考虑，以及最大供应商和其他重大合同等掌握不准确，等等一系列问题，需要并购方逐步澄清。

为了解决以上信息不对等问题，并购方应该进行必要的尽职调查：如行业尽职调查：要搞清当地政治经济是否稳定、行业整体处于上升、稳定还是衰退阶段、技术变革对行业的影响、是否有新的内资或者是外资进入从而带来更好的产品或引发价格战、是否有区别于对手的优势、公司市场份额的发展趋势如何？同时还要进行业务尽职调查、财务尽职调查、会计尽职调查、法律尽职调查、监管尽职调查、人事尽职调查和环境尽职调查，从而对被并购的公司有一个全面、深入和细致的了解。

（2）抵制与对抗风险

抵制与对抗是被并购公司的一方采取的一系列反收购行动，它会让一家好公司在短期内很快变坏，使并购活动在实施的过程中可能出现较大的风险，很大程度上影响收购的成功。

抵制与对抗中的反收购策略有以下几个方面：

①建立自我控股、交叉持股、信友持股和员工持股的股权结构；②发行权益分离的特种股票；③在公司章程中设置反收购条款，并采取焦土术进行公司负向重组；④实施毒丸术；⑤建立金降落伞、灰色降落伞和锡降落伞；⑥实施帕克曼或小精灵防御术；⑦寻找白马骑士。

针对抵制与对抗中的反收购策略，应进行相应的对抗，如必要的章程之争，焦土策略与善意管理义务之争，毒丸策略与化解，股票违规炒作之争。

（3）整合风险

整合的风险就是严格防范负协同效应，即防止整合后出现的问题大于两个企业的问题之和。

并购操作之后，真正考验管理者智慧的是整合。这是一个公认的复杂过程，美国专家列举并购失败的原因，其中直接与整合有关的占50%，远超其他任何因素。企业应该采取由近及远，与自身的控制能力相匹配；由小到大，与自身的发展规模相匹配；从本行到其他，与发展中抗风险能力相匹配的谨慎产业扩张战略，企业的并购整合包括战略整合、人力资源整合、文化整合和资产重组，它一般依据控制权的获得与否分为控制型整合与协同型整合两种。

近处的、投资规模小的、本行业的投资，基本上采用控制型整合策略。控制型整合先由集团公司培育，待目标公司成熟以后，由上市公司收购它的部分股权，双方进行磨合；待关系融洽之后，再到上市公司对它增资；最后在双方可以无缝衔接后，上市公司将目标公司彻底融入自己体内，目标公司注销。

对于跨领域的投资，应该追求的是资本利益最大化，所以要采用协同型整合的策略，即成为目标公司的第二大股东，并依托原来的大股东与管理层去发展。显而易见，协同型整合有着更高的难度，由于在经营理念上的差别，一、二大股东之间关系比较微妙，人事安排和资金担保是潜在风险，一旦变更资金投向，将直接威胁除大股东之外的其他股东的投资收益，因此，应尽可能避免直接将上市公司带进股权之争，努力在获得相对控股地位的同时，力争使双方的合作步入一个新的境界。

无论是控制型整合还是协同型整合，管理者都要掌握风险最小的整合节奏。在整合中，最难在于控制节奏上。缓慢的节奏，固然会付出一定的成本，但总比收购失败要强。跨行业并购的后期整合，要面对截然不同的企业文化、经营策略和人力架构，所以并购成功率较同行业低很多。

2. 两个关键环节

企业顺利走过并购这条充满荆棘的捷径，成功完成并购和组合，重点应该在事前和事后两个阶段下功夫。

根据科尔尼公司对全球115个并购案例的跟踪分析和调研，在整个并购过程中失败风险最高的问题一般发生在两个阶段，即一个是事前的战略策划、目标筛选和尽职调查阶段，另一个则是并购后的整合阶段。

(1)并购前一定要做好战略策划、目标筛选和尽职调查工作，以减少并购计划的被动性和随意性

大约30%的被调查者认为并购前的计划阶段是十分关键的。而这部分工作恰恰是中国企业目前普遍不够重视的。

众所周知，目前中国企业多数是属于以增长为目标的并购，而大多数西方企业采用的是以降低成本为目标的并购，无论是何种类型的并购，其成本通常高于被收购资产本身的市场价值，即收购方必将付出一个溢价来获得目标资产。而溢价的制定又往往是基于收购方对未来所产生的协同效应的评断，这就要求收购企业在事前做大量的数据分析工作，包括战略上的评估和业务上的拟合。然而，中国企业由于自身经验不足和学习能力有限，更多的是从一开始便被动地参与谈判，往往未能对所有可能的备选方案做出全面分析，便匆匆投标，结果是对收购目标和范围的确定带有很大的随意性，这也许是过于自信，或者过于不自信的表现，只是为了急于锁定目标，或者是为了满足内部时间计划的要求，从而导致草率决策的结果。

在这个方面，经验丰富的跨国企业为中国企业做出了很好的表率。他们有非常清晰的战略意图和实施并购的路线图。为了实现其战略目标提前进行了精心策划，用最合理的价格获得被收购公司最核心的资产。虽然整个过程可能比原计划长了一些甚至很多，但是他们显然知道如何让时间和耐心为其所用。

(2)在并购过程中更要提早制定并购后整合计划，以确保并购成功

在科尔尼公司的并购案例分析中表明，有60%左右的并购实际上损害了股东的权益，并购3年后，新企业的利润率平均降低了10%，在美国有50%的企业并购在4年后被认为是失败的，可见并购失败的比例是很高的。究其原因，除了上述的缺乏

战略计划之外，最主要的因素还是缺乏完善的并购后整合（Post Merger Integration，PMI）计划和良好的整合执行效果。

许多中国企业历来不重视并购后的整合工作，似乎产权交割后任务就完成了，这从许多涉及国内企业的并购案例中可以略窥一斑。另外国内一些企业通常不尊重计划的严肃性。制定周密而详尽的并购后整合规划不仅必要而且不能迟疑，根据科尔尼公司的经验和研究，时间因素也是决定并购成败的一个重要因素，在不成功的并购案例中，有72%的企业在交易结束时还没有形成对被收购企业清楚的整合战略规划，有60%以上的企业在交易结束时还不能成立高级管理小组，而这种计划和实施上的滞后与并购失败之间形成了很强的因果关系，仅此一点已足以提醒我们，中国的收购企业要重视PMI的规划，并且要提前规划，不能等交易结束时才动手，更不能将这项重要的工作拖到整合期去进行，因为这样不仅会贻误了最佳整合时机，而且还会使被收购企业产生混乱和不信任感。

3. 成功规避风险的策略

根据对全球重大并购案例的分析，总结中国企业并购中的经验教训，在此提出成功规避并购风险的7条策略，供大家研讨。

（1）制定清晰的并购规划和战略

企业并购规划是全面并购整合的基础，并且指导所有战术决策的制定。虽然这个过程会比较繁复，但成效是显著的。例如制药公司Smith Kline和Beecham的并购规划就是由8个规划组花了几个月时间才完成的，但是在并购后的5年里，Smith Kline Beecham的销售额增长了40%，经营利润更增长了60%。

（2）尽快确定管理层的责任

如果不能尽快成立管理团队，无疑将导致混乱，由于每个人的职责没有确定，更可能造成沟通上的误解，所以并购后的企业应当迅速行动起来，以避免揣测和迷惑。建议最高级领导层应当在完成并购后的第一周到位，接下来的三周则要决定最佳的管理方法和制定计划实施的目标，并在第一个月里指定第一层的管理团队。

（3）实事求是地评估和发挥协同效应

任何为收购付出高额溢价的公司，必须能够清楚地认识到该并购的特定价值来源并及时确定重点。价值来源由于并购原因的不同而改变，一些企业争取获得或是提供职能性的技能来增强并购后企业的竞争力，还有一些企业通过生产线、分销和经营中的合理化来追求战略优势。

（4）制定和实现"速赢"的目标

那些优秀的新并购企业，通常通过制定和实现早期胜利的目标来为企业注入安全感。通常容易犯的错误是：把简单地降低人员成本作为"速赢"的目标，其结果是有可能流失了被收购企业中最优秀的员工。另外，还有一个容易被忽视的领域是与核心客户的沟通，如何及时地向大客户沟通并购的意义并缓解客户的忧虑，应当成为"速赢"的主要任务。根据国外经验，通过战略采购，能够实现以较小的下降风险换得高额的并购收益，因为并购后的企业购买力通常比并购前单个企业要大得多，巩固供应基地和平衡购买数量便会有机会降低成本。并购还可以促成新的战略联合和供应商关系，从而创造竞争优势。

（5）有效施行风险管理

对于一个完美的并购来说，在并购后整合的过程中，一个项目、一个项目地控制好并购所固有的风险是非常必要的。一项风险管理计划，能够在新组建的企业中建立一种通用的语言，用于有关风险的讨论和交流。它使企业得以在紧迫的时间内完成富有挑战的工作，还能消除那些在机构中可能使管理过程扭曲的权术。风险通常是复杂性和不确定性的结果，通常源于交易前的阶段，参与交易的双方为了使交易能顺利进行，而往往把复杂性或不确定性的问题搁置一边，结果解决这些复杂问题便成了整合实施队伍的任务，而他们往往又因为并没有参与初期的谈判而不愿意承担或面对这些风险。跨国的并购整合还将面临一些特殊的、不确定的风险。例如工会的态度，当地法规的变化等。这就要求收购企业不仅要对风险有足够清醒的认识，还应当运用一系列风险控制工具，有效施行风险管理。

（6）消除文化障碍

无论是跨国还是国内并购的行为，都会面临两个企业难以融合的文化障碍。要想把文化的冲突降到最低程度，就需要建立起一种共同的文化，而非选择一种文化。问题的焦点不应放在两种文化有多大的差异上，而应该权衡长期保持这些差异的利弊得失，成功的企业通常能够在文化整合和企业对一定自主权的需要方面找到平衡，而过于急进却错误的文化整合，会直接导致资产价值的流失。

（7）建立有效的交流和沟通机制

几乎所有的并购后整合都会因一些障碍而受阻，不管这种障碍是来自于文化冲突、工作不够投入还是领导的责任不清等，唯一的解决方法是建立有效的交流和沟通机制，从而达到思想和行动的统一效果。交流有助于稳定业务和减少"安全岛"效应的突发。当员工对并购的原因不了解，或不清楚他们应当如何共事时，这种"安全岛"效应便会发生，员工们会退回到最熟悉的老路，以他们从前熟悉的方式做事，就像并购并没有发生一样。此后工作动力便会一点一点地消失，慢慢出现消极怠工、工作逾期甚至拒绝工作的现象。一旦这种效应形成，再进行交流和沟通，其效果就会大打折扣。因此，在整合过程的早期建立交流特别工作组是很有必要的，这有助于在员工、客户、供应商和所有其他主要股东中消除疑虑和不确定的感觉。

（六）绩效评估

1. 跨国并购绩效的影响因素

（1）并购目标的制定：必须从自身战略出发，必须基于自身的资源和能力；

（2）并购目标的选择和评估：必须从自身战略出发，尽职调查必须充分；

（3）并购定价和融资安排：必须准确评估协同效应，合理安排融资；

（4）并购后的整合。

2. 跨国并购绩效的评估体系

（1）客观指标：股价表现和经营业绩；

（2）主观指标：综合考虑并购动机。

四、兼容与整合

在企业实施国际化跨国经营活动中，兼容性是影响不同企业之间目标导向、资源能力和经营活动能否成功整合的关键因素。为了解决好兼容性的问题，在构建企业时要制定明确的企业目标，培养合理的经营思维，确立相关方面的共同愿景，并根据企业目标调整业务组合。

（一）组织结构调整及整合

1. 组织结构整合模式

（1）完全融合；（2）并存性融合；（3）保护性融合；（4）控制性融合。

2. 组织结构整合

（1）全球性组织布局；（2）改变自身结构不足；（3）吸收对方优秀要素。

（二）文化整合

1. 文化整合模式

（1）同化模式；（2）隔离模式；（3）融合模式；（4）改良模式。

2. 文化整合模式选择因素

（1）经营战略不同模式；（2）规模不同选择不同；（3）对多元文化的宽容度不同；（4）被组合方的文化强度和认识不同选择不同。

（三）税收策略

1. 有效利用东道国的税法和税规；

2. 有效利用东道国的避税港口；

3. 采用合理的支付方式；

4. 充分利用生产组织等经营活动合理避税。

（四）劳工安排策略

1. 重视和尊重东道国劳工政策；

2. 处理好与工会之间的关系；

3. 解决好留人与裁人之间的矛盾。

（五）社会责任

1. 以项目开发和产品生产及服务促进当地经济的发展；

2. 有效促进当地人才教育和培养；

3. 充分重视当地社会经济利益。

五、核心竞争能力

国际化道路是非常困难的，不仅需要额外的成本，而且更需要企业形成独特的局部竞争优势或者系统性的竞争优势，没有国际化核心竞争力的跨国经营将会变成一种灾难。产品的国际化，如果能够享有基于企业专有的知识和信息的竞争优势，将会大幅度增加企业的价值。

企业竞争能力主要表现在成本竞争优势和无形资产优势两个方面。成本竞争优势包括企业的规模经济、范围经济和经验积累优势；而无形资产优势包括品牌资本及商誉、技术及研究开发能力、管理能力和组织能力等。然而，其关键在于企业的核心竞争能力。

核心竞争力也称为核心能力，它是积累性学说，具有一定的不可替代性。众多具备核心能力的人才构成企业的核心能力。具备核心能力的企业构成了企业可持续性发展的基础，同样，众多具备核心能力的企业构成国家的核心竞争力，也构成了国家可持续性发展的基础。国际之间斗争的实质就是国家核心能力的较量，企业之间竞争效果的实质同样也是企业核心竞争能力强弱的表现。

核心能力有以下三大特征：即价值性，独特性和难以模仿性。价值性表现在对社会和对人类有用，能够为其创造一定的价值，为企业带来所需的利润。独特性是长期积累形成的，具有专用性知识特征。难以模仿性是一些隐性知识，也就是所谓的"绝活"，在短期内学不会并偷不走。不断地积累、保持、运用和维护企业的核心能力，是企业长期的根本性发展战略。

（一）科技创新能力

常规武器装备和相关专业技术领域的科技创新能力一直是兵器相关核心人才长期以来积累所形成的优势，我们无论在国内项目还是在国际军贸项目管理中都有许多成功的范例。尤其是涉及多学科、多领域和技术与协作难度比较大的系统性非常强的武器项目，更能显现出兵器核心管理人才的优势。从常规武器装备科研项目管理自下而上的指标论证、多重组织形式构建和技术途径的选择，到自上而下的目标逐级分解、工作过程控制和成果检验验收及评估，处处体现出项目的规范运作和实事求是、切合实际的调整效果以及核心管理人员的专业素养。为项目重大关键问题的决策、综合效能分析、项目目标的实现以及用户的成功提供了许多专业技术支撑。

在武器系统方面，主要体现在作战系统装备的体系策划、顶层规划和总体设计及其系统性集成技术的科技创新，在专业技术领域主要体现在管形火炮发射技术、火箭炮发射和增程技术、弹药与引信技术、弹丸制导技术、装甲技术、火炸药技术、特种车辆动力传动技术等科技创新。与国际市场上其他大型防务集团公司的技术水平基本相当，个别技术领域处于世界领先地位。

（二）规模经济能力

针对以上创新成果和武器装备产品都具有相应的批量生产能力和产业规模，并具有满足以上生产能力的创造能力，在国内属于不完全竞争市场，在国际上基本处于完全竞争市场状况，其生产能力在与国际市场上其他大型防务集团公司的技术水平基本相当。具有典型的规模经济、范围经济和经验积累优势。同时作为无形资产的品牌资本及商誉、技术及研究开发能力、管理能力和组织能力等企业竞争优势比较明显。

同时，在国内外大量的生产供货和合同履约中，我们树立了兵器良好的产品品牌，并逐渐在形成品牌系列化，如外贸155武器系统系列化品牌产品，在国际上已经享有一定的声誉，目前已经成为兵器工业在国际上主要的具有核心竞争力的产品群。

（三）资源的配置和整合能力

军贸产品的国际化为在国际国内市场军工资源的配置和整合铺平了道路。在国内市场所采取的引进消化吸收再创新需要一定的时间，国际化的军贸产品可以直接应用国际上优良的产品和技术资源，整合集成为极具国际竞争力的产品，也可以将国内基本成熟的产品和技术，经过国际化标准改造，努力发挥其在国际市场上的竞争优势，大大缩短研制和生产周期。

兵器集团公司所属研究所和各企业的相关科研设备、成果和人才，以及兵器集团公司以外的国内相关资源，根据工作要求都可以作为我们整合应用的资源，可以在科技协作的基础上实现科研技术、生产设备和人才资源的拷贝、引申、扩展和共享，有效地避免不必要的技术壁垒、资源浪费和低水平重复。同时，可以根据市场竞争的需要，快速反应，随时进行资源配置，组建多支代表国家、集团公司和行业水平的科技队伍。

（四）良好的市场能力及形象

通过经常组织和协调大型复杂的系统性国际国内科研项目的运作，我们培养形成了较强的沟通、协调和协作能力，能够在繁杂的、具有较高难度的事务中迅速理清思路，抓住主脉，提出合理意见，在公平、公正的基础上，能够实现果断决策，高效地达到快速沟通、求同存异、相互配合和积极协作的效果。同时，在集团公司内外长期的专业实践活动中，我们组织解决了许多难度较大的问题，攻克了许多专业技术难关，已经树立起了较高水平的专业技术管理形象，并得到了行业内外的认可。

长期的专业化发展和集团公司化运作，为我们在国际上树立了良好的能力及形象，国际市场的积累优势同样是军贸产品国际化发展中的核心竞争力，为我们巩固和发展国际市场创造了条件。

六、国际化人才策略

世界各国实力的竞争，归根结底是人才的竞争。因此，以军贸产品国际化发展的视野看，兵器工业的国际化战略发展急需一支具有国际化视野的有抱负、负责任、受尊重的管理和技术人才队伍。

军贸企业应当注意全面实施科学的人才发展战略，真正树立以人为本的理念，营造尊重人才、爱护人才、培养人才、创造人才的良好氛围，切实采取有效的措施抑制住国有企业多年培育的人才乃至经验向外资的流失；应建立良好的工作和人文环境，给各式人才提供一个能发挥特长的工作舞台，做到"人尽其用、人尽其才"，并且能够树立起企业员工主人翁意识；需要改革和健全军贸企业内部的机制，包括激励、竞争、分配、淘汰机制等，充分发挥全体员工想象力和创造力，最大限度挖掘和激发每一个员工的潜能和积极性；需增加对人力资源建设的后续投入，通过在岗培训、继续教育等方式，不断使企业员工更新知识结构，获取新的知识和信息，促进企业科技、经营、管理和高级技工人员素质的全面提高。同时，应注重人才队伍梯队建设，保持企业长期发展的后劲。

1. 人才的国际化需求正在步步逼近

随着经济全球化的推进，国内市场与国外市场的边界越来越不明显，世界各国之间的经济联系日益密切，人才流动开始呈现国际化的态势。据统计，全世界大约有1.3亿人在境外工作，国际性流动人口约占世界总人口的1/50。从参与全球经济竞争的角度看，人才国际化不仅是关于某一个人的命题，而且是关于一个国家乃至世界范围的命题。

2. 人才国际化重在能力和素质的国际化

人才竞争的内容主要是能力和素质的竞争，如果竞争的是语言，或者说是英语的话，世界上不以英语为母语的国家不就发展不起来了吗？人才国际化不在于使用了哪种语言，而在于是否具备国际竞争能力和国际影响力。国际竞争日益激烈，只有拥有了大量高素质的国际化人才，科技发展才能在国际化浪潮中走得更好、更远。

3. 实现本土人才国际化是成功的基础

（1）无论哪个国家，本土人才都是人才结构组成的主体部分，从国外引进国际化人才都是补充部分；

（2）实现本土人才国际化将极大地增强国际竞争力，应拥有充足的国际化人才储备。

应加紧实现本土人才国际化，培养一大批具有国际视野的高素质人才队伍，通过他们在国内外的有效作用，实现集团公司发展的梦想。

4. 人才国际化需要一个过程

人才国际化过程是各种文化交流碰撞的过程，绝不是唯"洋"是用，而是在相互学习、相互渗透、互通有无和积极互动中成长起来的。在国内，人们大谈特谈杰克·韦尔奇、比尔·盖茨。在国外，MBA课堂教学上却在讲授"孙子兵法""老庄哲学"等中国的经典，一些国内企业家的管理之道，也成为他们的经典教案。中国传统特色的一些管理理论与思想精华，本身就是一个国际化人才应该具备的知识。

5. 营造简单、透明、规范和公平的人文环境

注重企业文化引力，企业文化是企业最重要的软实力和表外资产，未来兵器工业将进一步发挥文化引领企业高效、健康运转的作用，并通过制度、程序等形式固化，融入各个业务板块和业务流程中。同时，逐步建立集团公司化人力资源管理体制，完善人力资源开发配置机制、激励约束机制，打造一支有抱负、负责任、受尊重的人才队伍，让职工感受到企业尊重员工的个性、个人意愿和选择权利，工作不仅仅是谋生的手段，工作本身应该能够给大家带来快乐和成就感。人格上和发展机会面前人人平等，始终倡导简单而真诚的人际关系。工作以外鼓励员工追求身心的健康，追求家庭的和睦，追求个人生活内容的极大丰富。热忱投入并出色完成本职工作的人，应该是公司和部门最宝贵的资源，持续培养专业化、富有激情和创造力的职业经理队伍，是企业可持续发展的一项重要使命。

第十五章 企业集团高层次
科技人才队伍建设探索

国以才立，政以才治，业以才兴。在当今世界多极化和经济全球化深入发展的新形势下，人才资源已经成为经济社会发展最重要的战略资源，企业与企业之间的竞争就是人才的竞争。国际一流的科技尖子人才、国际级科学大师、科技领军人物，可以带出高水平的创新型科技人才和团队，可以创造世界领先的重大科技成就，可以催生具有强大竞争力的企业和全新的产业。

在当今激烈的市场经济环境下，科技自主创新能力已经成为企业能否在市场竞争中立足并取得成功的一个重要因素，高层次科技人才作为企业进行科技创新的核心主体，是企业科技实力和自主创新能力的集中体现，也是企业核心竞争力的重要组成部分，对企业在激烈的市场竞争中能否立于不败之地发挥至关重要的作用。如何造就、保持并有效激励一批能潜心进行技术开发的高层次科技人才，是摆在企业人力资源管理人员面前的一个重要的课题。高层次科技人才队伍作为一个企业最为核心的人力资源，关系到企业的创新能力，也关系到企业在市场的核心竞争力。

集团公司作为中央直接管理的特大型企业集团，一直致力于提高中国国防工业现代化水平，在"科技领先、人才先行"的战略引领下，非常重视高层次科技人才队伍建设，先后出台了一系列的政策制度，对稳定高层次科技人才队伍、调动和发挥他们的积极性，提高集团公司自主创新能力，提高产品在国内外市场的竞争力发挥了积极作用，也取得了瞩目的成绩。近年来研发的新产品占据了销售收入比例逐年上升，同时，也取得了一系列的国家重要科技进步奖项。

看到成绩的同时，我们也看到与国内外同类大型企业集团的差距，尤其国际知名度较高、在本专业领域能够具有发言权的高层次科技人才队伍的数量、水平等方面远远不能满足集团公司科技创新的需要，在高层次人才队伍建设方面还存在不少问题，对这些问题进行研究分析，提出相应的对策措施，无疑会对集团公司今后长远发展起到积极作用，同时，也对同类型的国有企业集团高层次科技人才队伍建设起到借鉴作用。

本章首先从高层次科技人才队伍的特点和成长规律入手，深入分析了集团公司当前面临的竞争形式以及对提高自主创新能力的迫切要求，提出集团公司进一步加强高层次科技人才队伍建设的必要性。通过对集团当前高层次科技人才队伍建设现状的研究，从人才队伍自身建设和创新环境两个方面对影响科技人才队伍建设的关键问题进行了分析，提出了对集团公司如何进一步加强高层次科技人才队伍建设的四条具体措施，即差别化配置、全面激励、提升个体素质和集团化使用。旨在通过对集团公司高层次科技人才队伍建设的案例分析，来研究如何从人力资源规划、人才使用、人才有效激励等方面开展人才队伍建设。

一、高层次科技人才队伍建设的必要性

（一）客户需求和竞争格局分析

1. 履行自身社会责任的要求

进入新世纪以来，世界政治形势、经济环境和军事斗争格局发生了深刻的变化，军事技术和武器装备的发展呈现出令人瞩目的新趋势和新特点。军队装备建设明确提出以军队使命任务为牵引，以科技创新发展为重点的新要求。我军要履行新世纪新阶段历史使命，核心是要全面落实建设信息化军队、打赢信息化战争的总要求。作为承担军队装备科研生产任务的特大型企业集团，集团公司要为客户提供升级换代的国防装备来支撑新时期军队核心使命的完成，就必须要建立科技创新体系，大力提升自主创新能力。科技创新水平是企业核心竞争优势的集中体现和主要标志，而自主创新能力则是支撑科技创新的源泉动力。

多年来，作为国有特大型企业的集团公司在重大关键技术方面一直走着引进吸收的老路子，这种方式在一定时期内的确对改善技术水平，促进发展起到了重要的作用。但是，实践证明"在激烈的国际竞争中，真正的核心技术是市场换不来的，也是花钱买不到的，引进技术设备并不等于引进创新能力"（温家宝，2006年）。近年来，随着中国综合国力的不断提升，国际竞争格局愈加复杂，传统的俄罗斯、欧盟等技术输出国也开始进行技术封锁，尤其在涉及信息化和制造工艺等核心关键技术的引进越来越困难。因此，要全面履行自身作为国防装备供应商的职责，以技术先进、质量可靠的武器装备支撑我军新世纪的新使命，就必须改变依靠跟踪仿研的路子，提升集团自主创新能力，真正在关键领域掌握一批核心技术，拥有一批自主知识产权，才能满足用户对集团公司的期待。一方面，北方工业集团要根据客户方的要求，不断开发出满足客户需求的新装备、新产品，满足市场需求，这是市场推动；另一方面，随着竞争格局的出现，更需要通过不断提高自身的自主创新能力，不断加强技术创新，发展高新技术，利用新技术的出现来创造客户方面的需求，我们称之为技术牵引。无论是市场推动还是技术牵引，高层次科技人才队伍建设无疑是提升自主创新能力，履行集团公司作为央企核心社会责任的主要工作之一。

2. 满足新的竞争格局的迫切需要

1999年十大军工集团改革以来，我国国防工业已经出现了新的建设格局，其中一个最为显著的特点就是行业竞争开始出现并将会越来越激烈，无论从客户方面的采购政策还是各企业集团自身发展壮大的需要来看，这已经是一个不争的现实。集团公司的传统市场和其他行业的配套任务量逐年增加，市场领域得到进一步拓展，甚至在某些行业的细分市场争取到了较大的份额。与此同时，集团公司的传统市场领域也面临着其他兄弟行业集团的不断侵蚀，即使是传统的坦克车辆领域，也正在面临来自国内外汽车行业的技术发展和竞争的压力。因此，我们判断，今后的竞争格局会越来越激烈，想要在这种激烈的竞争中站稳脚跟，必须要拥有一大批具有自主知识产权的核心关键技术，方能立于不败之地，而高层次科技人才队伍建设正是集团公司提高自主创新能力的关键。

（二）自身战略发展要求分析

集团公司自组建以来，大力实施"科技领先、人才先行"战略，积极开展产业结构调整和科技创新，实现了由传统兵器向高科技兵器的跨越。实践证明，科技创新是集团公司不断提升在国家战略地位的主线，而加强科技人才尤其是高层次科技人才队伍建设是发展兵器高科技、再创兵器新辉煌的关键。当前集团公司又明确提出了"提升自主创新能力、提高发展质量和履行社会责任"三大任务，人才资源是第一资源，提升自主创新能力对高层次科技人才队伍建设提出了更高的要求，因此，加强科技人才队伍建设特别是高层次科技人才队伍建设成为集团公司当前和今后一段时期改革发展的工作重点，高科技人才队伍建设模型如图15-1所示。

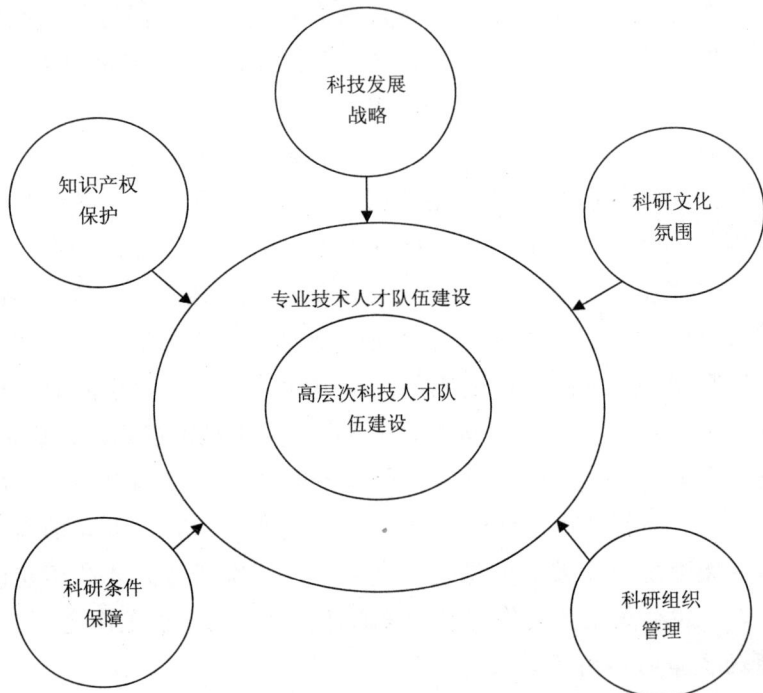

图15-1 高层次科技人才队伍建设模型

企业自主创新是指通过拥有自主知识产权的独特的核心技术以及在此基础上实现新产品价值的过程，包括原始创新、集成创新和引进消化吸收再创新。企业自主创新能力则是这三种创新的综合能力，不管是哪类创新，都离不开基础研究与基础技术的支撑，基础研究是自主创新的保障。从自主创新的定义可以看出，自主创新受多种因素影响，但科技人才是真正实现自主创新的主体，因此，影响因素基本上可以分为科技人才特别是高层次科技人才这个核心因素和其他关键的环境因素。

（1）高层次科技人才是科技自主创新的主体，在自主创新中起着基础和引导作用。

（2）有效的科技发展战略是自主创新的前提，执行科技发展战略的过程就是提升自主创新能力的过程。

（3）强有力的知识产权保护制度是自主创新的核心，拥有自主知识产权是自主创新的标志。

（4）"鼓励创新、宽容失败"的科研文化氛围是自主创新的"催化剂"，一个企业若不能允许科技人才创新失败，只能扼杀科技人才创新的思想。

（5）高效的科研组织管理是自主创新的关键，科研组织管理是否具有很高的效率直接关系到能否进行有效的技术创新。

（6）坚实的科研条件保障是自主创新的基础，也是自主创新的必要条件。

从集团公司提升自主创新能力的执行要求来看，集团公司近年来一直执行"军品为主、民品为本、军民互动、协调发展"的方针，充分利用军品资源发展军民结合高新技术民品，这就意味着集团公司自主创新必须具有扎实的基础技术才能实现这一结合。同时，集团公司科技创新是以几个平台为基础展开的，因此，集团公司自主创新应以基础技术研究为支撑，以集成创新为核心，以原始创新和引进消化吸收再创新为重要组成部分。这就要求集团公司的高层次科技人才一是要在基础技术研究上发挥基础作用，这是促进集团公司集成创新的关键，并且是集团公司整个科技创新的支撑，二是要在战略高技术攻关上发挥引领作用，促进集团公司技术变革和技术发生跨越式发展。而基础研究和战略高技术研究在增强自主创新能力中发挥着基础与关键的作用。前者决定一个企业的创新实力和后劲，后者则是一个企业科技创新能力的集中体现。

综上所述，高层次科技人才队伍是影响集团公司自主创新能力最为核心的因素，进一步加强高层次科技人才队伍建设是全面提升集团公司自主能力的基础，是建设高科技现代化国际化兵器工业的关键，也关系着北方工业集团公司当前的生存和未来的发展。

二、高层次科技人才队伍的特点

（一）高层次科技人才及其内涵

1. 人力资源

资源在《辞海》中是指"资财的来源"，在经济学中是指"为了创造财富而投入生产活动的一切要素",经济学把可以投入到生产中去创造财富的一切生产条件统称为资源。人力资源是指一定范围内人口总体所具有的劳动能力的总和,是指在一定范围内具有为社会创造物质和精神财富、从事体力劳动和智力劳动能力的人们的总称。彼得·德鲁克在《管理的实践》一文中指出:"人力资源是所有经济资源中,使用效率最低的资源,同时也是最有希望提高经济效益的资源""人力资源又是所有资源中最有生产力、最多才多艺、也最丰富的资源""人力资源有一种其他资源所没有的特征:具有协调、整合、判断和想象的能力"。因此,人力资源的管理与开发对企业经营业绩具有其他机器设备等资源不可替代的独特性。

2. 人才及高层次科技人才

《国家中长期人才发展规划纲要(2010—2020)》明确指出:人才是指具有一定专业知识或专门技能,尽心创造性劳动并对社会做出贡献的人,是人力资源中能力和素质较高的劳动者。人才是中国经济社会发展的第一资源。

高层次科技人才队伍是专业技术人才队伍的核心,也是科技实力和自主创新能力的集中体现,是企业核心竞争力的重要组成部分。北方工业集团公司为中国国防军工行业,其行业主管部门原国防科工委对高层次科技人才的定义为:一是承担重点科研项目并担任重要技术职务的人才;二是有较高学术技术水平的人才;三是取得了重要技术成果成就的人才;四是获得重要科技荣誉称号的人才。这个定义包括了项目、学术、成果和荣誉四个角度。北方工业集团公司自身已经建立了"两院院士—集团公司首席专家—集团公司级科技带头人—成员单位级科技带头人—成员单位科技骨干"科技人才五级职业发展通道,无论承担重大科研项目的人才还是在学术上有较高造诣的人才,还是取得重大科技成果的人才,都可以在五级职业发展通道中取得自身的位置,因此,结合北方工业集团公司自身实际,本章所指的高层次科技人才队伍,是指北方工业集团公司成员单位级科技带头人以上的人才。

(二)高层次科技人才的特点

高层次科技人才作为企业进行技术创新的主体,他们一般有跟踪了解国内外本领域最新专业技术发展趋势的热情,有善于运用知识不断进行技术创新,从而推动产品更新换代的动力。有专家经过研究将高层次科技人才个人素质特点归结为六个方面:广博而精深的知识结构,极为敏锐的观察力,严谨的科学思维能力和对事务做出系统、综合分析与准确判断的能力,敢于创新的勇气和善于创新的能力,发散开放的思维模式等(康家,2005年)。也有学者总结高层次科技人才的素质为三个特点:一是具有旺盛的创新激情,创新激情是高层次科技人才进行技术创新的心理动因,是科技人才进行持续创新的内在动力;二是具有卓越的创新素质,包括思维模式和知识积累,其中知识积累是高层次科技人才进行创新知识基础,而思维模式是其进行创新的意识基础;三是具有良好的意识素养,即具有那种坚忍不拔、敢于否定、永不言败的精神和意志。这些基本属于高层次科技人才自身固有的特点，就高层次科技人才队伍建设的目的而言，本书认为高层次科技人才具有三个显著的特点：

1. 稀缺性

高层次人才队伍是专业技术人才队伍中最为核心的部分，具有较高的稀缺性。从供给方面看，高层次科技人才成长周期长、工作时间相应较短，即使在全国大中型工业企业中，科学家和工程师的人数约为103万人，但其中高层次科技人才较少。从需求方面看，企业对于高层次科技人才具有较大需求，特别是近年来跨国企业实行人力资源全球配置战略，使得中国企业对高层次科技人才的需求更加难以满足。如东风汽车公司拥有技术人才22500人，但是在评选科技带头人中，仍然有20个学科筛选不出学科带头人。稀缺性意味着在配置高层次人才时，一方面不能仅仅依靠自主培养，而需要依靠各种途径，特别是市场猎取的方式获得高层次科技人才，另一方面高层次科技人才已成为企业争夺的焦点，以北方工业集团为例，集团公司一名刚增补的工程院院士就有被多个高校、企业集团"猎取"的经历，2010年，刚从国外引进的一名高层次科技人才也险些被国内一家著名民营企业"挖走"。因此，应该有针对性的满足现有高层次科技人才的各方面需求，防止被其他企业所猎取。

2. 需求层次高

根据马斯洛需求层次理论，人的需求分为生理需求、安全需求、社会需求、尊重需求和自我实现需求五个层次的需求，需求层次依次从低到高，其中"自我实现需求"是人的最高需要，人们在满足了低层次的主导需求后，则会转向高层次的主导需求。集团公司高层次科技人才目前收入处于当地职位收入水平的高端，并且也具有了一定的社会地位，基本满足了生理需求、安全需求和社会需求，正处于实现尊重需求和自我实现需求的过程中。在尊重需求方面，高层次科技人才尤其重视组织和他人对其科研成果的认可，重视劳动所得与其贡献的匹配，若是科研成果得不到认可，甚至得不到保护，那么人才就有流失的危险。在自我实现需求方面，如不能提供高质量的科研保障条件，提供能激发其创新热情的科技创新平台，打造尊重创新、支持创新、鼓励创新的文化环境，使之易于产生科研成果，那么也会因为缺乏事业吸引力而丧失人才。

3. 专一性

高层次科技人才的劳动不同于一般体力或脑力劳动，它具有复杂性、高难度性、连续性等特点，因此高层次科技人才往往会把大量的工作时间和非工作时间投入到科研工作中去，精力比较集中，一旦受到非科研事务的烦扰，势必影响科研工作进度和工作质量。中国传统的儒家文化曾经倡导的"学而优则仕"思想对现有的人才选拔机制有很强的影响，在很多的国有企业中，"官本位"的价值取向影响还比较严重，很多高层次科技人才在技术发展通道中找不到自己实现人生价值的道路时，会谋求进入"仕途"，而这些人才在承担了行政管理职能之后，由于其良好的技术素养，往往还担任着进行技术创新的双重职能，但由于受到繁杂的事务影响，必然会削弱其进行科技创新的活动。因此，高层次科技人才的专一性特点要求其全身心投入到科研事业中去，企业应当为科技人才提供畅通的职业发展通道，使其潜心进行技术创新，尽可能不让其参与行政事务，尽可能为其提供好的科研工作环境，使科技人才专心于科研工作。

（三）高层次科技人才的成长规律

一般来说，成长规律是指在人才成长过程中具有的可以重复的必然关系或概率性重复的概然关系。这里的高层次人才成长规律侧重于统计性规律，基于对北方工业集团公司大量科技人才的调查问卷及访谈，统计分析出高层次科技人才具有以下三个方面的成长规律：

1. 成长的周期较长

高层次科技人才的成长具有较为漫长的成长周期，一般来说，要经过 1 年的适应期，2~3 年的形成期，3~5 年的发展期，5~15 年的成熟期。就中国当前的科技人员技术职务晋升序列分析，大学毕业生一般要经过 15 年以上的工作时间，才有可能获得教授级高级工程师的技术职称。因此，一个理工科大学毕业生一般要经过 15 年左右时间才有可能成长为高层次科技人才，成长周期较长。因此，企业在进行人力资源配置时，单靠自主培养往往难以适应企业发展的需要。

2. 人才涌现的共生效应

人才的涌现通常具有在某一领域、单位和群体相对集中的倾向，即在一个较小的空间和时间内，人才不是单个出现，而是成团或成批出现。比如中国载人航天工程由于技术难度大、科技人才集中，加之以航天精神的良好文化氛围，围绕这一工程曾经诞生过数名两院院士；中国钢研科技集团有限公司通过以万吨级非晶为代表的 22 个国际前沿科技项目，开展新材料、新工艺、新技术研究，仅非晶带材一个项目成就了 10 多位在该领域具有世界水准的科学家和权威专家。这反映出在科技人才队伍建设的过程中，要注重环境、氛围以及团队的建设，一个良好的科研环境，往往会催生出较多且水平较高的科研人才。

3. 人才创新的最佳年龄

在科技人才人力资本积累过程中，往往某一年龄段出现创新灵感爆发、能力水平达到最佳的情况。有学者对公元 1500~1960 年全世界 1249 名杰出自然科学家和 1928 项重大科学技术成果进行统计分析，发现自然科学发明的最佳年龄区域是 25~45 岁，这个研究结果表明，高层次科技人才正式处于科研创新的最佳阶段，企业应充分使用好这一宝贵资源。

三、集团高层次科技人才队伍建设现状

1999 年集团公司组建以来，紧紧围绕"科技领先、人才先行"战略，以骨干科技

人才团队建设为重点，不断探索和创新科技人才工作机制，努力畅通科技人才职业化发展通道，从建立职位发展序列和动力机制两个要件入手，畅通科技人才职业发展通道，已经形成了"成员单位科技骨干—成员单位科技带头人—集团公司科技带头人—集团公司首席专家—两院院士"五级职业发展岗位序列，配套了相应的政治待遇、物质待遇和事业平台等激励措施。目前已经形成了由中国工程院院士、首席专家、集团科技带头人组成的高层次科技人才团队。总结集团公司高层次科技人才队伍建设的工作，主要体现在如下几个方面：

1. 开展职业生涯设计，畅通科技人才职业化发展通道，建立科技人才职业化发展工作机制

先后制定了《进一步加强职业化高素质科技人才队伍建设的若干意见》《科技带头人管理办法》《首席专家管理办法》等制度规定，从科技人才职位发展序列和动力机制两个要件构建科技人才团队建设工作机制。在职位序列上，设立了五级科技人才职业发展阶梯，并将其作为科技工作岗位，制定了相应的岗位要求，并依据岗位要求进行绩效考核。在动力机制上，集团公司要求集团公司首席专家享受所在成员单位行政正职的有关待遇，集团公司级科技带头人享受所在单位行政副职的有关待遇，同时在选聘重大科研项目的总设计师时，一般要求从集团公司首席专家和科技带头人中选拔。而且集团公司出台并大力推行"长师分设"制度，要求各成员单位的行政领导一般情况下不能兼任重大科研项目的总设计师、总研究师，从而为高层次科技人才提供更多的事业平台。通过给予相应的政治待遇、物质待遇、事业平台，提高科技人才的职业成就感，坚定其通过科技岗位职业化发展的决心和信心。

2. 实行科技人才分类管理，进行骨干科技人才队伍的顶层设计

（1）围绕集团公司未来发展，做好科技人才顶层规划，建立完善了科技人员分类方案。根据集团公司科技发展战略，按照重点发展技术的领域、分领域、子领域三个层次，将全系统科技人才进行分类分为，为在集团公司和成员单位两个层面构建能力型科技创新团队建设奠定了基础。

（2）界定了骨干科技人才团队范围。以五级科技人员职位序列为纲，明确科技创新团队由领军人物、骨干人才和参与人员三个层次人员构成，其中骨干科技人才团队由领军人物和骨干人才构成，领军人物由两院院士、首席专家构成，骨干人才由集团科技带头人、单位级科技带头人和单位级科技骨干构成。

（3）依据集团公司发展战略和技术发展重点，经过专家研讨，对首席专家岗位和集团公司级科技带头人岗位进行了合理设置。

3. 积极进行结构调整和素质建设，高层次科技人才队伍数量、结构和素质得到进一步优化和提升

（1）高层次科技人才总量不断增加，截至 2009 年年末，集团公司高层次科技人

才共 1030 人，数量占到了科技人才总量的 5%，集团公司科技带头人也增加到 269 人，如表 15-1 所示。

（2）高层次科技人才学历结构得到进一步优化，科技带头人硕士及以上学历比例为 38.7%，首席专家比例为 50%，如表 15-2 所示。

表 15-1　集团公司级科技带头人学历结构

学历	博士	硕士	本科	大专	合计
人数（人）	22	82	160	5	269
百分比（%）	8.2	30.5	59.5	1.9	100

表 15-2　集团公司首席专家学历结构

学历	博士	硕士	本科	大专	合计
人数（人）	3	7	10	0	20
百分比（%）	15	35	50	0	100

（3）高层次科技人才老中青比例搭配趋向合理。成员单位级的科技带头人以 35 岁为主体，集团公司级科技带头人 45 岁左右为主体，首席专家 50 岁左右为主体，年龄梯次比较合理。

4. 形成了以领域为基础的能力型科技创新团队，科技创新能力得到进一步提升

（1）基本建成了覆盖十多个专业领域，由首席专家、集团级科技带头人、成员单位级科技带头人、成员单位级科技骨干为主的能力型科技创新团队。

（2）形成了以高层次科技人才为核心的金字塔式的骨干科技人才团队。目前成员单位科技骨干及以上科技人才 3000 余人，占集团科技人员总量的 13%。

（3）科技创新能力进一步提高。集团公司成立十年来所承担的国家重点科研项目全部顺利完成，有部分项目已经达到世界先进水平，共获得多项国家级科技奖项。拥有工程院院士、新世纪百千万人才、享受政府特贴的专家、国家有突出贡献的专家、国防科技工业突出贡献专家等一大批科技领军人才，集团公司骨干科技人才的社会认可度得到较大提升。

四、集团高层次科技人才队伍建设中的关键问题

高层次科技人才队伍是集团公司科技自主创新的主体，是科技创新的核心要素，而关键的环境因素也会对高层次科技人才科技创新产生重要影响。

影响高层次科技人才进行科技创新的因素可以从宏观和微观两个层面去分析，在宏观层面，影响因素主要是团队的结构和联系机制两个方面，前者是硬性要求，后者则是软性约束；从微观层面看，主要影响因素是科技人才个体的素质能力和创

新意愿两个方面。具体分析如下：

（1）优化高层次科技人才队伍的数量结构。包括数量、年龄、职称、学历、专业领域和人才梯队层级等几个方面。所谓"结构决定功能"，结构不合理势必影响团队整体创新能力的发挥。

（2）发挥高层次科技人才的集团效应。集团效应的发挥是决定整支队伍总体创新能力的关键，只有在集团公司层面共享高层次科技人才的智力资源，提高人才聚合程度，才能实现团队效应最大化。

（3）提升高层次科技人才的个体素质。个体素质是提高高层次科技人才创新能力的前提，良好的专业素养对于提升自主创新能力并带动整个科技团队进行创新起着基础性作用。

（4）激发高层次科技人才的创新动力。创新动力的大小直接决定创新能力发挥的程度，而以职业化发展通道通畅程度为主的因素是决定科技人才创新动力大小的核心因素。

因此，加强高层次科技人才队伍建设应该从上述几个方面入手，应有针对性地进行改进和提高。

1. 高层次科技人才队伍建设自身存在的关键问题

（1）高层次科技人才的配置方式单一，数量结构亟待优化。目前，集团公司配置高层次科技人才的方式主要以自主培养为主，配置方式单一，现有的科技领军人才全部来自集团公司内部培养。一般来说，配置人力资源的方式除了自主培养之外，还有余缺调剂与共享、公开招聘、市场"猎取"、灵活用人等，配置方式过于单一不但造成高层次科技人才数量不够充足，根据集团公司人才规划，首席专家和集团级科技带头人岗位还有不小空缺，说明在部分集团公司主要技术领域还没有配备领军人才，而且使得集团公司科技领军人才的专业结构比较单一，这些现有的技术领军人才基本上毕业于集团公司组建前所属的几所高等院校，在技术创新方面缺乏思想的碰撞，配置方式单一将直接影响到配置的效率和效果，最终将影响到人力资源管理的效益最大化和高层次科技人才整支队伍的建设。因此，应结合各专业技术领域的人才市场特点和集团公司的实际，有针对性地选择各种配置方式，使高层次科技人才数量总体得到充盈，结构得到优化。

（2）用人与培训制度上梯次性体现得不够，个体素质需要进一步提升。企业是造就高层科技人才的主体，主要方式一是用人，通过岗位锻炼造就人，二是培训，通过培训提升人才知识水平。但是，当前集团公司的用人与培训制度存在的关键问题在于梯次性不明显，造成的后果一是有限的培训资源没有根据人才的层次有针对性地投入，资源得到浪费，效果却不明显，二是高层次科技人才的资源不能得到充分使用，达不到以高层次科技人才为核心带动整支队伍的目的。因此，对不同层级的科技人才，确定其职业发展岗位，规范其职责，避免高层次的科技人才从事低层级人员的工作，同时投入相应的培训资源，有针对性地进行培训。

（3）职业化发展通道保障措施落实不到位，创新动力明显不足。从物质待遇和政治待遇上来看，很多成员单位出于自身利益的考虑，思想不够解放，高层次科技人才的待遇还没有达到集团公司制度的要求，考评和激励的导向过分注重项目的争取与效益，对技术进步和技术能力的提升关注不够。从事业平台上来看，相关科研条件保障不到位，"长师分设"制度执行不坚决。

（4）科技人才资源分散并且科研组织缺乏清晰设计，没有形成集团效应。在集团效应方面存在的关键问题一是科技人才资源分散，从事同一技术领域的厂所较多，有限的资源分散在多个单位中，而在既定分散的情况下，又缺乏相应的组织管理，将高层次科技人才组织到一起，进行充分的智力共享。二是科研组织缺乏清晰设计，尚未建立完善的多层次技术创新体系，基础技术研究与产品技术研究层次不够分明，目前都分散在各成员单位，整体上看，集团公司科技发展缺乏清晰脉络。从跨国公司的经验来看，通常其科研组织很清晰地分为两层，一是集团层面，主要负责基础技术或关键技术的研究，二是产品公司层面，主要负责产品的设计及产品的技术研究。例如，通用电气科研第一层次由其全球研发中心来组织实施，第二层次由各产品集团来负责。国内的著名民营企业比亚迪公司建立了中央研究院、研究部及技术部在内的三级研究开发体系。中央研究院主要开展战略性的预研工作，事业部中的研究部主要对中央研究院的专利成果进行进一步开发，而技术部则负责对成熟的专利成果进行产品设计研发。

2. 自主创新环境对高层次科技人才队伍建设的影响分析

自主创新的环境因素包括集团公司科技发展战略、知识产权保护、科研文化氛围、科研组织管理及科研条件保障6个方面，环境因素对高层次科技人才这个主体核心因素有着重要的影响，影响方向如图15-2所示。

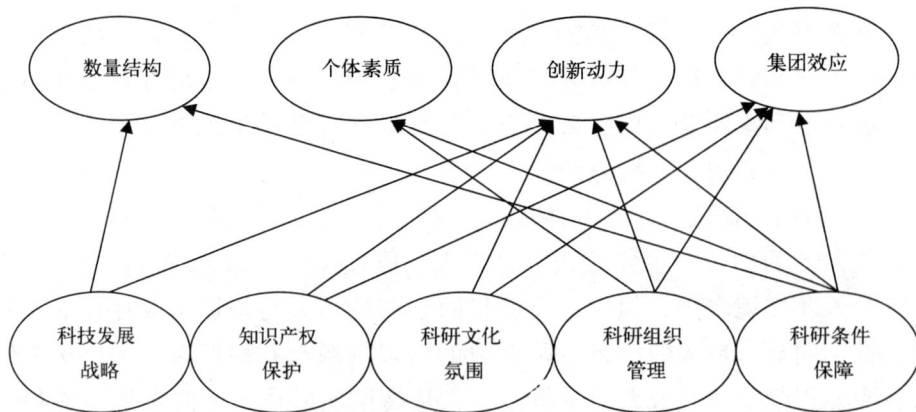

图15-2 自主创新环境对高层次科技人才队伍的影响

（1）科技发展战略影响着高层次科技人才队伍的数量结构和创新动力。科技发展战略关系集团公司专业技术领域的发展方向，明晰的科技发展战略可以为各领域高层次科技人才的配置指明方向。在科技发展战略的指引下，各专业领域能够明确发展重点，从而激励各专业技术领域高层次科技人才围绕重点进行不断创新。

集团公司"科技领先、人才先行"战略已经深入人心，但科技发展战略引领的作用还需进一步加强。集团公司组建以来，通过大力实施"科技领先、人才先行"战略，建立高科技、现代化、国际化北方工业集团已经成为全系统广大干部职工的共同愿景。愿景需要科技发展战略和规划的支撑，集团公司已经提出要实现由机械总体向信息总体、由机械平台向信息平台转型，但目前缺乏对整个战略实现的规划，总体处于各成员单位分散研究的格局，各行其是，科技发展战略引领作用发挥不到位，从而在配置各领域人才时缺乏指引，高层次科技人才自身也缺乏科研方向，动力不足。

（2）知识产权保护直接影响着高层次科技人才的创新动力和智力共享。知识产权是一项权利，若能得到保护并因此能够得到收益，将促进知识、技术成果的创造和共享交流。从更广泛的意义上看，具有知识产权的不仅包括著作、专利等有形的成果，而且还包括研究思路、方法等可以描述但无形的成果。保护知识产权、赋予知识产权创作者对知识产权的使用权、转让权和收益权，将极大地激励创造者，同时也为创造良好的科研研讨氛围奠定基础。

集团公司知识产权保护意识近年来明显增强，但尚缺乏有效的可操作的知识产权管理办法，尤其在军品科研生产领域。北方工业集团公司传统格局是研究所进行型号项目的研发，装备定型之后转到企业进行生产，但近年来，研究所为了自身的经济利益和长远发展，往往希望将部分产品留所生产，从而赚取更多的利润，而工业企业又急切地需要投产新的产品形成规模，集团公司一直采取行政干预的方式，强行将产品转到工厂生产，并要求企业支付一定的技术转让费，但由于政策制度的不完善，双方积极性都不是很高，矛盾比较大。因此，集团公司针对自身特色的知识产权保护工作尚有诸多需要加强的地方，尤其缺乏切实可行的知识产权保护制度，没有制度作保障，"尊重知识、尊重创造、尊重人才"就缺乏坚实基础。这主要导致两方面的问题：一是科研成果若缺乏知识产权认定，转化将极为困难；二是进行科研交流，智力成果共享也会出现极大阻碍。

（3）科研文化氛围深刻影响着高层次科技人才的创新动力和集团效应。科研文化氛围包括工作氛围和情感氛围，良好的工作氛围促进创新，鼓励交流和共享，而浓厚的情感氛围可以有效满足高层次科技人才的社会需要，有助于组织"情感留人"。

集团公司"鼓励创新"已成共识，但"宽容失败"的科研文化氛围还未形成。创新创造价值，鼓励创新已经成为各科研单位大力宣扬的文化，但是创新具有风险，产生成本，导致不少单位不愿为创新付出代价，"宽容失败"仅仅成为一句口号，导致集团公司创新文化并没有对实际行为产生重大影响，既没有激发高层次科技人才的创新动力，又没有提高集团效应。宽容失败需要制度作保证。在海信，2000年以来，允许失败率在50％以上，海信在高清图像处理芯片上拥有自主知识产权，但当时这个项目不是海信集团的决策，而是员工自主行为，他们没有选择微处理器，没有选择解码芯片，而是选择了挑战难度更大的高清图像处理芯片，用了近5年时间，去做一件过程中没有阶段成果，最终可能失败的项目。不能不说，是海信的创新文化鼓励和支持了这个项目，并最终取得了成功。

（4）科研组织管理影响着科技人才的个体素质、创新动力和集团效应。科研组织管理对科技人才个体素质提升的影响主要体现在对其技术能力管理和职业生涯的设计管理上，缺乏管理，单靠科技人才的自我积累难以大幅提升其素质；对创新动力的影响体现在科研组织管理的效率上，低效率的管理势必降低其创新积极性；对集团效应的影响则体现在科研组织管理的有效性和能力上，在集团范围内进行智力共享无疑对科研组织管理提出了挑战。

集团公司当前分散的科研组织体系对各成员单位具有一定的激励作用，但不利于集团公司自主创新能力的提升。当前各成员单位特别是研究所都是根据自身发展需要，做出本单位的科技发展规划，不能也难以主动从集团公司发展的角度出发，分散的科研组织体系对于各成员单位加强自身发展，提升经济效益具有较强的激励作用，但是对于集团公司来说，难以集中力量实现集团自身科技发展战略，并将影响集团公司高层次科技人才个体素质、创新动力和集团效应，阻碍集团公司自主创新能力的提高。

（5）科研条件保障影响了高层次科技人才队伍建设的所有方面。良好的科研条件保障可以促进科技人才多出成果、快出成果，可以有效地吸引人才，从而对高层次科技人才的数量结构产生影响；好的科研条件可以为科技人才的探索影响提供多方面的支持，促进科技人才素质的提升并激发其动力；坚实的条件保障可以为科技人才的互动交流提供技术支持，促进智力共享。

集团公司科研条件从纵向看，得到了较大程度的改善，但横向对比看，仍然需要加大投资力度。近年来，依靠国家投资和自主发展，集团公司科研、实验条件得到持续改善，但与其他中央企业及跨国公司相比还有相当大的差距。跨国公司如波音公司近年来不断加大科研投入力度，2006年度研发费用高达32.57亿美元，占销售收入的5.29％。

五、对集团高层次科技人才队伍建设的措施建议

结合对北方工业集团公司高层次科技人才队伍建设的现状分析，笔者认为要围绕队伍结构、个体素质、工作动力和资源共享四个方面进一步加强人才队伍建设。总体目标为：

一是优化高层次科技人才队伍数量结构，使之与集团公司发展需求相匹配。

二是提升高层次科技人才的个体素质，使之与代表国家某技术领域创新能力的要求相匹配。

三是提高高层次科技人才的工作动力，激发他们的创新热情。

四是发挥高层次科技人才的集团效应，促进在集团层面共享智力资源，使宝贵而有限的人力资源发挥更大的效益。

具体措施建议如下：

1. 针对不同专业领域，对高层次科技人才采取差别化配置

（1）对集团公司新拓展领域、竞争性领域和关键技术攻关领域，主动开展"猎取"或借脑用人工作，实现由机遇型、保障型向自主型、先导型转变。在掌握人才需求的基础上，以成员单位为主体，有针对性地进行猎取工作。对流动性较强的高层次科技人才，可委托猎头公司进行猎取；对跳槽频率较低，流动性较弱的高层次科技人才，应采取基于人才特征的"猎取"方法；对于"猎取"高层次科技人才难度较大的领域，一方面可以通过"猎取"具有发展潜力但尚不成熟的年轻科技人才，快速补充力量，另一方面可以采取客座教授、高级顾问等方式进行"借脑"用人。其中，基于人才特征的猎取方法是通过研究高层次科技人才出现的特征，包括他们经常访问的网站，参加的学术组织及其他组织，一般会参加的大型学术会议，经常阅读的报纸期刊等，还可以通过集团公司现有同层次的人才作为参照组，来研究他们的特征，总之，要了解这些高层次人才经常聚集的地方，通过网站、聚会场所、报纸等途径把我们的需求准确地传达到他们身上，还可以发挥我们现有的高层次科技人才的信息传递作用，"以才引才"。

建立高层次科技人才"猎取""一把手"责任制。成员单位领导人员应该亲自参与到高层次科技人才的"猎取"工作中来，积极与有意向的人才进行沟通，在充分了解其对于报酬、事业等方面的预期后，有针对性地设计引人方案，鉴于国有企业特殊情况，在物质待遇无法完全满足预期要求时，可以使物质待遇、政治待遇和事业平台等方面的"综合待遇"达到或高于其期望值，特别是所引进人才的特别需求，如子女入学、落户、配偶工作等，应充分利用我们的资源条件加以解决。

（2）在人才供需结构不合理的技术领域，以项目为载体，加大集团公司内部科技人才余缺调剂。对成员单位内部余缺调剂，应根据单位自身发展需要，将部分高层次科技人才调剂到单位重点发展的领域和岗位上。

对成员单位之间的余缺调剂，特别是在传动技术、激光等技术领域，应在顶层指导下，加强科研成果转让后期协作、共同技术开发和人员交流，促进科技人才有序流动。其中，对于科研成果转让的类型，转让方应向受让方派驻参与该科研的骨干科技人才，协助后者进行工艺等技术难题的攻关，直至可以批量生产。对人员交流，应建立访问学者和客座研究员制度，技术相似或互补方可以邀请对方高层次科

技人才作为访问学者或客座研究员。

集团公司应积极鼓励成员单位开展跨单位项目合作，成员单位之间重要合作项目，应列入领导班子与领导人员年度重点任务进行考评，并与单位领导人员年薪挂钩。

（3）在集团公司传统优势领域，以项目技术岗位为载体，加大高层次人才自主培养力度。一方面通过给任务、压担子，有计划、有重点的选派有前途的年轻科技人才到重大项目、重要岗位接受锻炼，在实践中增长才干、磨炼意志；另一方面，对经考核认定有培养前途的年轻科技人才，一时不具备条件的，可采取增加副总设计师的职数，超常规使用和锻炼，形成良性的后备梯队。同时，应在成员单位建立重大科研项目与科技骨干人才培养一体化政策，每完成一项重大科研项目，就要形成和培养一批相关专业领域的技术骨干。

（4）修订科技人才分类体系，确定重点发展领域。根据集团公司未来重点产业和重点产品发展方向，修订集团公司科技人员领域分类，在分类中要把握三大原则：①突出主业，符合集团公司发展战略原则。抓住军民品发展重点，发挥领域划分对重点领域发展的导向作用。②突出集成、精干领域划分原则。抓住技术总体和技术的扩展与复合，避免专业划分太细，按照产品中独特技术以产品分类、产品中共性技术以技术分类。③注重技术同一性，避免重复交叉原则。在不遗漏的前提下，在产品与技术相结合的分类过程中，尽可能避免重复交叉，使每一个员工都能在分类中找到自己的位置。

2. 建立全面科研激励体系，激发高层科技人才创新动力

影响高层次科技人才科研创新的关键环节包括项目岗位提供、项目薪酬分配、科研成果转化、技术成就追求、知识产权保护、精神需求满足，科研条件与物质保障等，应针对这些环节构建全面科研激励体系。

（1）以落实三个待遇为重点，加大成员单位对首席专家和科技带头人制度的贯彻力度。以使各级科技人才即期收入水平相协调为重点，落实各级科技人才的经济待遇。

以充分听取和考虑各级科技人才对科研管理工作建议和意见为重点，落实各级科技人才的政治待遇。特别是在科研管理建议权方面，凡各级科技人才针对涉及项目审批、项目经费管理和项目成果鉴定提出的建议和意见，领导人员应予以重视。

以明确科研项目技术负责人及其他项目成员资格条件为重点，落实各级科技人才的事业平台。要保证在新立项目中实现"长师分设"，是集团公司各种型号预研项目都由现有的高层次科技人才来承担，确保各级科技人才的事业平台。

（2）以反映科技人才实际贡献为原则，创新完善对各级科技人才"多位一体"的激励机制。

以强化绩效工资与项目挂钩为重点，加大对科技人才的即期激励力度。改变当

前普遍存在的科技人才收入与所在部门业绩挂钩的做法，逐步建立科技人才绩效激励与所承担的项目进展情况挂钩，同时要加大对承担探索性项目（预研项目）的激励力度，鼓励科研人员大胆创新，从而改变科研人员重应用、轻研究的状况，积累一批前沿的科技成果，为未来持续创新打下基础。

以科研成果转化为重点，加大按照技术要素参与分配的比重，加大对高层次科技人才的中长期激励力度。要根据科研成果转化后每年的收入流情况，提取一定比例对科研人员进行奖励，特别是重大科研成果的转化，要适当延长科研人员受益时间跨度。

以满足科技人才的高层次需求为重点，加大对高层次科技人才的精神激励力度。集团公司应定期在各种媒体报道在科研岗位上做出突出贡献的各级科技人才事迹，在科技人才比较关注的职称评审上对这样的人才应予适当倾斜，每年开展优秀创新团队的评比活动，同时给取得突出业绩的项目团队提供外出学习交流的机会，一方面开阔他们的视野，同时也是提升知名度的一个举措。

（3）以提供各种科研条件制度保障为重点，营造和培育"尊重知识、尊重人才、尊重创造"的科研文化氛围。

以转变成员单位领导人员思想观念为重点，提高各部门特别是各职能部门管理人员服务主业、尊重科研人才的意识。各成员单位领导人员在进行决策时，要充分听取考虑首席专家和科技带头人所提的各项建议和意见。在开展项目时，各职能部门要提供及时有效的保障条件。

以加强基础技术和关键技术研发为重点，设立集团公司基础技术研发基金。目前，北方工业集团公司各从事项目研发的单位普遍存在重工程应用，轻技术储备、理论创新的现象，自主创新能力得不到提升，因此有必要将基础技术开发和产品开发区分开来，后者由各成员单位负责，前者由集团公司负责提供资金，并在全集团组建团队进行研发，为集团公司高层次科技人才提供进行理论研究和基础技术突破的平台。

设立集团公司内部专利技术制度，加大对科技人才知识产权的保护力度。人才的沟通交流和智力成果的共享关键在于有效保护科研人才的知识产权。但是，由于我们从事的研发产品主要为武器装备，某些产品、技术或诀窍在无法申请国家专利的情况下，可以通过集团内部专利的形式，研究各项专利参与后期产品定型生产之后的利益分配，从而激发广大科技人才，尤其是高层次科技人才主动从事科研开发的热情和动力。

（4）转变考评导向，明确考评主题，建立骨干科技人才任期考评调整机制和信息化考评机制。

修改完善集团公司现有的骨干科技人才的考评指标体系，建立"看技术、看效益、看成果"的科技人才评价机制。看技术，不但要看科技人才在项目中用了多少项技术，而且要看每项技术的创新提升和集成创新程度；看效益，不但要看产品和技术当期产生的经济效益，而且要看中长期的效益；看成果，不但要看具体的产品和技术的市场适应性情况，而且要看理论成果水平。将对骨干科技人才的考评由注重项目效益转化为项目效益和技术能力提升并重的方向。

各成员单位现有的科技人才绩效考评结果一般由所在部门的行政领导负责，而科技人才在实际型号项目的研发中，有可能参与在不同的型号项目中，各成员单位应当建立矩阵管理模式，改变当前这种以部门为考评主体的方式，使科技人才的绩效评价考评主体多元化，既有部门行政领导，也有从事项目的主要技术负责人，"坚持谁使用谁考评"的原则，真实反映科技人才的绩效。

以加强履职业绩考核为重点，建立任期考核调整机制。根据科技带头人、科技骨干的职责要求，每个任期开始的时候，就要与其就科技创新、人才培养、成果推荐、本技术领域发展的意见和建议，组织讲学交流任务，参与重大科技规划计划等方面的内容签订任期责任书，每年根据工作表现确定薪酬；任期结束时，要根据履职业绩情况进行全面评价，不合格的应下调岗位等级，业绩突出的可以进行晋升，从而形成优胜劣汰的流动机制。

以加强高层次科技人才日常管理为重点，建立信息化考评机制。运用信息化手段建立五级科技骨干人才管理信息库，为有关决策提供辅助支持。

3. 加强高层次科技人才差别化培训、集中学术研讨和项目成果交流，提升集团公司高层次科技人才职业素养

（1）针对集团公司当前高层次人才队伍特点，应以掌握先进设计理念和方法、尽快扭转粗放型科研方式为重点，培育具备科学家与管理者素质、掌握系统工程理论与本专业技术的系统型、复合型职业总师。对其他专业技术人员，应该按照专业和层级的差别，以理论与应用性专业知识、科学作风与创新能力培训为重点，采取结合项目组的集团公司硕士、博士学位点进行专项培训、专家专题讲座、先进技术与工艺考察、学术交流、学历学位教育等方式进行。

集团公司牵头，每年要组织举办若干集团公司科技带头人培训班或研讨班，并组织参加国际防务展或其他专业展览，提升高层次科技人才的国际视野。

（2）健全科技发展战略研究和学术交流组织，为集中学术研讨提供平台。建立集团公司和成员单位两级科技专家组织，按照技术领域设置若干专家委员会，以首席专家为统领，以集团公司科技带头人为主体，打造集团公司开展科技发展战略研究和学术交流的平台。

各专业领域委员会要开展科技发展战略研究、前沿与关键学术研讨、集团公司项目立项咨询等任务，其中，以前沿专业技术研讨为重点，强化集团公司科技人才团队的学术氛围。

（3）加强知识管理，实施"留智工程"。加强项目成果交流力度，促进实践创新

向理论创新的提升。在各类科研项目考评体系中引入理论创新指标，使科技人才在注重解决工程实际问题的同时，及时进行总结和提炼，形成理论成果、学术专著、发明专利、民品行业标准等知识产权和工作规范。以高层次科技人才为主体，不定期组织专题交流活动，可以挑选一批技术难度大、成果显著的项目，组织项目技术负责人、技术骨干等就项目的开展、技术实现过程、研究方法等进行公开讲座，使个体经验和知识转化为单位共享的知识与财富，快速提升科技人才的创新能力。

4. 加强集团公司顶层设计和项目管理，促进高层次人才的集团化使用

（1）明确各企事业单位的战略发展方向与分工，加强顶层设计

建立项目准入制度。对于各成员单位所从事的领域和分工应给予清晰界定，防止科研资源的重复投入，同时，对新项目的前景应给予充分评估，在此基础上，要协调相应研究机构和工业企业进行项目合作，通过组建股份公司等形式，对利益分配进行明确，从而调动各成员单位的合作积极性。

（2）以集团公司专家委员会为平台，发挥集团公司高层次科技人才的顶层引领作用。集团公司目前的院士、首席专家和科技带头人分布在各个不同的成员单位，日常大部分工作是从各单位自身实际出发来进行的，可以考虑以他们为主体组建集团公司专家委员会，开展如下工作：

1）作为"科技战略咨询机构"，开展科技发展战略研究，定期为集团公司科技发展提供意见建议，在集团公司科技发展战略的制定过程中，充分吸纳高层次科技人才的意见和建议。

2）作为"科研计划审核机构"，审查集团公司科技发展顶层设计方案，审查年度和中长期科研项目规划与计划，确保分工合理，避免无序竞争。

3）作为"学术交流组织机构"，以首席专家为统领、以集团科技带头人为主体，提出年度学术交流主题和要求，并组织开展前沿与关键技术的学术研讨。

4）作为"技术难题研讨机构"，在集团公司协调下，为集团公司重大项目和技术攻关承担智力支撑。

（3）加强任务型科技创新团队建设尤其是跨专业领域、跨部门、跨单位的任务型团队建设，促进高层次科技人才的集团化使用。对重大项目的立项组织全集团力量进行攻关，对竞争性项目要组成全集团统一的团队进行竞争，促进集团有限科研资源的有效整合。

第十六章　研发体制机制创新研究

　　企业在市场具有较强的生命力，取决于能够持续保持市场竞争力；而市场竞争力需要企业在市场上具有持续的产品创新能力，而持续创新能力来源于企业必须拥有核心技术优势。企业的核心技术取决于自身的科研开发能力，那么，什么样的企业体制机制才能促进它不断创新呢？本章旨在研究国际国内企业科研开发体制机制的状况，并重点提出有利于企业科技创新的体制机制创新思想。

一、概念研究

　　体制与机制是较易混淆使用的一对词语，也是许多困难问题的挡箭牌。当人们遇到的问题看似无法解决时，一般就会说是体制或者是机制上的原因，而体制或者机制又是一般管理者较难改变的问题，因此，它们就成为许多问题最后归结的理由。

（一）体制机制

1. 体制

　　从管理学角度来说，体制指的是有关组织形式和组织性质的制度，是限于上下之间有层级关系的国家机关、企事业单位的机构设置和管理权限划分，及其相应关系的体系、制度、方法、形式等的总称。体制是国家基本制度的重要体现形式，它为基本制度服务。基本制度具有相对稳定性和单一性，体制则具有多样性和灵活性。而从历史唯物主义角度上来说，体制是联系社会有机体三大子系统——生产力、生产关系和上层建筑之间的结合点，是三者之间发生相互联系、发生作用的桥梁和纽带。体制是管理机构和管理规范的结合体或统一体。不同的管理机构和不同的管理规范相结合就形成了不同的体制。总之体制是国家机关，企事业单位的机构设置，隶属关系和权利划分等方面的具体体系和组织制度的总称。

　　因此，企业的体制不取决于自身，而是在诞生的前夜就已确定。它的权益、所属关系和管理者的职责范围基本得以明确。一旦发生改变，犹如大厦重建或者调整根基。所以体制的改革是要惊动其上层，并会在企业内部发生震动，甚至会由于体制的改变带来机制的重大改变。但是企业机制可以在法律框架之内进行创新，可以为实现企业更大的目标创造新的体制，可以在社会主义市场经济和企业权益明晰的基础上孕育和创造二、三级混合所有制子企业。

2. 机制

机制原指机器的构造和运作原理，借指事物的内在工作方式，包括有关组成部分的相互关系以及各种变化的相互联系。机制来源于有机体，喻指一般事物，泛指一个工作系统的组织或部分之间相互作用的过程和方式，重在事物内部各部分的机理及相互关系，把机制的本义引申到不同的领域，就产生了不同的机制。如引申到生物领域，就产生了生物机制；引申到社会领域，就产生了社会机制。现已广泛应用于自然现象和社会现象，指其内部组织和运行变化的规律。理解机制这个概念，最主要的是要把握两点：一是事物各个部分的存在是机制存在的前提，因为事物有各个部分的存在，就有一个如何协调各个部分之间的关系问题；二是协调各个部分之间的关系一定是一种具体的运行方式。机制是以一定的运作方式把事物的各个部分联系起来，使它们协调运行而发挥作用的。

从机制的功能来分，有激励机制、制约机制和保障机制。激励机制是调动管理活动主体积极性的一种机制；制约机制是一种保证管理活动有序化、规范化的一种机制；保障机制是为管理活动提供物质和精神条件的机制。从机制运作的形式划分，一般有三种。第一种是行政计划式的运行机制，即以计划、行政的手段把各个部分统一起来；第二种是指导服务式的运行机制，即以指导、服务的方式去协调各部分之间的相互关系；第三种是监督—服务式的运行机制，即以监督、指导式的方式去协调各部分之间的关系。无论采用哪种类型的机制，实际上它们之间都是相互联系和相互渗透的。

因此，企业机制是为了实现企业目标和日常运作而设置的组织机构和制定的政策法规及规章制度。企业机制的变化必然是内部管理和执行机构和相关政策法规及规章制度的改变，它可以根据市场形势和发展的不同阶段进行补充、调整、改进和提高。

（二）研发机构

研发机构是企业科技创新的主要机构，其主要作用是：

（1）研究和设计企业向市场持续提供并满足需求的新产品；

（2）研究企业在近期和中期向市场提供新产品所需的领先技术；

（3）研究企业在长远发展方面需要的新技术、新原理、新概念和前瞻性技术等。

二、国外大型企业研发状况

（一）企业研发趋势

近年来，为了迎接世界新军事变革的挑战，国际大型防务公司以经济全球化的视野积极加大武器装备科研新产品的研发力度，特别是在西方一些防务公司之间，为了增强在国际军贸市场的综合竞争力和规模效益，在武器装备发展领域开展了兼并重组和跨国并购活动，为了充分利用先进的技术成果，尽快站在全球技术领域的顶端，一些国家在军贸产品的科研开发领域进行了有效的国际合作和军贸融合发展。

1. 加大研发投入力度

国际大型防务公司的研发力度普遍加大，自筹研发经费额度与占销售收入的比重同步增长。2009~2011年，英国 BAE 公司研发投入年均几亿英镑，占销售收入分别为5.14%、5.83%、6.00%，泰勒斯公司研发投入年均25亿欧元，占销售收入20%左右。雷声公司研发投入年均6.5亿美元，占销售收入2%~3%。

2. 创新研发体制机制

美国的雷声公司和英国的 BAE 公司。成功实现了多元化合作，剥离了不良资产，规避了经营风险，拓展了专业领域，增加了竞争实力，目前已成为不同军事用途综合作战系统的主承包商，尤其是在地面武器战和航空装备领域，与国防部等企业研究所联合建立了开放式研发体系，科研开发体制机制灵活，提高了新产品创新效率，国际市场占有率明显加大。

3. 加强国际化联合创新

在成功占领本土装备市场的同时，在国际军贸市场规模方面不断增加，科研和新产品制造实力达到较高水平后，泰勒斯公司不同程度地选择了国际化发展道路，与英国国防技术研究院、剑桥大学、荷兰国家应用科学研究院和美国麻省理工学院、斯坦福大学、新加坡南洋理工大学等合作，正在进入全球化军贸品牌战略发展阶段。

4. 布局军贸融合战略转型

实行军民双向互动，发挥军品/民品优势，开拓民品/军品市场，是公司谋求自身良性发展的一项重要措施。波音公司成功实现了"民进军"战略转型。

（二）研发机构设置模式

虽然研发机构在企业经营中扮演着非常重要的角色，发挥着不可替代的作用，但是现实中由于各个企业面对的是千差万别的内外部环境，必然将根据各自的发展阶段、价值取向和战略目标的不同需要，对研发机构的定位、体制机制设计也有所不同。

为了实现研发目的，企业将根据其不同的发展阶段、价值取向和战略目标在设置研发机构时明确定位。经研究，国际研发机构无外乎以下三种定位：

1. 成本中心模式

成本中心模式大约占研发机构的78%。该模式只对成本负责，无需对收入、收益或投资负责，特指所需全部费用由企业总部支付，是国外大型企业集团采取的主流模式。

（1）优点：

①集团对其拥有更强的控制力；

②便于将主要精力放在研发事务上；

③科技资源可以统一调配使用；

④有利于资源优化配置。

（2）缺点：

①研发成果可能与实际需求脱离；

②研发人员和团队的创造力不足；

③如无财力基础，研发无法正常开展。

2. 利润中心模式

利润中心模式约占研发机构的6%，所需全部费用由自身筹措，经济上有较强的独立性，经营上有较大的自主权。

（1）优点：

①迫于生存和发展的压力，主动性和积极性较强；

②市场意识强，成果能够较好地满足市场需求；

③能够为企业做出直接的经济贡献；

④便于以利润直接考核业绩。

（2）缺点：

①企业对其研发方向掌控力低；

②企业对其科技成果资源掌控力低；

③内部竞争和资源配置不合理；

④注重眼前利益长远规划有缺失。

3. 开放式研发模式——中间模式

利润中心模式约占研发企业的16%，它既有成本中心模式也有利润中心模式，所需基本运行费用由成本出资企业总部划拨或签承包合同，其他费用根据企业发展所需开发项目的合同方式自行筹措。研发机构既受企业总部必要的绩效考核，又具有一定的灵活性，是近年来一些大型防务公司在体制机制方面积极探索创新的新模式。

（三）研发机构状况

1. 基础性研究

经研究，国际研发机构约占60%是从事基础性研发的机构。它们是不带有明确市场指向性和较强功利色彩的学术研究机构，是企业产品和技术发展的科学源泉和后盾。

（1）专业方向

在基础性研究机构中，其中有7个基础学科：如数学、物理学、力学、化学、天文学、地理学和生物学；有8个应用基础学科：如能源科学、材料科学、信息和计算机科学、基础农学、基础医学、资源与环境科学、空间科学、工程科学。

（2）对市场竞争行为的影响

①原理新颖产品生命力很强；

②有助于形成技术壁垒，易于形成垄断地位，有较强的市场竞争力；

③要经历应用研究和产品开发，投资大、周期长；

④市场指向性不明确，风险高，企业投入比例低；

⑤对社会收益率贡献大，公用性强，政府投入比例高。

2. 应用研究和产品开发

在研究的国际研发机构中，约占14%是从事应用研究和产品开发的研发机构。

（1）应用研究

应用研究是运用基础性研究成果和有关知识，为创造新方法、新技术、新材料、新工艺所进行的研究活动。具有极强的目的性，带有一定的商业取向，但并不直接导致商业行为。

对市场竞争行为的影响：

①技术较为新颖，又较强的生命力；

②在市场上产品竞争力不太强；

③研发收益率不太高。

国外许多大型企业集团的研发活动属于此类活动内容。

（2）产品开发

产品开发则是以需求为导向，把基础研究和应用研究的成果与某种技术结合或者改进一种技术，以形成产品为目的，为企业提供满足市场用户需要的产品。

对市场竞争行为的影响：

①产品生命力较弱；

②在市场上产品竞争力较弱；

③市场份额不大，收益率较低。

虽然一些企业集团的研发机构一直在从事延续产品的生命期，但明显投入方面比较谨慎。

3. 技术支持

在研究的2006年国际研发机构中，约占38%是从事技术支持的研发机构，主要包括制定售前技术解决方案和完成售后的技术服务。

（1）优点：

①可操作性和先进性较强；

②设计者本身对产品了解程度高。

（2）缺点：

①分散精力，影响新产品研发；

②人才浪费，机构臃肿；

③收益率较低。

三、研发管理体制

1. 集中管理

集中管理指全部研发机构由集团总部管理，适合具有统一技术内核的企业，以形成研发上的资源优势配置和规模经济效应。在研究的国际研发机构中，约有 13 家研发机构是采取集中管理机制。

2. 分散管理

分散管理指全部研发机构由各事业部或分公司（子公司）管理，适合业务范围广泛、跨度较大的企业。在研究的国际研发机构中，约有 32% 的研发机构是采取分散管理机制。

3. 混合管理

混合管理指研发机构既有总部管理也有事业部和分公司管理。在研究的国际研发机构中，约有 21 家研发机构是采取集中管理机制，占研发企业的 42%。

四、研发管理机制

（一）管理模式

1. 管理模式的变革

研发管理机制在不断的变革中前进。最初的研发管理机制是紧密围绕产品科研开发流程的产品管理模式，但是由于产品研发同时与成本和进度相关性越来越强，研发管理逐步转变为项目管理模式，以项目经理全面负责为主要管理方式；但是随着企业项目成指数级的增长，一个产品的研发成功与企业管理的整体水平发生严重相关性，从而使企业管理成为产品研发的关键。在企业管理水平不断提高的同时，客户需求的准确把握直接影响到产品研发的成功，从而使得管理的关注点又逐步向客户管理倾斜；在提高客户管理能力的同时，要求研发机构能够对产品相关各种知识和参数有比较全面而深入的了解，这就需要研发机构具有大数据的知识积累和对产品、企业、客户等相关知识的有效管理，因此，知识管理成为网络信息时代对研发机构变革的必然要求。

2. 变革的原因

研发管理机制不断变革的主要原因：

（1）知识经济的到来，使得知识上升到了财富层面，导致技术创新取代了传统上对有形资产管理的重视，占据了企业经营中的决定性地位。

（2）企业间的竞争不再是单纯研发项目上的竞争，而是综合实力的竞争，把研发管理纳入企业的整体战略层面进行管理成为一种必须。

（3）信息技术的发展给传统领域嵌入了新的活力，产品更新换代的步伐大大加快，对研发管理提出了新的要求。

3. 国外大型企业研发管理特点

（1）研发活动的地位大幅度上升，研发成为企业发展战略的重要支柱和树立企业形象的重要标志。

（2）研发机构与其他业务部门之间的关系日益紧密，良性互动，协同效应明显。

（3）知识管理成为企业研发管理的基础，客户管理成为企业研发管理的核心，企业管理中把客户管理放在了重要位置。

（4）技术研发以未来为导向，不仅要立足于现在市场的开发，而且更应该着眼于未来技术的研发和未来技术能力的建设。

（5）以战略联盟来推动技术创新，充分利用各类资源，建立不同层次、不同技术领域的战略伙伴关系，以做到优势互补、分担风险和共同垄断市场的目的。

（二）利益分配机制

解决好利益分配是企业研发管理体制机制的关键。

1. 企业集团层面

现代大型企业集团是产权集中的法人治理架构，具有行政高度统一、管理层面简化、利益分配透明清晰的特点。

2. 研发机构层面

以科研生产分工相对专业化、研发资源配置相对优化、研发效率相对较高的成本中心模式，已经成为国外现代大型企业集团采用的主流模式。充分尊重知识产权，研发成果按投入比例和贡献大小分配所有权，体现了所有者权益集中、企业整体利益公平合理的原则。

3. 研发人员层面

薪酬代表了其主要利益。作为典型的知识员工，研发人员的整体薪酬不仅与一般体力劳动者不同，而且与其他的企业知识员工（如管理人员）不同。在研发人员内部，又分为基础研发人员、通用性研发人员和商业研发人员等层次，在这些不同研发人员之间，薪酬也存在差异性的特征。

（三）经费筹措和使用机制

1. 经费来源

（1）客户的直接投资

第一种是军方、政府等客户，通过委托开发项目的形式进行投资。以军方装备研发为主的一些企业每年研发投资占其研发费用的70%～80%。

第二种是国家科学研究基金，份额较少，但持续不断，主要是针对基础性技术研发和针对基础性技术的应用研究。

（2）企业自筹投入

主要是按其销售收入的一定比例提取，用于基础性技术应用研究和产品研发的自有资金。以民品为主的企业，通常依靠产品销售收回研发费用。在创业和成长阶段，一般为10%左右；在成熟阶段，维持在6%以上，且多年保持稳定。

（3）隐性投资

①以企业无偿派驻研发人员、无偿提供试验设备和场地等多种形式，实现对研发活动的间接投资。

②客户针对必要且垄断的市场及产品，给予产品较高的利润，以鼓励和补贴企业的研发活动，一般利润在6%～15%。

③按照国家法律法规给予企业研发的抵免税、低息贷款等政策性优惠。

2．研发经费的使用

（1）为完成与客户签订的科研和订货合同而进行的研发，主要是应用研究和产品开发，以满足用户的需求。

（2）企业自身发展需要而与合同无关的研发。

以军品为主要业务的企业，以前沿技术、共性技术的应用研究为主，还有少量新概念、新原理等方面的基础研究，以及具有较大需求潜力的产品开发，主旨是为不确定的后续需求打基础。以民品为主要业务的企业，是以产品开发和应用研究为主，主旨是满足某种已经确定的市场需求，它们都要开展科技发展战略研究。

如飞利浦公司研发费用分三部分，其一为长期性质的基础研究，其中1/3自主选题，2/3由公司应用层面定题；其二为业务单元性质的研究；其三为直接的产品开发。

如杜邦公司研发费用主要有两个渠道：其一为总部控制和下达，占总量的1/3；其二为下属的18个业务集团控制和下达，占总量的2/3。

五、启示与建议

1．加强军品科技资源整合与优化

以市场需求为导向，以兵器装备平台或技术领域为龙头，整合研究所和企业的科技资源，建立突出兵器专业特点的研发中心，在形成兵器行业团队合力的基础上致力于科技创新，以达到优化科技资源、发挥整体优势和强化集团公司核心竞争力的目的。

2．调整研发机构定位

以成本为中心是适应市场竞争和现代企业管理研发机构的主流模式。建议集团公司在完善科研、生产、销售价值分配机制的基础上，根据具体实际情况调整研发机构的定位，逐步由利润中心模式向成本中心模式转变。

3. 完善研发投入机制

建议集团公司积极争取军方、政府和国家基金等方面的资金投入，逐步加大自筹投入的力度，努力达到5%以上的比例，同时充分消化和利用国家和军方的优惠政策，争取可能的隐性投资，积极开辟资本运作、技术入股等多元化的投入渠道，充分利用社会资源弥补自身投入的不足，形成高科技产业化的良性发展。

4. 强化军品科技顶层规划和总体设计

打造企业百年老店、实现全面、协调和可持续发展最基本的要求，就是能够不断地提供满足市场要求的产品。从市场和竞争的角度规划未来科技发展蓝图、全面把握各个领域的研发方向、加强技术储备，始终是企业集团最高层面的议题。建议集团公司应逐步建立发展战略、顶层规划与总体设计，和核心关键技术"三位一体"的研发支撑体系，强化集团等层策划和规划能力，努力开辟以技术创新和进步推动、促进市场需求、以技术的先导性和前瞻性引领市场发展进步的科学发展道路。

5. 建立开放式研发体系

全球经济一体化，带来了世界范围内科学技术的不断交叉和融合，只有在世界范围内积极配置良性资源，开展多层次、多领域的研发合作，才能跟上国际国内市场不断变化的步伐。建议集团公司紧紧围绕着发展战略，以兵科院为核心，以研发中心为主体，以项目为纽带，以专业化生产企业为基地，重点在基础元器件、共性技术和前沿技术等领域加强多方合作，适时建立必要的海外研发机构，利用国内外高水平的研发资源，提升集团公司的研发实力和国际地位。

6. 推广运用先进的研发管理方法

目前国外大型防务集团普遍已经进入第三代至第五代研发管理阶段，我们仍然在第二代或者第三代之间徘徊。建议集团公司根据自身条件和状态，认真总结成功的经验和失败的教训，结合专业化研发中心建设和重大项目管理，积极试点和推广虚拟团队、研发网络、顾客管理和知识管理等先进研发管理理念和方法，逐步提高研发效率。

第十七章　国有企业公司法律风险分析

杰克·韦尔奇讲：法律风险是一种商业风险，商业管理人员有责任像管理企业商业经营其他风险一样管理企业的法律风险。

传统商人交易的法律工具是商人法、商事法和商业法。传统商法的构成包括：合同法，票据法，海商法，保险法，公司法，证券法，破产法和商事仲裁、商会调解等。

现代企业是建立在法制基础上的企业，企业的经营活动应该在法律框架下运行。企业的主体地位依靠公司法和企业法来确定，企业交易的基本方式和工具依据合同法，交易的基础是财产法，特别是物权法和知识产权法。企业与竞争者的关系遵循竞争法和反垄断法，与客户或消费者的关系遵循产品质量法和消费者权益保护法，与员工的关系执行劳动法，与投资人或债权人的关系依据金融法、证券法、担保法、票据法等，与政府之间的关系执行税法。

改革开放30多年来，中国企业家走过了一条充满风险、布满荆棘的道路，他们既是探险者和违法者，又是殉难者和得益者。随着市场经济的建立和不断完善，以及经济全球化的发展和中国法制社会的建设，参与国际市场竞争下的法律制度和观念逐步与世界接轨，中国企业本土法律观念与域外市场惯例之间的问题慢慢显现，企业中的主要风险逐步由商业风险转换成为法律风险，因此国有企业的法律风险防范意识需要不断加强。

随着市场经济的建立和不断完善，现代企业制度的建立和各项法律法规的日益完备，以及经济全球化的发展和法治社会理念的提出，中国的国有企业经过市场经济的洗礼，已逐步走向成熟，但由于长期受计划经济体制的影响，国有企业法制建设相对薄弱，市场意识、法律意识与契约意识不强，合同管理不够规范，造成了一些难以弥补的经济损失。尤其是近年来，国有企业涉及的企业改制、民事、经济、行政纠纷日益增多，企业经营面临着诸多市场和法律风险，无一例外考验着我国的国有企业。因此，建立健全企业法律风险防范机制，是社会主义市场经济体制不断完善、法制建设不断健全的现实要求，也是提高国有企业依法经营管理、提高竞争能力，迎接任何市场风险的迫切需要。国有企业在我国有着特殊的地位和作用，也有着特殊的法律规范体系，因此，如何适用关于国有企业法律规范的有利规定及避免不利状况的出现对国有企业法律适用具有重要意义。

我国的社会主义制度决定了国有企业在经济领域中的支配地位，国有企业的支配地位不仅体现在数量上，更体现在质量上和控制力上。我国的国有企业是我国市场经济活动的主体，参与经济运行的各个方面。在以市场为取向的经济体制改革中，国有企业是我国的经济命脉，特别是一些关系国计民生和维持国家长治久安的特殊企业，形成了公用事业由国家或政府投资经营的传统，承担着沉重的改革成本，担负着推进改革与发展的历史任务，从而使得部分国有企业经济效益低下。因此，通过合法途径提高国有企业的竞争能力对国有企业改革有着重要意义。

一、国有企业面临的法律风险之现状

企业法律风险是指由于企业外部法律环境发生变化，或由于企业自身及有关各方未按照法律规定或合同约定有效行使权利、履行义务，而对企业造成不利法律后果的可能性。由于现在的国有企业脱胎自以前的国营企业，作为单一主体面对法律问题的准备并不充分。一些国有企业本身并没有专门的法律部门或者专属法律顾问，它们往往是以应急方式处理面临的法律问题，发生纠纷时，临时聘请律师，纠纷解决后，这种关系也就解除，没有建立起一个长期、稳定的预防机制。一些国有企业虽然聘请了法律顾问，但是由于目前国有企业外部的法律环境不容乐观，法律规范纷繁复杂、缺乏系统，法律规范变动较频繁，造成法律规范对国有企业财产保护力度不够，没有法律风险防控体系，没有在企业经营和管理的重要环节设置必要的法律风险防范措施，对国有企业高级管理人员的选任行政色彩浓厚，缺乏优胜劣汰灵活的市场调整机制。某些行业垄断现象明显，缺少法律规范制约，法律风险隐患较为突出。

1. 缺乏必要的法律常识和意识

（1）合同审查规范化管理不健全，对事先审查、论证、调研不够重视，在签订和履行合同中存在实体上及程序上诸多问题；还有的经营人员违规操作，甚至仅凭哥们义气、人情关系就草率签约，导致合同权利、义务约定失误。

（2）随意担保现象较为严重，违约责任追究困难。有时陷入被动，代人承担履约责任，造成重大经济损失而无计可施。

（3）针对企业的科技创新项目，缺乏知识产权的法律保护常识和基本意识，科研期间没有策划和挖掘应该得以保护的专利，没有激励科技人员职业发明的相关政策和法规，发现侵权行为后不知所措，没有适当的应对措施，造成企业核心技术秘密和经济利益严重损失。

2. 依法维权意识不强

有的企业由于机制尚不完善，遇有合同纠纷，基于和气生财，尽量予以协商，但效果并不十分乐观。针对货款拖欠问题，有的企业上门讨债，但由于债务人故意推脱，隐匿财产，不仅效果很差，反而增加了追债成本，但对仲裁、诉讼等法律救济途径较少使用。还有的国有企业经营人员维权意识不强，依法维护企业权益的积极性不高，造成一些外欠款项难以收回，形成呆账、坏账，积累了较大数额的不良资产。有时因忽视自己的法律权利，许多案件过了法定诉讼期限，法院不再受理，造成难以弥补的经济损失。

3. 改制、对外投资过程中违规操作明显

有些企业借改制逃避债务．使债权人的利益得不到保护；有些则利用内部优惠政策，通过种种手段，刻意压低资产评估价格；低价购得优质国有资产后，迅速转手，一夜暴富，使改制存在重大隐患，而且也严重损害了职工利益。

二、建立健全法律风险防范机制的必要性

1. 国有企业体制改革的需要

随着国务院国资委《企业国有资产监督管理暂行条例》《企业国有产权转让管理办法》等11个部门规章和30多件规范性文件的出台，大型国有企业将法律顾问制度的建立提到了议事日程。有的已经成立了法律事务机构，设有专门的法律工作人员，这些人员通过参与经营决策、参与企业管理和承办具体法律事务来实现自己的职能。法律风险防范机制的建立和完善，对推进中央企业改革和发展起到了重要的引导、规范和保障作用。

2. 企业适应市场竞争环境的需要

市场经济是法制经济，企业的所有经营活动，都离不开法律的调整和规范。随着经济全球化的加剧，市场竞争越发地激烈，企业面临的法律风险也越大。正如全球排名第六的英国路伟律师事务所吕立山先生（RobertLewis）所言："有些大型国企高管还没有充分认识到法律风险将给企业带来的危险，他们并不像外国公司的同行们一样采取防范法律风险措施。使其企业就像一个既没有受过正式训练，又没有足够装备的新兵，试图击退一大群入侵的法律风险敌军一样。"可见，国有企业必须了解和熟悉被投资国的法律环境，建立健全法律风险防范机制，才有可能加快实施"走出去"的战略，积极参与到国际经济技术交流与合作中。

3. 提高企业依法经营管理能力的需要

在现代法制社会，国家对社会的管理主要通过各种法律、法规的实施来实现，企业作为国家经济活动的主体，受国家法律、法规的约束。如果企业不知法，不懂法，就有可能在不知不觉中因违法而受到法律制裁，或在企业的合法权益受到不法侵害时，也会由于不懂法而失去维护企业合法权益的机会。

三、法律风险分析

法律风险是企业的行为违背法律规范而遭到否定的可能性。国有企业的性质是国家所有制。我国的国有企业是我国市场经济活动的主体，参与国际国内经济运行的各个方面。在以市场为取向的经济体制改革中，国有企业承担着沉重的改革成本，

担负着推进改革与发展的历史使命。因此，通过合法途径提高国有企业在国际国内的竞争能力，对国有企业改革有着重要意义，但是目前国有企业内外部的法律环境确实不容乐观。影响企业法律风险环境的 5 个因素是：行业、组织形式、公司设立地点、知识产权和采购与销售发生地。现将按照以上五因素分析法，对国有企业公司主要面临的法律风险分析如下：

1. 行业分析

不同的行业具有不同级别的法律监管和法律风险环境。如中国兵器工业集团公司具有军工集团特性，决定了其行业自身的特殊性，经营活动同样要在国家的法律框架下生存和发展。目前国家军工行业正在逐步向市场化发展和转型，兵器工业领域已经由传统的市场垄断行业逐步转变成为激烈的市场竞争行业。在国际装备建设重心转移的大背景下，兵器工业不但失去了传统的地面战略威慑地位，而且在国防现代化建设中的地位和作用也有所下降。随着国内装备采购机制的不断改革和完善，兵器工业的内外部市场竞争更加激烈，面临着兄弟军工集团以及民营企业的全面竞争，军工行业领域逐步出台了一些反对垄断、鼓励市场竞争的法规和法律。

2. 组织形式分析

国有企业由于其长期受计划经济体制的影响，法制建设相对薄弱，市场意识、法律意识与契约意识不强，合同管理不够规范，作为单一主体面对法律问题的准备并不充分，没有完全按照市场化的方式来运作，合同审查规范化管理不健全，随意担保现象较为严重，依法维权意识不强，在企业改制和对外投资过程中，容易违规操作，一旦推向市场和国际竞争，就会带来较大的法律风险，

3. 公司设立地点分析

公司设立在本土的法律风险相对较低，而公司为了拓展国际业务，在有关国家和地区设立分部和办事处等，与公司的存续、税务等问题相关的许多方面，都受公司所在地区和国家的管辖，法律风险较高。

4. 知识产权分析

严重依赖知识产权的公司，其法律风险远远高于没有什么知识产权相关活动的公司。目前集团公司的大部分产品是依靠科技创新和知识产权，然而，还有不少企业尚未建立知识产权法律风险防范机制，科研开发与知识产权管理、技术创新与依法保护明显脱节。或者对别人的知识产权了解不详，不自觉地侵犯了他人的知识产权，而因此处于被动局面。

5. 采购与销售行为分析

集团公司的购买行为分两个方面，一方面以本土购买为主，另一方面的购买行为发生在发达国家；销售行为也分两个方面，一方面以本土销售为主，另一方面的销售行为发生在不发达国家。采购和销售行为发生在发达国家的法律风险比较高，发生在不发达国家的法律风险相对较低。

四、法律风险的防范战略

国有企业是企业形态中的一种，它既要防范以上存在的法律风险，同时又因为国有企业在国民经济中的独特地位，并涉及国有财产管理分配等因素而有自己独特的法律风险需要面对。例如：国有资产的保值增值法律风险，以及更多的社会责任和政治风险。法律规定对此必须予以明确，以减少国有企业承担风险的不确定性。因此，开展国有企业法律风险的防范战略，是保证国有企业财产安全、实现国有资产保值增值的重要手段。

国有企业防范战略应以公司治理、合同管理和知识产权保护三大战略为基础。

1. 公司治理

公司治理是根本，通过公司结构调整和建立健全法律风险防范的规章与制度，避免管理体系存在漏洞和缺陷。为了避免诉讼给企业可能带来的损失，建立由企业主要负责人统一负责、企业总法律顾问或分管有关业务的企业负责人分工组织、企业法律事务机构具体实施，有关业务机构相互配合的重大法律纠纷案件管理工作体系，建立诉讼风险管理组织，确立诉讼风险预警体系，并从程序上建立重大决策法律论证制度，在对外投资、产权交易、企业改制、融资担保等重大决策上，建立一套可行完备的法律论证制度，强制推行该制度在企业内部的实施，以避免重大决策失误。

在公司结构和制度科学合理的基础上进行规范化运作，培养符合市场化规范运营的企业干部和职业经理人，确保机制运作有效。法律事务机构需及时向上级领导汇报，深入调查了解案件情况，研究确定法律对策，实施诉讼风险分析。同时应积极主动请国家有关部门和当地政府参与协调、平息，寻求有效的解决办法。一旦协调不成引发诉讼，要积极应对，努力做到有理、有据、有节。同时要建立有效的案件统计体系，使领导和有关部门能够及时准确地了解实际情况，详尽洞察企业在经营中的法律风险。

同时，必须加强领导、干部和员工，尤其是业务人员的法制知识培训，如合同法、反不正当竞争法等法律、法规的培训，通过开展普法教育提高全体员工的法律意识，长此以往，将意识自觉地变成符合制度的行动，将行动沉淀为一种自觉的习惯，从而建立起符合规范的企业文化。

2. 合同管理

企业所签的合同内容是否符合法律规定，条款有无遗漏，形式是否符合规定要求，文字是否准确和严谨，直接关系到企业的切身利益。因此，加强合同管理是防范企业法律风险的基础性工作，国有企业必须尽快建立，以事前防范、事中控制为主，以事后补救为辅的合同管理制度，具体包括合同归口管理制度、合同分类专项管理制度、合同委托管理制度等，建立以合同为中心的内部管理控制体系，做到人员、机构、制度三落实。对于企业已实践多年的常规性合同，明确授权范围，具有较高重复性和利用率的合同，应拟定好固定合同文本，重要履约合同，须经企业法律事务机构出具法律意见，完善合同审批程序，并经有关负责人审批生效。建立定期对企业合同纠纷进行统计、分析的管理制度，依据情况变化及时完善企业的固定合同文本。从合同的谈判、起草、签约、执行等各方面建立起有针对性的规定，严格法律意义的合同履行监控工作，尤其是对集中采购合同、劳动合同和招投标合同要给予特殊关注，努力形成协调的企业合同管理体系。

3. 知识产权保护

知识产权保护应当成为建立健全法律风险防范机制的一项重要工作，要努力改变重发明轻专利、重运用轻保护的现状。自觉遵守有关知识产权的法律法规，加强对专利信息的检索，避免因侵犯他人知识产权而给企业带来法律风险，通过系统性获取专利性发明，创造知识产权并完成相关注册备案。建立健全知识产权纠纷处理机制，核定商业秘密，界定商业秘密和国家秘密的区别，划分保密范围，制定知识产权资产管理、被许可和许可技术、研发阶段的知识产权保护和保密措施，与员工和经营相关方签订保密协议，确定涉密人员的权利和义务，实施有效的防范管理，实施知识产权权利的策略和防范知识产权侵权索赔的策略等。

五、建立健全法律风险防范机制的措施

法律风险防范机制是指对于各种不规范的行为可能导致的风险，在其发生之前即采取防范措施所形成的机制，包括企业成员法律防范意识的培养，合同管理体系的创建以及廉政与自我约束机制的形成等。

1. 加快企业法律顾问制度建设

拥有自己专门的法律部门，在如合同的审核、签订、履行等环节，在投资、合作等项目中随时预防法律风险的产生，将纠纷的诱因消灭在初始阶段。此即为企业法律顾问制度，是建立健全法律风险防范机制重要的组织保障。

企业法律顾问制度，是随着社会主义市场经济体制的逐步确立和社会主义法制建设的进一步加强而提出来的。国务院国资委的《国有企业法律顾问管理办法》则进一步明确了国有重点企业应当建立健全以企业总法律顾问制度为核心的企业法律顾问制度。目前全国企业法律顾问队伍已超过10万人。他们在各自的岗位上较好地发挥了法律参谋、法律培训、法律监督的功能，角色也由打官司、讨债向参与企业重大经营决策、建立企业法律机制转变。正如一位知名企业家说："企业好比是一辆汽车，工程师、经济师、会计师和法律顾问就是汽车的四个轮子，汽车要前进，四个轮子少一个都不行。"

国资委提出要求，在所有中央企业和地方国有重点企业建立健全法律事务机构，大型企业还要实行总法律顾问制度。在欧、美等市场经济发达国家，企业法律顾问

制度已是大型企业普遍采取的一项重要管理制度。如美国新泽西州的美孚石油公司、法国埃尔夫石油公司、德国西门子公司等都设有专门的法律事务机构，分别拥有一两百人的法律顾问。这些法律机构在法律允许的范围内以追求最大效益、最小风险和最少纠纷为目标，在企业生产经营的舞台上，发挥着不可替代的重要作用。

2. 构筑全方位的法律风险预防体系

(1) 使法律成为指导企业行为的日常规范

在整个国有企业体系内，按照类型和地区建立法律顾问协会，提供国有企业回复咨询和提出建议等帮助，做到国有企业遇到法律问题可以随时得到解答。我国法律制度在不断完善，法律人才也在快速增长，很多国有企业都配置了专门的法律顾问人员，但是有更多的小型国有企业没有法律顾问人员，或者法律顾问人员由人力资源部门的员工兼任，不具有相关的法律专业知识，况且术业有专攻，企业日常遇到的法律问题形形色色，很难通过本企业法律工作人员全面得到解决，所以设立专门的行业法律顾问协会完全有必要。设立国有企业法律顾问协会体系能够将法律资源集中利用，达到法律知识的高规格和有效率地发挥作用，从而节约社会成本，能更好地防范国有企业的法律风险。企业守法的前提是懂法，只有在明确法律规定的情况下，企业才能更好地依法办事，节约成本，提高效率，促进发展。

(2) 建立合同管理制度

企业所签的合同内容是否符合法律规定，条款有无遗漏，形式是否符合规定的要求，文字是否准确、严谨都直接关系到企业的切身利益。因此，加强合同管理是防范企业法律风险的基础性工作，国有企业必须尽快建立以事前防范、事中控制为主，事后补救为辅的合同管理制度，具体包括合同归口管理制度、合同分类专项管理制度、合同委托管理制度等：建立以合同为中心的内部管理控制体系，做到人员、机构、制度三落实。对于企业已实践多年的常规性合同，具有较高重复性和利用率的合同，应拟定好固定合同文本，比如测绘合同、印刷合同等。严格履行签订合同须经企业法律事务机构出具法律意见，并经有关负责人审批的程序。建立定期对企业合同纠纷进行统计、分析的管理制度，依据情况变化及时完善企业的固定合同文本。在合同的谈判、起草、签约、执行等各方面建立有针对性的规定，形成协调的合同管理体系。

(3) 建立健全各项规章制度

建立一套合法、实用、规范的企业规章制度，使人们有所遵循，做到人人有专责，工作有程序，办事有标准，才能保证企业的生产经营活动正常有序进行。同时规章制度完美的过程，也是人治走向法治的过程。因此，一个企业制度的出台，必须严格按照一定的程序来进行，包括它的提出、调查、审核、修改、完善等。只有这一系列的步骤一一到位，才能确保企业规章制度具备合法性、实用性、规范性和协调性。

（4）建立知识产权法律风险防范机制

随着知识产权的取得、管理、保护和利用纳入法制轨道，各大企业普遍加大了对知识产权开发和管理的力度，专利和注册商标申请量也在逐年增加，但目前还有不少企业尚未建立知识产权法律风险防范机制，科研开发与知识产权管理、技术创新与依法保护明显脱节。有的企业由于缺乏自我保护意识，自己的品牌被盗用，导致了企业的经济效益下滑，甚至面临破产的境地，或对他人的知识产权了解不详，不自觉地侵犯了他人的知识产权，而因此处于被动局面。所以，企业要想提高自己的经济效益，就必须保住自己的"名牌"不被乱用，产品不被仿冒，不去随意使用他人的产品。

（5）从程序上建立重大决策法律论证制度

一个重大经营决策的出台，既要保障法律赋予企业的权利得到充分体现，使企业在经济活动中的合法权益最大化，也要保证决策在法律上是最佳方案，有利于决策目标的实现。同时也要杜绝上当受骗，避免显失公平，防止纠纷发生。因此，为了有效防范企业法律风险，国有企业应在对外投资、产权交易、企业改制、融资担保等重大决策上建立一套可行完备的法律论证制度，强制推行重大决策法律论证程序，避免重大决策失误。

（6）完善对违法、违规的国有企业人员的处罚措施

一旦发现不依法办事者，依法给予相应处罚，而不是通过内部解决，或者行政处分大事化小、小事化了，助长国有企业人员的不正当之风。首先，必须通过立法明确规定对国有企业人员滥用职权或是玩忽职守行为给予何种处罚，很多企业管理人员消极管理、任意妄为，使国有企业内部人员怨声载道。国有企业长期不赢利，反而国有资产大量流失，对此类隐蔽性较强、在群众面前赤裸裸的违法犯罪行为有必要给予法律制裁。其次，加强宣传力度，培养廉洁自律意识。对国有企业人员人生观、价值观和政绩观进行有针对性的教育，一个良好的法治氛围有助于法律风险的防范。最后，加大对国有企业人员违法犯罪的处罚力度，增大犯罪成本无疑是预防犯罪的有效手段，很多人违法犯罪都抱有侥幸心理，或是幻想逃脱制裁，或是幻想处罚较轻。通过对违法人员的严厉处罚可以对潜在违法人起到警醒的作用。

3. 建立诉讼风险管理预警体系

按照国资委《中央企业重大法律纠纷案件管理暂行办法》规定，加快完善重大法律纠纷案件的防控、处理和备案机制。为了避免诉讼给企业可能带来的损失，建立由企业主要负责人统一负责，企业总法律顾问或分管有关业务的企业负责人分工组织，企业法律事务机构具体实施，有关业务机构相互配合的重大法律纠纷案件管理工作体系。

法律事务机构需及时向上级领导汇报，深入调查了解案件情况，研究确定法律对策，实施诉讼风险分析。在处理民事经济纠纷时，应积极主动请当地政府参与协

调、平息，寻求有效的解决办法。若遇到协调不成而引发诉讼的，要积极应对，努力做到有理、有据、有节。另外，要加大对案件备案管理的力度。结合企业的信息化建设．建立有效的案件统计体系，使领导能够及时、准确了解企业的案件情况。详尽洞察企业的经营和风险管理情况。

4. 加强全员法制宣传教育工作

许多事例告诉我们，很多企业在纠纷中处于不利位置或者被迫履行不平等的合约，都是因为业务人员在操作中不够规范，存在瑕疵而造成的。因此，必须加强领导、干部和员工尤其是业务人员的法律知识培训，如合同法、反不正当竞争法等法律、法规的培训，用较少的费用避免较大的损失。所以，开展普法工作提高全体员工的法律意识是公司依法治企、依法经营、降低风险的基础。这个基础打不好。再好的管理制度、工作流程，也都会大打折扣。

总之，国有企业因为其特殊的产权与管理分离的关系，存在许多比较严重的法律风险。而在国有企业内部，法律规范纷繁复杂，缺乏系统性，涉及国有企业管理和发展的新法规变动比较频繁，但是法律规范对国有企业财产保护力度不够，个别垄断行业又缺乏法律法规的制约，因此存在较大的法律风险。为有效预防、减少各种经营风险，国有企业迫切需要加强法律风险防范工作。不断健全组织机构，优化人力资源配置，建立、完善重大经营活动的法律审查机制，规范法律服务工作程序。加强合同管理，防范合同陷阱，预防、减少企业经营或决策风险，为企业更好的发展形成法律的保护墙，为国有企业的健康、持续、快速地发展保驾护航。

国有企业在国家经济和政治生活中占有举足轻重的地位，我们应该认真抓好企业治理、合同管理和知识产权保护三大战略，针对企业在行业、组织形式、公司设立地点、知识产权和采购与销售发生地存在的法律风险，切实做好风险防范工作，努力按照现代企业制度改造国有企业，使国有企业在经济全球化的国际国内市场竞争中，能够始终处于不败地位。

第三部分

实践感悟篇

第十八章　兵器管理创新之作

——外贸 155 合署办公室

"野无人迹非无路，村有溪流必有桥。"北京大学光华管理学院首任院长厉以宁教授的诗词，道出了创新实践者成功的感悟！

1997 年 12 月 25 日，为了能够高效快速解决外贸 155 自行炮武器系统对外第一个合同履约中存在的科研、生产、质量、外事等方面的复杂问题，兵器工业总公司调集公司内部科技部，生产部，质量部，第一、二、三、四事业部，物资部和北方公司等部门的有关人员，成立了外贸 155 合署型号办公室（简称合署办）。从 1997 年 12 月 5 日成立以来，由于第一个合同成功履约，对外合同连续不断，管理职能不断扩展，一直延续到 2009 年 10 月 17 日集团公司职能转变和机构调整终止，历时近 12 年的外贸 155 合署办公室终于完成了它的历史使命！

外贸 155 合署办是一个创新机构，实现了行政指挥系统和总设计师系统的高度融合，实现了火炮、弹药、车辆、光电等各专业技术领域的高度融合，实现了军贸市场和产品开发的高度融合。它从武器系统的项目论证开始，在科研设计、定型试验、批量生产、质量控制和售后服务的过程中，实现了武器装备的全寿命周期管理。12 年来，该办公室能够站在集团公司的高度，集中精力抓外贸 155 武器系统的顶层规划和总体设计，抓核心性能和全局性关键技术，注重其技术和管理成果的共享和积累，根据国际市场的差异性，成功组织开发了外贸 155 自行炮、自走炮、车载炮、岸防火炮及其多品种弹药等武器系统系列化产品，同时利用 155 火炮武器系统的成熟技术移植开发了 80 公里 273 毫米多管火箭炮武器系统，使合署办服务的市场从一个国家拓展为数个国家，给国家创得了大量的外汇收入。

笔者自 1989 年开始从事外贸 155 项目，又从 1997 年外贸 155 合署办公室成立开始，一直坚守到 2009 年外贸 155 合署办公室机构解散。见证了外贸 155 自行炮从单炮到武器系统、又从一个完整系统到多个武器系统的系列化产品发展历程；为她流过汗、流过泪、也流过血；为她度过了人生旅途中非常重要和宝贵的二十多年，更为有那段百转千回的过往而骄傲！

笔者通过学习蔡剑老师讲的《供应链与运营管理》，并阅读了他撰写的《从中国价格到中国价值》这本书，参考《市场营销管理》业务知识的学习，结合 STP 理论（Segmenting/市场细分、Targeting/目标市场、Positioning/市场定位）进行分析研究，联系外贸 155 合署办的工作实际，深刻感到：外贸 155 合署办的成功，是兵器管理创新的杰作，就是价值金字塔的体现，是我们在实际工作中，通过科学的价值设计，构建了外贸155项目成功的价值金字塔。

一、STP 理论

不论在何时，由于受到人力、物力和财力等诸多因素的限制，任何一个企业面向市场的经营活动不可能满足市场上的所有需要，这就给新产品的不断推出留有了成功的空间。一个产品在市场上的成功是许多因素促成的，但是，它离不开在细分的市场中找到空缺的需要，选择目标市场，进行准确的市场定位。外贸155武器系统在国际市场的成功主要因素就是遵循了这些原则。

1. 细分市场

市场细分开创了企业营销的新阶段，20世纪80年代以后，市场营销进入了目标营销的阶段，市场细分成为目标营销的基本要素，市场需求的差异性和共性特征是市场细分的基础，市场细分就是企业运用一定的依据，将整体市场分割成若干个子市场或亚市场，它的主要意义就是通过细分市场挖掘和捕捉市场机会，找到企业进入市场的切入点，针对目标市场制定最佳的营销策略，发挥局部优势，增强市场的竞争能力，开拓和占领新的市场领域。消费市场的细分主要依据地理、人口、心理和行为4个因素，产业市场的细分主要依据用户要求、规模和地点3个因素。市场细分遵循差异性、可衡量性、可进入性和效益性4个原则。

2. 选择目标市场

目标市场是企业营销活动所要满足的市场需求，使企业决定要进入并为之服务的市场。选择和确定目标市场，明确企业的服务对象，关系到企业经营目标的实现，是企业制定营销战略的基本出发点。对目标市场的选择前首先应该进行目标市场的评估，看所选择的目标市场是否具有一定的规模和发展前景，是否符合企业的发展目标和能力。

目标市场有5种选择模式：一是产品市场集中化，二是产品专业化，三是市场专业化，四是选择专业化，五是全面进入。目标市场有3种营销策略：一是无差异性营销，二是差异性营销，三是专业化集中营销。目标市场营销策略的选择应该充分考虑企业的实力、市场的特点、产品的特定、产品的生命周期和竞争对手采取的策略。

3. 准确的市场定位

市场定位是指企业为适应目标市场消费者的特定需求，而设计和确定企业及产品在目标市场上所处的相对位置。准确的市场定位，有助于保证营销活动系统内在的统一性和一致性，提高营销活动的效率和效果，有助于促进产品和企业形象等无形资产的积累，能够为企业确立稳定、坚实的市场地位。

市场定位包括心理定位和竞争定位两个方面：心理定位是在消费者心中所占有

的独特位置，可以赢得特定而稳定的消费者群体；竞争定位是赋予产品以竞争对手不具备的优势，明确优势，选择优势，明示优势，展示的是本产品与竞争产品的不同之处。

二、价值思维模型

价值金字塔的理论来源于孙子兵法，即道、天、地、将和法。道，就是价值观，它是上下和谐同心的价值取向；天，是系统和组织外部的自然环境和条件；地，就是系统和组织内部的资源环境和条件；将，是组织的领导力和组织内部的执行力；法，是为了行道和得道而在组织内部制定的规矩，如图18-1所示。

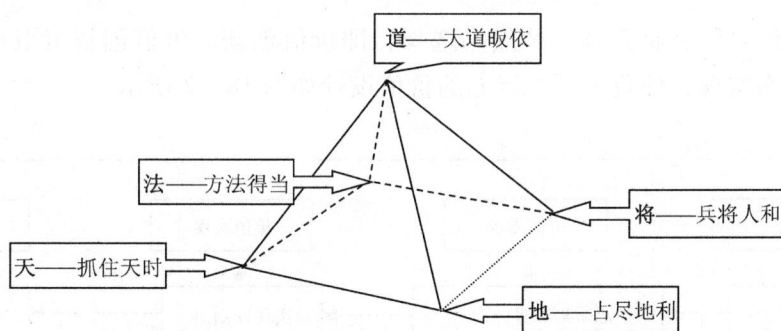

图18-1　价值金字塔

外贸155合署办的"道"，就是在国际社会实现中国价值，体现在组织内部每一个成员的行动中，就是有共同的价值取向——确保对外第一个合同的成功。各个职能部门的合署办公，充分体现了组织内部的决心和高度思想的统一。

外贸155合署办的"天"，就是当时的国际军贸合同，该项目走过慢慢十年推销路，终于在国际上拿到一个合同，该合同的经济价值暂且不言，其在国际事务中的政治价值远远大于其经济价值，同时，该合同的获得，对国内技术进步的促进，正是时机。

外贸155合署办的"地"，就是十年多来科技人员含辛茹苦的研究成果，是克服了重重困难保留下来的这支能打硬仗的技术队伍，是人心所向的成功期盼，是在多次科研失败中积累下来的宝贵经验。

外贸155合署办的"将"，就是科技队伍中百折不挠的管理和技术骨干，是多年来荣辱与共、朝夕相处、摸爬滚打中患难与共的兄弟，这些骨干分子合而不同，相互补台，既不盲从，有独立思想，又实事求是，敢于面对现实，能够求同存异。

外贸155合署办的"法"，就是敢于创新，不局限于传统的观念与方法，能够及时吸收现代的、科学的管理和科学思想和方法，尊重规律，并能够建立一套合理的工作制度，并在系统内部能够得到有效的贯彻和执行。

道不同而不相为谋。一个团队，为一个共同的目标走到一起来，遵循共同的理想和价值观，达到了志同道合。所谓大道皈依，行思统一，抓住天时，占尽地利，兵将人和，方法得当，从而创造出了真正的中国价值。

中国价值摒弃了传统的价格竞争优势，是一种符合国情的创新思路。企业存在的意义在于创造顾客而不在于创造交易，不能创造顾客的企业是不具备价值创造能力的企业，企业创造的最大价值就是让顾客去改变自己并且获得更大的价值。因此，管理者和一个组织，首先要树立正确的价值观，努力从中国价格优势的思维方式中走出来，逐步在用户的心中树立中国价值优势的丰碑。

三、价值设计

价值思维强调企业只有一种战略选择，即价值创新。价值创新可以通过价值设计4个步骤来实现，外贸155合署办的价值设计如图18-2所示。

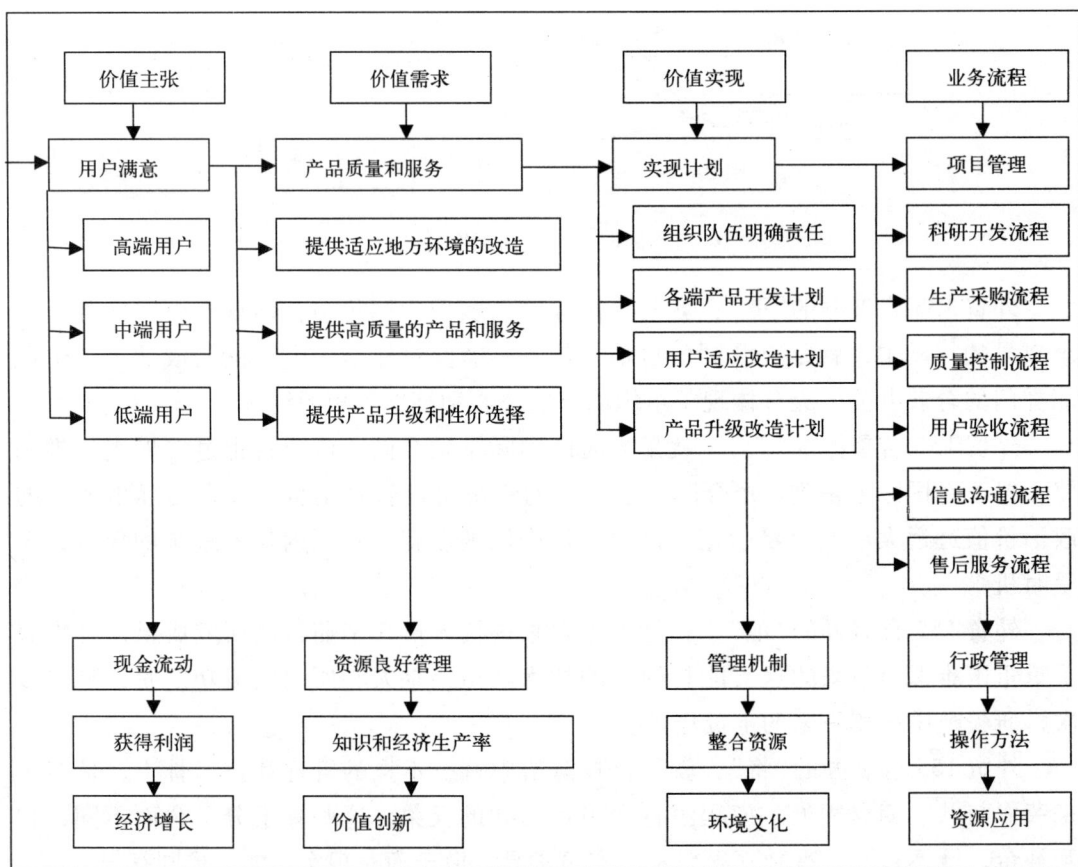

图18-2　外贸155合署办公室价值设计图

1. 价值主张——主张域，通过了解需求实现价值主张

我们面对的用户既有第一世界的也有第三世界的国家，由于用户国家的防御战略思想好和经济状况不同，其对产品的档次好技术含量就有区别，根据用户不同的价值取向，我们在弹道、弹药和信息三个基础上，根据身管长为 39、45 和 52 倍口径的三个火力平台，根据用户在陆地、海上和空中的不同需要，开发了满足高端、中端和低端用户的系列化产品，获得了可观的经济效益和市场的逐年增长。

2. 价值需求——需求域，通过价值识别解决价值需求

用户的价值需求主要体现在产品的质量好服务上，其根本宗旨是适合于用户国家的环境和操作者的习惯，并且能够根据自身的经济和环境状况可以量身定做、量体裁衣。我们按照与用户交流和谈判的有关条款，进行价值创新，为用户提出了多种解决方案，使客户最终能够找到适合于自己条件的一款或多款产品。

3. 价值实现——实现域，通过整合资源找到实现方法

合同拿回来以后，我们通过建立管理机制、整合资源和培育良好的环境文化，在国内组织队伍，明确责任，进行顶层规划和总体技术设计，制订出详细的一、二级网络计划，通过严格的产品开发、改造、升级和必要的验证试验等过程计划的制定，落实价值的实现。

4. 业务流程——流程域，通过优化流程保证价值生成

为了实现合同价值，我们通过项目管理的形式，针对各类产品的不同特性，进行流程再造和科学调整，并对科研开发、生产采购、质量控制、用户验收、信息沟通和售后服务等各项工作流程进行完善好细化，利用行政和技术管理手段，达到行业资源的合理调配和应用，从而实现效率最大化。

价值创新的本质是让企业以一种新的方法思考和实施战略，从而改变市场竞争的游戏规则，战略新的价值域，成为价值网络上的领导者。只有当企业把技术创新与管理创新、思维创新、观念创新整合为一体时，才会出现价值创新。

四、价值的提升

企业要做到外部适应和内部整合的协调运行，必须是：行为跟随管理变，管理跟随结构变，结构跟随战略变，战略跟随环境变，这样才能够得到企业价值的提升。

中国要想走出价值链的低端、走出大而不强和富而不贵的现状，唯一的出路就是做自己的品牌，并使品牌经久不衰！打造品牌必须突出品牌个性，必须从用户中来到用户中去，必须把培训用户作为市场营销成功的最高境界，必须做好售后服务和技术服务，走好品牌的最后一公里。体制和机制是土壤，制度和政策是保障，品牌营销策略是关键，企业文化是源动力，只有进行品牌的经营和管理，才能使品牌经久不衰。

打造一个品牌非常不易，甚至需要几代人的共同努力，但是，毁灭一个品牌却

易如反掌。当一个产品形成批量供货能力，并具有一定知名度的时候，就基本具备了品牌的萌芽，如果继续按照一般产品进行管理，就会脱离不了周期性规律的命运，所谓："第一圈风光死，第二圈见光死。"从而使市场销售人员克服重重困难拿到的合同，在执行过程中夭折；使几代工程技术人员倾尽心力研发的产品，被市场无情地淘汰。

无论现在还是将来，集团公司应该始终坚持面向两个市场，即国内武器装备订货市场和国际军贸产品销售市场。这是一个保持长远生存和自身不断发展壮大的战略思想。我们应以全球化的视野谋划集团公司的发展，构建大品牌、多平台、宽覆盖的具有核心竞争力的产品体系，把集团公司建设成为世界一流的高科技国际化大型防务公司。

五、团队文化

十多年来，外贸155项目团队形成了一种敢打硬仗和善打硬仗的"外贸155精神"，这种精神就是这个团队长期以来逐步形成的团队文化，它在不断变化的环境中，始终秉承一种武器系统内部长期形成的合作习惯，主动驱使各个参试单位的人员自愿填补了因现场环境的局限，不能规范制度而留下的工作空白，使这支团队有更强的适应性，具有较强的战斗力，圆满完成了一次又一次在国外多变恶劣环境下的实弹试验和演习。

外贸155团队，是集团公司值得骄傲的一支团队。团队包括行政指挥系统、设计师系统、质量师系统。团队在集团公司的正确领导下，在外贸155合署办公室的直接组织和指挥下，各单位默契配合、相互支持，为在艰难困苦的条件下能够实现共同的地理想和目标而骄傲，为长期以来形成的团队文化而自豪。

外贸155团队，积极倡导"眼睛向内"的工作作风。不论是技术问题还是进度和质量等问题，首先要从自身内部找原因，倡导勇于承担责任，把一出问题就推卸责任看成是一种羞耻行为，大家群起而攻之。

外贸155团队，积极倡导"同舟共济"的责任意识。即使不是自己的问题，也不可幸灾乐祸，更不能落井下石，而应该把局部问题看成是团队的问题，积极出主意、想办法，帮助和配合别人解决问题。

外贸155团队，积极倡导"取长补短"的协作精神。反对个人英雄主义，强调团队成员的共同作用，重视团队成员的差异性特点，使大部分成员都能找到自己发挥特长的场所和平台。

外贸155团队，积极倡导"技术民主"的活泼氛围。鼓励不同技术观点的争论，依靠专家但绝不迷信专家，群策群力，在多方案选择的基础上进行决策。

外贸155团队，努力提倡"快速反应"的市场行为。一切为了市场，一切服从于市场，积极主动地应对外贸市场和用户的变化。

外贸155团队，努力提倡"优胜劣汰"的竞争意识。团队珍重感情，但是不保护落后，既鼓励友好竞赛，也提倡市场竞争，大大激发了科研团队勇于争先和积极创新的工作热情。

外贸155团队，努力提倡"负责到底"的质量保证。本着对产品负责和对用户负责的态度开展工作，团队成员能够充分意识到质量的重要意义，虽然研制周期短、样本量严重不足，但是团队成员在对外用户的接触中，能够让用户增加信心，并能够感觉到我们的真诚。

外贸155团队，努力提倡"包容兼蓄"的宽广胸怀。团队能够吸收许多系统外的营养补充自己，并在歧义面前不回避、不争论、不气馁，认真学习、总结和提炼，积极化解为对自身有用的营养。

外贸155团队的前期素质参差不齐，但是由于外贸155项目为大家提供了较大的发展空间和较好的发展平台，十多年来，团队成员逐步成熟、成长和发展起来。不仅团队的整体战斗力和在国际市场的核心竞争力明显增强，而且，经过外贸155团队培养和锻炼成长的人才涌现出许许多多。如外贸155团队培养锻炼出院士1名，集团公司级领导1名，集团所属企事业单位领导20多人，全国劳模1名，国家新世纪百千万人才2名，省部级十大杰出青年3名，集团首席专家3名，科技带头人10多人等。

六、启发与思考

1. 启发

（1）占有市场并不等于保有市场

目前的市场占有率还算乐观，但是稍有不慎就可能失去现有的市场，或者会发生"狗熊掰棒子的现象"。市场上唯一不变的就是变化，因此，虽然占有市场重要，但是不断满足消费群体变化的需求，努力维护现有市场和消费群体的稳定性更重要。

（2）保有市场莫如不断地扩大市场

保有现有市场和消费群体的稳定性确实重要，但是，仍然应该在吸收其他公司先进经验的基础上，不断创新适合于不同市场、不同用户的产品，不断创新自身发展的管理模式，努力由国内市场逐步扩展到国际市场，力争打造国际品牌。

（3）正确处理好继承与创新之间的关系

创新是永恒的主题。但是继承和创新始终是一个矛盾的综合体系，非常可乐应该接受可口可乐新可乐昙花一现的经验教训，正确处理好继承与创新之间的关系，不断寻求打造百年老店的发展之路。

2. 思考

近几年来，集团公司的军贸事业发展速度很快，取得了较大的成绩。外贸155合署办负责联系的一些企业，其军贸产品已经达到新的高度，而且市场的规模还在不断扩大。但是产品的低水平质量问题和可靠性问题仍然在频繁出现，始终是影响市场发展壮大的主要因素，这种情况主要是相关企业的价格思维在作祟，但是同时也应该审视一下，集团公司当前的军贸管理制度、策略、机制、方法和人才队伍等，是否存在不能完全适应当前乃至未来军贸市场发展的需要？

（1）眼前抓好三件事

为了进一步落实科学发展观，实现全面、协调和可持续性的发展，外贸155团队目前正在努力做好3件事：①做好现有市场的稳定和巩固工作，抓好操作、维修培训和售后服务以及国外装备试验保障工作，不断完善武器系统，提高产品的可靠性；②努力做好市场开发工作，积极组织外贸155系列化准备的出国表演，不断开拓和扩大国际市场；③是开展充分的调研和技术论证，瞄准未来5~10年的国际市场，按照市场差异化，深入进行新一代外贸155武器系统的系列化开发。

（2）立足长远机构创新

用一个临时的机构管理长期的事务，肯定不利于培养和扩大市场，不利于产品向品牌过渡，不利于人才队伍的建设，因此，价值创新更需要随着环境条件的变化而不断创新。建议集团公司进一步健全从战略到市场、从市场到产品、从产品到品牌的完整的军贸管理体系和长效机制，形成不同取向、不同档次和不同特点的军贸产品系列和技术群，以推动国际军贸市场的发展。

第十九章　外贸 155 团队系列化技术创新

外贸 155 毫米武器系统，是中国兵器工业在国际军贸市场一个响亮的品牌！外贸 155 合署办公室，曾经是集团公司军贸战线的一面旗帜！外贸 155 团队，是一个相互负责、技术民主、敢说真话并团结战斗的集体！外贸 155 的事业，是笔者生命中永远不可磨灭并具有特殊意义的一段记忆！

1989 年，笔者从北京国营 618 厂调入兵器科学研究院，一直从事 155 毫米和 203 毫米大口径火炮的科研管理工作。1996 年被提拔为火炮处副处长以后，重点负责大口径火炮技术的战略、预研和型号项目管理。同时协助北方公司开展外贸 155 毫米自行炮武器系统对外推销工作。1997 年，外贸 155 毫米自行炮武器系统对外第一个合同签订以后，为了确保某国合同的履约成功，兵器工业总公司决定临时成立外贸 155 合署办公室（简称合署办），全面负责该合同的对外履约。

笔者曾经作为合署办公室副主任和第一副主任，负责日常行政及综合事务管理工作。1997 ~ 2002 年，在第一任合署办主任杨卓的正确领导下，项目团队圆满完成了 PLZ45 - 155 毫米自行炮武器系统的构建和对外第一个合同的履约；2002 ~ 2009 年，在第二任合署办主任王玉林的正确领导下，项目团队创造性地完成了外贸 155 系列化武器系统的创新研制和多个国家外贸合同的履约。

一、概述

自从 1997 年 12 月 5 日集团公司成立外贸 155 合署办公室以来，合署办克服了专业技术分散、系统管理不集中和职能管理覆盖不全等困难，主动站在集团公司的高度，集中精力抓外贸 155 毫米武器系统的顶层设计、体系策划、积累创新、模块化应用和系列化发展等工作，尤其在武器系统顶层规划和总体设计、核心性能和全局性关键技术问题等方面，注重技术和管理的成果共享和基础技术积累，根据国际市场的差异性，在北约标准弹道、底凹和底排通用弹药、信息单元模块三个技术基础上，利用身管长为 39 倍口径、45 倍口径和 52 倍口径 155 毫米火炮的三个火力发射平台，应用于不同机动平台的多种方式，成功组织开发了 PLZ45 - 155 毫米自行炮、AHS1 - 155 毫米自走炮、SHS1 - 155 毫米车载炮、AHS3 - 155 毫米岸防 155 毫米武器系统、AH4 - 155 超轻型火炮和 PLZ52 - 155 自行炮系列化产品，开发了 155 毫米直瞄反舰艇半穿甲弹、底排子母弹、50 千米底排火箭复合增程弹，开发了适用于全装药发射的发烟、照明和烟幕特种弹，以及 155 毫米各种弹药适配的时间引信、触发引信和近炸引信等系列化弹药，开发了适用于北约标准的 39 倍口径 155 毫米 M198 和 M119A2 火炮的发射装药系统，编制了各种弹丸适配装药在 39、45、52 倍口径火炮发射的符合北约标准气象条件的射表，同时利用外贸 155 系列化产品的模块化系统设计理念和成熟技术及部件设备等，嫁接开发了 SRS1－273 毫米多管火箭炮武器系统，使合署办服务的军贸市场由一个国家逐步拓展到数个国家，为国家和集团公司创收了大量外汇。

二、顶层设计

传统的军贸产品一直是以单一武器装备或单一系统在国际上销售。PLZ45－155 毫米自行炮武器系统经过十多年的发展历程，在用户的不断要求启发下，在武器系统总体设计不断完善的基础上，作为现代炮兵一套完整的解决方案，北方公司首次在国际上以 11 种武器装备（自行榴弹炮、弹药输送车、指挥车、侦察车、侦校雷达、气象雷达、机械维修车、电子维修车、抢救车、备件车和模拟训练系统）构成的大型复杂的数字化武器系统推向了国际市场，立即抢占了市场先机，及时占领了国际军贸市场，并博得了用户的好评，得到了南非等其他国家的营销效仿。该武器系统在国际市场上多个国家的销售成功，离不开以客户为中心的系统设计思想。

该武器系统成功向外推出，是坚持改革开放，注重外贸市场，积极满足客户要求的结果，也是依靠技术进步取得竞争胜利的结果。该项目采用了先进的设计理念和大量高新技术，成为当时最先进的数字化压制武器系统之一，在 2001 年荣获集团公司和国防科工委科技进步一等奖，在 2002 年荣获国家科技进步一等奖。

该项目是中国 PLZ45－155 毫米自行炮在与美国的 M109A6、英国的 AS90、南非 G6 和德国 PZH2000 自行炮系统的激烈竞争中获胜并脱颖而出的，它以胜利者的姿态攻入国际军贸主流市场的桥头堡，首次成功占领了某国陆军大型主战武器装备贸易市场，并迎来了第二、第三个营的后续合同，最终打开了国际军贸主流市场的大门，赢得了其他国家的订货合同，在国际上形成了较大的影响，为国家和集团公司争得了荣誉。

1. 系统思想的深化

根据现代战争的战场环境和作战态势及特点，外贸 155 合署办公室在国际潜在用户国需求牵引和国际同类产品发展趋势的基础上，排除了"有什么，卖什么"的计划经济思想，经与技术系统认真研究，创新概念，从系统总体出发，逐步形成全武器系统的系统总体架构，明确了营级配置和 6 个子系统的基本思想，即火力系统（自行炮和弹药车）、指挥系统（指挥车和气象雷达）、侦察校射系统（侦察车和侦校雷达）、弹药系统、野战后勤保障系统（抢救车、机械维修车、电子维修车和备件车）和模拟训练系统（驾驶员和乘员模拟训练系统）。研究创新了全武器系统总体技术指标，并在工程研制过程中，进一步深化理解，通过计算机仿真和实际应用，使许多新概念具体化、新构想实践化，以一套完整的155毫米自行炮营级武器系统推向国际市场，从而在国际市场的销售中有效地达到了技术推动和创造市场的作用和效果。

该武器系统具有指挥模式多样、作战方式灵活、自动化程度高、反应速度快、良好的电磁兼容性等特点。而且，武器系统射程远、精度高、威力大、弹种齐全，具备全方位大纵深的火力压制能力。此外，整个系统内配有多种后勤保障车辆，系统自身就可完成综合保障所需的战斗弹药补给、野战抢救与维修以及乘员的模拟训练等任务。

2. 顶层规划和系统总体设计

顶层规划是系统总体设计的关键，它包括管理结构和技术系统以及综合计划等方面从顶层到基层的系统性、完整性和逻辑协调性问题的分层次架构，其主要内容包括武器系统总体技术决策、核心性能分析和全局性关键技术研究。

首先，项目管理和技术人员能够摆脱所学专业局限性的影响和束缚，站在全武器系统的高度，以合理公正的虑事态度和科学严谨的系统总体管理方法，在全武器系统树立起有效的技术民主管理思想和机制。

其次，在顶层全面深入规划的基础上，组织设计师系统对11种装备的总体技术进行指标分解和具体设计；对系统内每个单机或分系统的总体技术指标和技术方案的最后确定，都能够寻找到重要决策的理由。针对自行加榴炮总体技术设计的结果，用计算机软件PRO-E将全炮图纸输入计算机，并利用IADES软件进行动态特性分析，首次在自行炮武器系统的总体技术设计中实现了计算机软体装配和关重件有限元分析计算，及时发现和改正设计缺陷，正确指导样机生产，避免了低水平技术问题带来的科研和生产浪费以及由于设计反复带来的进度风险；通过计算机分析计算与工程研制紧密结合，使自行炮避免了重大颠覆性问题的出现。

3. 关键技术攻关及重大问题的决策

特别是对自行加榴炮、弹药输送车、指挥车和侦察车等单机装备的关键技术攻关，我们研究确定了可行的技术途径，并带领研制单位完成了各项关键技术攻关任务。其中包括：楔式炮闩的闭气寿命、开闩曲柄和衬套可靠性、身管前抽、立式传动、机械双流变速箱、发动机和变速箱整体吊装、调炮精度、姿态传感器精度、火控和指控计算机模型方案、自动供输弹、集装式弹药架、自动选弹和选药、车载红外、激光、热像三光观瞄升降系统、武器系统射击精度、准流体引信可靠性、全系统指挥软件、系统集成和数字化网络、底排弹与底排子母弹射程和密集度及射程标准化、电磁兼容性国内跨越指标等。我们在国内首次开创性地实现了有炮塔的装甲车辆安装空调系统的愿望。

4. 系统完善和边缘技术有效应用

在武器系统的设计和研制以及应用研究过程中，我们及时发现了系统缺陷和边缘技术的融合作用，补充完善了炮口测速雷达数据应用、北约气象通报数学模型及算法、射程标准化、身管寿命的研究和药温测量装置、身管温度报警的研制。为了使外贸155毫米武器系统与国际军贸市场接轨，我们还重点落实了符合北约标准要求的随产品软件资料编制和人—机—环境及系统工程改进创新。

5. 系统作战方式的创新和变革

定位定向及导航技术、炮口测速雷达、药温测量装置、侦校雷达和气象雷达等其他高新技术在自行炮武器系统的首次应用，带来了该武器系统在传统作战模式基础上的变革和新型作战方式创新，为此外贸155合署办组织部队院校、研究所和使用部门有关单位开展了深入的探讨和研究，并经过在科研试验和使用中反复验证，明确提出了该武器系统在现代战争中派生出的数字化静默指挥、自动越级和超越指挥、自动化校射指挥等许多灵活多样的新型作战方式。

6. 试验规范和方法的创新

由于武器系统以及系统概念的先进性，我们在考核武器系统的定型试验中遇到许多以前未曾遇到的新问题。因此在研究确定武器系统指标体系和考核验证战技指标的过程中，外贸155合署办创新了一系列试验规范和考核方法，经过在该武器系统外贸设计定型试验中实际应用和改进完善，不仅为我们解决眼前的现实问题提供了可行的办法，而且为进一步规范同类武器系统科研试验，探索出一些可行之路。

三、体系策划

合署办公，不仅在行政、技术和质量等各方面发挥了实事求是和快速决策的高质、高效作用，而且在外贸155毫米武器系统的管理实践中，成就了大型复杂武器系统的滚动发展、积累创新和构建体系的路线图。即，在外贸155毫米武器系统的研发和国际市场竞争中，以外贸155毫米火炮弹道、弹药和信息三个核心技术为基础，发展成身管长为39、45和52倍口径的三个火力平台，并将其应用于地面、空中和海上三种作战环境演变成的自走、自行、车载、吊运、空运、岸防和舰载等多种机动方式，按照差异化营销策略，针对不同层次的国际用户，形成适合于多个国家装备特点的武器系统族群，以满足国际军贸市场不同档次和不同用途的采购需求。

1. 三个技术基础

火炮弹道、弹药和信息技术是外贸155的三个核心技术基础。弹道基础就是把与北约标准弹道通用的内膛结构和内弹道设计思想作为武器系统各个品种开发中始终不变的基础，以保证不仅能够发射中国生产的外贸155毫米炮弹，而且可以发射符合北约标准的其他国家生产的155毫米制式弹药。如：火炮的膛线数、膛线宽度和深度，膛线缠度以及药室容积等。在火力发射平台设计和研制中，必须要做到向下兼容，能够发射目前世界上符合北约弹道标准的所有的155毫米口径的装药和弹丸。

弹药基础为符合以上弹道条件的各个品种的弹药，在弹药设计时，尽可能留足适应三个火力平台发射的发展余量。目前的底凹榴弹、底排榴弹、底排子母弹、底排火箭复合增程弹、黄磷弹、发烟弹、照明弹等，以及相应发展的各种装药，都能够适用于三个火力平台的发射要求。

信息基础就是把武器系统决定射击方法、射击诸元和火炮姿态采集的信息数据收集、处理、分发、归档、指挥作战和弹道解算以及日常勤务处理等模型、软件和基本的电气硬件组件，作为武器系统各个品种开发中基本不变的技术和产品的模块化基础，以保证武器系统技术状态的相对稳定和快速成长。

2. 三个火力平台

以身管长分别为 39 倍口径、45 倍口径和 52 倍口径的三个火力平台，作为火力压制的主要选项来配置武器系统，从而满足于对不同射程范围内目标的火力压制。

同时，针对每一个火力平台构建一套 155 毫米火炮的产品体系，从而覆盖一片需求市场。而且，可以根据身管长度的不同，分别装备在部队的营（团）、旅（师）和集团军级，以满足有关国家炮兵部队火力机动的需要。

3. 三种机动方式

机动方式分为地面机动、空中机动和海上机动三种方式，目前我们主要集中精力在地面机动平台的开发上，如履带式自行炮底盘、轮式车载炮底盘、自走式辅助动力系统等，而地面轮式自行炮底盘、空中机动平台和海上机动平台是未来应用的发展方向。同时还可以根据地面、空中和海上的多种机动方式和环境特性，分别选择身管长为 39 倍口径、45 倍口径和 52 倍口径的火力平台构建不同用途的多套外贸 155 毫米武器系统。

这些市场的用户，可以是完整武器系统的需求者，也可以是武器系统中火炮、弹药、侦察、指挥等不同分系统的单独需求者。就是说，可以针对市场用户的不同口味，配制满足不同"胃口"要求的货架产品。

四、系列创新

从 2001 ~ 2009 年，外贸 155 合署办在 PLZ45 - 155 毫米自行炮武器系统研究思想和技术基础以及共用技术成果积累的基础上，坚持系统化、体系化、模块化和标准化的科研开发指导思想，完成了一系列武器系统的创新研究。如：外贸 155 毫米自走炮武器系统、外贸岸防 155 毫米武器系统、外贸 155 毫米车载炮武器系统、适用于美国 M198 和 M119A2 的 39 倍口径 155 毫米发射装药系统和升级改造型外贸 155 毫米自行炮武器系统。同时，进一步启动了重量小于 4 吨的超轻型 155 毫米加榴炮和新一代 52 倍口径外贸 155 毫米自行炮的开发研制。PLZ45 如同一棵小树成长为枝繁叶茂的大树，而系列化发展的产品就是这棵大树结出的一个个硕果。

1. AHS1 - 155 毫米自走炮武器系统研制

外贸 155 毫米自走炮武器系统是根据用户的性能价格比要求，在保持外贸 155 毫米自行炮武器系统火力性能不降低的前提下，适当降低武器系统的机动性能，成功开发的一套数字化武器系统。

从 2001 年开始，在顶层规划的基础上构建了自走炮武器系统，针对国外用户提供的轮式地盘，组织设计师系统对自走炮、指挥车、侦察车、侦校雷达、气象雷达、机械维修车、电子维修车、火炮发射训练模拟器、指挥车和侦察车维修训练模拟器等武器装备的总体技术进行了技术设计。对系统内的每个单机的总体指标、技术方案都进行了重要决策。特别是对自走加榴炮的辅助液压动力传动和自动、半自动操纵、侦察车的"T"型液压升降三光侦察装置、50 千米底排火箭复合增程弹射程及地面密集度等单机装备以及武器系统射击精度、全系统软件阿文化、GPS 支持 UTM 和 LANBERT 两种坐标体系、系统集成和数字化网络等系统性关键技术完成了攻关，于 2004 年完成了武器系统设计定型试验并成功履行了第一个营批量产品的订货合同。

2. 与北约标准通用的发射装药系统研制

目前，在国际市场上仍然有许多国家大量装备着美国的 M198 和 M119A2 的 39 倍口径 155 毫米榴弹炮，由于世界逐步向多极化发展的形势变化，以及国际关系之间的演变发展，种种原因导致一些国家面临着买不到，或者不愿意向原采购国家购买 155 毫米弹药系统的局面。

应国际军贸市场的发展需要，以及已经装备 M198 和 M119A2/A3 等 39 倍口径 155 毫米装药系统国家的要求，2004 年开始，外贸 155 合署办在 PLZ45－155 毫米自行炮弹药技术的基础上，组织技术队伍深入研究了中国 155 火炮兼容发射西方 155 弹药和西方 M198 和 M109A2 等 39 倍口径 155 毫米榴弹炮兼容发射中国 155 弹药的问题。并针对市场用户需要，立足于原射表通用且膛压满足国外现役火炮指标要求，开发研制了符合北约标准与 M119 及 M119A1 和 M203 技术性能相当的 M2B/8 和 M2B/9 号发射装药系统，以适合 39 倍口径外贸 155 毫米火炮的国际和国内需要，同时针对中国底凹弹、底排弹等用北约标准装药在 M198 和 M109A2 火炮上适配性发射和西方标准 M107 榴弹在中国火炮上适配性发射进行了研究和试验，并完成了相应的射表编制。

经过有关单位的艰苦努力，2005 年通过了外贸技术鉴定审查，且在此基础上，向某国销售了十多万发外贸 155 毫米弹药，为集团带来了较好的经济效益。

3. PLZ45A－155 毫米自行炮武器系统改造研制

升级改造型外贸 155 毫米自行炮武器系统是在 PLZ45－155 毫米自行炮武器系统的基础上，根据多年来用户在使用过程中的反馈意见和世界主流市场新用户的技术要求，以及产品在质量和可靠性方面存在的缺憾，进行的产品质量升级和可靠性研制，充分体现了与用户共同研究和设计的现代项目管理思想。

升级改造工作从 2005 年开始，主要经历了改进样机研制、外贸技术鉴定、批量生产和国内外交货 4 个阶段。为了使武器系统在质量和可靠性方面得到进一步提升，外贸155合署办认真清理了PLZ45在用户使用的4年多时间里各个方面反映的问题和建议，进一步明确了研制工作目标和指导思想，补充完善了武器系统结构体系，建立健全了四师系统，安排了研制和履约工作计划，落实了责任，经过一年多的攻关研究，使产品的质量和可靠性得到了大幅度提升。此次的产品升级改造，经历了世界主流军贸市场用户的严格检验，解决了一些武器系统固有的内在质量和可靠性问题，尤其在产品的密封件渗漏、紧固件松动、外观质量、人机环境和腐蚀防护等方面有了较大地提升。

2008年，某国采购的两个营升级改进型外贸155毫米自行炮武器系统完成了外贸技术鉴定试验和批量生产，在用户市场的掌握和使用中站稳了脚跟，并在局部战争经受了实战考验和验证。

4. AHS3 – 155毫米岸防武器系统研制

海岸及岛屿是阻止强敌从空中、海上入侵和保卫陆地安全的第一道屏障，战略地位十分重要。2005年开始，我们根据国际军贸市场的要求，在技术成熟的外贸155毫米自走炮武器系统的基础上，结合岸防环境的特殊情况，开发了外贸岸防155毫米武器系统。并于2009年完成了外贸设计定型试验，于11月完成了对某国海军第一营批量产品的供货。

该武器系统重点针对岸防武器系统作战构成的系统概念、海岸情报侦察雷达、海岸气象雷达数据采集的科学合理性、岸防装备防雷击技术措施和155毫米火炮对舰船毁伤效能等方面开展了科学研究和验证试验。针对岸防系统重点打击、拦阻舰船等目标的战术要求，新研制了155毫米反舰艇半穿甲爆破弹，为155毫米自走加榴炮增加了直瞄和半直瞄对舰艇射击功能。

该系统实现了从目标获取、信息处理与传输、射击诸元计算到武器系统控制全程自动化指挥和直瞄、半直瞄及间瞄对海上目标的射击。系统还能完成与海军协同作战时的火力协调，共同完成向海岸进犯之敌的防御任务。系统采用模块化结构，可根据用户要求进行功能扩展，具备较强的扩展和升级能力。

5. SHS1 – 155毫米车载炮武器系统研制

随着世界各国公路建设速度的不断加快，性能和价格比介于自行炮和自走炮之间的外贸155毫米车载炮，将越来越得到国际军贸市场的青睐。

2006年，北方公司在45倍口径155毫米加榴炮23升药室容积不变的基础上，开发了52倍口径外贸155毫米车载加榴炮。它以经过适应性改进的汽车底盘作为火炮运载和发射平台，采用车炮一体化总体优化设计，配有半自动弹药装填装置，随炮可携带一定数量的弹药，最大射程发射底凹弹为32公里，发射底排火箭复合增程弹为52公里；配备新型通信与指挥控制系统和随动系统，载炮轮胎具有中央充放气功能，越野性能良好，在公路条件较好的地域，其公路机动性能大大超出了自行炮和自走炮。

在外贸155合署办的组织下完成了轮式地盘武器系统构建，车载155毫米加榴炮武器系统采用模块式系统设计思想，包括车载155毫米加榴炮和便携式指挥控制系统，也可以根据不同层次用户的要求，与轮式底盘弹药输送车、连（营）指挥车、侦察车、气象雷达、检测维修车、侦校雷达及模拟训练器等装备构成大型复杂的数字化武器系统。该武器系统开发过程中充分强调人机环的设计，整体外形设计美观，具有友好的操作界面。武器系统具有很强的环境适应性，能在越野、沙漠、沙尘、高低温等恶劣环境下正常工作。该武器系统具有先进的武器系统指挥控制软件，并有很好的可扩展性，是适应信息化作战环境要求、便于快速机动部署、成本较低的一种新型自行火炮武器系统。并于2008年完成外贸设计定型，随后批量销往某国军贸市场。

6. PLZ52 – 155毫米自行加榴炮研制

针对外贸155自行炮武器系统的未来发展需要，2004年外贸155合署办开始组织技术系统进行PLZ52 – 155毫米自行加榴炮方案论证，2005年针对关键技术及重要部件进行方案设计，如52倍口径自行炮上装火炮与炮塔、供输弹系统、虚拟电子仪表，自动行军固定器、自动/半自动变速箱、单销耳挂胶履带板、液压悬挂装置等。2007年组织对采用的新结构、新技术和新材料等进行了单项技术原理预研和关键技术攻关，如弹药输送技术、底火自动装填技术、模块装药自动装填技术、液力机械综合传动装置，自动变速操纵，铝合金挂胶负重轮等。通过台架设计原理技术验证，2009年开始进行初样炮样机总体技术设计和研制。

PLZ52 – 155毫米自行加榴炮最大限度地遵循通用化和系列化设计要求，尽量采用PLZ45 – 155毫米加榴炮使用可靠的零部件，采用成熟技术和工艺，以确保该炮具有较高的可靠性和可维修性，缩短研制，降低研制风险；在弹药系统基本通用的基础上，按照符合北约弹道协会标准的要求，将药室容积增大到25升，身管长增加到52倍口径。采用低温感模块化发射药，最大射程发射底凹弹达到38公里，发射底排火箭复合增程弹将大于71公里。弹丸采用全自动装填，模块装药将根据射击任务自动组合和输送，16发底火自动装填，自动开关关闩，火炮最大射速8发/分，持续射速将达到4发/分，急促射速达到3发/15秒。直瞄镜可以激光测距、手动装表和昼夜搜索瞄准目标，夜间作战能力得到提升。采用1000马力水冷中冷涡轮增压柴油发动机动力舱，最大行驶速度达到65公里/小时。

7. AH4 – 155毫米超轻型火炮研制

为了向未来国际军贸市场提供满足不同用户需要的外贸155系列化产品，2007年，外贸155合署办针对现代战争和军贸市场发展的需要，结合国内钛合金在大口径火炮领域应用的研究成果，经与北方公司协商同意，在总结外贸155自行炮、自走炮和车载炮等武器系统科研生产经验的基础上，参照美军M777的设计思想和理念，开始了AH4 – 155毫米超轻型火炮武器系统的研究。而美国同类型号的M777型

155 毫米榴弹炮，2002 年已经批量生产并装备部队，2009 年出口印度等北约各国，仅有 3.745 吨。

现代战争中，该火炮在执行处理"高强度"危机任务时，既能够快速、及时、高效地提供地面大威力火力支援，又能够机动灵活地完成火力掩护任务，是便于快速机动部署和作战的、重量更轻且威力更强的大口径远程火炮，是取得胜利的关键因素之一。它适用于快速反应部队和海军陆战队的快速部署，适合地域复杂远距离快速机动、武装直升机吊运和大型运输机。

2008 年，AH4 - 155 毫米超轻型加榴炮得到了国家有关方面的支持，经过有关单位的共同努力，2013 年完成了样机外贸技术鉴定试验。该炮身管长 39 倍口径，最大射程发射底凹弹为 25 公里，底排弹为 30 公里，底排火箭复合增程弹为 40 公里；最大射速 5 发/分，持续射速 2 发/分；最大特点是全炮重量轻，仅有 4 吨左右，比 M198 减少了 48%。为了尽可能降低成本，仅有 10% 的火炮部件采用钛合金材料，在重量基本相当的情况下，火炮射程和威力明显优于美国的 M777。

该炮总体设计结构优化，弹道设计符合北约标准，全炮采用轻量化设计和超长后座技术、高强度轻型复合材料技术。重点开展了超轻型 155 毫米身管火炮研究、钛合金架体成型与焊接技术研究、炮架总体综合技术研究、高强度轻质合金等新材料应用及关键工艺研究。配有炮位火控计算机和辅助动力装置，战场转移快速高效，火力支援及时准确。并成功研制了高度数字化集成的便携式炮位信息处理系统、炮口测速雷达、指挥控制系统、定位定向系统、前沿侦察与信息处理系统。

超轻型 155 毫米火炮的研制成功，不仅满足我国对外军贸需要，对补充完善我军火炮装备序列，加速军队现代化建设具有重要意义，同时，也将为集团公司带来较高的经济效益，提高我国在国际军贸市场上的竞争力。

五、移花接木

如果说 PLZ45 已经成长为一棵枝繁叶茂且硕果累累的大树，那么 80 千米 273 毫米火箭炮武器系统，就相当于在 PLZ45 这棵大树的旁边，嫁接了一棵火箭炮新苗，利用成熟的思想、条件和方法，培养出又一棵新的苗壮成长的大树。

世界各国非常重视火箭炮的发展，但能独立设计、制造大口径火箭炮的国家很少，其中以美国、俄罗斯、英国和巴西等国家的火箭炮发展较为成功，特别是美国的 MLRS(M270)227 毫米火箭炮，已出口世界 15 个国家，该火箭炮既能发射无控火箭，又能发射制导火箭，两箱 12 管改制成 1 箱 6 管无控火箭、1 箱 1 发制导火箭弹，是世界上武器发展的成功典范之一。

我国的外贸 80 千米 273 毫米火箭炮，是箱式发射 8 管火箭炮。早在 20 世纪 90 年代就开始研发，自从 2007 年开始纳入外贸 155 合署办公室管理后，采取移花接木的方法，将外贸 155 毫米系列化武器系统的成熟思想和模块化技术逐步嫁接到该火箭炮系统，构成一套完整的数字化火箭炮武器系统，并于 2009 年年底完成了外贸设计定型试验和批量生产，2010 年成功履行了第一个营的订货合同，并得到了用户的高度评价。

外贸 80 千米 273 毫米火箭炮武器系统为营级压制武器系统，主要配属于师（旅、团）属炮兵营分队，用以压制和歼灭敌纵深内暴露的有生力量，压制和歼灭指挥和通信中心，对机场、武器装备群、军事工事等固定目标可实施有效的火力打击和远程压制。1 个营 12 门火箭炮同时发射子母火箭弹，可覆盖 418 个大足球场面积的杀伤范围，能够形成大范围的面杀伤威胁，具有一定的心理威慑作用。

该武器系统具有较大的提升潜力和较高的性价比，它可以针对不同的用户需求，改装在履带式等其他地面机动平台上，也可以根据不同用户的需要，发展为同时具备面目标压制和点目标精确打击能力的武器系统。目前已经改装具备了远射程制导火箭的发射能力。

六、持续发展

"春风不老花千树，一度槐杨值万荣。"外贸 155 毫米武器系统市场生命力的延续需要不断地积累和创新。目前，虽然外贸 155 合署办公室已不再存在，但是，外贸 155 毫米武器系统的发展蓝图依然清晰。中国北方工业公司背负着它的历史使命，承先启后，继往开来。在世界经济格局不断变化的今天，北方公司为了集团公司的军贸事业，正在根据国际市场发展需求的实际情况，以及武器系统技术成熟性的不断变化，按照外贸 155 毫米武器系统的体系策划思想和发展与构建体系的路线图，不断进行着产品和市场的延伸。

在未来外贸 155 毫米武器系统的发展岁月里，我们将充分利用弹道、弹药和信息三个基础、39、45、52 倍口径三个火力平台和地面、空中和海上三种机动方式的相关技术，逐步把研发重点从地面拓展到空中和海上，例如：外贸 155 毫米舰炮武器系统、全自动无人炮塔火炮武器系统、智能化弹药研究等。我们将进一步引入地面和空中无人平台、卫星网络等先进技术，比如炮射无人机和地面机器人等，在提高射程和毁伤能力的基础上，利用世界上先进的侦察、跟踪、制导技术，提高火炮远程压制能力和打击精度。努力使外贸 155 毫米武器系统在国际军贸市场上始终成为一棵不老的常青树，不断得到来自各方用户的追捧！这也是我们这些外贸 155 人的殷切希望。

外贸 155 合署办公室已成过往，曾经在外贸 155 项目中有过经历的相关工作者目前已经分散在科研和管理的各个岗位上，但是外贸 155 团队共同创造的外贸 155 精神依然影响着曾经在这支队伍里工作过的每一个人。外贸 155 精神，表现为"眼睛向内"的工作作风，"同舟共济"的责任担当，"取长补短"的协作理念，"技术民主"的活泼氛围；外贸 155 精神，表现为"快速反应"的市场行为，"优胜劣汰"的竞争思想，"负责到底"的品质保证和"兼容并包"的宽广胸怀。

外贸155项目是兵器工业一个从无到有，从小到大，从仿研到创新，不断发展壮大并在国内外具有重要影响力的项目。从最初的自筹资金引进技术，到走系统化发展艰难赢得海外市场，再到开发系列化产品扩大市场占有，外贸155项目走的是一条不断创新和持续发展的道路。

我们有理由相信，未来的中国外贸155系列产品必将借助"一带一路"发展的机遇，继续将千朵万朵的成果之花开遍世界的各个角落。

第二十章　打造外贸 155 系列化国际品牌

近年来，外贸 155 在国际市场上被逐渐看好，高兴之余总有一些问题困扰着笔者，这样的好形势能够维持多久？我们如何未雨绸缪？我们将以怎样的方法来面对当前的形势和未来发展的需要？目前的管理方式和方法是不是最好的形式？我们应该如何根据外贸 155 当前的实际情况进行管理和技术创新？所有的这些问题驱使我们经常思考，并慢慢归结到了两个字和一个问题，那就是——品牌和如何把外贸 155 打造成为国际品牌并让它经久不衰？

一、品牌及其特性

集团公司公司要想在国内和国际两个市场中始终处于不败地位，就必须在两个市场中不断打造一定数量的品牌，并让它们经久不衰。

那么，何谓品牌呢？品牌是一种商标、一种招牌，或者是一种口碑、一种品位、一种格调，品牌是用户与产品有关的全部体验，它是用以识别某个产品与服务、或某个销售者、销售群体的一种商业名称及其标志，通常用文字、标记、符号、图案和颜色等要素或这些要素的组合构成。其实质是代表着企业对客户明显与众不同且一以贯之的利益承诺。品牌名称是指品牌中可以用语言称谓表达的部分，而品牌标志是指品牌中可以被认出、易于记忆但不能用言语称呼的部分。

一个品牌不仅是产品的标志，更具有鲜明的个性，它是产品质量、性能、服务等方面的综合体现。它凝聚着企业的科学管理、市场信誉、追求完美的企业精神等诸多文化内涵，是企业具有核心竞争力的产品，它在竞争激烈的市场中占有一定的份额，并能够为不同的用户比较广泛地认同，是企业比较重要的经济增长点，为企业带来较好的经济效益，是企业的形象代表、重要资产和金字招牌。

一个品牌对用户而言是一种保证，产品本身不可能保持不变，事实上许多优秀的品牌都是在连续不断地改变和提高，但是长期以来仍然受到用户的钟情，是由于企业生产者灌注在产品中的经营理念、价值观、文化观始终保持稳定的缘故。好的品牌承诺会使用户在接触这个品牌时信心十足。

用户是品牌的最后拥有者，品牌是用户经验的总和。在品牌的形成过程中，用户扮演了把关人的角色，他们对品牌的信任、满意、肯定等正面情感归属，能够使品牌经久不衰；而他们对品牌的厌恶、怀疑、拒绝等负面感知，必然使品牌受挫甚至夭折。

一个品牌具有识别性特征、价值性特征和领导性特征。识别性特征是品牌的外像特征，同时因品牌自身具有的知名度、美誉度等社会因素，又可以独立于产品外存在，并形成一种可以买卖的无形资产价值，这种价值性特征要比它给企业带来的有形资产价值更重要。另外，品牌在用户心中无可替代的地位是由其高质量、高价值、高信誉来决定的。品牌是企业的核心要素，是企业向目标市场传输信息的主要媒介，它具有的风格代表了自己的经营者与众不同、高人一等的经营理念，一旦迎合了目标市场的口味，它就具有了非常重要的领导地位，可以引领市场潮流，影响用户群体的价值观，这种能力是普通产品所难以企及的。

品牌是一个民族素质的重要象征，是一个国家或地区经济、科技和文化等综合实力的重要象征，又是人们生活质量提高的反映。在市场经济条件下，品牌的命运维系着企业的生死存亡。

产品是品牌的基础，品牌以产品为物质载体。名牌是品牌中的一种，是品牌发展壮大的结果，是著名品牌。它有极大的知名度，并具有一定的美誉度和忠诚度，在市场上占据主导地位，并保持相对的稳定性。

所谓世界名牌，是指在世界市场上具有杰出的表现，得到相关顾客认可和偏爱、产生巨大效应，具有强大竞争优势的企业产品品牌、商标和商号。

一个成功的品牌可以为其所有者带来极强的竞争力，创造高利润并带来更多成功的机会。著名的广告专家利维·莱特曾经预言：未来的营销是品牌的战争，品牌才是公司最珍贵的资产。在以品牌互竞长短的竞争中，拥有市场的唯一途径，就是要首先拥有具有市场优势的品牌。当今世界，国际间的贸易障碍渐渐消失，品牌已经成为现代企业参与市场竞争并获得优势地位的重要法宝。我国许多国有大中型企业具有生产一流产品的能力，却疏于品牌经营和营销。因此，重新认识品牌的价值并付之于行动已经刻不容缓。

二、外贸 155 的品牌胚胎

长期以来，集团公司军贸虽然产生出一些在国际市场上具有明显竞争力的产品，但是由于在产品服务和公司形象等方面没有引起足够的重视，尤其是始终没有从市场营销战略的角度形成品牌战略，不能使得这些产品的知名度、可信度和美誉度等发挥应有的品牌特质，也不能在国际上走得更远，从而产生更大的效益。从长远发展来看，品牌建设在集团公司军贸发展中的重要性不容忽视，它不仅起到在同类军贸产品中的特殊标示作用，易于联想和记忆，而且可以增加客户对公司及其产品与服务的亲切感、忠诚度和依赖度。

从外贸 155 毫米自行炮武器系统第一营在国际军贸市场中深深地打进一根楔子开始，我们逐渐站稳了脚跟，进一步赢得了用户的信任，增加了订货，扩大了市场份额，拓展了市场范围，把外贸 155 从 20 世纪 80 年代实现的"中国制造"变成了 20

世纪末的"中国创造"，随后，我们根据国际上不同层次用户的需要，不断创新，在自行炮武器系统的基础上，又研制成功了自走炮武器系统、车载炮武器系统、岸防武器系统和超轻型武器系统等。随着外贸155毫米系列化武器系统以及相关弹药在国际军贸市场的形势越来越好，外贸155毫米武器系统目前已经逐步成为集团公司公司在国际军贸市场中具有核心竞争力的产品，市场占有和用户认同的程度越来越高，外贸155从"中国品质"逐步走向"中国品牌"，因此，它作为集团公司公司国际品牌的胚胎已基本形成，正在逐步形成国际品牌系列化。

面对国际军贸市场的激烈竞争，不仅要悉心培养比较稳定的市场，更要打造和维护好具有核心竞争力的品牌，把蛋糕做大，把产品做强，力争形成品牌系列化。

三、关于打造外贸155系列化国际品牌的思考

铸就一个品牌确实太不容易，它要历经许多磨难，甚至要几代人付出坚持不懈的努力和惊人的代价才能成功。然而泯灭一个品牌却易如反掌，任何一个环节出了问题，都有可能让这个品牌陷入万劫不复的深渊。许多企业只记住了"打大市场"，却没有记住"做大品牌"，结果第一圈风光死，第二圈见光死。这可不是危言耸听，历史上有许多国际国内较大的品牌都没有逃出这样的劫难。总结这些品牌的最终泯灭，认真分析他们销声匿迹的主要原因，对照我们当前的国际国内形势和产品的现状，应该值得我们三思。

如何打造外贸155系列化国际品牌并让它经久不衰呢？这是我们当前面对国际竞争需要认真思考的一个重要问题，也是一个非常值得思考的问题，但是，局内人分析往往流于偏执化，而局外人分析往往流于表层化，因此，需要行业内外的同志们来共同探讨，才能达到局内人的深度加局外人的视野。蒙牛集团公司董事长牛根生说得好："这个世界不是有权人的世界，也不是有钱人的世界，而是有心人的世界。"有心人擅长"三大做"：做事，做势，做市。

经济全球化，与我们同台竞争的是武装到牙齿的国际军团，中华民族要想后来居上，只有凭创新、靠突破。既要拼硬件，更要发动"软件革命"：在管理上创新，在文化上创新，在制度上创新，等等，通过在各个领域不断地创新赢得国际竞争力。

（一）如何把外贸155打造成为国际品牌？

产品品牌的打造，在品牌战略中具有基础性，那么，如何打造产品品牌？

品牌要经历一个从知名度到可信度到美誉度到忠诚度到依赖度的成长过程。从产品到品牌需要企业的经营者、品牌管理人员、品牌销售人员、用户以及时间等多方面的锤炼与打造。企业重在保证产品的品质与功能，项目管理和营销策划人员等负责赋予产品某种人格化的个性、情感、形象、生活方式、身份、价值、地位或意义等附加信息，并将此附加信息通过整合的传播方式，有效地传递给目标用户群体。

用户经过一定时间的认知、感觉、使用经验后，形成对产品的感受于印象，对依附产品的附加信息产生认同、信赖等正面的认知、态度与行动，产品才能真正成为一个品牌。

1. 要突出自身的品牌个性

品质决定品牌。品质永远是"第一性"的，品牌是"第二性"的。同类产品中，用户选择甲品牌而不选择乙品牌，其实就是在用自己的"货币选票"进行投票。

美国著名品牌策略大师奥格威曾经说过：最终决定品牌市场地位的是品牌自身的个性，而不是产品间微不足道的差异，品牌个性使一种没有生命的物体或服务人性化了。品牌的个性包括：纯真、刺激、称职、教养和强壮。

没有个性差异优势的产品，随时可以被其他品牌的产品所取代。所以在产品战略中，不断创新，寻找与众不同的个性优势，哪怕只有"一点儿"，也可以形成自己的"拳头产品"，具有个性"闪光点"，打出自己的万里江山。

品牌个性的形成是长期有意识培育的结果，大部分来自于情感方面，少部分来自逻辑思维。它不仅是产品自身个性的鲜明表现，而且附注了产品设计、制造者和用户等长期以来的情感表现，从而形成了该品牌稳定的个性。这种品牌的个性，是由里及表渗透出来的，不是强行贴上去的标签。既要有别于竞争品牌，又要与用户的个性心理相吻合。建立品牌个性是一个系统工程，它始终以市场和用户为轴心。

因此，品牌个性的塑造要以品牌定位为基础，它是品牌定位的人性化表现。要充分考虑用户的潜在期望，尽力展示品牌个性的潜力，让用户对品牌树立信心，相信品牌承诺。同时要通过情感树立品牌个性，其核心的品牌情感就是真诚。

外贸155在国际军贸竞争中，由于具有了与别的国家155毫米火炮不同的品牌个性，有效传达了核心的品牌情感——真诚，所以在履约的过程中，让用户对中国的155充分树立了信心，逐步占领了中东和北非市场。

2. 从用户中来到用户中去

从用户中来，到用户中去是企业宣传产品、开发项目和赢得竞争的不二法则。不过用户只提供"线头"，拉开整个"线团"，理顺内在关系并真正解决问题还要靠专业人士。

首先要从用户角度来给品牌产品定位，从用户使用或应用的场合和时间来定位，从用户购买的目的来寻找定位点，从用户的生活方式和习惯中来改善定位点。针对现代社会的用户追求个性、展现自我的需求，定位、改善自己的品牌，用户在选购和享用品牌产品的过程中，展现自我，表达个性。

产品只有通过与用户的互动，才能把消费者的"需求力"最快地转化为企业的"生产力"。市场有无数的"闪光点"，最后照亮的是不是你，取决于用户。

因此，外贸155始终急用户所急，为用户所想，在外贸合同签订以后的履约过程中，随时根据用户提出的合理化意见和个性化需要进行不断地改进和完善，虽然看起来给我们的履约工作带来许多麻烦，但是，蓦然回首，发现这些麻烦给我们带来的利大于弊，不仅有利于产品性能可靠性的进一步提高，同时有利于用户对我们的理解、信任和肯定。

常言道："不识庐山真面目，只缘身在此山中"。看待自己的产品犹如看待自己的孩子，一些习以为常的、琐碎的、边缘的和不起眼的缺陷最容易被忽略和遗漏。如果用户非常严厉甚至挑剔地给你提出问题，谢天谢地，上天赐予你一个严厉的老师外贸155就是在严厉老师不断地提醒和促进下逐步走向了成熟。

3. 培训用户是市场营销成功的最高境界

为了尽快缩短用户对产品的理解和掌握过程，尽量减少和平息在产品问题和掌握程度之间形成的不必要的误解，培训用户就成了市场营销成功的最高境界。

销售终端的培训，不仅意味着产品的理解、掌握和接纳，更加意味着用户对产品在情感方面的认同。这是一个人与产品和人与人之间的交流互动过程。当用户能够在比较短的时间理解和掌握了产品，并能够比较直观地感受到你的产品给他带来了较好的作用、效果和实惠，并与你在交流中没有较大的情感和理解障碍，那么，你的产品就在他们的心中占有了主导地位。

因此，我们要把销售终端变成阵地和课堂，把产品变成培训用户的载体。负责售后服务的每一个人员，应该成为培训用户的讲师，他们既是我们的信息员——把产品在用户手中的使用信息准确反馈回来，又是宣传员——把产品和公司的良好信息及时传达给外界。

4. 走好品牌的"最后一公里"

任何一个产品都离不开服务，尤其是售后服务更是显得尤其重要。人们都讲美国的产品好、日本的产品可靠，不需要售后服务。其实不然。因为，再好的产品，其用户能达到100%的理解产品，也必将需要一个过程，售后服务不能及时到位，就会在产品问题和掌握程度之间形成一定的误解，如果售后服务仍然不能及时到位，就会使这种误解不断加深，不仅从产品上甚至从情感上进一步恶化，直至形成恶性故障和不良后果。

因此，销售终端是离用户身体最近的地方，售后服务是离用户心灵最近的地方。这是品牌的"最后一公里"。在所有的窗口部门中，相关的人员就是企业的品牌，同样，品牌即人。

货到终端，传播品牌信息的载体只剩下三个：产品、广告和人。产品已经造就，广告也已形成，人是唯一的可变因素。销售终端相关人员的表现，决定着品牌在"最后一公里"的冲刺中是加分还是减分。

外贸155的售后服务人员，是走好品牌"最后一公里"的关键，我们的快速反应、积极跟进和有效保障，不仅为站稳中东和北非市场打下了工作基础，而且这种急用户所急、为用户所想的服务意识，为进一步占领并扩大中东和非洲市场打下了坚实的情感基础，更加突显了中国外贸 155 的品牌个性。

市场经济是短缺经济。资源由效益低的地方向效益高的地方流动是铁的法则。所以，你做得足够好，这叫品貌；你做得足够好且让人们觉得你足够好，这叫品牌；你做得足够好且让人们觉得你足够好最后把钱投到你的身上还是觉得足够好，这叫品德。

因此，从"中国制造"到"中国创造"，从"中国品质"到"中国品牌"，实现这中间的跨越，靠硬件也靠软件，靠技术也靠文化。人才是最大的软件，人气是最大的文化，人心是最大的生产力。

（二）如何让外贸 155 系列化国际品牌经久不衰？

品牌的形成来之不易，品牌的维护、更新和持续性发展壮大更是一门学问，需要认真探讨和研究。外贸 155 项目在打造品牌方面已经做了一些工作，基本形成一套比较成熟思路和行动，但是，在品牌的战略、发展、经营和管理以及形成一定的规模方面，还需要进一步研究和落实。在此本人提出一些粗浅看法，以便起到抛砖引玉的作用。

1. 品牌战略是基础

品牌战略就是企业为了提高自身市场竞争力，围绕产品的品牌所制定的一系列长期性的、带有根本性的总体发展规划和行动方案，包括质量支撑策略、承诺兑现策略、服务配套策略、可持续发展策略等。

品牌战略具有全局性、长期性、导向性、系统性和创新性 4 个特征。品牌战略的制定要求通观全局，对各方面的因素和关系加以综合考虑，注重总体的协调和控制，掌握总体的平衡发展，不拘于局部和眼前的利益。着眼于中期（3 年）和长期（5～10 年）的未来，不被眼前经营的成败与得失所影响，主要在谋划品牌的长期生存大计，具有相对的稳定性。在规划实施期内，所有的具体行动均要与品牌战略的总体要求一致。品牌战略是现代企业经营战略的核心，它的价值在于有别于他人的独特性，在于根据自身具体情况的创新。

品牌战略是外贸 155 国际品牌形成系列化并经久不衰的基础。品牌战略的制定，要以品牌国际化战略为基础，使外贸 155 产品更加适应于买方市场的客观需要，有利于促进企业整体素质的提高，加快企业技术结构和产品结构的合理化和升级化，有利于在激烈的国际军贸竞争中面对一个个强大的竞争对手，以积极的、有章法的谋划和战略眼光面对挑战。

因此，外贸 155 国际品牌战略应该站在集团公司公司的层面上进行思考和研究，应该脱离所属部门和单位的局部利益从长计议。

2. 良好的体制和政策是土壤

体制和政策是保障品牌良性循环直至让它经久不衰的土壤。土壤需要根据种植的对象不断改良和精心耕耘。在这片土地上，既不能让种子没有成长的良好营养，也不能任其随意发展，荒长不间，任意繁衍。良好的体制将催生优秀的品牌，合理的政策可以规避许多现存的和潜在的风险，将会让品牌经久不衰并不断派生出系列化的品牌。许多企业的品牌发展到一定程度之后，就无法再长大，原因就在于欠缺突破现状的经营团队、管理体制和政策。

外贸155是兵器工业集团公司的国际品牌。首先，集团公司公司面临的风险必将是外贸155项目不可避免的风险。在集团公司公司形势大好的形势下，我们可以乘着大好的东风来发展壮大，一旦由于国家政策等原因，集团公司公司国内装备订货量锐减时，品牌的打造和维护仍然能够不受影响，并能够正常地维护、运作和发展壮大，就要依靠合理的体制和政策来保证。

管理，就是根据管理对象合理地调整管理机制、体制、方法和手段，有效地调配一切可以利用的资源，使管理效益达到最大化。当前的管理对象已经发生了改变，由一个产品演变成为一个品牌，并在逐步形成系列化，因此，该项目的管理体制、机制和政策也应进行调整，以适应品牌系列化发展的需要。

因此，要想把外贸155产品打造成系列化国际品牌，并让它经久不衰，就必须不断地从管理体制和机制上创新，设立相应的品牌管理和决策机构，梳理品牌培育的关键要素，从政策上形成规范加以培育，创造良好的品牌成长氛围与环境。

3. 品牌经营与管理是保障

（1）品牌经营

品牌经营是指从品牌定位出发，经过品牌规划和设计，进行品牌推广，以期在用户和潜在用户中扩大知名度、提高品牌认同和用户忠诚度、建立用户对品牌的崇信度，厚积品牌资产，通过品牌的创建、经营和管理，进行品牌延伸、品牌扩张和品牌战略联盟等一系列战略、策略，增强品牌竞争力，达到品牌增值之最终目的的全过程。

品牌经营已经超越产品经营和资本经营而达到了目前企业经营的最高境界。它的主要方式包括品牌兼并、品牌特许经营、品牌买卖、代工生产和虚拟经营等，品牌经营的重点是提高品牌力，品牌经营具有高回报率，且收益具有长时间的稳定性，品牌经营是产品经营和资本经营的升华，其内涵随着品牌内涵的变化而变化。品牌经营的绩效由三个方面决定：一是品牌的市场占有率，二是利润率，三是品牌自身的价值。

（2）品牌管理

品牌管理就是建立、维护和巩固品牌的全过程，是一个有效监管控制品牌与用户之间关系的全方位管理过程，最终形成品牌的竞争优势，使企业行为更忠于品牌核心价值与精神，从而实现品牌经久不衰。

品牌管理具有整合性、系统性、科学性和持久性。品牌管理的主要内容包括：

品牌产品管理、品牌市场管理、品牌形象管理和品牌组织管理。

品牌管理是在市场分析和品牌情势分析的基础上，对现行品牌进行形象维系、资产、危机和市场等整合管理，给品牌产品注入企业文化的精神，同时对品牌的更新换代进行形象设计、未来地位设定以及新产品、新功能的测定，并科学实施企划和评估。

品牌不只是一个产品的商标，强势品牌都是精心设计的经营系统，其范围从最初的原材料选择一直延伸到最终的客户服务，消费者购买的并不单是产品本身，而是一个完整系统，品牌经营需要在价值链的每一环做出决策和行动。因此，这种涉及各职能部门并贯穿整个经营管理流程的方法，即为全方位品牌管理，这种管理成为品牌经营战略的核心。

全方位品牌管理首先要支持一个成功的品牌，必须加重资金和其他资源的投入，使投资力度与重点相得益彰。仅仅增加推销和广告预算是不够的，经营者必须大量投入广泛的资源。企业进行全方位品牌管理的最终目的就是要扩大品牌优势，因为品牌的扩张已形成了一种趋势。现在越来越多的企业要打入新市场，主要是开发利用现有品牌，而不是开创新品牌。

企业要进行全方位品牌管理，扩大品牌优势，就要注重同一系列品牌间的关联及影响，增强销售代理商和用户之间的密切联系，从创新角度加强品牌组合以巩固和发展品牌。

4. 企业文化是品牌发展壮大的源动力

文化是制度和行为的积淀，文化的形成是由少数人改变多数人逐步转变为多数人改变少数人的过程。

同样的设备、同样的原料和同样的人，在不同的企业发挥的效力是不同的，原因就是各个企业的文化不同。因此，企业文化是企业不断自我超越、精神变物质和物质变精神的人类创造过程。

企业文化是企业的基因，无时不在，无处不在。企业文化首先是一种选择，然后是一种整合。企业文化是第二生产力。

产品竞争力来自技术竞争力，技术竞争力来自制度竞争力，制度竞争力来自理念竞争力。企业文化是核心竞争力，分为4层：物质文化、行为文化、制度文化和精神文化。

外贸155系统在打造外贸155品牌的过程中，共同创造了外贸155精神，外贸155精神把大局意识、市场意识、竞争意识和团队协作意识变成一种行为和习惯，变成了一种不是制度的无形制度，实现了由少数人改变多数人逐步转变为多数人改变少数人的过程。变成了外贸155系统的企业的一种精神文化。十多年来，外贸155人奉献着、拼搏着、创造着……成为了打造外贸155品牌的源动力，但是要成就为企业文化，还要在物质文化和制度文化方面进一步完善。

文化有根，根在文化在，根断文化换。外贸155的文化没有变，文化氛围已经形成，系统内部已经养成一种良好的合作习惯，这就为我们外贸155国际品牌形成系列化延续下了推陈出新、不断创新的原动力。

文化需要传承，精神需要接力，科技需要创新。干事业需要的是志同道合的一群又一群人，一代又一代人。我们应该不断追求真理，认真学习科学合理的发展方法，为外贸155做大、做强、做成系列化品牌探索出一条可行的健康发展之路而努力奋斗！

第二十一章 关于外贸 155 团队管理的思考

开拓市场、整合资源、强化管理和加速创新是中国兵器科学研究院一个时期的工作总要求，笔者针对以上工作总要求并结合具体工作情况，在外贸 155 团队管理方面进行了认真思考，并结合《大国崛起》系列片学习感悟，提出创新的前提是思想创新，企业的核心竞争力是科技创新能力。

一、开拓市场

开拓市场是一个集团、一个单位或一个部门非常重要的首要工作。任何一个集团、一个单位或一个部门，如果不在市场上下工夫、如果不能够在维护和扩大现有市场的基础上不断地开拓新的市场、拓展新的领域，那么，就不能够处于长期的、可持续的发展状态，就不能够进入良性发展的轨道，就会在不久的将来面临生存和发展的威胁。因此，院领导班子对各级干部提出开拓市场的要求是非常必要和及时的，我们不应该长期沉入眼前具体的事物中而"只见树木不见森林"，不应该对眼前所取得的成绩沾沾自喜而故步自封，更不应该故意回避开拓市场的困难而掉以轻心，我们没有任何理由不去面对现实，必须把开拓市场这项工作放到各项工作的首位，只有不断地开拓市场，我们才能够为眼前的生存和未来的发展创造更加广域的空间，才能够为加速创新提供原动力。

当然，开拓市场仅有"一厢情愿"的热情是不够的，而应该有市场营销的策略，更应该具有必不可少的"诚信"的品德。在市场运作的过程中，应提前预测将要发生的问题，并且针对这些将要发生或者已经发生的问题，提前要有应对的预案，及时控制事态的扩大，尽量把影响和损失降到最低。同时，不应该对用户有过高的企盼和要求，更不能够埋怨用户或者斥责用户的无知，而应正确面对存在的问题，既不回避矛盾，也不推卸责任，而且要勇于承担责任，主动积极地培训用户，并在用户不能准确掌握产品的情况下，切实做好技术保障工作，真诚地对待用户，努力争取得到用户的同情和理解，为自己的产品负责到底。

外贸 155 合署办的工作范畴在初期仅仅局限于"外贸""155"和"自行炮武器系统"，市场仅仅局限于一个国家。为了完成这个范畴内的市场履约任务，各级主要领导、部门和研制、生产单位的工程技术人员付出了非常辛勤的努力，同时为这个市场的拓展积累和储备了许多成熟的技术基础、管理经验和人才。开拓市场的机会永远是属于那些有准备的团队，因此在维护现有市场的同时就能够不断地创新出新的系列化产品，培养开拓出数个国家的新兴市场。随后外贸155合署办在各级领导的信任和国内用户代表的支持下，拓展了80公里火箭炮武器系统等工作范畴，同时服务的市场范围也在原有的基础上不断地扩大。

集团公司要建成高科技、现代化和国际化的大公司，外贸155是集团公司的重点军贸项目，是推向国际军贸市场参与激烈竞争的主要产品，因此，我们要在现有的基础上进一步理清思路，用军贸市场前瞻发展的眼光看待市场发展的走向，从远程、中程和近程火力压制武器大系统的角度分析军贸市场的需求，站在全球战略的高度来展望未来军贸市场进退，与国内用户代表——北方公司认真研究军贸市场的具体特性，进一步开发系列化弹药及高精度、大射程、多平台等系列化产品，以诚信的主人翁态度，主动积极地做好产品履约和售后服务工作，在巩固和扩大现有市场的基础上，进一步不断开拓新的市场并努力突破传统的产品和市场。

二、整合资源

资源是我们开拓市场、实现加速创新和可持续性发展的基础元素。它包括：物质资源、政策资源、人力资源和时间资源等。资源贫乏将难以维系工作的正常开展，资源过盛将会带来大量资源闲置、成本增加和资源的浪费与流失。

物质资源和时间资源是有限和不能再生的资源，所谓"巧媳妇难做无米之炊"。政策资源是客观条件和精神倒向，是一把双刃剑，既有它有利的一面，可以促进目标的实现；也有不利的一面，可能由于时机不同，将会带来较大的负面影响。所以毛主席早就说过："政策和策略是党的生命！"人力资源是资源中最为关键的资源，是实现管理目标最为重要的资源。人力资源虽然在不同程度上受物质资源、时间资源和政策资源的约束和影响，但是在一定的条件下又不同程度地影响着其他资源的有效利用和潜在能力的充分发挥，并在特定的环境下可以改变政策资源的属性，把物质资源和时间资源的效能发挥得淋漓尽致。资源的整合是一个比较困难的事情，很有可能会触及一些人员的既得利益。资源共享是一件说起来容易做起来难的事情，因为，需要在一定的范围内部进行充分的沟通和交流。

因此，整合资源就是在有限的物质资源和时间资源的基础上，以人为本，科学、合理地整合人力资源，根据工作的具体环境和要求，有效地配置、调整和争取政策资源，创造一个有利于行业科技发展、院整体实力增强和个人事业共同进步的人文环境，从而创造更加丰富的物质资源。

外贸155合署办的物质资源、时间资源和人力资源非常有限。承担的所有工作缺乏许多必要的技术储备，资金投入也非常不足，而且一旦签订合同后就要在有限的时间内完成科研攻关、设计定型和批量生产供货。因此，争取必要的政策资源，调动一切可以调动的力量、发挥行业整体优势、有效地整合所有可能整合的资源为我所用，就是完成任务、达到管理目标的关键。尤其是整合一支能够满足市场开拓、科研攻关、项目管理、生产经营、质量保证和售后服务的人力资源队伍，更是整合资源的重要一环。这支人力资源队伍不仅要有较好的技术基础和成熟的工作经验，还要有较强的市场意识、创新意识、责任意识、大局意识和团队意识，更要有崇高的事业心、集体荣誉感和奉献精神。

因此，我们将认真分析外贸155合署办目前所处的资源环境，积极、合理地调配合署办内部集团公司各有关部门的资源优势和兵科院内部可能有效利用的资源，在集团公司和院领导的支持下整合现有资源，努力实现相关资源共享，以国家队的面貌和技术水平走向世界。充分调动合署办内部职工和外贸155项目所属企事业单位的工作积极性，集中集团公司行业优势，不断推出符合市场需要的高水平产品。

三、强化管理

管理的主要任务就是根据管理对象的不同、管理对象随机或者规律性发展变化的具体情况，不失时机地、合理地调配和整合资源，有效地利用现有的和周边尽量可以利用的资源，采取科学合理的手段和实事求是的方法，又快又好地达到管理的最终目标，使管理效益最大化。其管理的精髓就是实事求是。

强化管理，就是根据管理对象当前所处的状态和具体环境特点，进一步明确管理范围和工作目标体系，量化管理对象，分解管理层次，建立健全完善的管理体系，出台相应的管理政策、制度和条例，落实管理责任，逐步细化阶段性成果，加强过程控制和关键检查点的评审，落实阶段性成果评估办法，学习和贯彻科学的管理手段和方法，最大限度地提高管理效率。其核心是强化对人力资源的管理，提高人员的政治觉悟和业务素质，规范人员行为准则和道德操守，最大限度地发挥人员主动积极的潜在力量。

外贸155合署办，其管理对象集中，管理目标明确，合理而有效地利用了集团公司现有的政策资源、物质资源和人力资源，在国家荣誉和外贸155集体利益高于一切的事业前提下，建立起一整套比较完善的管理制度和体系，在有限的时间资源内，充分发挥了人力资源的创造性、主观能动性，充分挖掘了人力资源的潜在力量，共同创造了外贸155精神，组建了和谐的合作工作团队，努力达到了武器系统内有关部门和单位的资源共享，基本上实现了管理效率最大化。

在外贸155的队伍中，提倡"既要把工作干好，又要把朋友交好""成就朋友的事业也是在成就自己的事业""抱残守缺在技术上永远不能进步""面对现实，真诚地为用户负责到底"……因此，不论部门领导、机关干部、市场经理还是基层研制单位的工程技术人员和工人，大家能够以参加外贸155的队伍并在这个队伍中努力工作为荣，能够非常珍惜在外贸155的队伍中的工作机会，能够正确地处理好眼前利益和长远利益、局部利益和整体利益、个人利益和集体利益之间的关系，也能够实事求是地解决好各类问题，使各种资源的作用得到较好的发挥。

在外贸155合署办有一些"潜规则"：如平等热情地对待基层单位的有关人员，努力与有关部门和单位的人员交朋友，不打官腔、不摆架子、更不能冷淡和刁难需要帮助的单位和个人，要及时、快速和积极地解决和协调各单位反应的问题，让各有关部门和单位感觉到合署办是外贸155大家庭中的核心，对外贸155合署办有一种归属感，信任感和依存感，每一个职工都应真诚地和主动地帮助他们解决当前所面临的困难。不要指责别人没做好工作，而应搞清楚没有做好工作的真正原因，帮助别人共同协商确定一个比较合理可行并符合实际的办法；不要埋怨别人不能正确理解和落实有关工作，而应尽可能地查找自己在沟通方面存在的不足，准确无二地传达自己的要求和目标，努力避免在执行过程中的误解和偏差；不要轻言放弃或者更改工作目标，而应在实践中不断寻找解决问题的手段和方法，努力争取并想方设法达到自己希望的效果；不要强调客观、总是把条件摆在首位，而应认真审视和反省自己主观努力的程度，力求在条件比较困难的条件下也能尽力达到目的；不要以任何借口拒绝执行或者停滞已经确定的工作，而应在执行的基础上争取多方的理解和必要条件的支持，努力实现思想和行动的统一。过程控制高于事后检查，事后检查不如事中控制，事中控制必须事前筹划。要注重过程中阶段性的工作效果和成功，而不应看重过程中阶段性的荣誉和成绩；要重视过程中主要矛盾的解决，努力抓住问题的关键和本质，而不应纠缠在无足轻重的具体事务中，更不应意气用事、以好恶行事。关键是解决实际问题，而不是脱离实际的旁征博引和夸夸其谈。存在的问题有大小、轻重和缓急，关键是面对问题的诚恳态度、解决问题的科学方法和灵活快速的有效行动。局部的突出不是协调发展和进步的目标，大兵团全面推进的整体成功才是我们追求的最高境界。

四、加速创新

创新是科技进步的灵魂，它分为管理创新和技术创新。技术创新是科技进步的重要标志，而管理创新是技术创新的加速器。因此，加速创新的核心是管理创新，加速创新的主要目的是科技创新，使兵器工业科学技术上水平。只有在管理反面不断创新，拿出实事求是的政策和策略，才能为兵器工业科技创新提供孕育的温床，提供良好的从量变到质变的环境和条件，才能使技术创新的主体——人，不断地解放思想、放下包袱、开阔视野，不断提高兵器工业的科学技术水平。

集团公司领导提出"三个上水平"的重要思想，即思想上水平，管理上水平和技术上水平。思想是一切行动的根源，是科技进步的源泉。常言道："不怕做不到，就怕想不到"。只有不断地解放思想，在思想上实现水平的提升，才能为行动上的提升埋下种子，也才能为加速管理上和技术上不断创新提供动力，从而激发出许多新的灵感、新的思想和创造性的产物，实现管理和技术上水平的目的。然而，仅仅有思想上的提升是远远不够的，思想上的创新，要通过体制上的不断创新提高管理水平，以适应科技创新的需要，从而为加速发展、实现技术上的加速创新提供了基础条件和保障。埋下的种子要发芽，就要有水分、土壤、温度和湿度等环境，环境的提升就是加速创新政策和策略的提升，也就是管理上不断创新提高水平的效果。如果我们在思想上和管理上提高了水平，我们就能够加速创新出高水平的技术成果，否则，虽然可能是一样的种子，但是未必能诞生出一样水平的产品，可能会由于管理水平的低下，孕育成发育不全、低水平重复的弱智胎儿，或者催生出畸形发展的怪胎。同时，科技水平也是科技创新的结果，是一个从量变到质变的过程，加速创新需要在思想水平和管理水平的基础上积累许多高水平的技术基础，需要长期的潜心研究，既不是一劳永逸的事情，也不能一蹴而就。

外贸155合署办的有关同志，在项目管理过程中遇到许多以前从未遇到的问题，有些事情没有现成的文件和规范来指导实践，或者用传统的和经验的思维方式和思想方法已经无法解决，甚至有些工作在做法上与传统的、习惯的或者当时已经成为规范的方式方法相悖。因此，不断地摒弃一些落后的和不符合实际的管理办法，同时不断地创新一些实事求是的政策、方法、措施、规范和制度就显得尤为重要。

外贸155系统的有关单位，在集团公司、兵科院和各有关部门领导的大力支持下，虽然边科研，边试验，边调线，边生产；时间紧，任务重，基础差，起点高，难度大，但是，参研单位没有辜负各级领导的希望，敢于向强国挑战，敢于向传统观念和方式方法挑战，敢于做前人未做之事，敢于走前人未尽之路，敢于在极其困难的情况下，打破常规、科学合理地调整程序，在"攻关键、破险阻，不畏难、不怕苦，一切为了155!"口号的感召下，各有关单位时刻以大局为重，少扯皮，多协作，重团结，敢负责。坚持理论联系实际，尊重客观规律，承认现实状况，敢讲真话，不讲大话，既报喜，也报忧，不浮夸，不吹牛，冷静地在客观现实条件下处理各种棘手问题。充分发挥系统合力，强化立体管理，不畏严寒酷暑，不计个人得失，服从命令，听从指挥，领导身先士卒，同志们尽职尽责，没有怨言，没有懊悔，克服了许多生活和家庭困难，探索出一条外贸155毫米武器系统科研试验、生产质量、国内外培训、产品验收、售后服务和技术督导工作的新路子。

然而，我们不应该总是沉迷于以往的成绩，更不能为眼前取得的成绩沾沾自喜、故步自封甚至举步不前。创新是一个永恒的主题！思想规范化和管理陈式化在人类历史长河中必将阻碍科学的创新和技术的进步，何况外贸155毫米自行炮武器系统是一个特定历史条件下的特定产物，事物在不断地变化之中，当前，外贸155已经从自行炮武器系统不断开发出系列化武器系统，随着未来军贸市场的不断变化和需求，仍然需要进一步深化发展、突破传统，需要努力打造成为系列化国际品牌。因此，我们将进一步树立创新意识、市场意识、责任意识、奉献意识和大局意识，建立主体精干、产研结合、优势互补和开放灵活的创新体系，继续发扬集团公司的创新、拼搏和奉献精神，努力在思想上水平的基础上，力求实事求是不断进行体制创新和管理创新，实现管理上水平，为最终达到集团公司科技上水平的目的努力！

五、从《大国崛起》联想到的建议

1. 思想创新

从中央电视台系列片《大国崛起》可以看出：回首500年，虽然大国崛起的主要原因很多，但是首先应该是思想创新，思想文化的影响力在大国崛起中的作用非常重要。

15世纪葡萄牙和西班牙的崛起，依靠的是当时人类对地球和海洋认识的纵深发展和突破性的开拓创新思想，但是更不能忽视当时葡萄牙恩里克王子和西班牙伊萨贝尔女王对这种海洋探险新思想的实践行动提供的良好的政策和利益激励措施，使海洋探险不再是一种个人的孤立冒险行为，而成为有组织、有计划的国家战略行为。在其他国家穷尽国力努力在陆地争取霸权的时候，他们另辟蹊径在海洋上拓展了生存空间，葡萄牙首次贯通了从西到东的欧亚海上航行通道，形成了海洋贸易霸权；西班牙首次穿越了死亡之海——大西洋，打破传统进行逆向航行，从而发现了美洲新大陆，用海上新航线连接起一个完整的世界；在一定的历史时期，他们各自分割了地球上一半的海洋资源，他们不仅在航海技术领域创新了科技，处于技术领先地位，而且为国家积累了大量的物质财富。英国从欧洲一个边缘岛国发展成为世界第一次工业革命中心的"日不落"国家的过程中，戏剧家莎士比亚的作品提升了英国的人文精神、科学家牛顿的力学定律开启了英国工业革命的大门，经济学家亚当·斯密的《国富论》为英国提供了一个新时期的经济秩序。在法国先贤祠安葬的72位伟人中，只有11位是政治家，其余都是对法国历史有重大影响的思想家、科学家、作家和艺术家。如果思想受到了传统观念的严重束缚，那么就很难实现任何形式的创新，因此一种文化对世界的影响取决于产生这种文化的强盛经济。

2. 管理创新

葡萄牙和西班牙两个国家在航海霸权的有利条件下妄自尊大，一味追求殖民地的划分和海上掠夺，没有在当时航海业扩张、世界贸易量扩大的同时，建立起合理的管理体制，而是鄙视和驱赶商业贸易人员，简单认为有钱就能买到一切，在长期挥霍财富中浑噩度日，因此，抑制了本国经济和早期工业技术的发展，为荷兰发展成为世界商业贸易中心，并演变成为一个经济贸易大国创造了条件。实际面积只有两个半北京大的荷兰，凭借一系列现代金融和商业制度的创立，缔造了一个称霸全球的商业帝国。他们组建了联合股份公司垄断了全球贸易的一半，建立了世界上第一个股票交易所，资本市场就此诞生，他们率先创办现代银行，发明了信用制度。继荷兰之后，英国打破了西班牙长期形成的海上霸权，凭借第一次工业革命成果的坚船利炮，建立起了全球自由市场经济模式，迅速崛起于世界。在20世纪30年代自由市场经济模式引起全球资本主义国家通货膨胀时，俄罗斯社会主义革命后的苏联，正在马克思主义理论指导下，以计划经济这种新兴的社会实践模式迅猛发展。为此，西方资本主义国家在把苏联视同洪水猛兽封锁打压的同时，美国在自由市场经济的基础上加入了政府干预的改良手段，从此自由市场经济中"看不见的手"和政府"看得见的手"交相作用，改变了人们对传统市场经济的认识。长期以来，英、美两国对市场经济的发展提供了相应的制度和保障。英国最早确定了国家制度，对经济的发展和社会的稳定提供了有力保障。欧洲移民到了美洲特别是英属殖民地逐步独立建成美国以后，带来许多有利于经济发展的社会制度。但是，各国的发展模式从来都不能简单地复制和模仿，而必须结合本国的具体情况寻找出一条适合自己的道路。俄罗斯（苏联）、德国和日本与率先实现工业化国家构建的社会体制和所走的工业化道路有着明显的不同，他们实施的是赶超战略。他们是后起的工业化国家，刚刚实现了国家重建，国家的力量比较强大，他们的工业化动力来自于国家。而英国、法国和美国等国家的工业化动力是来自于社会。因此，他们结合自己国家的实际情况，创新了适合自身发展的管理体制、制度、方式、方法等，在较短的时间内缩短、赶上甚至超过了老牌的工业化国家。管理创新会在体制和制度方面极大地解放人们的思想束缚，充分调动人们工作积极性和创造性，如16世纪欧洲文艺复兴和17、18世纪英国早期工业化时期，由于当时政治制度的多样性和宗教领域不断改革，涌现出许多思想家、科学家、作家和艺术家，他们以饱满的热情提出许多创新性的新思想和新理论、构建许多新体制、制定许多新规范和新制度，进行许多创新性的社会实践，完成了许多推动历史进步的创新，从而使人类在不断地思想创新和管理创新的基础上进行不断的科技创新，经历了三次工业革命，使人类实现了许多历史性的跨越。以蒸汽机为代表的第一次工业革命在英国发生，使英国在一个时期内一直处于世界工业革命的中心。以电力为代表的第二次工业革命在德国发生，使德国在较短的时间内赶上了其他工业化国家，其工业生产能力一度处于世界领先地位。以计算机为代表的第三次工业革命在美国发生，使美国在新兴的信息技术革命中率先占领了制高点，这是美国在20世纪后期成为唯一一个世界性超级大国的重要因素，今天它在科研开发方面的投入仍居世界首位，相当于其他西方最富裕的西方七国的总和。日本在战后依靠许多规模较大的跨国公司迅速崛起为仅次于美国的经济大国。

3. 科技创新能力是核心竞争力

60年前的大国多以军事力量作为崛起的杠杆，而今天的大国多以综合国力作为崛起的标志，60年前的大国想要的是帝国，而今天的大国想要的是市场。占领市场的秘诀是拥有这个时代的最核心的竞争力，而最核心的竞争力就是科技创新能力。从长远看，只有这个国家的内部具有强大的自主研发能力，也就是说这个国家具有比较充足的创新性人力资源，它的发展才是可持续的。当前，以信息化为代表的新时代正在全面到来，和平与发展已经成为时代的主题，建立永久和平和共同繁荣的和谐世界是我们努力的方向。时代呼唤文明大国的崛起，它负有历史的责任，能为自己的国民提供良好的生活条件和发展前景，物质上和精神上都很富有，具有较强的维护世界和平的软实力和硬实力，让历史照亮未来的行程，创新仍然是人类永恒的主题，加速创新是中国崛起为世界性大国的必然出路，也是集团公司始终应该遵循的发展之路。

当前，集团公司的主要目标是建设成为高科技、现代化和国际性的大公司。这就要求集团公司应该集中精力面向国际和国内两个市场，开发具有核心竞争力的产品，打造一定数量的、具有较大影响力的国际和国内品牌，形成长远的市场优势和稳定的市场环境。

集团公司要想引领兵器科技创新、促进世界和平发展，就要尽早建立加速创新的体制和鼓励人们不断创新的氛围，研究制定一些有利于加速创新的政策，提供必要的创新条件。

集团公司的使命是不仅要服务国防现代化，而且要服务国民经济的发展。因此，我们不仅要根据国内各个军兵种的国防战略需要，有一套比较完善的管理体系，还要在军贸管理体系、市场研究、发展战略、规划计划、政策策略、技术储备、项目管理、售后服务、品牌营销、情报研究、成果转让等方面，有一套全面、完整和科学的指导思想和具体的保障措施。

第二十二章　军贸人力资源管理战略探讨

张一弛老师是北京大学经济学博士，是管理学学会和国际中国管理研究会（JAC-MR）会员，曾在美国西北大学凯洛格商学院和美国德克萨斯 A&M 大学访问。著有《人力资源管理教程》等教科书。他在"战略人力资源管理"的讲授中，从宏观和微观的不同角度，给我们讲授了战略人力资源管理的内涵、要素及方法。为笔者在军贸管理和研发团队建设方面进行深入研究和探讨，提供了较大的帮助。

兵器军贸系统的主要任务是进一步整合军贸科技资源，不断提升科技创新能力。它是摆在集团军贸工作者面前需要认真研究的主要问题。要想达到一个比较理想的状况，不仅要有创新的思想和明确的目标，还要有切实可行的具体办法，更要有为之而不怕困难的勇气和不懈努力的坚强毅力。为此，笔者结合战略人力资源管理所学理论和十多年来在军贸科技管理方面的实际情况，针对整合资源提升军贸科技创新能力的问题，进行了一些不成熟的思考，供大家批评指正。

一、理论基础

尽管财产性资源在稳定的环境中有助于企业绩效的增长，但是知识性资源却在不断变化的环境中对企业绩效发挥着重要作用。随着社会政治和经济形势变化速度的加快，知识性资源中占有重要地位的人力资源，既是企业的基础资源，也逐渐成为企业发展和效益增长的重要资源，较好的人力资源不仅有较大的经济价值，而且有较大的社会价值，较好的人力资源是企业的稀缺资源，具有不可模仿和不可替代性。据统计调查：员工满意度上升 4%，客户的满意度就将上升 5%，企业的绩效将会上升 0.5%。因此，企业的绩效，与企业的人力资源管理成熟度有着密切的关系。

人力资源管理，是指组织如何设计和实施一系列以员工为调整对象的政策和活动，来影响组织与员工之间的关系，旨在提高企业经营结果和员工工作生活质量的科学。战略人力资源管理不仅包括基于结构的宏观人力资源管理，也包括基于过程的微观人力资源管理。

1. 宏观人力资源管理

长期看大势，短期看行业，企业的成功源泉，离不开科学的人力资源管理。美国社会心理学家亚伯拉罕·哈罗德·马斯洛人力资源管理（HRM）理念的演变过程，符合康德拉·杰夫波动周期理论，它是随着社会经济形势变化而不断地由规范到理性、又由理性到规范的交替演变和逐步人性化的过程，在演变的过程中员工的工作生活质量在不断地提高。

（1）"4＋2"成功方程

企业"4＋2"成功方程说明：当企业在战略聚焦、执行能力、业绩文化和组织扁平化4个方面普遍做得很好时，一旦在精英人才、领导能力、行业创新和并购合作中做好其中的两个方面，则该企业必然走向成功。

（2）AMOI 模型——人力资源管理的基本条件

AMOI 模型重点分析人力资源管理的4个条件，它与员工工作生活质量有着比较密切的关系。其中：

A——Ability，员工拥有经理人员缺少而企业需要的能力；

M——Motive，员工主观上存在运用这些能力与企业进行价值交换的动力；

O——Opportunity，企业愿意为员工提供应用这些能力进行价值交换的机会；

I——Information，员工拥有如何为企业创造业绩所需要的信息。

（3）Z 理论——人力资源管理的最佳实践观点

Z 理论是有关在企业中建立信任、微妙性和人与人之间亲密性的一种学说。它是日裔美国学者威廉·大内（William Ouchi）在1981年提出来的，他强烈地反映了日本企业管理中重人际关系的特点，是一种典型的东方式管理方式，其精髓在于关心人、理解人、相信人、尊重人和培养人。充分证明了人力资源管理对运营业绩、市场业绩以及战略实施能力的影响。

（4）战略人力资源管理的权变观点

人力资源管理遵循五因素模型，明确人力资源管理产生的组织绩效与外部环境、劳动力特征、组织文化、组织战略和工作/组织设计有密切关联，如图22－1所示。

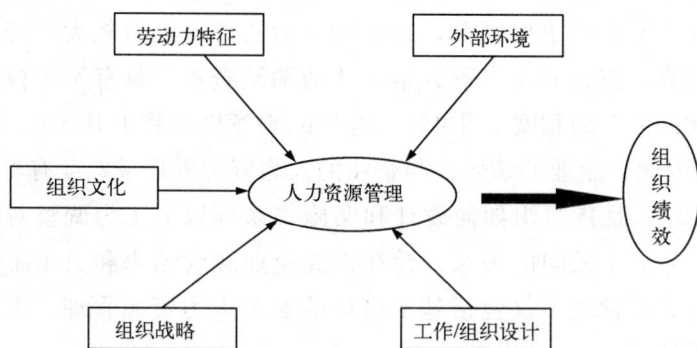

图22－1　人力资源管理五因素模型

但是，人力资源管理坚持权变观点，强调在企业内、外部人力资源政策一致性的基础上，针对企业创新战略、质量提升战略和成本降低战略的不同，确定具有不同特点的人力资源政策，且人力资源管理的目标设定，要具有向量化、可行性、时效性、客观性和结果导向性的考核指标。

（5）战略人力资源管理的雇佣关系

战略人力资源管理的雇佣关系理论，明确了企业和员工的关系包括交易、合作、工作导向和组织导向关系。企业期望员工有较高的专业化水平和较好的个人职业道德和工作态度，员工期望企业给自己提供与个人贡献相匹配的激励，即发展性的报酬和物质性的报酬。

但是，雇佣关系与企业的绩效有一个"水槽关系"，一般在初期企业对员工的投资将大于员工对企业做出的贡献，企业依靠过度的人力资源投资来吸引员工，随着企业绩效的变化或者员工能力的增加，企业对员工的投资必将逐渐小于员工做出的贡献，这也是企业追求利益的必然结果。此时的企业依然可以依靠工作导向维持雇佣关系，但是随着员工绩效的不断提高，最终只有通过组织导向才能使员工和企业维持牢固的雇佣关系。

2. 微观人力资源管理

在微观人力资源管理中，我们主要学习了工作设计与组织设计研究、员工招聘与甄选和员工薪酬与激励。

通过工作分析的深入研究，强调在考察员工的时候，不仅要注意显现在"冰山"上面的知识和技能，更要重点注意隐藏在"冰山"下面的个人价值观、自我概念、性格特征和工作动机。要根据岗位类型的特性，制定不同的人力资源管理政策，安排具有不同个性的人员。如对于"步兵型"的岗位激励，应采取损益对等的原则；对于"明星型"的岗位，激励的原则是成功一定要重奖，但是失败后未必重罚；对于"卫士型"的岗位，成功不需要重奖，但是失败一定要重罚；对于"明星—卫士"混合型的岗位，应该与企业的沉浮捆绑在一起，采取股份激励的原则。

员工的薪酬体系与激励机制要坚持公平理论，保持外部公平、内部公平和员工个人公平，充分体现员工个人之间的绩效差异和资历差异。设定绩效标准应根据时间—动作研究，设定客观标准，努力避免平均主义和"大锅饭"。

对于那些低风险回避程度、低努力回避倾向、高努力边际贡献和业绩测量噪声少的员工采取强激励的方法，而对于那些高风险回避程度、高努力回避倾向、低努力边际贡献和业绩测量噪声多的员工应采取弱激励的方法。

3. 管理者的有效控制

管理者的控制幅度取决于组织机构模式的设置及其复杂性。高型组织拒真的概率高，矮型组织纳伪的概率高。每增加一人，管理者的工作内容和复杂性，将成几何方式增长。

企业招聘人员要选择合适的招聘人，考察其人际关系的沟通技能、对本公司的热心程度和工作了解程度，以及被其他同事的信任程度。招聘人能够准确理解拟招聘岗位，招聘行为得当，并能突出招聘岗位的空缺特征（即发展潜力和工作条件）、企业吸引力和企业社会责任有关，具有良好社会责任的企业组织声望高、雇主吸引力大，其社会绩效明显，有利于吸引社会上优秀的人才集聚麾下。一般心智能力的员工，只要有较强的责任心，有较高的工作自主性，经过有效的培训就会获得必要的工作知识，从而就能够解决工作中较大的困难，创造较高的工作绩效。

二、军贸工作的特殊性

大家能够普遍认同军贸产品和国内装备存在许多方面的不同，但是对其不同内涵的理解却相去甚远。正是由于这些思想认识上的差距，往往表现为产品质量和可靠性之间的差距。一些单位和个人在集团公司的反复提醒和强调下能够充分认识到军贸产品的重要性以及在国际军贸活动中的重要意义，但是到目前为止，仍然还有一些单位和个人，把军贸产品没有军代表检验、容易"闯关"通过国内外验收，看成是可以放松要求、降低检验标准、甚至以次充好的机会，从而达到投机钻营的目的。因此，正确理解军贸产品和科技的特殊性，充分认识国内兵器科技与军贸科技的不同点就显得尤其重要。

1. 军贸工作的管理特性

任何工作的开展一定要尊重其自身的客观规律，军贸领域的市场有其固有的特殊性，但也具有一定的普遍性。它除了一般市场应该具有的共性特征外，还具有如下特殊性，即市场准入条件高，环境条件特殊，高风险、高回报，影响性、连带性、政治性强，产品延展性、排他性高。普遍性在于同样需要一样市场培育、市场营销和品牌策略等。与国内装备市场的根本区别是不具备唯一性和垄断性，市场地位的优势并不明显，沟通渠道和方式差异性较大。需要紧密围绕着它的管理特性来组织有关工作，不能简单地套用某一种模式。

（1）市场延续性是军贸管理工作的第一特性

没有市场何谈军贸。因此，市场延续性是军贸管理的第一要素。军贸市场的竞争是与国际上具有一定先进技术和生产基础的国家或者军工集团来对抗，竞争的对手和激烈程度可想而知，因此，军贸工作应以市场为中心、按照市场发展规律来办事，按照市场的发展趋势和要求来开发产品，按照市场的利益模式和方法来运作产品，按照市场就是战场的紧迫要求来抢占市场先机和稳定市场，及时解决来自用户的问题，以保障市场的延续性。

虽然有自认为很好的产品，如果在现实和未来一定时期的市场中没有需求，或者不能满足市场的需要，都将难以体现它前期投入决策的正确性和市场价值。诚然，如果国际市场上没有产品应有的份额，或者不能稳定持续地占有一定的市场，或者产品在未来和潜在的市场上后劲不足，那么，就要认真分析一下公司的市场意识和产品发展取向。

市场是长期的，又是在不断地发展变化中，要想长期、稳定和持续地占有市场，就不能长久停留在一事一办的思想基础上，就要用比开发国内市场更强烈的市场意识和行为来发展军贸市场，要有长远的眼光和长期的考虑，更要有相对稳定的长效机制。其中包括有利于长期发展的机构、体制、政策、利益分配原则和品牌营销策略等。通过体制和制度来保证军贸管理工作具有较强的市场延续性。

（2）军贸管理要求技术先进性和产品成熟性应协调统一

重视市场并不等于短期行为，所谓："不见兔子不撒鹰"的简单思想是不可取的。何曾想到为了抓住兔子，猎人们抓鹰和熬鹰的辛苦以及付出的较大代价？如果军贸管理工作采取"现上轿现扎耳朵眼儿"的方式，就可能会出现需求方面的严重差距，不是没有合适的产品，就是现有的产品技术很不成熟或者相对落后，不能满足市场的需要。

要想抢占市场的先机，就要不断地推出先进的产品，才能在国际市场上具有较强的竞争力和较长的生命力。这就需要我们正确了解和掌握国际先进技术的发展趋势和国际市场的变化规律，具有敏锐的洞察能力和反应能力，不能被眼前的现象所迷惑，既要不断追随国际前沿技术，又不能跟着别的国家屁股后面亦步亦趋，要有自己的发展思想，努力实现科技和管理创新，以保障技术的先进性。

但是，如果一味地追求技术的先进性，而忽视了技术工程化研究，将并不成熟的产品推向市场，就会严重影响产品的市场信誉，对稳定和持续地占有市场将会带来较大的负面影响。

因此，先进性和成熟性本身就是一对矛盾。没有技术的先进性，很难打动用户并在国际市场上具有一定的竞争能力，但是，将不具备工程化的技术和很不成熟的产品推向市场，也是对用户的不负责任。所以，我们要在军贸管理工作中，既要考虑技术的先进性，更要重视技术的工程化研究，努力把先进的技术变成成熟的产品推向国际市场。

（3）军贸管理工作的时效性非常重要

国际市场的竞争是非常残酷的，虽然由于外交和政治的因素，可能会重点考虑与个别国家的合作，但是，如果一旦可能突破的话，它绝对不会受制于外交和政治的束缚而永远只选择一个国家的产品，更不会等到我们搞成以后再来购买我们的产品。如果没有合适的产品参加竞争，就可能意味着被其他国家或集团所取代。而且，一旦失去一种产品，可能就会失去多个连带的系列化产品，甚至可能失去整个市场以及周边市场的销售与扩展机会。

同时，一旦签订了对外供货合同，就会将产品供货合同上升为两个国家之间的合作，如果不能按时履约，就可能使用户对我们丧失信心，在政治上造成严重影响，经济上也将带来较大的损失，如果不能及时处理的话，甚至会将一件普通的事情演变成为外交事件，因此，军贸管理工作的时效性非常重要。

国际市场的机会稍逊即逝，不允许针对一些问题互相扯皮或议而不决，要求军贸管理工作，无论是在处理技术问题还是管理问题，决策一定要果断迅速，抓住时机及时解决有关问题。

（4）军贸管理工作具有较强的政治性

军贸工作与国家的外交形势和国际政治地位关系密切，直接影响到国家的对外声誉。所谓"外事无小事"，军贸管理工作应该与国家的外交政策相统一，要站在讲政治的高度制定相关政策，要充分利用国家在国际外交工作中的政治地位开展工作，为国家扩大政治影响、充分体现经济和科技实力提供保障。

2. 军贸与国内装备管理的不同表现

（1）服务对象和影响程度不同

国内兵器主要服务于国内陆、海、空、二炮等装备领域，面向的是国内市场，代表的是兵器工业；而军贸科技主要服务于国际中东、海湾、非洲、南美等多个国家市场，面向的是国际市场，代表的是国家荣誉。

因此，不论是有利的好影响还是不利的坏影响，其影响程度大大不同。国内出现的问题，我们不会在国际上去故意宣扬，而在国际军贸市场，有利的一面确实会带来市场的转暖，可是未必能够马上见效，但是一旦出现了问题，就极有可能被居心叵测的竞争对手或国家拿到国际市场中炒作，就会严重影响国家在世界上的声誉。

（2）作战环境需求和资源配置相同

国内市场立足于本土和跨海作战，以国产自主创新技术和引进消化吸收再创新技术为主，努力避免直接依靠国际市场的产品的配套，力求武器装备资源能够在国内直接配制；军贸科技同样以国产自主创新技术和引进消化吸收再创新技术为主，但是面向国际市场不同国家和不同地域的作战环境，为了抢占市场先机，在用户允许和能够采购的情况下，可以到国际市场上直接配制军贸资源，依靠国际市场配套的产品和技术解决市场需求的问题。

（3）沟通难易程度不同

军贸产品沟通的主要对象是各个国家的军方代言人或者普通军官和士兵，由于大家的生存环境、生活见识、宗教信仰、教育体制等方面的不同，带来在世界观、价值观、意识形态、知识结构和语言等方面存在较大的差距，所以在对待同样一个问题的认识和看法，以及对问题的定性就存在较大的差异，给彼此之间的沟通带来较大的难度，我们认为是一个一般问题，而在客户的眼里可能是一个非常重要的问题。即便是不存在性能、质量和可靠性方面的问题，也存在一个认识、培训、接纳和认可的过程；如果问题确实存在，就会严格按照国际惯例、准则、标准和有关法律等处理有关问题，如果我们还是按照国内的思路面对并解决问题，则会给沟通带来非常大的障碍。

而国内装备沟通的主要对象是人民解放军，我们在世界观、价值观、意识形态、知识结构和语言等方面容易在科学、合理和实事求是的基础上取得共识，如果确实存在问题，还可以找出一条求同存异的解决办法，或者允许继续整改，直至达到验收要求。

（4）经济处置的严肃性不同

国际军贸市场的运作，严格按照国际惯例、准则、标准和有关法律等处理有关问题，合同制度的严格执行充分体现在经济性质的制约，甲乙双方经济制约的主要依据就是合同。因此。合同的严肃性要求合同双方严格履行合同内容，否则，将会带来经济上的重大损失，违约者将必须承担责任，不仅要承担自己的损失，还要赔偿给对方带来的损失。

而国内兵器装备开发和订购合同的执行，目前还没有完全达到国际标准的规范要求。

（5）产品战略思想、顶层规划和发展计划不同

国内兵器科技发展战略服从于国家长期的军事战略思想，军贸科技战略服从于国际市场，既有其共同性，又有其不同市场的变化性。应根据市场国家的经济状况和国家防御战略思想制订不同取向、不同档次和不同特点军贸战略发展方向。我们在目前的专业化市场运作中，始终应该在差异性营销策略的基础上制订差异性发展战略目标。

在不同的战略思想下，规划总体发展思路，明确总体思想的分解和落实，定位哪些技术利用国内成熟基础，哪些技术利用国内攻关基础开展特定军贸市场的针对性研发，哪些技术是国内没有但军贸必须尽快开展研究的关键技术，哪些技术是短期内无法解决需要从国外进行技术引进的内容等通过军贸发展战略规划和计划确定各项技术和总体思想的工作安排。尤其是那些国内没有安排、国际上采购受限的技术和产品，必须尽快开展关键技术研究，以便能够满足国际市场的持续发展需要。

（6）科技发展和科研项目开发的经费渠道不同

国内兵器科技多以国家军方和部委的经费支持为主，具有较强的计划性和延续性。而军贸科技发展主要来源于集团内部军贸利润留成或企业自筹，随市场跟进程度的变化较大，经济风险较大，更是要求军贸科技人员具有较强的技术发展和市场判断能力。

（7）立项论证和验收指标确定原则不同

国内科研项目的立项论证和指标确定主要是以军方为主，部队各军兵种有专门的论证部门，根据部队的需要并结合国内实际情况以及未来发展方向，研究确定必要的和基本可行的战术技术指标，一旦出现个别非颠覆性指标实现不了，还可以根据实际情况与军队主管部门进一步研究修改指标的可能性。而军贸科研项目在合同背景不是很确定的情况下，主要依靠军贸科技系统的有关人员自行开展论证和确定，因此，在科研阶段指标的合理性和科学性非常关键，同时在推销过程中对完成指标的风险需要认真评估，否则将面临合同履行中经济和政治的极大风险，另外一旦签

订合同，必将要根据签约用户的不同要求对指标再行修订，因此一般情况下，我们对外是一套努力避免风险的指标，对内是一套严格控制产品质量的指标。一旦对外验收中不能完成指标，没有任何通融的余地，最低也将承担必要的经济责任和风险，严重情况下将面临拒收的局面。

（8）科研项目的质量控制、技术鉴定和定型管理不同

国内科研项目的质量控制、技术鉴定和定型管理主要有军队有关部门行使一套比较规范的管理职能，尤其是批量生产中军代表深入到产品的零部件生产验收工作中。而军贸科技项目没有一套完整的控制体系和严谨的管理规范，虽然是参照国内科技项目管理程序和方法在实施，但是还需要根据国内和国际的具体情况进行实事求是地调整，即要科学立法又要严格执法。并且在科研、生产和质量控制方面，既充当立法者又是执法者，给过程控制提出了新要求。

（9）项目管理寿命责任周期不同

国内兵器科研项目在执行过程中进行过两次责任转移，兵器科技部门只对如何完成指标并确保产品满足指标负责。项目初始责任主体是军方，兵器科技部门在项目立项论证的前期只参与而不决策，一旦指标确定批复下来，责任主体出现第一次转移，从军方转移到研制部门，项目完成设计定型和生产定型后，责任主体出现第二次转移，又从兵器研制部门转移到军方，武器装备的配属和使用以及售后保障以军方为主。兵器科技项目管理部门只对项目全寿命过程中间一段负有责任。

但是军贸科技产品尤其是大型复杂的高科技产品，从项目的诞生、即立项论证、指标确定、科研开发、设计定型和鉴定、批量生产、国内外交付、部队编配、作战使用、操作和维修培训、售后服务等军贸项目全寿命过程负责，是一种真正的项目管理过程。

（10）技术引进和国际配套的决策程序不同

国内科技项目的技术引进需要军方较多部门批准，而军贸科技引进和国际采购程序相对简单。但是个别技术引进和国际采购的技术和产品只允许直接到最终用户，不允许进入国内，给国际化大协作的产品在装配和调试方面带来非常大的难度。

三、背景问题及意义

1. 背景情况

长期以来，我们在国内市场的开发方面，根据各个军兵种的要求，尤其是在陆军领域，有一套比较成熟的管理体系、管理措施、方法和制度。但是在面向国际市场的军贸管理方面，基本上处于各自为政的状态，缺乏全面、系统和规范的管理体系和管理政策及方法，虽然个别产品在特定的条件下，在国际军贸领域取得一些成绩，但是由于没有比较稳定的管理体系作保障，尤其是在管理政策、发展规划和品牌策略等方面缺乏相对明确的管理思想来指导具体工作，整个军贸系统缺乏自上而

下和自下而上的运作机制，基本上处于遇到一个问题解决一个问题的临时状态。另外，在多年的军贸项目执行过程中，无论成功的经验还是失败的教训，都应该在不断地总结中加以提高，形成集团公司相应的制度和规范，这些工作也需要在组织管理的基础上不断地贯彻和落实，尤其是失败的教训更要适时组织有关部门进行广泛的交流，避免重蹈覆辙，或者重大问题的重复出现。

1997年12月5日，外贸155合署办是建立在原中国兵器工业总公司经济状况比较困难的时期，当时的国内订货量严重不足，兵器企业大量严重亏损，良好的人力资源流失严重，外贸形势很不景气，军贸合同来之不易，急需从国际市场寻找突破口，因此，外贸155第一个对外合同签订后，总公司高层领导非常重视它的履约效果，也非常支持该办公室的各项工作，专门成立了三人领导小组亲自协调重大问题。

外贸155合署办成立以来，由于其被赋予了代表集团公司管理外贸155各项工作的职能，因此，在长达10多年的工作中，并未仅仅以完成外贸155相关的科研项目全寿命管理和对外合同的正常履约为目的，而是以集团公司外贸155管理部门的名义，不断地落实着外贸155相关技术的发展战略、规划计划、关键技术、核心工艺、外贸定型和技术鉴定等方面的管理。同时，为了达到管理目的，不断提高管理效率，根据外贸155项目管理和对外履约的实际情况，在军贸工作的不同阶段，研究制定了一些相关的行之有效的政策和方法，在一定时期内保持了相对稳定的管理和技术队伍与人才，避免了短期行为，使该项国际贸易工作能够从长远的发展和进步角度来组织实施；避免了各自为政，达到了系统总体工作协调，步调基本一致，使集团公司层面上的管理职能发挥了较大的作用，从而使外贸155军贸工作能够取得较好的效果：在技术上不断提高，逐步按照国际市场的发展需求派生出自行炮、自走炮和车载炮等系列化产品；在产品质量上不断进步，逐步稳定了产品的自身质量，不断提高了产品的性能，同时也稳定和扩展了国际军贸市场；在管理上不断变革，逐步按照军贸工作的管理特性总结经验、吸取教训，形成一些相对客观的管理制度和方法。

2009年10月，外贸155合署办被撤销，集团公司军贸管理和团队建设的方式方法，是否适合时代发展的需求，先进的管理成果和团队建设是否得到传承和与时俱进的发展，值得研究。

2. 问题提出

集团公司属于大型国有企业，集团公司领导紧紧抓住了国家经济发展和军工建设的有利时机，使集团公司实现了扭亏为盈，逐步走向了良性运作和健康发展的道路。虽然目前在国际军贸市场处于上升趋势，但是面临的形势还很严峻，尤其是在军贸管理和研发团队的建设方面，需要不断创新，以满足激烈的市场竞争需要。

国内兵器科技和军贸科技的发展有一些共同之点，但是多有不同之处，目前的兵器科技现有机构不能完全兼顾军贸科技管理的要求，军贸科技资源管理零散，没有形成长远、系统的综合管理实力，个别的项目管理办公室，仅仅局限于几个产品的型号项目管理，一些项目成功的经验和失败的教训相互不能共享，甚至个别项目管理还在执行着传统计划经济的模式，重复着较低效率的老路。尤其是近几年集团军贸市场不断扩大，并在维持较好的增长，高新军贸科技产品逐渐在国际市场形成规模，大型复杂的武器系统以及系列化军贸产品逐步推向国际市场，继续按照现在的军贸管理方法难以满足军贸科技发展的需要，同时，军贸管理制度、策略、机制、方法和人才及科技发展战略已经不能够适应现在军贸市场的形势需要，来一个项目就组织一个临时团队的办法属于短期行为，不利于培养和扩大市场，不利于产品向品牌过渡，不利于人才队伍的建设。当前，不仅缺少从战略到市场、从市场到产品、从产品到品牌的完整的军贸管理体系和长期运作机制，而且缺少军贸科技战略管理机构、开发式研发团队和承先启后的项目管理经理。

虽然集团在国际军贸市场的比例在逐年增加，但是远远没有达到作为一个有影响的世界性大国应该具有的份额。世界上许多大型防务公司的年销售额中，有60%~70%是由国际军贸市场获得，而集团公司仍有较大差距。为了使中国的军贸地位与国家地位相匹配，在军贸领域有许多处女地需要我们大胆开垦，我们没有任何理由不抓住机会，迎接挑战！

在军贸战略和发展领域，我们没有多少成熟的理论和经验用于指导我们的工作实践，甚至没有一整套完整的政策和策略，更没有长远的战略人力资源管理的方法可循，因此，这个领域的发展完善，需要大家共同来思考、实践、探索和求知。

3. 重要意义

产品的社会地位决定市场地位。近年来，随着中国在国际事务中的影响力度逐年增加，中国兵器在国际市场的份额也在逐步增大，但是，我们真正能够拿到国际市场参加竞争的常规产品并不很多。在国际市场中，美国、英国、法国、德国和俄罗斯、南非、韩国等国家的军贸销售状况仍然在我们前边，世界上许多大型防务公司经过资源整合和重组后焕发了新的活力。我们应该学习国际上其他大型防务公司的发展思想，以外养内，以外促内，内外互补，协调发展。

近年来，笔者在外贸155合署办的工作实践中感到，目前的集团公司仍然在军贸战略发展方面缺少顶层设计和规划，也缺乏根据具体情况发生变化下的快速反应，缺少专业机构去积极应对形势的变化，更加缺乏相关政策、制度的建设和战略人力资源管理办法，如果不能采取积极的应对措施，长期下去可能会造成现有的市场不仅不能稳定和拓展、做强和做大，而且可能丢失和缩小，同时，目前情形看好的产品不能及时上升到品牌，现有的品牌可能也将不能得到很好的维护和发展，军贸领域专业人才可能会出现流失，军贸人员的工作积极性可能会受到严重挫伤。

得人才者得天下。人才决定企业的发展能力和竞争能力，决定企业的市场地位。企业积累技术能力、积累发展能力，最核心、最根本的是人才的积累。人力资源管理正在成为企业竞争优势的终结者。人力资源管理的最高境界是同时谋求企业的绩效和员工的工作生活质量的统一，而且，具有内外部一致性的人力资源管理是企业的核心竞争力，公平原则是企业与员工建立和谐关系的基础，因此，及时解决好集团公司公司军贸战略人力资源管理基于机构的战略问题，进一步加强军贸科技发展的顶层设计与资源管理，建立并完善军贸科研管理体系和符合科研规律的科研工作评价机制，形成团队的整体合力，用市场机制引导和激发员工献身军贸工作的激情与活力，对集团公司军贸工作的开展意义十分重大！

四、建设构想

(一)健全军贸管理体系和机构

在集团公司内部整合军贸管理资源，建立健全完整的、适应于市场需要的军贸管理体系是非常必要的。对外面向国际军贸市场，对内面向兵器行业以及行业以外与集团公司军贸科技和生产有关的所有企业、研究所和院校，从而在军贸国际化发展战略、市场营销策略、科技开发和产业化管理、品牌发展策略、国际化产品和技术合作、人才队伍规划和建设、售后服务和市场培育及拓展等形成一套系统的、规范的和不断发展变化的完整体系。

军贸管理机构建设可以参照图22-2，其主要职能是：充分依靠各专业技术和职能部门，整合集团军贸科技资源，对外负责申请军贸项目立项，军贸产品对外市场营销战略制定，配套装备采购的技术建议书、商务合同中主要战术技术指标和有关技术与产品验收条款的技术审查和批准；对内负责集中研究制定兵器军贸科技行业的政策、策略和规范，制定兵器军贸科技顶层发展规划和计划，负责军贸科技资源、科研经费和技术保障费用的预算与管理，组织军贸科研项目的立项论证，组织确定军贸先期关键技术攻关项目审批，监督和管理军贸科研项目的科研程序，组织审批和调整军贸项目的立项合同和项目分工及科研、生产定点，负责新产品定型单位的资质审查，监督和管理军贸项目的科研、生产和质量执行过程和新产品定型，定期组织召开军贸新产品定型办公室会议；负责军贸成果管理和科技成果产业化、军贸科技和管理人才队伍的培养和管理，以及国际市场高新技术引进等有关工作，负责国际军贸市场的技术合作等有关其他临时交办事宜。为逐步形成一套完整而系统的军贸科技管理体系，为集团公司建设高科技、现代化和国际化大公司夯实基础。

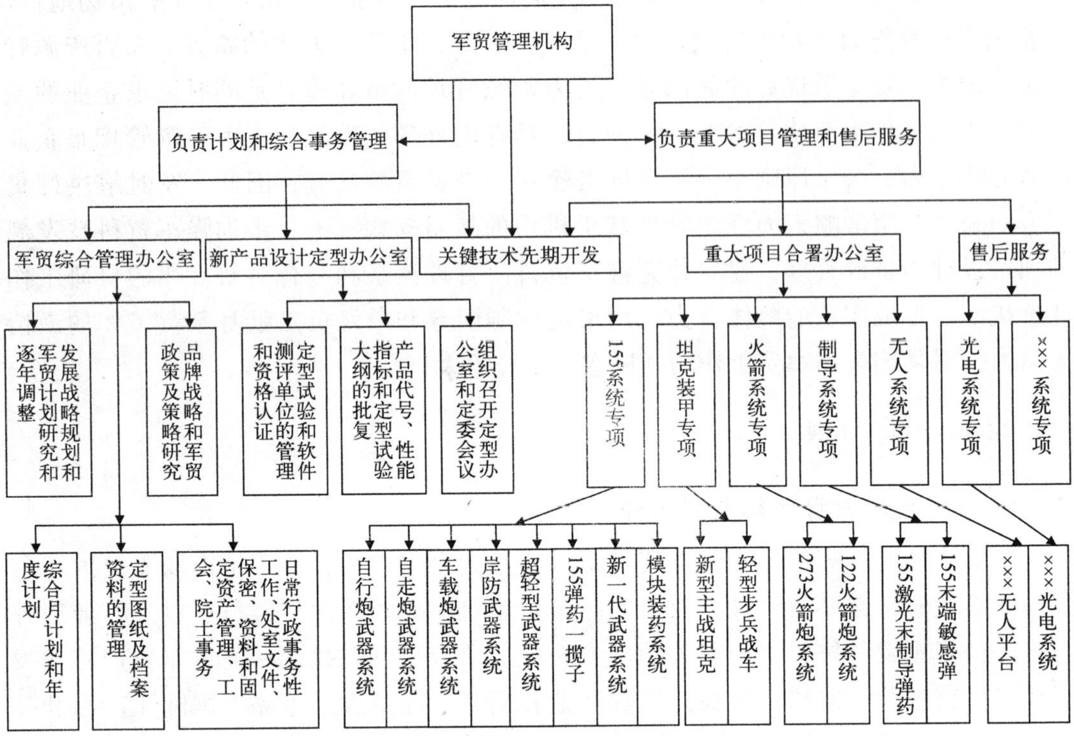

图 22 - 2　军贸管理机构简图

（二）创建军贸产品开放式研发中心

市场的力量是巨大的，不仅摧毁了企业的管理边界，也击穿了企业成长的极限。企业增长模式已由过去较为单一的有机增长，转变为有机增长、兼并重组、系统集成三种主要增长模式并存的局面。由靠资本拉动向靠良好信誉和公司治理结构优化拉动转变，由自主开发技术向拥有核心技术及技术集成能力转变，由自主建设生产能力向拥有自主知识产权和品牌转变，把别人的能力集成到自己的系统中，不断提高市场竞争能力和市场地位。要牢固树立技术可以创造市场的理念，探讨市场机制的公司制管理方式，用大型复杂的武器系统集成技术，探讨开放式研发中心的市场机制下的公司制管理方式，以创造一个庞大的军贸国际市场。

1. 中心远景

中心将在有限的目标期间建立起具有跨国公司特征的全球一体化网络体系和标准体系，在集团公司成为高科技、国际化世界一流大型防务公司的同时，中心将成为集团公司创造和持续保持国际化军贸核心竞争优势的重要支撑力量，并积极引领国际军贸市场产品和技术的发展方向。

2. 指导思想

面向国际市场需求，依托我军装备的机械化、信息化复合发展的成果，充分发挥集团公司整体优势，适时整合军贸整体力量，利用科技研发部门的技术和管理优质资源，发挥军贸公司的市场和资金优势，以国际化的视野谋划军贸工作的发展战略，构建具有核心竞争力的开放式军贸研发体系和产品体系，培育集团公司军贸科技核心团队，打造军贸国际化信息平台，建立行业规范、标准、试验验收及资料手册体系，提升引领国际军贸市场发展的能力。努力完成集团公司军贸产品的科研管理、产品改造和营销支撑等工作，积极开展国际军贸科技和产品合作，确保集团公司处于国家军贸出口优势地位。同时，强化军贸市场与国内装备的良性互动，为国内装备发展提供必要借鉴。

3. 构建原则

（1）优势互补

充分利用集团公司科研开发的技术和管理优质资源，发挥军贸公司的市场和资金优势，适时整合集团公司军贸研发的整体力量。

（2）定位清晰

借用集团科技开发专业管理部门的优势，解决军贸研发当中顶层设计、重大项目管理、技术发展等问题，确保军贸市场的需求。

（3）机制灵活

本着双方组建、双方获利的原则，采用项目经理制的开放式管理模式，在创造各种优惠条件的基础上，最大限度地调用集团公司的资源，确保中心的长效运转。

（4）实施有序

中心工作的展开要保证循序渐进、平稳过渡，一方面前期的工作主要是保证重大项目的实施，顶层设计待时机成熟逐步形成。二是尽量借用现有的管理资源，如资金账号、经费划拨、合同鉴章等管理程序，即保证新的管理模式无缝连接，又降低了运转成本。

4. 构建目标

中心可以由集团科技研发部门和军贸公司联合组建、共同领导的独立运营法人机构，可以采取集团内配股的股份公司方式，双方视同为大股东，管理人员联合任命，具有独立的财务账号。

中心的核心任务是军贸科研成果创新和国内装备成果的军贸市场化转换，培育集团公司军贸科技核心团队。主要业务范围包括：重大军贸科技项目开发，军贸核心专项和关键技术开发，大型复杂项目的营销支持，以及军贸发展战略研究、体系策划、科研项目管理和技术发展等。

5. 组织机构

中心内部组织主要包括四个模块的业务，即综合管理部、重大项目部、战略标准部和信息管理部，如图 22-3 所示。

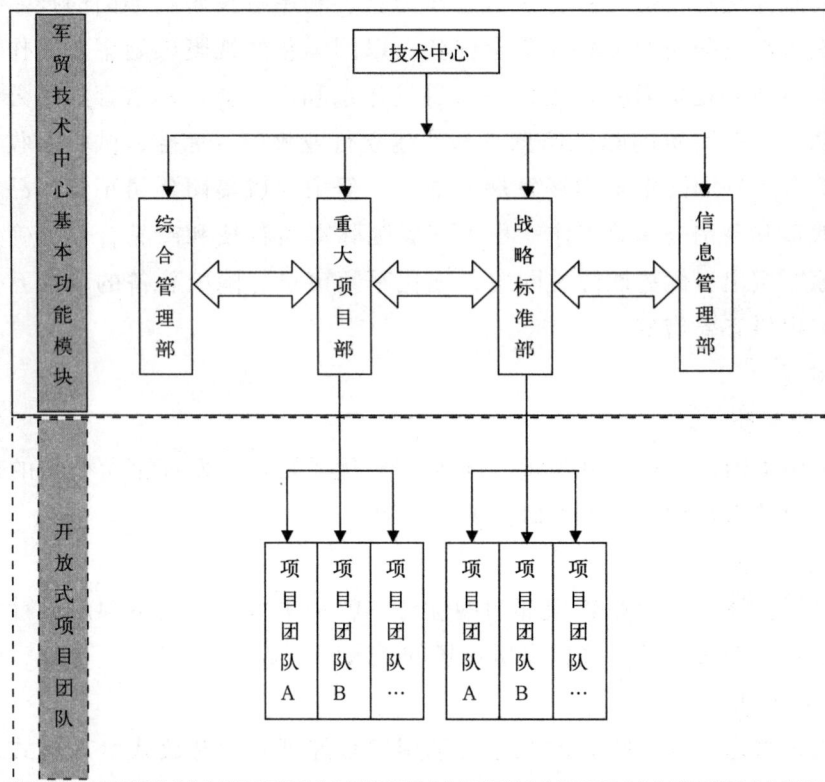

图22-3　军贸开发式研发中心简图

6. 主要职能

(1)负责根据国际军贸市场特性进行军贸体系策划、顶层规划和大型复杂综合性项目、重大军贸专项、关键技术攻关、国内成果转化、军贸技术和产品合作项目的科研组织和实施工作，确保项目按照总体要求顺利完成。

(2)负责中心管理项目的技术整改工作，组织技术改造计划的实施与项目执行情况的检查，解决用户在使用过程当中发现的技术问题。

(3)负责重大军贸科技项目的营销技术支持，确保项目对外推介的顺利执行。

(4)负责组建中心管理项目的技术资料和手册编制，专项信息平台、备件采购与管理系统和专家支持系统建设。

(5)负责军贸科研定点和新产品出口立项的申请，负责中心的业务规划、日常管理和员工队伍建设，并及时完成兵科院和北方公司领导临时交办的其他工作。

（三）全面推广国际化项目管理——PMP

当前，随着我国兵器工业的深化改革，中国兵器工业集团将发生重大变化，主要表现在：传统兵器现代化，高新兵器普及化，兵器科技国际化，武器装备市场化。为了进一步提高集团公司在国内和国际市场的核心竞争力，科研管理和技术人员要想不断创新、积极打造一批国际化品牌产品，必须努力拼搏，积极掌握必要的国际上通用的项目管理知识，在管理意识、思想理论和技术手段及方法等方面打好科学基础，深入学习、掌握和丰富项目管理的九大知识体系，为实现集团公司的项目管理由计划型向市场型的转变，实现具有自主创新核心竞争力国际化大公司的宏伟目标，做好技术和人力资源等方面的准备。

所有的军贸科技项目，都不同程度地具有区别于国内兵器科技管理的特点，尤其是军贸项目的全寿命管理要求，与国际化的项目管理非常接近，因此建议在军贸科技项目管理领域，进行系统性的国际化项目管理培训，并在军贸科研项目管理中全面推广国际化的项目管理模式—IPMP，着力培养一批具有核心竞争能力的职业项目经理人，以便尽快与国际接轨。

职业的概念即"以此为生，精于此道"。职业经理人应该具备以下几个方面的特征：

1. 在工作理念方面

①有进取意识并敢于承担责任。

②有大局意识并集体利益至上。

③以积极的态度和角度对待困难和问题。

④用人所长并接纳差异。

⑤把客户的成功看成是自己的成功。

⑥尊重规范但善于不断改进规范并建立新的规范。

⑦具有开放心态并善于整合和调配资源。

⑧勇于创新突破并自信有能力解决棘手问题。

⑨思维严谨计划性强并具有较强的敏感性。

2. 在管理技能方面

①善于激励，有号召力。

②营造有效的沟通氛围，让沟通成为工作和生活的习惯。

③有效授权，控制得当。

④鼓励别人学习，培养下属成长。

⑤科学并能够果断决策。

3. 在专业技能方面

①精通本行业专业技能。

②具有出色的实践能力。

③理解和学习能力强。

④具有基于专业性的创造能力。

五、启示与思考

1. 人力资源管理战略创新会带来意想不到的效果

外贸 155 合署办的创立是集团公司人力资源管理战略的首创，合署办领导下的外贸155和外贸80科研、生产、质量和售后服务团队，是一支非常有效的人力资源队伍，在长达十多年中，不仅完成了该结构设置初期的目的，顺利完成了第一个合同的履约，而且，在最初赋予机构的职能发生变化的情况下，把一件事变成了多件事，把单一产品变成了系列化发展产品，把一个合同的工作发展为多个合同的履约，孕育了个别品牌的胚胎，不仅做大，而且做强，形成了集团公司公司一条生命力极其旺盛的产业链，为集团公司和各有关企业创造了很好的效益，起到意想不到的效果。

2. 人力资源管理战略应根据情况的变化及时调整

在机构的设立上，外贸155合署办最初是建立在基于过程战略的基础上，但是，随着外贸155合署办工作内涵的改变和形势发展的需要，应该及时地转变为基于结构的战略思想，由基于过程的战略转变为基于结构的战略。以适应变化的需要，如果员工长期地处在一个临时机构中开展工作，而且工作的内容又与机构的名称不统一，则是企业人力资源管理战略中应该避免的大忌。否则工作的效果，就全靠工作人员的事业心、责任心和自觉性来保障。

3. 人力资源管理战略是迈向成功的必不可少的步伐

"4+2"成功方程告诉我们，战略、执行、文化和组织是企业成功的基础，而人力资源管理的效能是迈向成功必不可少的步伐。如果不能及时地在战略人力资源管理方面改进组织结构，就会使工作人员在工作中放不开手脚，或者容易造成机构之间的不和谐，使工作人员不能长期发挥更大的作用。外贸155合署办的工作从实际情况看，确实也与个别单位，以及个别专业和综合处室发生一些职能方面的冲突，对工作人员处理复杂关系提出了较高的要求，甚至会带来一些没有必要的内部消耗。

4. 人力资源管理战略重点应解决有关人的问题

现代科学的人力资源管理，能够在8小时之内的工作过程中，使员工有精神满足、能力发展和自我实现的感觉，它将极大地帮助促进企业的绩效。当员工的岗位和职务长期处于固化状态，年轻员工看不到发展进步的空间，就会影响到他们的日常工作进程，甚至会严重影响企业的绩效。同时，这样的现象还可能会给身边其他人员带来错误的佐证，更不能给员工带来精神满足、能力发展和自我实现的感觉。

5. 国有企业人力资源管理更应引起高度重视

根据AMOI模型和雇佣关系理论，当员工对企业的贡献大于企业对员工的激励时，企业应该逐步通过工作导向和组织导向来维持雇佣关系，否则可能会带来良好的人力资源的流失。国有企业在珍惜人力资源方面目前还存在一些问题，平均主义和"大锅饭"目前已经改变，但是，激励机制并不完善，在宏观人力资源和微观人力资源管理方面仍然存在一些问题。

第二十三章　某研究所人力资源薪酬设计研究

2006 年，集团公司一家下属研究所新的领导班子进行了人力资源制度改革，其中在对科研人员薪酬分配制度设计过程中，到底要加大活性收入部分还是提高基本工资，工作小组出现了分歧。最终，所领导班子在综合各方意见并且考虑到社会环境后，选择了第三种路径，解决了这个问题。

一、背景情况

该研究所为中编委批准成立的科研事业单位，始建于 1960 年，是我集团公司从事某方面专业研究的骨干研究所，现有员工×××人，研究员级高工占比 3%，高级工程师 19%。多年来，研究所取得了大批高水平科研成果，在相关专业领域完成各类科研成果 500 余项，获省部级以上成果奖励 180 余项，拥有专利 30 余项，为我国社会经济发展做出了突出贡献，多次受到表彰。

研究所领导班子按照集团公司战略部署，制定了"军民融合、快速发展"的战略目标，军品注重科技创新，大力拓展新技术在国防领域的应用；民品进行联合创新，依托地方资源，利用研究所技术优势进行产业化。研究所主要领导从集团公司下属一家工业企业调任，工作思路开阔，管理风格大刀阔斧，雷厉风行。作为科研事业单位，研究所主要员工是由科技人员构成，技术工人仅占 7.5% 左右，而且大部分科研人员是从大学毕业后直接来到所里，工作经历比较单一。

单位领导班子除了日常生产经营外，对单位的文化建设十分重视，结合研究所的特点，工作中始终强调团结的工作团队、和谐的工作氛围、务实的工作作风、高效的工作效率，"创新、高效、忠诚"的文化氛围已经建立并基本形成。

二、薪酬设计

2006 年，研究所新的领导班子认为原来单位执行的国家标准事业单位的人事制度，在当前已经满足不了单位的发展需要，为了进一步充分调动员工工作积极性，决定对现有的人力资源制度进行变革。

所长高度重视这次薪酬改革，不但聘请了外部的咨询机构，而且自己亲自挂帅，担任改革小组的组长，重点放在了对所内岗位任职体系与薪酬分配制度进行重新设计上。咨询机构派出的专家组和研究所工作小组经过近两个月的努力，按照管理、研发和后勤保障三个体系对所内的岗位进行了重新梳理，同时设计了一套基于员工岗位职责和绩效考核的新的分配制度。

但是，在薪酬制度设计时，关于岗位工资和绩效工资的比例问题，在工作组内部引发了讨论。由于研究所为事业单位，过去按照国家对事业单位工资制度的要求，按照员工技术职称和行政职务的不同，拿不同的基本工资和相应的津补贴，这样，造成一部分熬年头熬到比较高的技术职称的员工，其实并未承担相应的工作，反而拿着高于其他人的收入，员工工作积极性得不到提高。

工作组中的一种观点认为，本次改革的目的就是为了激发员工工作积极性，过去事业单位的弊病就在于大家收入稳定，旱涝保收，员工有思想惰性，这次可以将岗位工资定得比较低，能满足基本生活就可，甚至可以选择当地的基本生活费为基础，而加大绩效工资的力度；另一种观点认为，由于单位的主体为科研人员，如果岗位工资定得过低，会对大家的心理造成打击，同时也不符合国家对事业单位的有关政策，另外，科研人员进行科技创新，成果的不确定性太高，如果项目失败了，岗位工资又很低，不能起到调动积极性的作用，还会导致人心涣散。

三、科学决策

所领导班子高度重视这个问题，认为双方的观点都有道理，对于如何确定比例需要慎重考虑。最终，研究所领导班子在充分听取意见的基础上，经过认真讨论，确定了岗位工资要以国家政策规定的事业单位基本工资为参考，同时结合职位的评估来设计，保证员工尤其是骨干科研人员的基本收入得到提高，既不违背国家政策，又体现骨干员工的岗位重要度；而标准绩效工资收入不低于岗位工资的2倍，同时，针对绩效考核对科研人员制定了一套新的科研项目考核办法，鼓励创新，宽容失败。

经过缜密的考虑，新的薪酬制度执行起来，果然起到了积极的作用。不但实现了员工基本收入的有效增长，单位在改革中保持了稳定，而且新的绩效考核制度使科研人员的工作热情得到极大提高，科研骨干抢着承担任务，推动了研究所军民品科研生产业绩的大幅提高。

四、案例分析

人力资源制度对一个组织来说是十分重要的，一套好的人力资源制度可以对组织战略的实现起到十分重要的支撑作用。正如本章谈的薪酬制度一样，一般来讲，员工对组织的价值最直接的就是体现在薪酬待遇上，合理的薪酬待遇与考核制度结合起来，可以对企业战略的实现、制度的贯彻执行、企业文化的形成会有很好的支持作用。

薪酬制度作为人力资源管理制度的一项，在设计的时候要充分考虑到组织的战略以及组织成员的构成，上述案例发生在一个国有重点科研单位，骨干员工基本都是科研人员，国家对科研事业单位有相应的要求，而且国有事业单位长期以来员工的"主人翁"意识比较强，因此在进行现代薪酬设计的时候必须要充分考虑到这一现状。

此外，案例发生的 2006 年正好全国都在热议国家公务员和事业单位分配制度改革，各种渠道的舆论谈论的都是事业单位收入提高的问题，如果我们简单地降低员工岗位工资，会有可能引起员工的思想动荡。正如我们在课堂上学习到的，研发人员在岗位类型属于明星型，在对他们的激励上应该一方面保证他们基本的稳定的收入，同时对于取得的科研成果进行重奖，而且对工作中的失败要宽容，这样，才能使他们安心进行科技创新工作。

第二十四章　涤荡灵魂的玄奘之路

2009 年 5 月，我很荣幸参加了玄奘之路国际第四届商学院戈壁挑战赛，每当想起那连续四天艰苦卓绝的历程，就不由地心潮澎湃，热血沸腾。找个理由，在离开敦煌的第十五天，我又返回到了这片难以忘怀并在心灵的深处留下深刻印痕的戈壁沙漠，故地重游，感觉分外不同，荒漠和戈壁依旧，但是没有了当初那样无知者无畏的心态，多了一些对他的敬畏之情，增加了一些脚踏实地的信心。

透过千年沉寂的沙尘，我们感受了古老的泯灭，探究了现代的深沉，幻想了未来的升腾。尘封的历史驰骋在迷茫的广宇，狂野的灵魂荡涤于无际的星海，自由的思想正在插上理想的翅膀，美丽的梦想获得了放飞后的翱翔。

玄奘之路的长途跋涉，我——是我而非我，他（她）——是他（她）而非他（她），我们彼此相依，属于共有的北大光华 EMBA 团队，我们相助而行，执着追寻，因为在我们的心中，营地是每天生命的绿洲！

敦煌归来，"四戈"亲人们那一张张回味无穷的脸，穿越戈壁沙漠的情景，经常在眼前闪过，总是不断地浮现眼前，当我们从敦煌分开不足一个月的时候，那种盼望重逢的急切心情溢于言表，一个短信，几句电话，都会引起艰苦跋涉中一段感人情节的倒叙，不知不觉中陷入那难以忘怀的情节中不能自拔。

瓜洲点兵——各路英雄会聚戈壁。激情澎湃，热血沸腾，仿佛天将降大任于各斯焉，放下过去，迎接明天，我们从战略到策略的角度研究了四天 110 多公里行程的具体细节，紧急培训了手持式对讲机和 GPS 全球卫星定位导航仪器的操作使用，调整好了对讲机小组内部频道和组委会应急频道，把四天的行程线路、起点、检查点、红牛能量加油站和宿营地等设定在 GPS 仪器中，从思想到装备等各方面迅速进入了临战状态。由于提前安排的体验队长张春禄根据实际情况补入比赛队，经过现场大家推举，我临时受命为体验队长。

由于工作的特殊性，我经常在国内外沙漠中组织或参加试验，曾经在中亚、阿拉伯半岛、海湾地区和北非撒哈拉沙漠环境中参加过试验，具有一定的沙漠戈壁生活和生存经验，同时身体状况良好，持续行走能力、方向辨别能力和身体耐受能力自我感觉比较强。但是行走的过程中逐渐感受到，这次的行走与平时的工作方式有很大的不同。

工作时不需要背负到检查点期间的用水和晚餐前的干粮，有越野车不离左右，即使需要在沙漠中行走考察，连续工作时间并不长，而且一旦不能忍受高温和沙漠煎熬，还可以立即上车休息，并且没有时间限制。

而在玄奘之路的行走中，我们要背负 4～7 瓶水，4 个面饼和一些黄瓜、小西红柿，2 罐红牛饮料。虽然出发时前后有不少队友，但是在行进的路上，可能连续几个小时看不到人影，经常是在孤独中独自寻找自己的方向，或者是在两个人的争论判别中，求同存异后走完下一程。同时要一直忍受烈日当头的烘烤，还得努力在较短的时间赶到检查点进行打卡计时。显然，我对这次玄奘行走的客观条件估计不足，同样对长途行走的衣物和用具也准备不足。

一、初尝艰辛——感受现实的无情

第一天 27 公里的实际体验，让我们确实感受到了现实的残酷。

早晨 8 点从塔尔寺出发，既有锁阳城边自然天成的物种——锁阳的惊奇，也有大墓子母厥周围骆驼敕的划伤和刺痛，更有雅丹风蚀地穿行，还有砾石戈壁上早早看到，但就是走不到跟前的那面营地红旗。赖以行走的双脚开始打泡，为艰难的行走又增添了更多的艰难。

一开始我与参赛队员们走在北大队友的前边，当时觉得自己劲头十足，信心百倍。边走边还在玩味着旅途中的景色。在红柳林中，我们在低头行进的途中发现了奇为神物的锁阳，大家慢慢地从沙地中挖出它来，纷纷感叹大自然的鬼斧神工。它的外形与男人身上的性物什非常逼真，鲜红的表面颜色也是那么的相同，当我们用小刀切片放在嘴里时，感觉到它水嫩鲜灵的翠白体内滋射出一股清凉，让我不得不想到，正是由于它的存在和对周围天然水分的贪婪吸纳，把周围的水分子都储存在自己的体内，才造成了土地的沙化和沙漠的形成。

走出红柳林，我们开始穿越一段沙丘，途中与《玄奘之路》中扮演玄奘的男主角和几个也来参赛的外国朋友相聚，扮演玄奘的男主角一身和尚装束，面善而心宁，据说从美国来参加这次活动，是一个真正的出家人，与他们的相会和交流，使我们情趣盎然，面对深壑的沙沟，毫不犹豫连滚带爬地滚了下去。

穿越数公里的沙丘后，我们进入了雅丹地貌区域，大家找了一个开阔有风的地方集体休息并完成午餐，比赛队长李春日吃了一些牛肉干并喝完一听饮料后首先上了路，大家三三两两继续开始了行程。

走着走着，参赛组的小赵脚踝出现了问题，我和杨光赶忙停了下来扶她坐在土坎上，当她脱掉袜子后，发现已微有肿胀，我们陪她休息一会儿，她咬咬牙接着起来赶路。此时我感觉到双脚在不断的摩擦中发烫，我让他们继续往前走，自己坐在一个土坎上，脱掉鞋袜仔细分析，原来是穿的鞋有问题。

我穿着一双比较透气的夏季运动鞋，由于在沙漠中行走时间长，细沙从鞋的网眼中过滤后进入鞋底，自己的双脚板已经变成了磨砂皮，虽然摸起来光滑柔软，却被磨得火热。我更换了备用的袜子并倒掉鞋中的细沙土，当我吃了一个西红柿起来赶路时，先头部队已经走了很远，然而，走在后面的领队王文生和体验队的队友大宏、张雪梅和徐静波赶了上来。我从领队手里接过北大光华管理学院的队旗，与他们一起走出了雅丹地貌区域。

前面是一片平坦的砾石戈壁，已经隐约看到了加油站的红旗，此时，我觉得自己还有较大的潜力，如果加快赶到加油站，可能会与先头部队一起出发，于是，我把队旗交还给领队，决定疾行追赶先头部队。这是一个非常愚蠢的决定，不仅使我磨砂皮的脚打起了数个大水泡，而且为我的后续坚持消耗了大量体力，以至于影响到后几天的行走。

我疾行追赶了7公里左右，大汗淋漓赶到了加油站。当我坐下休息时，发现自己的脚上已经打起了数个水泡，尤其以脚后跟的水泡最大。并且遗憾的是北大的先头部队已经出发。

但是，先头部队留下一个受伤者，他躺在水渠边的草地上，无法行动。

事情的原因是这样的。当别人把行进路上不需要的东西全部卸载到运输车上时，他却都背在了自己的大型背包里，别人不解地问他为什么要背这么多东西时，他的回答是："没有问题，可以顺便检验一下自己的承受能力"。但是，他是竞赛组的成员，用于长时间负重疾走，膝盖受到严重伤害，当坚持到加油站躺下休息后，膝盖已经在剧痛下难以回弯，只能留在这里等候收容。

本来我还打算继续加力赶上先头部队，但是作为体验队长，当看到自己队伍的受伤者后，立即决定留下来陪他走完今天的最后一段行程。

我搀着他慢慢地在砾石戈壁上向前挪动，后面的队友一个个超过了我们。前面是一个巨大的土围子，我们沿着前面队友的脚印艰难地爬上了围墙。

在围墙上短暂休息的时候，我们看到了今晚宿营地的红旗，它让我们看到了希望，我鼓励他继续咬紧牙关向前走去。他当时非常动情地说："谢谢你武哥！给你添麻烦了。"

领队王文生和大宏、徐静波、张雪梅赶了上来，他们是当天北大走在最后的队友，得知受伤队友的情况后，提出不行就上收容车的建议，但是，受伤的队友坚持要走到底。于是领队提出让我和大宏他们先走，由他留下来照顾受伤队友。说实话，我当时确实也想自己先走。可是，当我看到受伤队友信赖的目光时决定继续留下来照顾他，因为我们在这十几公里的慢慢挪走中，建立了更加深刻的信任，而且，我们同为北大光华545班的同学，我又是体验队的队长，我更应该留在他的身边。

夕阳渐渐西下，我们已经走在了整个参赛队和体验队员的最后边，收容队的"野狼"教练紧随在我们的旁边，他问我们是否需要召唤收容车？此时的队友，感觉两个膝盖的弯曲程度有所缓解，当我征求他的意见时，他提出要坚持走到今晚的宿营地。于是我谢绝了收容车，慢慢从戈壁上扶起我的队友，看着那面在斜阳的映照下分外鲜红的旗帜，一步一步走向营地。

夕阳落入大漠之前，我和受伤的队友在艰难的挪进中终于到达了营地。此时其他队友都已抵达，并帮助我们搭好了帐篷，领队在终点热情地迎接我们，并把我俩引导在各自的帐篷前。我赶忙把背包卸下扔在帐篷旁边，将防潮垫和睡袋在帐篷内铺好，脱掉鞋袜解放双脚，撂平自己享受短暂的舒适。

没想到防潮垫下的砾石硌的我又爬了起来，重新认真清理了垫子底下的石头，才算得到了短暂的休息。啊！躺平的感觉真好！

营地安顿下来后，业余的"刘医生"——刘文玉开始捧着一个个臭脚帮大家挑泡，为了达到理想的效果，"狠心"地从潘文女士的头上剪下一缕长发，一针一发地穿在了大家脚上的水泡中。要比泡的大小，那自然是我脚后跟的水泡最大。因此队友们戏称我为"泡哥"。体验队员郑宏安，在行进中半路拐到一个就近的村子里，为大家背来了几瓶啤酒，我们围坐在帐篷边，边喝啤酒边进餐，并以行走中一些有趣的事情、"刘医生"的挑泡技巧和潘文的头发为谈资，在一阵阵的欢笑声中排遣着一天的辛苦。

我把所有队员的对讲机和 GPS 检查了一遍，并和他们交流了在行进中的使用经验，并确定每台都充上电后，回到了自己的帐篷。为了节省体力大家早早进入帐篷。但是似乎兴奋的心情还没有完全平静，我们在帐篷里，一边用湿纸巾擦拭着面部的沙尘和身上的汗渍，一边还在隔着帐篷开着玩笑。

一切料理妥当后钻进了睡袋，这是我第一次躺在只能容下一个人的小帐篷里钻在睡袋中睡觉，倍感新鲜，但是一人多宽的防潮垫只能让我在睡袋中保持一个姿势。此时帐篷外面只有营地的一盏灯亮着，营地的发电机在夜色中显得分外吵闹，我慢慢拨开帐篷的小窗向天空望去，晚上的戈壁，星光灿烂。

二、超越极限——证明我们还行

第二天是 32 公里的潜行。可是，当我伴随着赵钧和王勋，跨越了举步维艰且无法救援的盐碱地，爬过了隔离地段的铁丝网，与张雪梅、大宏和徐静波迂回了无法压线直行的山地和丘陵，在晚上 9 点左右赶到宿营地时，实际行程不少于 50 公里。

一觉醒来已是早晨 6 点，由于没有漱口和洗脸用水，我们只能用出发前买好的漱口液代替。同样重复昨晚的流程，用湿纸巾把脸部、耳朵、脖子和手脚擦洗一遍，穿好衣服钻出了帐篷。早晨的沙漠戈壁仍有几分凉意，我穿好冲锋衣开始整理睡袋和防潮垫，今天应该接受昨天的教训，所以我换上了另一双厚重且密封较好的高帮军靴去吃早饭。由于今天是正式比赛的第一天，我们约定队伍不结伴，尽量节约时间。鉴于赵钧和王勋受伤，换潘文和王玉南替补。赵钧和王勋原打算放弃以后的行程，但是，经过一晚上的休整后，他们决定作为体验队成员继续参加行走。

首先是十多公里的砾石戈壁，今天的我接受了昨天快速追赶时脚掌摩擦打泡的教训，故意把行走的速度放慢了下来。一边欣赏着遥远的祁连山顶的雪景，一边匀速地赶路。这是一段孤独的行走，后面有陌生的队友在不断地超越我，我也在不断地超远着前边的队友，我们相遇一笑、互道问候后，各自按照自己的速度和方法在行走，大部分的时间都是在独行，独行让我不由地陷入深深的思考。

忙碌的我们，就像一个匆匆行走的过客，始终不能够停下来欣赏一下周围的风景，甚至不会感受到自己因为什么而存在。心灵在驿动着，身体是疲惫的，行为更是浮躁的，多么希望停下来做一个短暂的停留，但是，又像一个不断旋转的陀螺，害怕停下来的躯体失去平衡，更害怕停下来的心灵无法安顿。

昨天已经磨砂的脚掌，今天看出了它的脆弱。十多公里的砾石戈壁还没有走完，就在昨天老泡的周围又打起了新泡。一开始，本打算坚持把它踩破，但是不仅破不了，而且在我坚持的行走中在不断扩大，甚至与昨天的泡连起来占满了整个脚掌。红柳滩我无心观柳，剧烈的胀痛让我无法忍受，不得不忍着剧痛坐在地上，用指甲盖掐破了自己脚上的水泡。

当我精心包扎自己的伤口时，赵钧和王勋相互结伴赶了上来，两个受伤队友的坚持重新鼓起了我的勇气，我们决定结伴走完当天的路程。

"看，前面有一个湖泊"，年轻的赵钧虽然肿胀的脚踝疼痛难忍，但她一边艰难前行一边看着新奇的风景。

确实，我们看到在远方有一个灌木环抱的大湖，它雾气朦胧，泛着粼粼的波光。这种新奇的自然景观吸引着我们加快了步伐。是的，如果能够在沙漠中的湖水边洗个脸，凉快一下多好啊！因为现在已经接近中午12点，燥热的阳光烤得我们汗如雨下。

但是，当我们行走了大约5公里左右，发现前面的湖面越来越小，而且慢慢变得影影绰绰。

我突然想起了自己曾经在沙漠工作时偶尔碰到的海市蜃楼，它们让你感觉到远处总有一片散发着雾气的水面，但是你永远也走不到它的旁边。

究竟是不是海市蜃楼呢？总想探个究竟的想法让我们一直坚持走到了盐碱地段，当然，前面确实没有什么湖水，只有更加难以行走的盐碱地。

但是，在我们即将走入盐碱地段时，收容队却建议我们不要继续走了。他们告诉我们，一旦走进盐碱地就只有走到下一个加油站，中间即使走不动了也无法救援，因为地势环境恶劣，收容车辆进不去，要求我们想好后再走进盐碱地路段。

我们三人休息了一会儿，脱下了早晨穿的比较厚的冲锋服，换上了轻薄的户外服装又开始了行走。

盐碱地里是密密麻麻的骆驼刺，烈日把地表晒得鼓起一个接一个泛着白色的小土包，那些土中的白色就是盐碱。每个土包的表面是一个鼓起的硬壳，硬壳下面是看不见且不平坦的空穴。每一脚踩下去以后，常常踩空，发出"苦吃、苦吃"的声音，同时由于地表硬沙壳的破碎，使得沙土正好从脚脖子灌入鞋内，虽然我们都穿着高帮军靴，还是避免不了走走停停，以便倒出鞋里难以忍受的砂粒。而且落脚以后由于底下的不平，常常导致脚踝和脚掌部位的扭伤。

双墩桥放脚，换上了王煦送给的干爽棉袜；截山庙分水，与同行的张雪梅、许静波和左辉分享随身仅存不多的饮水；从日升走到日落，踩破了老泡又走出了新泡，甚至在脚下老泡的旁边和泡内嫩皮的里面又走出了新泡，打了泡的双脚改变了正常的行走姿势，踝骨在非正常受力下慢慢地肿了起来，行路难，路难行，我们一直走在最后，我们一直坚持到最后！可是，当远远地看到六工城墙上在落日的余晖下放射着光芒的光华管理学院的红旗，当远远地听到队友们激动人心的呼唤，当领队王文生和前来迎接的李春日大哥和其他队友伸出热情的双臂向我们跑来的时候，我们如铅的步伐立刻轻盈起来，伸出双手扑向了队友的怀抱，激动的泪水顺着汗水流了下来。四天中最远的跋涉完成了，我们超越了自身心理和生理承受的极限！

杨光急忙接过了我背负的行囊，于新伟、陆伟东、王玉南和钮海涛等队友分别搀着我们几个最后到达的队友，刘文玉和王红光为大家拍下了激动人心的珍贵镜头，赵钧和王煦忍着伤痛为大家端来了重新热过的羊汤，此时，队友们超越了班级、超越了年龄、超越了性别，大家在渐已深沉的夜色中又一次拥抱在一起，心中只有一个北大、一个光华！

三、真的猛士——敢于面对恶劣条件的挑战

由于出发的前一天一个在册队友因为工作原因临时放弃了参与此次活动，聂燕军作为后备队员及时补充到我们的体验队伍中，虽然在前两天的行走中充分体现出他的实力，并在第三天参加了兄弟连在疏勒河上的架桥行动，为我们做出不小的贡献，但遗憾的是：在敦煌点将的花名册上却没有他的名字。

第三天计划有28.1公里的行程，早晨是大雨，接着是狂风，难以直立行走，中午的沙尘暴把周围突然变得像黄昏一样昏暗，把盐碱地里的行者吹得十步以外互不相见。气候条件的艰难，在考验意志和胆略，同时也在考验信心和勇气，更是考验GPS和对讲机等装备的正确掌握程度。

救援队跟在队伍的最后边，当看到我们挂着手杖蹒跚前行时，说我们从后面看上去像一个个行走的"僵尸"，建议我们放弃，改乘救援车直接到达目的地，否则进入盐碱地车辆进不去，将无法救援，继续走下去可能有走伤的危险。他们用同样的方法已经成功规劝了走在后面的许多人，但是，我们没有接受他们的建议，执意坚持走完全程。

可恶的盐碱地在狂风大作和大雨倾泻的情况下使GPS也迷失了方向，当潘文通过对讲机询问方向时，猛然让我意识到了气候和环境条件对GPS的干扰影响，我赶忙冒雨在盐碱地里重新标定了方向，及时发现我们差点走偏了方向。

本以为到了雷墩子后面的地形会好一些，谁曾想：翻越了一片难以下脚的盐碱

地，刚刚跨过了兄弟连搭的树干桥后，又是一片更加难行的盐碱地，而且环境更加恶劣，不仅地表坚硬，很难找到前行者的足迹，而且地磁紊乱，每走2公里左右就要校一次电子罗盘，如果没有GPS，很难想象能够走得出去。

这片难以行走的盐碱地是我和许静波共同走过的。在前后不见人影的荒漠，我一直在考虑一个问题，我们应该选择独行？还是结伴而行？

独行可以享受以我为中心的感受，没有争议，只有自我，可以充分地张扬自我的个性，避免许多不必要的外来烦恼，因此，每个人都需要孤独。但是，每个人又害怕孤独，因为孤独让人寂寞和无助，有时甚至会让人迷失自我。短暂的孤独可以忍受，但是长时间的孤独会对自我决策产生怀疑和恐惧。所以我们需要结伴而行，并为了结伴而行来不断地克制自我！

日落前，我们征服了这片让人恐惧的盐碱地，并在盐碱地边界的干卷胶泥地遇到了清华队的孙放和谭雪，他们正躺在裂开无数皱纹的地面上休息。真是有缘！出发前在北京的三木户外采购出行用品时，我就巧遇过孙放，由于是参加同一个活动，当时彼此还互相介绍了一些经验，并相约在隔壁见，没想到我们会如此狼狈的相见！

为了使打满水泡的双脚能够正常地行走，不至于严重影响我们行走的姿态，我坐在盐碱地边缘的戈壁滩上，按照赵钧介绍的经验，忍着剧痛，开始了指甲掐水泡的工程，当发现水泡的扩张面积已经难以简单地用创可贴包扎之后，用许静波支援的两片女士卫生巾裹在了脚掌上。此时我们背的水已经基本用光，谭雪慷慨地把自己背的水袋嘴扭开，送到我们跟前。水袋里的水对了一些红牛饮料，当时那口水的甘甜，至今让我难以忘怀。

此时风雨已停，局部露出蔚蓝的天空，让我们看到了日照西斜，时候已经不早了，稍作休息后并匆匆上路。救援队员与我们会合后又建议我们乘救援车到宿营地，否则天黑才能到达，被我们婉拒后只好陪着我们在一望无际的戈壁滩上挪行，对我们坚强的意志和决心也表示了敬佩。此时的我们只有一个信念，那就是坚持，坚持，再坚持！

戈壁平原上的太阳落得较晚，9点多西方仍然还有太阳的余晖，鲜红鲜红！由于地形平坦，离宿营地还有2公里多时，我就听到了前来迎接我们的队友的呼喊，看到了太阳余晖映照下北大光华管理学院的红旗，太耀眼了！它在召唤我，我不由地跑了起来……

四、坚持还是放弃——都需要勇气

第四天要求在半天的时间内完成23.6公里的戈壁滩和丘陵地带的穿越，因为下午要抵达敦煌山庄开庆功宴。

4点半全体起床，5点到5点30分吃早饭、拔营、领路餐，6点出发。由于是最后的半天，又由于早晨阴天，担心会下雨，因此我换上了冲锋衣，决定做最后的冲锋。

谁曾想天气变得越来越晴朗，上午 8 点多天空万里无云，不见一丝云彩，炙热的阳光晒得我大汗淋漓，由于冲锋衣不透气，汗水顺着裤管和两袖流出，实在难耐之下，我脱了上衣塞在行囊中，由于没有带其他裤子，所以只好坚持。但是由于酷热多汗，消耗了大量体力。

在行走到距终点大约 10 公里时，即将进入丘陵地带，但是我突然发现自己不知何时丢失了 GPS，主要原因是挂在背包的胸带不慎松开所致，且没有及时发现。当时大约中午 11 点多，正是烈日当头之时，如果自己回头寻找，不仅消耗体力而且未必能够找到，于是我就地休息并等了 20 分钟，每次询问后边上来的队友皆未果，紧急报告组委会后，直至最后的救援队上来也未发现。这突发状况让我非常沮丧。此时救援队员告诉我，后面是丘陵地域，视野很不开阔，如果没有 GPS 可能会迷失方向，建议我放弃独行。

我已经坚持了 4 天的行程，现在只剩下最后的 10 公里，正值中午烈日炎炎的时分，我是在没有 GPS 的情况下穿着不透气的冲锋裤冒着迷失方向的危险独行呢？坚持还是立即放弃？经过瞬间激烈的思想斗争，我抱定了放弃的决心。

我知道别人不会细心地倾听你的种种理由，也不可能理解你当时所处的客观环境，只知道你选择了放弃。但是，我要大声地说：无论坚持还是放弃，都需要勇气！

因为，实事求是是正确认识客观尊重规律的根本。坚持不懈的精神固然重要，但是，脱离实际的坚持就是盲目固执。我在当时的岗位上一干就是 14 年，14 年来，有过困苦，有过辉煌，有过荒芜，有过收获。当外贸 155 毫米自行炮第一个营交付用户之时，我觉得我的知识结构和能力严重欠缺，需要补充大量的营养以满足工作的需要，因此我攻读了在职博士，完成了信息化武器系统顶层规划及总体技术决策等有关问题的研究；当外贸 155 毫米自行炮、自走炮、车载炮、超轻型火炮和岸防炮武器系统等系列化产品成功完成研制并出口贸易之后，我就陷入新的彷徨之中，如同我筋疲力尽地走在没有 GPS 的戈壁之上，迷失了前行的方向。此时，我选择了放弃，也是对"自我感觉良好"的过往的放弃！当我努力跳出这个不能突破自我只能是不断加深印痕的重复环境，突然发现前面是一片新的天地，走到终点的也好，因故放弃回到终点的也罢，人们已经在终点预先庆祝大家的胜利。

是的，这是一次体验，也是一次经历，更是一次挑战自我极限的大家的胜利！我有幸参与其中，可以换成另一种身份，从旁观者的角度重新认识它的意义。执着固然可贵，但完全没有突破的执着可能会毫无意义。它也可能会泯灭我们的理想，让自己丧失很多机会，甚至会让我们身陷其中而不能自拔。因此，你根本没有必要仍然固执地走在自己不断重复的道路上，这才是我真正的收获和体会！

五、敦煌庆祝——你是我的英雄

下午3点，我们拖着沉重的双脚走进了透着西域风格且典雅安静的敦煌宾馆房间，就地扔下行李，坐在地毯上开始一层、一层地脱掉满是汗渍并夹带着黄沙的衣服，咬紧牙关脱下那双感觉沉甸甸的骆驼牌高帮运动鞋，由于脚泡破裂渗出的黏液黏住了脚上的棉袜，脱下袜子会感觉到异常的痛楚，解下脚上层层的包装和垫在脚下的卫生巾，鼓足勇气走入了淋浴室。

想象着进入淋浴室被水浸泡伤口一瞬间是多么的疼痛和可怕，但是当我鼓足勇气真正进入以后，原来现实并没有想象的可怕和惨痛。这让我不由得想去一句名言："最大的恐惧是恐惧本身"。

晚餐在一个大厅举行。伴随着"怒放的生命"的音乐，中间主席台上投影大屏幕上连续播放着大家这几天的行走片段，每当出现我们熟悉的戈友，大家就会爆发出兴奋的呼叫。大宏、老大、雪梅、红光、潘文、文玉、杨光……我们兴奋地呼喊着、大叫着、拥抱着……我们为戈友取得的比赛好成绩而高兴，为比赛中的受伤而惋惜，为一些朋友的遗憾而开解，我们更在意的是能够共同拥有这次特殊的经历，它将给我们带来永生难忘的回忆！

敦煌山庄，一座沙漠中的孤城，门楼宏大，四角如碉。当我们挂着行杖一瘸一拐地步入大堂时，得到了服务人员的热情接待，感觉如同从流放的荒漠中重新回到了人间。单人床是那么的宽大，白色的棉被和枕头透出缕缕醉人的芳香，我们不忍破坏它们的整洁，更不愿意让满身的尘土和久未清洗的汗渍沾染这美好的卧床，我们赶忙坐在地毯上甩去身的衣物迅速进入浴房，完全不顾脚上的伤痛开始了彻底地洗涤。

是的，这的确是一次流放，是对自己躯体的流放！我们整天迷失在具体的和繁忙的事务之中，没有停顿，也不愿停顿，恐慌停顿，甚至已经难以停止下来；停不下来的身躯并不是喜欢忙碌，而是害怕躯体的停顿与停不下来的灵魂发生错位，使自己的心灵难以安顿。虽然我们流放了自己的身躯，却找回了迷失的灵魂！温暖的流水不仅冲刷走我身上的泥沙，同时让我找回了久违的幸福。原来，美好处处皆是，幸福就在身边！

一觉醒来已到晚饭时分。经过短暂的修整，虽然个别戈友还在挂着行杖且面带倦容，但是大部分戈友们在精神和体力方面已经有了较好的调整，大家共同聚集在宽大的餐厅，一边用餐一边进行总结发奖。团体第一名是中欧商学院，他们在半年以前就组建了团队，并且每周都安排队员集训和户外体验，带着强烈的夺取第一的愿望而来，准备充分，每天的行程基本上是跑步完成，突出的成绩把其他团队远远甩在后面。北大的女队友潘文获得了个人第六名的好成绩，我们为她欢呼雀跃，大屏幕上不停地闪出每个人在行进中的光辉形象，大家没有为成绩的好坏所累，没有为是否能够坚持走完全程所虑，都为能够参与其中并亲身体验了这段历程而自豪！

大家激动的心情难以自制，每当在屏幕上看到自己熟悉的面孔，就会勾起自己在戈壁上的一段回忆，就会情不自禁地大声欢呼。"你是我的英雄！"，在我们彼此的眼中，走过戈壁的战友，就是我们心目中的英雄，我们亲切地称呼彼此为"戈亲"。大家挥舞着自己的队旗大声欢呼，共同高唱着"飞得更高"和"五星红旗高高飘扬"。

庆祝宴会虽然结束，大家却迟迟不忍离去。成群结伴一起来到了山庄门前的露天烧烤，又一边畅饮着啤酒，一边开始回忆刚刚过去几天的片断。清华队来了，复旦队来了，新加坡国立技术大学的也来了，大家又开始了新的欢聚，直到夜半过后，才陆陆续续回了房间。

六、企盼回归——分享不同的感受

从戈壁回来已经多日，但是大家始终无法平息自己激动的心情，总觉得有许多的感受想要迫不及待地告诉具有共同经历的戈亲们。回归日渐渐来临，但是光华的戈亲们仍然希望能够尽快相逢。我们的北京电视台大编辑张雪梅为大家制作了两段视频："你的力量超乎自己的想象"和"理想·信念·坚持"，大家在网上传看着，感动着，一次又一次地回味着，更加急切地盼望着在一起分享。

戈四组委会的回归日未到，我们迎来了北大自己的回归日。竞赛队和体验队的戈亲们，加上北大负责筹备活动的教师30多人，从四面八方按时汇聚在一起，我们在一起谈啊谈，乐啊乐，每个戈亲都有一段不同寻常的经历和意味深长的感受，大家敞开心扉，激动不已，谈到了自己过去的辉煌，也谈到了自己面临的困惑，更加迫不及待地分享着此次戈壁行走给自己在心灵深处带来的启迪和变化，喜中有悲，悲中有喜，悲喜交加，喜极而泣，一直热闹到子夜不愿散去，在餐厅服务员的一再催促下，依依不舍地离开了聚集地。

回归日是在798艺术中心的一个会馆举行，十大商学院的历届戈亲们回来不少人，我们在熙熙攘攘的人群中寻找着戈壁滩上故事里的人，也在倾听着戈亲们讲述着以前从未听过的故事。穿梭在人群中，现代生活的品牌世界把每个人包装的光鲜亮丽，有的人还能认出是以前的戈亲，有的戈亲却难以辨别是否是荒芜大漠中相互搀扶和并肩行走的那个人。

回归日让我们重新回到了现实的社会，回归到前往戈壁的从前，但是，我们的感觉已经不完全像从前，多了一些思考，少了一些躁动，心中变得更加安定和从容，心已回归。

七、心的绿洲——永葆基业长青

戈壁行走回来，由于最后一天冲锋裤的严重热捂，我双腿起了热疹，双脚由于前后大泡套着小泡的蔓延，使整个脚掌和脚趾蜕了几层皮，疗伤的痛苦确实艰辛，但是它对我来讲，这是一次新的蜕变，每一寸皮肤的蜕变过程，都会给我带来无限的回忆。

　　这是一次行动的蜕变，是一次血淋淋的蜕变，如同中年的雄鹰，为了能够重新返回蓝天，实现它飞得更高的理想，忍受着超乎寻常的痛苦，自己拔下它已经变得粗壮的羽毛，撞掉它越来越沉重的鹰爪和鹰嘴。这更是一次思想的蜕变，它让自己的灵魂跟上快速行进的躯体，让自己的心灵找到了新的安顿。

　　荒芜的沙漠，曲折的人生。心有绿洲，就有追寻的方向；心有绿洲，才会对前途充满希望；心有绿洲，也会给别人带来希望。

　　　　　　　　　　　　　　　　　　　　　武瑞文于回归后的思考

参考文献

[1] Bonczek R H. Foundation of decision support systems[M]. Academic Press. New York. 1981.

[2] Chankong V, Haimes Y Y. Multiobjective Decision Making: Theory and Methodology[M]. North – Holland. 1983.

[3] Carrizosa E, Fernandez F R. Multicriteria analysis with partial information about the weighting coefficients[J]. European Journal of Operational Research. 1995.

[4] Jianbo Yang, Madan G. An Evidential Reasoning Approach for Multiple Attribute Decision Making with Uncertainty [J]. IEEE TRANSACTIONS ON SYSTEMS, MAN AND CYBERNETICS, VOL. 24 NO. 1. 1994.

[5] Keen, P G W. Decision Support Systems: The Next Decade[J]. Decision Support Systems. 1987(3): 253 – 265.

[6] Ralph L Keeney, Howaud Raiffa. Decisions with Multiple Objectives: Preferences and Value Tradeoffs [M]. Harvard University USA. 1976.

[7] Sprague R H. Building Effective Decision Support Systems[M]. Prentice – Hall. Englewood Cliffs. 1982.

[8] Sprague R H. Decision Support System in Context[J]. Decision Support System. 1987(3).

[9] Sprague R H. A Framework for the Development of Decision Systems[M]. MIS QUARTERLY. 1980.

[10] Sol H G. Decision support systems: Theory and Application[M]. Springer – Verlag. Berlin Heidelberg. 1987.

[11] Wierzbicki A P. The use of reference objectives in multiobjective optimization[J]. Multiple Criterion Decision Making Theory and Application. 1983.

[12] Michalski R S. Machine Learning an Artificial Intelligence Approach[M]. Morgan Kaufmenn. 1986.

[13] Cook R D. Concepts and Application of Finite Element Analysis[M]. New York: John Wiley, 1989.

[14] Evans G W. An overview of techniques for solving multiobjective mathematical program[J]. Management Science. 1984.

[15] Efrain Turban. Decision Support and Expert Systems[M]. Second Edition. Macmillan Publishing Company. 1990.

[16] Hwang C L, Lin M J. Group Decision Making under Multiple Criteria Methods and Applications[M]. Springer – Verlag. New York. 1987.

[17] McCalpin J. P. Incorporating Human Perfomance Reliability Data in System Reliability Modes, Aircraft Armaments Incorporated[J], Baltimore, MD, Engineering Report ER 7312, December 1972.

[18] 陈文伟. 决策支持系统及其开发[M]. 北京: 清华大学出版社, 1994.

[19] 陈珽. 决策分析[M]. 北京: 科学出版社, 1987.

[20] 陈守煜. 系统模糊决策理论与应用[M]. 大连：大连理工大学出版社，1994.

[22] 陈文伟，等. 综合决策技术的研究决策科学与应用[M]. 北京：海洋出版社，1996.

[23] 陈文伟. 智能决策技术[M]. 北京：电子工业出版社，1998.

[24] 杜晓明，等. 多属性决策的智能化研究[J]. 兵工学报. 1999(1)：.

[25] 冯尚友. 多目标决策理论方法与应用[M]. 武汉：华中理工大学出版社，1990.

[26] 高洪深. 决策支持系统(DSS)：理论、方法、案例[M]. 北京：清华大学出版社，1996.

[27] 黄景平，等. 一种智能决策支持系统的设计与实现[J]. 武汉：华中理工大学学报，1998(9)：81-83.

[28] 侯云. 基于知识的武器智能决策分析支持系统[C]. 南京：南京理工大学，1999.3.

[29] 姜青舫. 实用决策分析[M]. 贵阳：贵州人民出版社，1985.

[30] 李根深，等. 军用智能决策支持系统[M]. 北京：兵器工业出版社，1991.

[31] 李东. 一个基于知识的DSS模型管理系统概念框架[J]. 决策与决策支持系统. 1995(2)：25-32.

[32] 李怀祖. 决策理论导引[M]. 北京：机械工业出版社，1993.

[33] 李书涛. 决策支持系统原理与技术[M]. 北京：北京理工大学出版社，1996.

[34] 李彤，等. DSS中面向对象方法的系统集成[J]. 决策与决策支持系统. 1997(1)：24-29.

[35] 马芸生，等. 决策支持系统与智能决策支持系统[M]. 北京：中国纺织工业出版社，1995.

[36] [美]R. H. 小斯普拉格，等. 决策支持系统的建立[M]. 重庆：科学技术文献出版社重庆分社，1990.

[37] 彭勇行. 管理决策分析[M]. 北京：科学出版社，2000.

[38] 孙占山，等. 决策支持系统及其应用[M]. 南京：南京大学出版社，1997.

[39] 魏世孝，周献忠. 多属性决策理论方法及其在C3I系统中的应用[M]. 北京：国防工业出版社，1998.

[40] 王明涛. 多指标评价中权系数确定的一种综合分析方法[J]. 系统工程. 1999(2).

[41] 王宗军. 综合评价的方法、问题及其研究趋势[J]. 管理科学学报. 1998(1).

[42] 孙波，等. 领导辅助决策支持系统研究[J]. 管理科学学报. 1998(3)：65-73.

[43] 肖建刚，等. 面向对象智能决策支持系统结构研究[J]. 决策与决策支持系统. 1994(1)：40-46.

[44] 徐南荣，钟伟俊. 科学决策理论与方法[M]. 南京：东南大学出版社，1996.

[45] 阎向民. 基于IDSS的复杂机械系统模块化设计[J]. 南京：南京理工大学，2002.3.

[46] 郑民达，陆纪兴. 建立科学的决策分析系统提高总体技术水平[D]. 制导兵器总体技术研讨会论文集. 1995：138-145.

[47] 武瑞文. 关于武器系统人-机-环境系统工程的研究[J]. 火炮发射与控制学报. 2003(1).

[48] 厉以宁. 资本主义的起源—比较经济史研究[M]. 北京：商务印书馆，2006.

[49] 厉以宁. 论民营经济[M]. 北京：北京大学出版社，2007.

[50] 厉以宁. 中国经济改革发展之路[M]. 北京：外语教学与研究出版社，2010.

[51] 张维迎. 博弈论与信息经济学[M]. 上海：上海人民出版社，2004.

[52] 张维迎，盛斌. 论企业家—经济增长的国王[M]. 北京：生活. 读书. 新知三联书店，2009.

[53] 方博亮，武常歧，孟昭丽. 管理经济学[M]. 北京：北京大学出版社，2008.

[54] 蔡洪滨. 社会责任、价值共享与治理之道[M]. 北京：北京大学出版社，2013.

[55] 陆正飞. CEO 财务报告与分析[M]. 北京：北京大学出版社，2009.

[56] 刘学. 战略：从思维到行动[M]. 北京：北京大学出版社，2009.

[57] 刘力. 公司财务[M]. 北京：北京大学出版社，2007.

[58] 蔡剑，等. 从中国价格倒中国价值[M]. 北京：机械工业出版社，2008.

[59] 张治国. 蒙牛内幕[M]. 北京：北京大学出版社，2006.

[60] 周春生. 融资、并购与公司控制[M]. 北京：北京大学出版社，2009.

[61] 联合国. 2010 年世界投资报告. 2010.

[62] 武瑞文. 信息化武器系统项目管理决策研究[M]. 北京：兵器工业出版社，2003.

[63] 武瑞文，等. 现代自行火炮武器系统顶层规划和总体设计[M]. 北京：国防工业出版社，2006.

[64] 武瑞文，张勇生，叶秋燕，等. 精益管理推进方略[M]. 北京：兵器工业出版社，2012.

[65] 多恩布什·费希尔·斯塔兹. 宏观经济学[M]. 北京：中国人民大学出版社，2000.

[66] 野中郁次郎，竹内弘高. 创造知识的企业[M]. 北京：知识产权出版社，2006.

[67] 斯图尔特·克雷纳. 管理百年[M]. 海口：海南出版社，2007.

[68] 沃伦本尼斯，伯特·纳努斯. 领导者[M]. 北京：中国人民大学出版社，2008.

[69] 斯蒂芬. P. 罗宾斯，蒂莫西. A. 贾奇. 组织行为学[M]. 北京：中国人民大学出版社，2008.

[70] 戴维. R. 安德森，丹尼斯. J. 斯维尼，托马斯. A. 威廉斯. 商务与经济统计[M]. 北京：机械工业出版社，2008.

[71] 詹姆士·麦克·休伯特，诺埃尔·凯普，奈杰尔. F. 皮尔西. 整体营销[M]. 北京：中国青年出版社，2008.

[72] 罗伯特·西奥迪尼. 影响力[M]. 北京：中国人民大学出版社，2008.

[73] 加布里埃尔·哈瓦维尼，克劳德·维埃里. 高级经理财务管理——创造价值的过程[M]. 北京：机械工业出版社，2009.

[74] 默里·罗斯巴德. 美国大萧条[M]. 上海：上海人民出版社，2009.

[75] 大卫·辛奇·利维，菲利普·卡明斯基. 供应链设计与管理[M]. 北京：中国财政经济出版社，2009.

[76] 吴建国，冀永庆. 华为的世界[M]. 北京：中信出版社，2006.

[77] 王俊宜，李权. 国际贸易[M]. 北京：中国发展出版社，2008.

[78] 傅国涌. 大商人[M]. 北京：中信出版社，2008.

[79] 中华人民共和国商务部令 2009 年第 5 号，境外投资管理办法. 2009.

[80] 朱春玲. 组织行为学——哈佛商学院案例（第二辑）[M]. 北京：中国人民大学出版社，2009.

[81] 中国北方工业公司. 发挥军贸溢出效应推进兵器工业国际化战略. 2009.

[82] 陈涛. 中国军贸发展策略研究[J]. 中国经贸导刊，2010(3).

[83] 郭伟涛，朱绍鹏. 战争战略军队[M]. 北京：军事科学出版社，2010.

[84] 李华强. 创业的革命[M]. 海口：海南出版社，2010.

[85] 国防大学科研部. 路线图[M]. 北京：国防大学出版社，2009.

后　记

2009年2月21日，正值全球金融危机在世界各地肆虐的时候，我顺利通过单位推荐和教授选拔，满怀对经济领域的忧患之心来到了北京大学光华管理学院，开始了我在EMBA545班的学习历程。

短暂的北大光华EMBA学习生活，像电影胶片一样在眼前快速掠过，它既虚幻而又真实，当我们还未来得及彼此深入了解和仔细品味它的深刻意义时，就已经匆匆结束。我们在北大忘情地退去陈式，刚刚开始做纯粹的表达和淋漓尽致的表现时，刹那间又毫不自觉地恢复了常态。

我是一名武器系统工程运用专业的博士毕业生，长期从事国际军贸项目管理工程实践，或许是为了圆自己北大的求学之梦；或许是为了在沧海桑田的人生和事业旅途中找寻迷失的自我，觅得北大一方净土来修炼人生；或许是为了给自己补充管理和经济知识的缺失，以解决对当时全球经济和金融形势的困惑和无助。我与545班的129位同学携手走进了崇尚"自由思想、兼容并包"的北大校园，坐在了秉承"创新管理思想、培养商界领袖、推动社会进步"办学理念的光华管理学院的课堂。未名抒豪情，博雅寄壮志；结交新知己，尊从北大师。我们欣然成为EMBA545班大家庭的一员，从此变成了引以为自豪的"光华人"，荣幸无比地加入我们温暖的光华之家！

多年的沧桑岁月，历经了多少坎坷，留下一个残缺的灵魂；收拾了多少残局，却难以重拾当初的自己。年复一年，月复一月，日复一日，我们陷入眼前具体的繁杂中不能自拔，在放大的成绩面前沾沾自喜，在自我幻想的无限王国中不可一世，总觉得自己已经难以前行，渐渐地失去了幻想的能力，也越来越缺少梦想，行为变得既现实而又媚俗，越来越诡异……

在北大光华EMBA的学习历程，也是我们对自己所从事的行业、组织、集团、国家乃至全球经济形势变化不断思考的过程。加入北大光华，走入EMBA545班，每个同学都有自己不同的期盼。不是吗？寻求知识？开阔视野？建立人脉？还是寻找玩伴？我不时地扪心自问，你是否达到了自己的预期？

我们在北京大学光华管理学院的EMBA课程共计17个模块，其中包括：管理制度与管理哲学、中国企业的领导艺术、管理经济学、战略人力资源管理、宏观经济分析与政策、财务报表与分析、公司治理、企业考察、组织行为学、公司财务、管理决策统计分析、市场营销、管理会计、创业学/公司购并与资本运作、信息系统与知识管理、供应链与运营管理/企业考察、海外模块或国际商务、商法、战略管理、商战模拟等。

学习期间，我不仅认真完成了课程学习内容，按时完成各项课程作业和考试，而且还组织和参加了多项丰富多彩的课外活动。我有幸作为体验组的组长参加了2009年5月玄奘之路世界商学院第四届戈壁挑战赛的活动，参加了以"领先·十年"为主题的光华EMBA行走中国巡回论坛终点站北京——EMBA新春论坛的组织和策划，以及在国家会议中心隆重举行的2010年北京大学光华EMBA校友新春晚会《十年》的联欢活动，参加了大唐能源集团、天津环渤海经济开发区和南宁北部湾经济开发区的考察活动，参加了2010年5月赴美国费城宾夕法尼亚州立大学沃顿商学院的海外模块学习和交流活动，参加了北大光华EMBA组织的多项专题讲座等活动，与其他班委共同策划和组织了"相亲相爱一家人——北大光华EMBA545班"主题班会。

君子合而不同，小人同而不合。短暂的北大生活，有同行、有异议、有争论、有合作。我们不惧表现自己的无知，也积极挖掘别人的智慧。全球金融危机，我们在抱团取暖的同时，重拾自我，启发灵感，发现机会，寻求真理，放飞梦想！

尤其是为常年从事的军贸科研工作学到了一些方法，提高了一定境界。学习期间，我积极在集团军贸科研管理方面进行深入思考，并有幸主持了集团公司2030年军贸产品科研发展规划的研究，在军贸产品国际化和开放式研发中心以及国际化军贸售后服务等方面，让我在若隐若现的思考中初见端倪，并取得一些研究进展。尤其是军贸国际化战略研究方面得到武常岐教授的鼓励和正确引导，并将研究成果作为毕业论文成功通过毕业答辩，在此对武常岐等北大光华学习期间给予我精心指导的老师和同学们表示衷心的感谢！

弹指一挥间的北京大学光华管理学院EMBA学习生活匆匆结束，可爱的西丝老师常常浮现在我们的脑海，有了她不停地要求和召唤，才永远有我们545班"相亲相爱一家人"的存在，在此我衷心地感谢她对我们的帮助。

在北大光华EMBA的学习生活中，得到了许多方面的帮助和指导，特别是在毕业论文撰写期间，得到了导师武常岐教授的悉心指导、帮助和关怀，为论文题目以及提纲的确定提出了很好的修改意见。

各科授课教授生动的语言和睿智的思考引领我们步入世界经济的学术殿堂，在全球金融危机、各国政府纷纷救市和企业家抱团取暖的时刻，北大光华的教授们为我们在生活和社会中的困惑提供了许多过瘾的解答，我们发现，没有羁绊的思想将会绽放出巨大的火花。我为光华管理学院秉承"思想自由、兼容并包"的北大精神、教授们严谨而活泼的教学风格和敢以天下为己任的铮铮铁骨而自豪！在这里，我的灵魂找到了安顿之所在，我的思想得到了自由地放飞。在这里让我更加深刻地认识到"君子合而不同，小人同而不合"的哲学意义。我衷心地感谢您们谆谆的教诲和指导。

北大光华EMBA545班的每一位同学，既是我的同学和朋友，又是我的老师，他

◇ 后

记 ◇

们每个人的背后都有一段精彩的和鲜为人知的故事，他们不仅是行动者，更是一个个思考者！课上充满智慧和幽默的争论，课下宽容而真诚的关怀，让我们彼此珍惜、相互尊重。他们的思想启发着我，他们的行为感动着我，他们的精神鼓励着我！在此对545班的所有同学表示感谢，愿我们的545永远不散！

衷心感谢杨卓副总经理的信任和王玉林院长的鼎力支持，使我在外贸155武器系统的项目管理中收获颇丰，感谢曾毅副总经理和程军书记为我提供的这次北大光华的学习机会，这是一次精神世界的饕餮盛筵，也是一次学术世界的洗礼，使我终身受用。

感谢我在北大光华管理学院学期期间课堂和茶歇等服务人员的热情接待和帮助。